全国教育科学"十五"规划课题项目

人文科学概论

主　编：叶孟理　李　锐

编写者：（以姓氏笔画为序）

王忠锋　叶孟理　许广盛　刘清河

李　锐　吴光章　赵友龙　梁中效

黄宝生　温潘亚

南京大学出版社

图书在版编目(CIP)数据

人文科学概论 / 叶孟理,李锐主编.—3 版.—南京:南京大学出版社,2013.7(2021.8 重印)

新世纪地方高等院校专业系列教材

ISBN 978-7-305-11877-7

Ⅰ.①人… Ⅱ.①叶… ②李… Ⅲ.①人文科学—高等学校—教材 Ⅳ.①C

中国版本图书馆 CIP 数据核字(2013)第 172072 号

丛 书 名　新世纪地方高等院校专业系列教材
书　　名　人文科学概论(第三版)
主　　编　叶孟理　李　锐
责任编辑　施　敏　王抗战　　　编辑热线　025-83596997
出版发行　南京大学出版社
社　　址　南京市汉口路 22 号　邮编 210093
电　　话　025-83596923　025-83592317　传真 025-83303347
网　　址　http://njupco.com
经　　销　全国各地新华书店
照　　排　南京展望文化发展有限公司
印　　刷　南京人民印刷厂
开　　本　787×960　1/16　印张 20.75　字数 373 千
版　　次　2013 年 7 月第 3 版　2021 年 8 月第 3 次印刷
ISBN　978-7-305-11877-7
定　　价　52.00 元

目　录

导论：人文科学概述

　　21世纪的理工科大学生为何要了解并掌握人文科学呢？被誉为第二次世界大战以后德国"精神之父"的卡尔·雅斯贝尔斯曾讲过这样一段耐人寻味的话："大学是一切科学汇集的场所。就这些科学保持为一个聚合体而言，大学如同一座理智的仓库；就它们追寻知识的统一性而言，大学又像一座永远也不能建成的神庙。"①我们的理解是：(1) 说"大学是一切科学汇集的场所"，是因为在大学里每一个具有科学资格的事物都有其一席之地，需要大学生们去学习和研究。就拿蝗虫来说吧，虽然它是一种害虫，但对于生物学科来说，也是科研对象，也可以出现蝗虫研究专家。(2) 说"大学如同一座理智的仓库"，是因为在大学里对各种具有科学资格的事物进行研究，必须得到其他知识的启迪。例如文学上的想象常常会给自然科学家带来灵感，亦即"以美启真"，这样一来就可以帮助每个大学生在各自的学科里去认真地思考和探索，去创造新的能够解释特殊自然现象的符号。(3) 说"大学又像一座永远也不能建成的神庙"，是因为世界上万事万物都在发生变化，每个人也在发生变化，所以科学技术也在发生变化。在这些变化中，一切都是相对的，而只有变化才是"绝对真理"。每个大学生都需要在学习中掌握已有的知识，创造没有的知识。由此他们需要有一种信念，有一种共同的精神，亦即一种有助于人类社会发展和进步的共同精神。这种共同的精神又不可能从一种可约束一切的信仰中去找到，而必须在了解人类的所有文化创造的基础上去获得，在人文科学的学习中去获得，进而把握人类社会的一种"生生不息"的人文精神。用美学的术语来表述，就是要达到"以美储善"的目的，进而使我们的科学研究更加具有人类意识，更加具有创新性和朝气。正因为如此，人文科学基础的开设就成为学习自然科学的大学生的当务之急。

　　作为导论，本章将对人文科学的性质、分类、特征和方法进行全面系统的介绍。

---

① 卡尔·雅斯贝尔斯：《智慧之路》，柯锦华、范进译，北京：中国国际广播出版社1988年版，第114页。

第一节　人文科学的性质

一、人文科学的性质

（一）什么是科学？

在英文中，"科学"（science）一词来源于拉丁文"sicentia"，意思是"知识"、"学问"。它是以范畴、定理、定律等形式反映现实世界多种现象的本质和运动规律的知识体系。"科学"一词用以表示知识系统的不同领域时，是在"学科"的意义上使用的。

关于科学的性质，阿基米德有一段最经典的话语："给我一个支点，我就能推动宇宙。"①阿基米德的这段话语至少有下述几层意思：（1）世界是变动不居的；（2）科学活动的目的在于寻找一个看世界的新视角，并发现万事万物的运行规律，建立起一整套严密的逻辑体系和知识体系；（3）作为知识体系的科学其实质就是要给变动不居的现实以一种确定的秩序和形式，以便人类更好地认识世界、把握世界、改造世界。具体分析如下：

首先，世界的变动不居性应该是指自然事物和人类活动的现象形态。古希腊哲学家普罗泰戈拉曾描述过这种现象：

> 万物都是运动、变化和彼此间的混合所产生；这个"变化"我们不正确地把它叫做存在，但是实际上是变化，因为没有什么东西是永远常存的，一切事物都在变化中。

> 运动是一切存在和变化的东西的源泉，而静止则是非存在和毁灭的源泉。②

人在未进入科学的大门以前，就已经生活在客观的世界中了。他所看到的一切现象显然都是漫无边际和变动不居的。日月星辰是变化多端的，人的命运是变化无常的，社会现象是变化莫测的。古人感觉到"祸兮福之所倚，福兮祸之所伏"，今人感觉到"三穷三富不到头"。

其次，科学必须超越经验，确定一种新的视角，去把握万事万物内在的运行规律，形成具有严密逻辑性的知识体系。一个人在日常生活中，被母亲教会了走路，教会了说话，也接受了母亲和其他人的许多生活经验，甚至于也接受了一系列的文化习俗。但是，就如同炼金术的经验不是化学、占星术的经

---

① 转引自恩斯特·卡西尔：《人论》，上海：上海译文出版社 1985 年版，第 263 页。
② 北京大学哲学系外国哲学史教研室编：《古希腊罗马哲学》，北京：商务印书馆 1961 年版，第 134—135 页。

验不是天文学一样，这种具体的直观的日常经验也不是科学。

再次，科学不是要描述孤立分离的事实，不是普通经验的单纯扩展、放大和增多，而是要努力地给予我们一种综合观点，一种确定的秩序、规则和形式。一句话，它是有意识创造的结果。例如，我们说数学是一种科学，是因为它在发展的初期，就已经用一种新的语言和系统，给予整个世界以秩序。"天行有常，不为尧存，不为桀亡"[①]，天体的运行、日月的升落、四季的变换，确实有它的规律性和一致性。这是人类最早的伟大经验之一。但是，要创造数学科学来，则需要超越我们的日常经验而进行更大胆的新概括。古希腊的毕达哥拉斯派的思想家们，最早把数设想为一种无所不包的真正普遍的要素："数是人类思想的向导和主人，没有它的力量，万物就都处于昏暗混乱之中。"[②]一旦我们进入到数的领域，世界被改变了。我们不能说单个的数或者孤立的数，因为数的本质总是相对的，不是绝对的，一个单个的数只是一个一般系统序列中的一个单个位置而已。它的意义是由它在整个数列中所占的位置来决定的。在这里人们发现了一种由内在的逻辑原则而形成的限制：所有的项都被一个共同的纽带联结在一起，它们来源于同一种生成关系，这种关系把一个数 n 与它直接的后继数联系起来$(n+1)$。从这种非常简单的关系中，我们可以推导出整数的全部特性。这种系统具有的与众不同的特征和最大逻辑特权就是它的彻底透明性。这是一种新的强有力的符号体系，它向我们展示了一种清晰而明确的结构法则。

（二）人文科学与自然科学、社会科学的区别与联系

由于"科学"一词用以表示知识系统的不同领域时，是在"学科"的意义上使用的，所以，人们根据人类各种知识体系在研究内容和方法上的特点，将各种知识体系一般地分为三种类型：自然科学、社会科学和人文科学。

自然科学的内容是研究自然现象的本质属性和运动规律，其方法是通过观察、实验和实证，建立起具有严密的逻辑性和普遍性的公理。

社会科学的内容是研究社会现象的本质属性和内在运动规律，在方法上要求通过观察、调查和实证，建立起具有逻辑性的理论体系。

人文科学的内容则是研究人的活动、人反观自身所形成的精神现象，确定人类生存的价值，在方法上则要求通过观察、体验、领会、顿悟、解释等方法，建立起知识体系。

人文科学与自然科学、社会科学也有联系。因为任何时代的任何人类文

① 荀子：《天论》，王先谦《荀子集解》，中华书局，1988 年版，第 306—307 页。
② 《前苏格拉底哲学家残篇》第 1 卷，Berlin：Weidmannsche Buchhandlung，1906，第 408 页。

明,都存在着两个知识体系:一个是形而上的解释世界的知识体系,另一个是形而下的联系世界的知识体系。自然科学、社会科学作为联系世界的体系,它们需要解释世界的体系给予价值、思想、观点和方法的支撑。自然科学虽然面对的是自然现象,但要使得知识系统化,就离不开一种假定,而这种假定恰恰体现了人类对于自身的认识和理解,体现了一种人类的价值指向。牛顿的经典力学构成一个作用与反作用的封闭的理论体系,其内在的假定就是宇宙是和谐的,而这又与他头脑中的"上帝造成的人类社会是和谐的"观念分不开。社会科学虽然面对的是社会现象,但要使得立论成立,同样离不开一种假设,而这种假设也建立在对于人自身的认识和理解的基础上。北京大学人类学系的蔡华教授,师从法国人类学大师列维-斯特劳斯,实地考察了我国纳西族,并采用严格的逻辑和严密的实证方法,来证明纳西族人的社会是"一个无父无夫"的社会。但纳西族人为何要建立起这样一个社会来,蔡华教授承认这里面有一个假设:"天上不下雨,地上不长草。"纳西族人把生命的孕育理解为就像草的种子在土地里蕴藏着一样,人的生命也是在女性身体内蕴涵着的;男性的作用就像天上的雨水滋润着土地一样,起到润泽和催化的作用。[①]这种假设,显然也与对于人类自身的认识和理解有关系,体现了一种以女性为生命本体的价值指向。

　　正因为自然科学、社会科学与人文科学有着如此的联系,许多哲人都提出自然科学、社会科学的研究要重视人文价值。古希腊的哲学家赫拉克利特说得好:"对立造成和谐,如弓与六弦琴,"[②]"不研究人的秘密而想洞察自然的秘密那是不可能的。"[③]马克思在《1844 年经济学哲学手稿》中也曾指出:"工业的历史和工业的已经产生的对象性的存在,是一本打开了的关于人的本质力量的书,是感性地摆在我们面前的人的心理学。……如果科学从人的活动的如此广泛的丰富性中只知道那种可以用'需要'、'一般需要!'的话来表达的东西,那么人们对于这种高傲地撇开人的劳动的这一巨大部分而不感觉自身不足的科学究竟应该怎样想呢?"[④]列宁也曾说过"科学是个娼妓",因为它

---

① 笔者有幸参加了 2001 年 7 月在兰州举办的全国第六届社会学人类学高级研讨班,并聆听了蔡华教授关于纳西族人研究的学术演讲。此处材料为听讲所记。

② 赫拉克利特:《残篇》51,屈万山主编《〈赫拉克利特著作残篇〉译注》,陕西师范大学出版社 1987 年版,第 69 页。

③ 赫拉克利特:《残篇》101,转引自恩斯特·卡西尔《人论》,上海:上海译文出版社 1985 年版,第 6 页。

④ 马克思:《1844 年经济学哲学手稿》,中央编译局校订本,北京:人民出版社 1985 年版,第 94 页。

可以将自己出卖给任何阶级的利益①。在上述的先哲们看来，科学必须具有人类意识，科学必须与人自身的实践活动相联系，科学必须与全人类的进步与发展同步，有助于人类的安宁、和平与发展，也只有这样，科学才能获得创新的灵感、意义的支持和确定性的指导。

（三）人文科学的本质

人文科学的本质同所有知识体系一样，它并不是要描述孤立分离的自然现象、社会现象和个别事实，而是要努力给予我们一种关于人的生存状态的综合观念，给予我们理解并把握人类现实世界的一种新的秩序和序列，给我们提供一种理解人的实践活动、人的思想感情的新的思维形式。例如，马克思、恩格斯的哲学，提出了"劳动创造了人"这一历史唯物主义的基本思想，这就使我们在看待人类社会的发展时，必须重视人的实践活动；必须看到人是生成的，而不是既定的；人的本质是在物质生产的实践活动中，逐步发展和完善起来的，甚至于人用来看绘画的眼睛、听音乐的耳朵都是如此。我们凭借此理论，就可以给予人类社会生活和人类历史发展一个秩序、一种思维形式，进而较好地认识世界、改造世界。文学也是如此。德国著名的文学家歌德曾写过一部文艺理论著作《诗与真》。歌德想探讨艺术所追求的一种普遍的法则"真"。他描述了他的日常生活，并给予日常生活中那些孤立而分散的事件以一个新的主题和结构形式，亦即一种新的秩序，在他看来这就是艺术的"真"。用歌德的这个理论来解读作品，确实可以把握住艺术作品最为本真的东西。例如曹雪芹的《红楼梦》，胡适先生认为这是作者的自叙传。如果这样理解，每一个人都有自己的心酸和坎坷，每一个人也都可以把自己的经历写出来，当然每一个人也都可以成为曹雪芹，这样一来，每一个中国人都是天才的文学家，大家也大可不必苦读书，在实验室里含辛茹苦地做实验了。可惜这一切都是虚拟的，都是假设的。因为曹雪芹之所以是曹雪芹，就在于他赋予自己的生平经历一个"堕落与拯救"的秩序和形式：贾宝玉是天上的石头，被抛入红尘，但他一直在寻找着拯救之路，寻找着精神家园，寻找着红楼之梦。他试图把拯救的期望寄托于清纯的"女儿"，但现实不断地拆毁着他的寄托，最后只能是跟着"一僧一道"（亦僧亦道）拂袖而去。

（四）人文科学的特点

为了帮助大家理解人文科学的特点，我们从以下几个方面来加以说明。

1. 从研究对象看，人文科学的研究对象是以人为本体的社会活动和人类的文化现象。如前所述，人的基本存在方式是活动。人的生存活动处在三

---

① 转引自卡尔·雅斯贝尔斯：《智慧之路》，第110页。

重关系中,亦即人与自然、人与社会、人与自身的关系中。如果说自然科学主要是研究人与自然的关系,并且与特定的对象相关联,从而表现出人对于某一类事物的认识和把握,社会科学主要是研究人与人的社会关系,以及在此基础上形成的制度、规范、风俗、礼仪等等,进而表现出对于社会中某一方面问题的认识和把握的话,那么人文科学则侧重于研究人在自然、社会中生存的状况以及人对于自己生存状况的自觉,它涉及到人的整个生存活动,表现出人对于自身在自然和社会中整个生存活动的认识和把握。例如,哲学就非常关注人在现实中的活动,表现出它对于人的生存状况的认识和理解。马克思在《关于费尔巴哈的提纲》中就明确地表示:"从前的一切唯物主义——包括费尔巴哈的唯物主义——的主要缺点是:对事物、现实、感性,只是从客体的或者直观的形式去理解,而不是把它们当作人的感性活动,当作实践去理解,不是从主观方面去理解。所以,结果竟是这样,和唯物主义相反,唯心主义却发展了能动的方面,但只是抽象地发展了,因为唯心主义当然是不知道真正现实的感性的活动本身的。"[①]马克思在这里强调了哲学的研究对象不应该是所谓的"唯物"或者"唯心",而应该是人的实践活动,是具有能动性的人的实践活动。只有以人为中心,紧紧抓住人的实践活动,才可能弄清哲学的真正任务——不仅解释世界,而且改造世界。

2. 从研究内容看,由于人文科学研究对象是人对于人自身在自然、社会中生存的整个状态的认识和把握,所以它的研究内容是一种精神和文化现象。如果说自然科学、社会科学的内容是以外向型为特征,自然科学家关注的是外在的物质世界的运动规律,社会科学家关注的是人与人的社会关系及其运动规律的话,那么人文科学的内容则以内向型为特点,人文科学家特别关注人的生存状态的自觉,比如认知、情感、意义、价值等等的样态和形成规律;如果说自然科学追求着一种物质世界的"公理",社会科学追求着一种社会运作的"规律"的话,那么人文科学则追求着人的价值的一种历史性的实现,亦即领悟人在现实境况中按照自己价值观念或者意义世界去从事各种活动的那个"实在"——人类实现自己价值的历史活动的轨迹。

人类社会历史活动的这个"实在"是极其复杂而又迷人的,也正因为这样,它才吸引着众多的人文科学研究者倾其毕生精力孜孜以求,并从中获得自我实现的乐趣。每个时期,随着知识的积累、阅历的丰富和视野的开拓,人文科学研究者都有对于这个"实在"或者人类实现自己价值的历史活动轨迹的新的认识和理解。最近,朱维铮教授和龙应台教授合编了《维新旧梦录》一

---

① 《马克思恩格斯选集》第 1 卷,北京:人民出版社 1972 年版,第 16 页。

书。他们试图探索中国近代百年改革的历史和内在规律性,亦即中国近代百年改革的那个"实在"。显然"改革"就体现着中国人实现自己的意义世界的历史活动。他们认为,过去把中国的改革视之为从 1840 年的帝国主义列强侵略中国的鸦片战争开始,这就造成了一种费正清教授所指出的"冲击—反映论"的历史观,也形成了巨大的负面效应:一是把中国所有的贫困动乱的原因归之于西方列强,二是造成了中国人内心对于外国人既仇恨又惧怕的心理,三是贬低了中国人自己的主体地位,四是养成中国人道德理想主义,我们原来一切都好,只是西方列强的入侵,我们才衰败下去,但是我们的精神是不灭的。事实上,我们中国有自己的先知先觉者。龚自珍在鸦片战争暴发以前,就已经提出"与其赠来者以劲改革,孰如自改革"的主张。中国近代的改革应该以龚自珍作为开端。这样一来,中国改革历史的真实轨迹也就显示出来了。外因通过内因而其作用。没有这样的内因,即使外国用洋枪洋炮来侵略中国,也不会造成整个中华民族一致期望改革并不断地付诸行动的结果来。

　　3. 从研究方法看,由于人文科学关注的是人对于自身的认识,关注人的情感、认识、价值形成的过程和内在规律,关注的是人类价值的历史性实现,所以,人文科学的确定性是一种内在的确定性。如果说自然科学的确定性是一种可以通过反复实证或者重复性的实验来确定的话,那么人文科学的确定性则必须通过内心的体验领悟才能获得,并且还必须在人类的社会实际中加以检验。我们可以把物理学和史学加以比较,来说明这个问题。在物理学中,我们只要成功地把事实安排在空间、时间、因果这三重系列的秩序中,物理事实就可以得到说明,并且别人按照此规定也可以做出来。但是,史学则不能这样。固然史学研究也需要规定事件的空间、时间和因果,但是我们在这样做时,却依然是茫然的。因为我们知道了历史的编年史顺序时,只能了解到历史的一般框架,而无法了解到历史事件的真正生命力。我们在历史中,需要把历史人物的一切工作、一切业绩都看成是他的生命力的沉淀,一种理想或者价值观念或者意义世界的实现,并且还要把这个历史人物置于当时的历史活动中,从而把握住此人是如何创造历史的,最终看到一个鲜活的人的历史活动。这种生命力需要人生经验的积累和不断地感受体验才能认识、理解和把握。中国历史上对于曹操这个人物颇有争议。传统的观念总认为此人是"乱世之奸雄"。但是,毛泽东则对曹操评价很高。因为毛泽东从自己的人生经验中,从大量的历史材料和曹操的诗歌创作中,领会到了曹操"老骥伏枥,志在千里,烈士暮年,壮心不已"的拯时济世的生命力和其身上焕发出来的一种悲剧精神:"对酒当歌,人生几何,譬如朝露,去日苦多,慨当以慷,忧思难忘,何以解忧,惟有杜康。"再与当时的社会的战乱相结合,曹操的历史地位就充分地显示出来了。

4. 从价值性上看,由于人文科学的研究对象是人的整个生存状况和对于生存状况的自觉,因此它特别地关注人的生存意义定向,亦即生存价值问题。例如,文学就特别关注人的生存意义问题。文学是表达情感的,这种情感不是寻找到了生存意义的喜悦,就是苦苦寻找而不得的苦恼。李白的诗歌具有乐观主义的基调,那是生存价值和意义寻找到了的亢奋:"我欲因之梦吴越,一夜飞渡镜湖月,湖光照我影,送我至剡溪,脚著谢公屐,身登青云梯,半壁见海日,空中闻天鸡。"[①]而曹雪芹的小说具有悲凉凄惨的基调,那是寻找生存意义不得的感喟:"世人都说神仙好,惟有功名忘不了,古今将相今何在,荒冢一堆草没了。世人都说神仙好,惟有金钱忘不了,终朝只恨聚无多,聚到多时眼闭了。世人都说神仙好,惟有娇妻忘不了,君生日日说恩情,君死又随人去了。世人都说神仙好,惟有子女忘不了,痴心父母古来多,孝顺子女谁见了。"再如,三联书店出版了英国安东尼·吉登斯(Anthony Giddens)的一本学术前沿著作《现代性与自我认同》,该书的副标题为"现代晚期的自我与社会"。安东尼·吉登斯的出发点就是人的生存意义和生存价值在现代社会所发生的变化:"生活变得极端的不确定,这种不确定除了全球化的影响之外,专家系统应当算是一个始作俑者,其对风险评估的不确定直接导致了人们生活方式的不确定。"具体地说,人们盲目地听信医疗专家、心理治疗专家、营养专家的多种多样而又迥然不同的建议和指南,造成了人们对于现实生存的诸多困惑。尽管如此,但人们还是没对自己产生完全的怀疑,因而自恋成为现实的流行风尚。吉登斯最后得出结论说:"我们生活在一个高后果风险的时代,这种危险直接威胁到人的生存状况。到了晚期的现代社会,人们开始真正地关心起自己的生存环境;通过人的反思性,生活政治代替了解放的政治,人类似乎显得比以往平静了许多、成熟了许多,当然也觉得无力了许多。"[②]

二、人文科学的分类

(一)人文科学的分类依据

人文科学的分类依据主要是各种人文学科知识体系对于人的生存状态和生存状态自觉所关注的不同侧重点。

人对自身的认识和把握有不同的侧重点,于是必然形成了专门的知识体系。侧重于认识和把握人类自身如何表达日常思想情感的,就形成了语言

① 李白:《梦游天姥吟留别》,[清]王琦注《李太白全集》,中华书局1977年版,第705页。
② 安东尼·吉登斯:《现代性与自我认同》,赵旭东、方文译,生活·读书·新知三联书店1998年版,第277页。

学；侧重于认识和把握人类自身如何表达审美的思想情感的，就形成了美学、文学和艺术学；侧重于认识和把握人类自身如何承担责任和义务的，就形成了法学、伦理学；侧重于认识和把握人类自身如何按照自己的意义世界去创造历史的，就形成了历史学；侧重于认识和把握人类如何创造文化，包括物质文化产品和精神文化观念的创造，就形成了文化学；而对于人类自身整个生存实践活动过程和意义进行一般性把握的，就形成为哲学，彼岸幻想性把握的，就形成为宗教学。

（二）人文科学的学科构成

1. 哲学：主要研究人们对于世界的看法，亦即人们的世界观的人文科学，主要包括存在与意识的关系问题、认识论和价值论等内容。

2. 伦理学：亦称道德哲学。尽管它也涉及到人与社会的关系，但它侧重于人的内心世界、价值观念、人格建设等精神现象。伦理学着重研究人在社会关系中自身的建设问题，包括人应承担的各种社会义务、人与人之间以及人与社会之间关系调整的准则，包括道德的起源和发展，人的行为准则和相互间应尽的义务等。

3. 美学：主要研究人们审美活动的人文科学，包括美的本质、美感、美育和美学史等内容。

4. 艺术学：主要研究人们艺术活动，包括艺术的本质和特征，艺术的一般类型，艺术的欣赏和批评等内容。

5. 语言学：研究人类社会的语言交流活动。人们日常的话语交流虽然与社会关系有关，但是语言学家们还是要通过自己不懈的智慧性的努力，上升到较高水平的抽象。它体现着人类自身的精神潜能，所以本质上依然属于人与自身的精神学科。语言学研究包括语言的结构和功能。主要分为普通语言学和具体语言学，前者研究人类社会语言的一般规律，后者研究具体语言存在（例如它如何表情达意）和发展（例如旧的意义如何消失而新的意义如何产生）的规律。

6. 文学：主要是以审美思维的方式，感性地显现各种具体的人的生存样态以及这些人对于自己生存样态的自觉，同时表现出作家对于这些人物形象的情感判断。研究文学的学科叫做文艺学，包括文学理论、文学批评和文学史。

7. 史学：主要研究人类如何创造历史活动的人文科学，包括人类社会历史发展的内在动力，历史的发展规律等等内容。

8. 法学：主要研究人类制订法律活动的人文科学，包括法学的本质和特征，法学的起源和发展，建设社会主义法制国家等内容。

9. 宗教学:主要研究人类宗教活动的人文科学,包括宗教的本质和特征,宗教的起源和历史,宗教的类型和世界主要宗教。

10. 文化学:主要研究人类文化创造活动的科学,包括文化如何创造、如何继承,东西方文化的互相撞击和融合等等内容。

考虑到本课程的任务是培养理工类大学生的人文素养,也考虑到该课程强调的是"人文",所以,本教材主要介绍关于人与自身关系的诸学科,亦即哲学、伦理学、美学、艺术学、语言学、文学、史学、法学、宗教学和文化学十类学科。

第二节　人文科学的历史发展和科学精神

一、人文科学历史发展的基本走向

人文科学的历史发展可以说是与人类在生存实践活动中对于自身的认识和理解分不开的。人类自从有文字记载以来就一直探索着、思考着"什么是人"的问题,所以人文科学的历史与人对于自身的思考一样久远。尽管如此,我们还是可以理出一个基本的脉络。

人类实践活动总的说来就是认识自然、改造自然和认识自身、改造自身的活动。人类的实践活动大致上可以分为两个层面:物质工具层面和精神文化层面。"生产力是最革命最活跃的因素。"物质工具层面的每一次革命,都使得人类的生存状况和精神状态发生巨大的变化,从而也推动了人文科学的发展。

人类社会在发展过程中经历了两次了不起的革命。一次是从新石器开始的工具的发明、火的利用、语言的使用,使得人类脱离了纯粹生物学意义的人,而成为人类学意义上的人,一种真正意义上的"劳动创造出来的人"。另一次是从文艺复兴开始的科学技术的创立,它经过 17 世纪理论基础的奠定、18 世纪的全面发展和 19 世纪、20 世纪的高速发展,使得人类变得愈来愈强大。

以工具的发明、火的利用、语言的使用为标志的第一次革命,造成了人类在文化上的巨大进步,也为人文科学的发展提供了基本的思想和范畴。在公元前 5000 年—公元前 3000 年之间,古代的埃及、美索不达米亚、印度河流域和中国的黄河流域,都是点缀在整个地球上的茫茫人类光明的小岛。但是到了公元前 500 年,并以此上下 300 年,亦即公元前 800 年—公元前 200 年,人类社会出现了各自独立的、具有不同内容的精神文化,并出现了迄今为止依然起着作用的中国、印度、波斯、巴勒斯坦和希腊文明,也涌现了互不相涉或各自独立的圣哲和先知。例如，中国有孔子和老子，其后是墨子、庄子和诸子百家；印度有优婆沙德（Upanishad）、佛陀（Buddha）；伊朗有左罗阿斯脱（Zarathustra）；巴勒斯坦有以利亚（Elijah）、以赛亚（Isaiah）、耶利米（Jeremiah）等；希腊则产生了伟大的盲诗人荷马、巴门尼德、赫拉克利特、柏拉图等哲学家，修斯底德等历史学家，还有悲剧诗人。他们开始思考人类的存在问题并给人类的精神奠定了基础。这个时代被西方学者称之为"轴心时代"。①

在这个"轴心时代"，人文科学面临的共同问题是：人意识到自己的孤立无援，而寻求解脱和超越。思想家们或从社会群体方面，或从精神方面，或从政治方面，给予现实生存问题以答案。在这个"轴心时代"，人文科学的共同特点是：（1）在对于自己所受到的各种限制的有意识的了解中，将人类作为一个整体来看待，将自己设立为最高的目的。例如，中国的儒家和道家都因为面对死亡而思考着人如何才能永恒的问题，进而提出了"天地人一以贯之"的最高生存目的，尽管他们为实现此目的而设计的路径各不相同。（2）人不再像远古时代那样"日出而作，日落而息"，一切都是完备的，而是一切都变成了不确定的，"窃钩者诛，窃国者为诸侯"，于是人向着一切新的可能性开放。例如，中国就出现了儒家、道家、法家、兵家、墨家、纵横家等等，出现了"百家争鸣"的局面。（3）没有严格的学科分类，文学、历史和哲学常常融为一体，而没有严格的界限。例如，荀子的哲学论著具有很强的文学色彩，可以当作文学作品来看，而司马迁的《史记》又常常被人称之为"无韵之《离骚》"，曹操的诗歌《短歌行》又表达着哲学的内容。

以科学技术的创立为标志的第二次革命，既使人文科学走向精细，成为一系列具有严密的理论形态的独立学科，但是它同时也使得人文科学受到了自然科学的巨大冲击和影响，进而使得人文科学获得了进一步的发展。这场转变是从英国文艺复兴的培根开始的。培根在《新工具论》中宣称"人是自然的奴仆和解释者，因此他所能作的和所能了解的，就是他在事实上或在思想上对于自然过程所见到的那么多，也就只是那么多。除此而外，他既不知道什么，也不能作什么"，从而把经验从一向受鄙视、受贬抑的卑贱地位上升为一种不可缺少的依据。培根还倡导实验的方法，他认为在实验中，由于技术的干预，可以把观察的对象从复杂的联系中抽取出来，使事物的因果联系更为显露，"一切比较真实的对于自然的解释，乃是由适当的例证和实验得到的。感觉所决定的只接触到实验，而实验所决定的则接触到自然和事物的本身"。到了17世纪，笛卡尔也走上了与培根相同的道路，让人文科学参与近

① ［德］雅斯贝尔斯：《智慧之路》，第69页。

代科学。他提出了"笛卡尔式的怀疑"——"我思故我在":我可以怀疑一切,但有一件事却是无可怀疑的,那就是"我怀疑"。我怀疑也就是我思想。既然我思想,那就必定有一个在思想的我,即"思想者"。我怀疑是一种积极的理性活动,要拿理性当作公正的检查员,把一切都放到理性的尺度上校正。数学是理性能够清楚明白地理解的,所以数学的方法可以用来作为求得真理的方法。特别是到了 19 世纪,法国的丹纳甚至于将人类文明的世界和文化的世界还原为物理现象:"这里也像其他任何地方一样,我们所有的仅仅只是一个力学的问题。全部的效果就是一个结果,这个结果是完全依赖于它的那些原因的大小和方向的。虽然在道德科学和物理科学中,记号的方法不是相同的,然而正像在两者中材料都是同样的,都同样地由力、大小、方向组成,我们也可以说,在两者中最后的结果都是由相同的方法产生的。"①

　　许多人文学者对于经验论、唯理论和实证论加以扬弃,吸取了其中许多有用的东西,进一步地阐明人类的实践活动,以及人作为一种文化的存在是如何可能的。在这种背景和条件下,人文科学从宏观和微观、群体和个体、外部社会和内心自我等等方面,全方位地对于人类的实践活动进行研究,并取得了令人瞩目的成就。休谟的《人性论》、康德的《纯粹理性批判》、《实践理性批判》和《判断力批判》开启了研究人类文化心理结构的先河,黑格尔则以辩证的观点来研究人类"理念"发展的历史过程。海德格尔在《存在与时间》中用现象学的方法来研究人类的精神现象历程,而恩斯特·卡西尔则在《人论》中研究人类是如何通过创造符号来形成自己的文化世界的。兰德曼在他的《哲学人类学》中,以人类实践的观点,来阐明人是如何"受制于文化又创造文化的"。而马克思则从"劳动创造了人"的命题出发,来研究人的生产方式给人类社会文化和历史的影响,并建立起了历史唯物主义。

　　从文艺复兴开始的这场以人为中心的思想文化运动,既推动了科学技术的革命,也使得人文科学在新的思维方式影响下有了日新月异的发展。但是,我们在 21 世纪还必须从根本上看到自然科学和人文科学的各自缺陷,以便在二者的互相渗透、互相影响下,进一步地促进两者的发展。雅斯贝尔斯说得好:"科学真理虽然普遍有效的,它却始终与方法和假设有关;哲学真理对于那种欲在历史的实在中求得它的人是绝对的,但它的陈述却并不是普遍有效的。科学真理对一切人都是'一'与'同',而哲学真理却披着许多历史的外衣;其中每一件都是惟一实在的表现,都有其合理性,然而,它们又是不可

---

① ［法］丹纳:《英国文学史》第 1 章,H. 范劳恩英译本,纽约,1987 年版,第 12 页。

言传的。"①人文科学的这种不可言传性，一方面使我们的感觉得到培养和锻炼，另一方面还需要借鉴科学方法，以使得它的陈述更加普遍有效。值得欣慰的是，20 世纪人文学家们开始的文化解释研究似乎找到了实现人文科学普遍性的路径："精神生活本身是不能被把握的，但是我们能把握它所意指的东西，能把握客观的和同一性的相关对象，正是在其中精神生活超越了自身。"②也就是说，通过话语传达出来的意向，我们就可以去分析精神生活的结构和功能，然后把握其中包含的意义和价值，从而对于人类的精神活动有了普遍性的理解。

二、人文科学的精神

人文科学的精神总的说来是通过人类社会现象和人类的文化现象，来把握人类的创造精神。但通过具体考察，它在自身的历史发展中，包含了以下几个要素：

（一）勇于实践

人的实践活动是日新月异的，几乎每日每时都会遇到新的情况，出现新的问题。对于人文科学工作者来说，最重要的不是记住学科的所有原理，然后去套用现实的新情况和新问题，教条主义地作出判断，而是要通过科学实践，研究新情况，解决新问题，发展人文学科。"摸着石头过河"是这种科学精神的形象比喻。

在这里，我们不能不提到被誉为"20 世纪最富有独创性的艺术史家"哈斯克尔（France Haskell，1928—2000）。哈斯克尔是英国牛津大学教授，欧洲各国皇家学院或科学院院士，美国哲学院院士，曾获意大利研究塞雷纳勋章、英国文学艺术勋章和法国勋级会荣誉军团骑士勋章。他的《赞助人与画家》、《艺术中的再发现》、《趣味与古物》已成为西方艺术史的经典著作，而他的《过去与现在》和《历史及其图像》则被视为观念史和史学史的代表著作。他的研究不但彻底改变了英语国家传统的艺术史的面貌，而且拓展了对意大利、法国、英国和其他欧洲国家的文化史的探索。2000 年 1 月 18 日，哈斯克尔因病去世，西方各报刊高度赞扬了他的"体现了启蒙时代的一切优秀品质"和卓越的学术成就。③

哈斯克尔之所以会取得如此大的成就，与他身上的勇于实践的人文科

---

① ［德］雅斯贝尔斯：《智慧之路》，第 112 页。
② 此为狄尔泰的观点，保罗·利科尔对此进行了详细的分析，参阅［法］保罗·利科尔：《解释学与人文科学》，河北人民出版社 1987 年版，第 49 页。
③ 曹意强：《没有理论，历史照样可以留存——哈斯克尔的史学观》，载于《中华读书报》2000 年 12 月 13 日，第 14 版。

学精神是分不开的。例如在西方艺术史上,巴洛克艺术是"耶稣精神的表现"早已成了定论。当哈斯克尔着手研究这个问题时,他撇开公认的理论,仅从具体的相关人物和尘封的耶稣会档案材料入手,力图弄清当事人之所说、所想和所为。他很快发现:"耶稣会教派当时严重缺乏资金,根本无力雇用任何有影响的艺术家,为了装饰教堂,他们不得不经常乞求富人,特别是乞求罗马王公贵族的襄助。而有权有势的赞助人往往不顾耶稣会的意愿,将自己的想法强加于人;他们不但自选画家与建筑师,而且对作品的题材、媒介、用色、尺寸大小,乃至安放位置等都横加干涉。因此,将耶稣会教堂中所见的一切作品都说成是耶稣会精神的表现,显然是无稽之谈。"①于是,随着他的"从订购人而非艺术家的角度来看待艺术史"这一观点的问世,不但彻底改变了西方世界关于巴洛克艺术的看法,而且也改变了西方艺术史家"从艺术家的角度看待艺术史"的思维方式。

（二）大胆怀疑

大胆怀疑的精神可以用《国际歌》中的唱词来概括:"从来就没有什么救世主,也不靠神仙皇帝。要夺回劳动的果实,全靠我们自己。"每当人文科学在历史性转折和历史性发展的前夜,都有一个"天问"的阶段。

就拿 1978 年发生在我国的有关真理标准的大讨论来说。"四人帮"借助于他们所把持的舆论工具,大力鼓吹"以阶级斗争为纲"的理论。而在粉碎了"四人帮"以后的 1977 年 2 月 7 日,《人民日报》、《红旗》杂志、《解放军报》还联合发表"两报一刊"社论《学好文件抓住纲》,提出"凡是毛主席作出的决策,我们都要坚决维护,凡是毛主席的指示,我们都始终不渝地遵循"的"两个凡是"。当时邓小平同志十分敏锐地看到了问题所在,并指出:"把毛泽东同志在这个问题上讲的移到另外的问题上,在这个地点讲的移到另外的地点,在这个时间讲的移到另外的时间,在这个条件下讲的移到另外的条件下,这样做,不行嘛! 毛泽东同志多次说过,他有些话讲错了。"②邓小平同志还语重心长地说:"目前进行的关于实践是检验真理的惟一标准问题的讨论,实际上也是要不要解放思想的争论。大家认为进行这个争论很有必要,意义很大。从争论的情况来看,越看越重要。一个党,一个国家,一个民族,如果一切从本本出发,思想僵化了,迷信盛行,那它就不能前进,它的生机就停止了,就要亡党亡国。"③

①　曹意强:《没有理论,历史照样可以留存——哈斯克尔的史学观》。

②　邓小平:《邓小平文选》(一九七五——一九八二年),北京:人民出版社 1983 年版,第 35 页。

③　邓小平:《邓小平文选》(一九七五——一九八二年),第 133 页。

这种大胆怀疑的精神，极大地消解了"无产阶级文化大革命"的那种"丰功伟绩"，也促进了我国人文科学界的思想大解放。特别是在文学上出现的一浪高过一浪的以"伤痕文学"和"反思文学"为代表的现实主义文学思潮，迄今还依然让人感慨万千。中国的作家和读者在经历了"文化大革命"的浩劫后，在拨乱反正的时代气氛影响下，开始直面惨淡的人生，反思自己的命运，哭诉"文化大革命"所经历的灾难。于是，在文学活动中，"人"的生存活动被作为看待现实问题的出发点而突出了，个体的情感被看成是真诚的生存态度而突出了。他们既有政治上的愤怒、情感上的悲伤、思想上的怀疑、情绪上的哀怨，也有对未来的期待、对光明的憧憬、对生活的信心。既相信中国共产党的力量和现实的拨乱反正方针，也看到了个人奋斗是当下理应选择的现实路径。既从个体的角度，看到了人的现实生存的不确定性，不时也会产生迷惘、彷徨、苦闷、忧愁的情绪，但在中国共产党的路线方针政策指引下，坚信中国一定会有光明、灿烂的确定性的前景。中国作家和读者这种复杂的思想情感就为现实主义的兴起提供了内在的心理依据，现实主义由此应运而生。

《伤痕》是这一时期的开山之作。小说没有像先前的文学作品那样描绘英雄人物，而是讲述了普通老百姓的一个催人泪下的故事。小说以母女亲情受到伤害为契机，控诉"文化大革命"对个体情感的扼杀和对人间美好亲情的否定，从而使主人公的心灵受到严重伤害，留下了永远也挥之不去的遗憾和痛苦。《一封终于发出的信》则不再用政治符号来刻画陶铸，而是用女儿对父亲的深情来刻画这位普通人身上的人情味和人格魅力，令人感叹不已。

（三）理性反思

仅有怀疑是不够的，因为它只能打破既定的陈规，引起情绪化的反叛。人文科学的发展，要求在怀疑的基础上，还必须进行理性的反思，因为科学总是要求可验证的客观内容和普遍必然的有效性质。

我们依然以我国的人文科学发展为例，进行具体分析。

正是伴随着人文科学的怀疑精神，我国的人文科学界开始了痛定思痛的理性探求；而伴随着这种理性探求，哲学、史学和文学，都开始进入了一个前所未有的历史大发展时期。其中给人印象最深的是哲学上出现了李泽厚的"人类学本体论实践哲学"。该观点突出地强调了"使用工具和制造工具是人的实践活动不同于任何一种动物生活活动的根本分界线。正是工具延长了人类的非自然的肢体，人的双手作为使用工具的专职器官，与工具一起构成了超生物的肢体，它们的活动是超生物的行为，这种行为才是人的真正超生物存在的基础。可见(超生物的)存在先于(超生物的)视听,此即实践先于感知。"①这种基本的人类实践活动,对塑造和形成人的整个心理结构和过程,例如对"自觉注意"和"想像"的形成起了决定性的作用。这使人们真正地回到了马克思历史唯物主义的最基本的理论出发点,不仅促进了我国哲学的发展,也促进了史学和文学的发展,从而真正地进入了一个人文科学内容和体系更新的新时期。

(四)宽容态度

人文科学在发展中,不可避免地会出现不同见解,因为任何一个以学术研究为基本生存方式的学者,都容易形成"意志化了的内在尺度":以为世界的真相、人类生存的真义已经为我所把握,而这又是自己生命的本体,必须顽强地捍卫。但是我们也要看到,在学术研究中,有一个正确认识"在"与"全在"的问题。面对研究对象,任何一个学者只能看到他所把握对象的"在",而非"全在"。正因为如此,我们就应该允许持不同意见者有表明自己观点和见解的权利,就应该倡导学术民主,就应该持宽容的态度,看到不同的学术见解有相互吸收对各自有用的东西的一面,而不应该把学术论争简单地视为"谁战胜谁"的问题。

最不利于人文科学发展的就是学者之间的不宽容。在 20 世纪 30 年代,布莱希特和卢卡契这两个马克思主义文艺理论家之间的关于表现主义的论争,就因为卢卡契的不宽容而导致了马克思主义文艺学学科发展的僵化。

布莱希特和卢卡契当时都到了苏联,他们的论争主要涉及如何看待表现主义这一新的文艺现象。表现主义是 20 世纪初叶在德国出现的新的文艺现象。作为理论家的卢卡契,他的认知结构中尚未建立起把握这一新的文艺现象的认知图式。于是,他按照先前已建立的把握文艺现象的认知图式来作评价,按照现实主义的艺术观大加鞭挞。这样一来,包括表现主义在内的各种现代艺术,都被归之为现实主义的对立面,并被斥之为"充满着这一时期的所有的反动偏见",作为反法西斯统一战线组织的人民阵线必须对于这种反现实主义的堕落现象进行尖锐批判。而布莱希特则正好相反。由于他一直想在戏剧领域中创立"史诗剧"的新形式,他的认知结构处于更新时期,因此他看出了表现主义艺术的合理之处,并主张应该允许艺术上的种种实验;同时布莱希特对于卢卡契的政治大帽子极为反感,认为卢卡契"以

---

① 李泽厚:《批判哲学的批判——康德述评》(修订本),北京:人民出版社 1984 年第二版,第 425—426 页。

一种可怕的制度之爱,把一些艺术流派放进某些已经放有若干政治党派的抽屉里",用简单的公式来处理有生命的艺术①。

这场论争由于卢卡契对于表现主义持不宽容的态度,导致了众多学者噤若寒蝉,不再吱声,给马克思主义文学理论的发展带来了极为不利的影响。直到1966年布莱希特的关于表现主义论争的日记被公之于众,人们才猛然醒悟,看到了这场论争的意义,并认为布莱希特的日记是"继上世纪马克思恩格斯与拉萨尔关于济金根的论争之后,马克思主义美学最重要的文献之一"②。

(五) 立足创新

人文科学的创新实质上是创造新的文化形式,用最通俗的话语来表述,就是"掌握已有的,创造没有的"。关于人文科学的创新精神包含了这样几个要点:

首先,特别强调独立思考,特别注重寻找解决问题的新办法、新答案。人在现实的活动中,一方面要接受既定的文化,包括知识、习俗、文化惯例、道德观念和社会制度,而这些是已经凝结成客观存在的过去的创造力的总和。因此人不必事事都要亲自感受,也不必时时都要亲身经历,就可以获得认识事物处理事物的能力。在这个意义上,"秀才不出门,就知天下事"是一种客观事实。毛泽东在杨昌济先生的指导下,通过读书而"究天地之大本大源",也获取了"天地盖惟动而已!"的真知③。另一方面,人在活动中,又总是要面临许多前人不曾经历过的事,他必须独立思考,作出判断,并寻找到解决问题的新办法、新答案。这样一来,在文化的意义上,就创造了一种文化的新形式。例如,邓小平同志的"建设有中国特色的社会主义"理论,就是在前无任何文化成规和现成模式可借鉴的情况下的一种文化新形式。

其次,注重与既有的文化规范的疏离。创造文化的新形式的关键是发现传统文化的裂缝,并体现出创造的智慧来。传统文化并非完美无缺地支配着人的生存活动的每一个细节。传统文化在人的生存活动中,常常会出现巨大的裂缝。所谓传统文化的裂缝,指传统文化在发展中面临新情况而又不能解答时的断裂现象。此时,现实活动中的人,就变成一个精神上孤立

① 参阅李锐:《学术人格建构:卢卡契和布莱希特论争的再思考》,载于《汉中师范学院学报》(社会科学版),1999年第4期。
② 袁可嘉:《现代主义文学研究》(下),中国社会科学出版社1989年版,第936页。
③ 参阅李锐:《毛泽东的早期革命活动》,湖南人民出版社1980年版,第40~45页。尤其要指出的是,此人与笔者同名,曾做过毛泽东的秘书。本教材所引用的材料,凡遇有与笔者同名者,均注出,以示区别。

无援的人,一种不确定的存在:旧的处理问题的模式消失了,他在精神上变得一无所有,情绪上困惑不安,行为上不知所措,成了一个"无结构性"的存在。他必须依靠自己的判断来从事,必须依靠自己的创造性的智慧来解决问题,必须给新问题以新的解答形式。我国古代著名的民歌《木兰诗》通过对花木兰替父从军的描述,就表现出这种创造性的智慧,从而创立了一种文化的新形式。花木兰在现实的生存活动中遇到了一个难以解决的问题:"昨夜见军帖,可汗大点兵,军书十二卷,卷卷有爷名",可是现实的情况是"阿爷无大儿,木兰无长兄",父亲年老体弱,一旦从军,生死难卜。怎么办? 花木兰的确很是痛苦和茫然,"唧唧复唧唧,木兰当户织,不闻机杼声,惟闻女叹息"。木兰身处在一个把女子视为"第二性"的文化世界。男子可以为阳、为尊、为上、为大,而女子则始终为阴、为卑、为下、为小,就像《易传》所说"有天地然后有万物,有万物然后有男女,有男女然后有夫妇,有夫妇然后有父子,有父子然后有君臣,有君臣然后有上下,有上下然后礼仪有所错"。但正是在这种现实状况中,文化传统规范出现了断裂,并被悬搁起来。花木兰创造性地解决了现实的生存难题,毅然决然女扮男装,替父从军。从此,中国文化中有了一种文化的新形式:谁说女儿不如男? 在中国只要一提起男女平等的话题,没有人不会想到花木兰。无论是影片《红色娘子军》中的那首"古有花木兰,替父去从军,今有娘子军,扛枪为人民"的《娘子军连歌》,还是毛泽东的那篇"飒爽英姿五尺枪,曙光初照演兵场,中华儿女多奇志,不爱红装爱武装"的《为女民兵提照》,都表明了花木兰替父从军的创造性的智慧已广为人们接受。

再次,要求创造性地解决传统文化不曾遇到过且没有现成的解决模式的问题,并使自己为人类社会的发展作出贡献。米夏埃尔·兰德曼说过这么一段意味深长的话:"每个人类的个体只有作为超个体的文化媒介(它超越个体并为整个群体所共有)中的一个参与者才能成为人类的个体。……文化媒介的指导作用交织于个体之中,就像一个构成他的组成部分的血液系统。这个系统中无疑必须充满他的主观性的血液;可以说,他必须使理想充满生活的实在。文化没有人去实现它就不存在。但是人没有文化也将是虚无。"[1]兰德曼的意思是,就像人在生存活动中才能发展起人的本质力量,进而又通过活动确证自己作为人类的存在一样,人在文化世界中被文化模塑,具有了创造文化的能力,进而又通过自己的文化新形式的创造,证实自己是人类文化的存在。文化传统和人的文化创造这种相互依存、相互促进

---

① [德]米夏埃尔·兰德曼:《哲学人类学》,上海:上海译文出版社1988年版,第219页。

的关系,正是我们精神文明建设的一个带有根本性的理论问题:个人的自由创造性因文化新形式的出现而获得一个确定的现实的结构形式,这样一来,起初只是由单个的个人所经历或产生的东西也就变成了文化规范,并为后代的人从感情上和行动上加以模仿,就像上文谈到的花木兰"谁说女儿不如男"的文化新形式为今人所继承一样。历史上形成的文化传统因个体创立的文化新形式的出现而被修正和丰富,从而保证了人类文化的健康发展。

第三节　人文科学的基本方法

一、方法论的含义

(一)什么是方法论?

方法论是关于认识世界、改造世界、建构人心的方法的理论。

理解方法论必须注意到这样几个要点:

1. 它的研究对象是认识世界、改造世界、建构人心的各种方法。在中国思想文化史上,孔子就提出过"学思并重"的方法论:"学而不思则罔,思而不学则殆。"关于"学",必须做到"博学"、"多闻"、"多见";关于"思",则必须能够"一以贯之",亦即通过自己的思考,融会贯通,进而根据一个原则将所有的知识贯穿起来。墨子注重实际验证的经验主义方法,而老子和庄子则注重直觉主义的方法,即通过冥思而直接领会宇宙的根本——"道",领会"真人、至人、神人"的境界。禅宗提出了"直指人心,见性成佛"的顿悟方法,而宋明理学则提出了"格物至知"的归纳演绎的方法。

2. 它的存在方式是一种理论形态。在西方哲学史上,都有关于方法的专门论著。古希腊的亚里士多德写有《工具论》和《形而上学》,系统地探讨思维形式和规律,并成为西方思维方法的规范。文艺复兴时期,英国的培根则著有《新工具论》一书,总结了科学实验的方法,提出了经验归纳方法。法国的哲学家笛卡尔写下了《论方法》一书,提出了理性的演绎方法论,并具体地阐明了四个要点:(1)普遍怀疑,把一切可疑的知识都剔除出去,剩下决不能怀疑的东西;(2)把复杂的东西化为最简单的东西,例如把精神实体简化为思维,把物质简化为广延;(3)用综合法从简单的东西得出复杂的东西;(4)累计越全面、复查越周到就越好。通过这样四个步骤,此时就可以把握住不证自明的公理。而德国的康德发动了一次方法领域的"哥白尼式革命",不再研究"事物是什么",而是研究"人的认识如何成为可能"。正是这种理论形态,就使得专门的方法论论著特别的晦涩难读。

3. 它的内容有三个不同层次:关于认识世界、改造世界、建构人心的最一般的方法理论是哲学方法论;研究各门具体学科,带有一定的普遍意义,适用于许多有关领域的方法理论是一般科学方法论;研究某一具体学科,涉及某一具体领域的方法理论是具体科学方法论。这三个层次之间的关系是互相依存、互相影响、互相补充的对立统一关系。

（二）人文科学方法论

顾名思义,人文科学方法论是关于认识人、建构人的方法的理论。

理解人文科学的方法论,也必须注意到下述要点:

1. 人文科学方法论的研究对象,不是自然科学认识自然、改造自然的方法,而是认识人、建构人的方法。例如,孟子讲"尽心",庄子讲"直观",禅宗讲"顿悟",王阳明讲"尊德性"等等,都是如此。

2. 人文科学方法论的形态,不是具体的方法介绍,而是方法的研究,因而也呈现为一种理论形态。德国的狄尔泰（Wilhelm Dilthey）写有《精神科学导论》一书,专章研究人文科学的方法问题。狄尔泰最初是新康德主义学派的成员,后来又转向生命哲学的研究。在这本书中,他直言不讳地指出:精神科学的对象就是人的精神,而要把握这种精神,则要通过"个人的体验"（Erlebnis）和"同情的理解"（Verstehen）这两种方式来进行;人的精神是社会文化历史现象,也是对于人的生命的理解;"个人的体验"和"同情的理解"既然能够洞悉人的精神,也当然能把握人的生命。德国胡塞尔的《现象学的观念》也是一本研究现象学的方法论专著。

3. 人文科学方法论的内容也包含了三个层面:一是关于人的研究的一般方法论,这是一种哲学层面的方法论;二是各门人文科学通用的方法论;三是各门具体的人文学科特有的方法论。由于本书各章将全面介绍各个人文学科的状况,所以《导论》部分不再涉及各门具体的人文学科的特有方法。

二、人文科学通用的研究方法

（一）逻辑方法

任何科学研究都离不开逻辑思维,不仅自然科学是这样,人文科学也是这样。人文科学常用的逻辑方法主要有:

1. 比较方法

比较方法是理论研究中最常用的基本方法。通过比较,我们可以有效地发现人文现象中的相同性和相异性。比较的方法多种多样,可以纵向比较,也可以横向比较,可以同类比较,也可以异类比较,可以结构比较,也可以功能比较。

纵向比较又叫做历史比较,就是把同一研究对象的不同历史时期的情况进行比较。马克思于 1858 年在他的《〈政治经济学批判〉导言》中就通过对古希腊人和现代人的比较,通过对莎士比亚和现代工业社会的文学艺术的比较,提出了著名的物质生产和艺术生产之间发展的不平衡理论的构想。

横向比较属于空间比较,就是把研究对象与不同地区、民族、国家的同一对象进行比较。美国伊利诺州西北大学的比较文化学者弗朗西斯·L·K·许(Francis L. K. Hsu)教授曾提出过一个把人放在社会、文化、心理活动中全面考察的"伽利略"式审视构架①。许先生主张,人是社会、文化和历史的存在,既受制于社会、决定于社会、影响于历史,又反过来创造文化、作用社会、推动历史。鉴于此,许先生认为,研究人绝不能"把个体的动物实体视为个人世界的中心",相反必须"通过更为广泛的整体视野来看待个体"。前者是"托勒密式的审视",后者是"伽利略式的审视"。于是,许先生设计了一个不规则的同心的"人、社会和文化"分层图式,来展示人的生存样式和社会文化心理交互影响的活动。按照此构架,许先生把中国人、美国人和日本人的文化心理进行了比较研究,发现了他们各自不同的文化心理特征。例如,中国人眼目中具有情感联系的和具有价值意义的,是亲属关系中的人;因而中国人特别地看重具有血缘纽带联系的亲属和家庭。而美国人眼目中具有情感联系的和具有价值意义的,是摆脱了亲属关系的各种事物,因而美国人把养宠物、集邮、探险、扩张当成他们生活中的极大乐趣。日本人则是把中国文化和西方文化进行了综合,具有情感联系的和具有价值意义,变成了"认干亲"的行为,并组建起"拟亲属关系的社会组织",以实现自我。

2. 归纳和演绎方法

归纳和演绎是建立在个别与一般关系基础上的思维方式。归纳从个别走向一般,而演绎则从一般走向个别。人文科学总结概括对象的特征时常常使用归纳方法,而用一种新的观念来研究对象特征时,则比较重视演绎方法。例如,研究汉中人的文化心理特征,首先要用归纳法,从汉中人的日常生活中的行为入手,来概括出其行为特征,然后我们可以根据"心理认同理论",来演绎出汉中人的"崇尚自然"、"重视享乐"、"蔑视礼教"的文化心理内容。

3. 分析和综合

分析是指把对象分解为各个部分和要素来进行逐个研究,综合是指把对象的各个部分和要素作为一个整体来进行认识。分析和综合是研究过程中的相互联系的两个阶段和环节。文学研究中的人物形象研究,就离不开

---

① 参阅《文化与自我》第 2 章:《自我的跨文化透视》,笔者译,南京:江苏文艺出版社 1989 年版。

分析和综合。比如说我们阅读《红楼梦》要研究贾宝玉这个人物,首先就要求对于贾宝玉的言语、行为、心理等进行认真的分析:他"偷吃丫环嘴上的口红";他讨厌读"四书五经"但却对于《西厢记》看得津津有味;他喜欢女孩子到了忘我的地步,下雨时为了招呼女孩子避雨自己身上则被淋湿;与女孩子在一起,他充满了灵气,而与父母在一起他又变成了一个呆子;他甚至于为了讨得女孩子的喜欢,拍手称快地让晴雯撕破扇子……。其次,就必须进行综合:贾宝玉这种乖谬的举止,与他受老太太宠爱的具体环境有关,造成了他始终生活在封建礼教的规范以外;他喜欢女孩子,是因为身边的女孩子们的清纯成了他所渴望的净朗的意义世界的象征物,"女儿是水做的,男儿是泥做的,见了女儿就觉得清爽,见了男儿就觉得龌龊";也正是由于女孩子们一个又一个地被毁灭掉,而没有被毁灭的女儿们又与昏暗的现实同流合污,"嫁人后变得比男人还要坏",意义世界由此而轰毁;结果他不得不与"一僧一道"相挟而去……。最后,我们就可以得出结论来,贾宝玉是一个徘徊在封建规范之外而又渴望净朗世界的幼稚青年人。

(二)体验方法

由于人文科学研究的主要是人的精神现象,所以也就离不开一些带有主观色彩的方法。

1. 直觉思维方法。直觉思维在本质上是一种形式感,是一种"心灵的统辖",是一种心灵中对于物质存在或者事实材料的新的形式感。直觉思维离不开对于人性的深刻理解和把握,所以是一种有了比较深厚的学科知识积累和人生体验后才能使用的方法。意大利著名的哲学家、美学家克罗齐曾说过:"物质,在脱去形式而只是抽象概念时,就只是机械和被动的东西,只是心灵所领受的,而不是心灵所创造的东西。没有物质就不能有人的知识或活动;但是仅有物质也就只产生兽性,只产生人的一切近于禽兽的冲动的东西;它不能产生心灵的统辖,心灵的统辖才是人性。"[①]所以,直觉的根源在于对人性的深刻理解。在人文科学研究中,直觉思维方法也是一种最常用的方法。特别是在积累了大量的资料,对于人性有了深刻的体验后,直觉思维往往将对于学科中的创新起到很重要的作用。例如,著名的历史学家汤因比就很推崇直觉分析,强调历史认识过程中直觉和灵感的重要作用。汤因比曾将历史、科学、艺术三种研究方法做过比较,认为历史方法注重事实,科学方法注重法则,艺术方法注重虚构。当研究材料多到不能胜数时,考核纪实和归纳法则的方法难以奏效,应采用虚构的艺术方法,用直觉和灵

---

① [意]克罗齐:《美学原理·美学纲要》,外国文学出版社1983年版,第12页。

感去综合、处理、加工、制作研究材料。显然，对纵横交错、内容杂芜的文明史研究，直觉方法就成了最恰当最奏效的历史认识手段。也正是如此，他才发现了人类社会在发展过程中的一种基本的形式，亦即"挑战"和"应战"的形式，而这恰恰根植于他对于人性的最深刻的理解。

2. 质的研究方法。质的研究方法又被称之为"活的研究方法"。北京大学高等教育研究所的陈向明博士著有《质的研究方法与社会科学研究》一书，全面系统地介绍了质的研究方法。质的研究方法认为：(1) 人具有自由意志，人的行为是无规律的、无法预测的，社会历史事件都是独特、偶然的，不存在普遍的历史规律。因此对于人和社会不能使用自然科学的方法进行研究，只能以人文科学的主观方法对具体的个人和事件进行解释和说明。(2) 研究中不可能不带有主观倾向和情感，研究者应该和他们一起生活、一起感悟，在与研究对象"共情"的基础上，深刻地了解研究对象。(3) 研究者在体验生活中，要保持局外人和局内人的双重身份，既要全身心的投入，又不能忘情。所以，要善于观察、善于倾听、善于提问，从而挖掘出自己没有意识到的东西。比如，开会时人们围坐成一个圈，但有人有意将自己的座位拉到圈外。这就有三种可能：一是此人不喜欢抛头露面，二是此人在这里没有安全感，三是此人希望与众不同，有反社会倾向。接下来，就可以有的放矢地去落实这种可能性，从而深入地了解一个人的性格①。

（二）理论分析方法

1. 因果分析

因果方法是人类认识世界、认识事物、认识自身所特有的理性认识方法。在人文科学研究中，人们总是要先行假设：凡事总有原因，而没有原因的事物如宗教奇迹便不属于认识范围，不是科学研究对象。

因果分析方法的实质是找出事物之间的本质必然的联系。人类在自己的伟大而又漫长的实践中，形成了这一有效的方法。恩格斯说得好："由于人的活动，就建立了因果观念的基础，这个观念是：一个运动是另一个运动的原因。的确，单是某些自然现象的有规则的依此更替，就能产生因果观念：随太阳而来的热和光；但是在这里并没有任何证明，而且在这个范围内休谟的怀疑论说得很对：有规则地重复出现的 post hoc[在这以后]，决不能确立 propterhoc[由于这]。但是人类的活动对因果性作出验证。如果我们用一面凹镜把太阳光正好集中在焦点上，造成像普通的火一样的效果，那么

---

① 参阅陈洁访谈陈向明博士《质的研究，活的研究》，载于《中华读书报》2001 年 3 月 21 日，第 9 版。

我们因此就证明了热是从太阳来的。"①所以,因果方法不是通过感知、观察和归纳来建立的,而是通过漫长的生产实践活动,通过理性思考而后才形成的。它不仅对于自然科学是有效的,而且在人文科学研究中也是普遍适用的。

2. 结构功能分析

所谓结构,是指事物系统的诸要素所固有的相对稳定的组织方式或联结方式。两个以上的要素按一定方式结合组织起来,构成一个统一的整体,其中诸要素之间确定的构成关系,就是结构。结构有这样的特征:(1) 稳定性。系统诸要素之间有确定的稳固联系,从而使系统具有相对不变性。(2) 有序性。系统内部诸要素有规则的相互作用或相互替换,如按照因果关系相互替换。(3) 形式特征。结构是一种形式关系,内容不同的系统,其结构可以是同样的,亦即人们常说的"异质同构"。

所谓功能是指有特定结构的事物,在内部与外部的联系中,所表现出来的特性、作用。

功能和结构是对应的,有什么样的结构就有什么样的功能,同样道理,有什么样的功能也可以推出其结构来。例如,文学艺术具有娱乐、认识和教育的功能,那么,其结构至少有形象描写、作家的认知和作家的情感表现的组合结构。

3. 解释方法

早在人类远古文明时期就已经存在着如何理解卜卦、神话、寓言意义的问题。古希腊时代的亚里士多德的学说已经涉及到理解和解释的问题。中世纪的A.奥古斯丁、卡西昂等哲学家在对于宗教教义进行新的解释时,逐步把以往对解释问题的零散研究系统化。16 世纪的宗教改革家马丁·路德提出如何直接理解圣经文本的原则和方法的问题,对解释方法的发展起了积极的作用。

对于解释方法和解释学说进行了系统论述的是德国的狄尔泰。他研究的中心问题是:处于具体历史情境中的解释学如何能对其他历史性的表现进行客观的理解。他对于解释方法作出了明确规定:在人文科学中,理解是"一个生命(作品解释者)进入另一个生命(作品创作者)的过程,一切社会文化现象都相当于在种种符号中固定化了的生命表现,理解这些现象,就相当于把握符号创造者的主观精神世界"。

20 世纪 50 年代的德国哲学家 H·G·加达默尔在狄尔泰的基础上,又从历时性的角度,发展了解释的客观性方法。加达默尔认为,人文科学不可

---

① 恩格斯:《自然辩证法》,见《马克思恩格斯全集》第 20 卷,北京:人民出版社 1971 年版,第 572 页。

避免地具有历史相对性与文化差距性。他在美学、历史和语言这三个领域中分别对于这一主题进行了探索。他认为：(1)人的存在被局限于传统之中，其认识不可避免地会有"偏见"。(2)人类历史由传统的各种力量积累而成，因此解释只能是一种效果史。(3)在"效果史"中，过去与现在相互作用，当前的认识受制于过去的传统因素。(4)真实的理解乃是各种不同的主体"视野"相互"融合"的结果。

60年代，法国的里科尔又从共时性视野入手，提出解释的具体操作规程：(1)先分析出对象的多重意义结构，然后从表面意义中揭示隐蔽意义。(2)各种解释之间必然会发生"冲突"，但恰恰在这种冲突中，才能获悉被解释的存在。

70年代，解释学方法的客观性又被哈贝马斯进一步发挥。他反对解释中的主观主义，认为人的行为的意义，不能由行为者的主观意识来确定，决定其意义的根本原因是社会中的劳动与支配系统，除此而外还有社会的语言系统。这三者构成了人活动的客观环境。

以上解释的方法，在人文科学的研究中得到了灵活运用。

第四节　本教材的编写思路和体系构成

一、编写思路

有关《人文科学概论》的教材，近几年来我国已经编写了好几种，仅我们看到的就有4种。这些开拓性的工作，无疑对于我们编写同类教材有很大的启示，给我们提供了可借鉴的资料，同时我们也感到了某些不足。因为这些《人文科学概论》的教材比较重视人文科学各门学科基本原理的介绍，而缺乏历史的眼光和全球性的视野。为此，我们又查阅了国外的有关资料，其中美国人N·施皮伯格和B·D·安德森所著的《震撼宇宙的七大思想》，这部为美国文科学生编写的了解自然科学基础的教材，对我们的思维形成了巨大的冲击。全书从哥白尼的天文学探索的个案描述开始，到守恒原理以及对称性的研究的个案描述结束，历史而又具体地给我们展示了人类思维从宏观到微观的提升过程，也突出了后代科学家如何站在前辈的肩上进行创新的思维过程。尽管如作者所言这本书"起初是用作大学教程，以满足大学通才教育的需要"，以帮助文科学生了解"对我们生存于其间的文化发生了影响的一些主要的科学发展情况"①，不过对于我们给理工类学生编写介

① N·施皮伯格、B·D·安德森：《震撼宇宙的七大思想》，科学出版社1992年版，第5—6页。

绍人文科学的教材,其影响是巨大的。在充分了解了前人工作的基础上,我们编写《人文科学概论》的思路也逐渐清楚。

1. 确定研究对象和研究范围

对于自然科学、社会科学和人文科学的研究对象和研究范围,建国以来是以毛泽东同志的分类为指导思想的。毛泽东在1942年延安整风时期发表了《整顿党的作风》一文。在这篇文章中,毛泽东曾这样划分了科学:"什么是知识?自从有阶级的社会存在以来,世界上的知识只有两门,一门叫做生产斗争知识,一门叫做阶级斗争知识。自然科学、社会科学就是这两门知识的结晶,哲学则是自然知识和社会知识的概括和总结。"①因此,人们用自然科学和社会科学的两分法来进行分类,而将属于人文科学的哲学划归社会科学。

国外对此也有二分法。德国人把所有的科学划分为两类,即自然科学和精神科学,但精神科学中包含了社会科学和人文科学。英美则把人文科学排除在自然科学和社会科学之外,因为在他们看来,科学应是具有高度的逻辑严密性的实证知识体系,能够运用数学模型并能够直接接受观察和实验的检验。

人文科学真的消融在社会科学之中了吗?真的没有自己的研究对象和研究范围了吗?我们认为事情绝非这样简单。

从上述定义来看,毛泽东的思维中依然有关于人文科学的思考,否则作为人文科学核心学科之一的哲学怎能被毛泽东视为是一种比自然科学和社会科学层次更深的学问呢?但毛泽东又确实明言只有两种知识体系。这显然是一种矛盾。我们可以这样判断,人文科学和社会科学的区分是一个比较复杂的问题,要在一场报告中将其说清楚,可能要背离会议主题,将这样一个复杂的问题铺开来说,也许会使听众坠入云天雾地的境地。从美国综合大学研究院设置的学科来看,美国人在实践中也意识到确实存在着一种既非自然科学也非社会科学的独特的知识,这就是关于人类价值和精神表现的知识②。

既然如此,我们只能采取逻辑还原的办法,来准确地界定人文科学的研究对象和研究范围。按毛泽东的思路,哲学产生于对于自然科学和社会科学的概括和总结;而自然科学知识产生于生产斗争,社会科学知识产生于阶级斗争;无论是生产斗争还是阶级斗争又都产生于人类的社会实践活动。其逻辑的根源是人类的社会实践活动,也就是人们常说的实践活动。

逻辑根源清楚了,我们就可以进行具体分析了。从事社会实践活动的人事实上处于与自然、与社会(他人)、与自身的三重关系中。人类要认识自

---

① 毛泽东:《整顿党的作风》,载于《毛泽东选集》(横排袖珍本),北京:人民出版社1972年版,第773—774页。
② 《简明不列颠百科全书》中文版第6卷,中国大百科全书出版社1986年版。

然掌握自然,于是总结出了自然科学的知识;人类要认识社会掌握社会,于是总结出了社会科学的知识;但是人类也要认识自己掌握自身,从而形成了人文科学的知识。所以人文科学的研究对象应该说就是人在反观自己的实践活动时所形成的精神现象,它包含着人的文化心理结构及其表现;而研究范围则是带有人类自身生存价值观念的一切实践活动,换言之,只要你从事的活动要涉及到人类生存价值观念,你也就进入了人文科学研究的视野,这也是毛泽东认为"哲学是自然知识和社会知识的概括和总结"观点形成的原因。

2. 确定本教材的创新处

我国现在正处于社会文化转型时期,而全球化的足音正在我们耳边响起。迎接这种挑战的对策,一是激活全民族的创新意识,跟上时代发展的步伐;二是使"西方文化本土化、本土文化现代化",使中华文明在同化和顺应中得到高扬和复兴。

基于这样的考虑,在课程体系设计中,除了介绍各人文学科的基本原理外,我们刻意突出了各人文学科在中西不同文化背景下的历史发展,突出了那些在人类文明和学科发展中做出了巨大贡献且有里程碑意义的个案分析。通过文化比较,我们试图达到"西方文化本土化、本土文化现代化"的目的,让学生学会"窃别人的火煮自己的肉",从而实现中华文化的复兴。通过个案分析,我们则试图让学生认识到,伟大人物总是站在巨人的肩膀上创新的事实,激发起理工类大学生的创新热情和智慧。

二、体系构成

基于上述思路,本教材的体系构筑如下:

"导论:人文科学概述",主要是从人文科学的研究对象和研究范围入手,确定人文科学的性质、特点、科学精神和研究方法,为全书"破题"。

第一章"哲学的历史发展和黑格尔的辩证法"、第二章"伦理学的历史发展和儒家伦理思想"、第三章"美学的历史发展和康德的《判断力批判》"、第四章"艺术学的基本原理及艺术鉴赏"、第五章"汉语语言学的历史发展和许慎的《说文解字》"、第六章"文学的历史发展和屈原的诗歌"、第七章"史学的历史发展和司马迁的《史记》"、第八章"法学的历史发展和唐代的《唐律疏议》"、第九章"宗教学的本质及世界的三大宗教",则是本书的主要内容,真正地体现出"西方文化本土化、本土文化现代化"和激发理工类大学生创新热情、创新智慧的意图。

第十章"中西文化的交流与会通",则试图在中西文化的碰撞和融合的背景下,突出贯通古今融会中西的三个大师级的杰出人物——王国维、鲁迅和毛泽东——的个案分析。该章既是对全书主要内容的概括,也是对导论的回应。

三、本教材的课时分配

本教材的内容较为丰富,建议任课教师根据学生接受情况灵活处理,同时加大自学比例。课时分配建议如下:

《人文科学基础》教学进度表

周次	授 课 内 容	讲授课时	自学课时
1	导论:人文科学概述	2	2
2	第一章 哲学的历史发展和黑格尔的辩证法	2	2
3	第一章 哲学的历史发展和黑格尔的辩证法	2	2
4	第二章 伦理学的历史发展和儒家伦理思想	2	2
5	第二章 伦理学的历史发展和儒家伦理思想	2	2
6	第三章 美学的历史发展和康德的《判断力批判》	2	2
7	第三章 美学的历史发展和康德的《判断力批判》	2	2
8	第四章 艺术学的基本原理及艺术鉴赏	2	2
9	第五章 汉语语言学的历史发展和许慎的《说文解字》	2	2
10	第五章 汉语语言学的历史发展和许慎的《说文解字》	2	2
11	第六章 文学的历史发展和屈原的诗歌	2	2
12	第六章 文学的历史发展和屈原的诗歌	2	2
13	第七章 史学的历史发展和司马迁的《史记》	2	2
14	第七章 史学的历史发展和司马迁的《史记》	2	2
15	第八章 法学的历史发展和唐代的《唐律疏议》	2	2
16	第九章 宗教学的本质及世界三大宗教	2	2
17	第九章 宗教学的本质及世界三大宗教	2	2
18	第十章 中西文化的交流与会通	2	2
19	考 试:	2	
	合 计	38	36

　　总之,本章对于人文科学的研究对象、性质特点、分类原则、历史轮廓和研究方法进行了较为系统的论述,目的是帮助理工类大学生对于人文科学有一个基本的了解。从第二章开始,我们将按照由普遍到特殊的序列,对于哲学、伦理学、美学、艺术学、语言学、文学、史学、法学、宗教学和文化学等学科的历史发展进行概括阐述,并从中选择一个在学科发展中具有"里程碑"意义的学说,进行详尽的个案分析,以启迪同学们的创造性智慧;在今后自己的科学研究中作出创造性的贡献。

【思考与练习】

1. 人文科学的研究对象是什么？人文科学的性质是什么？
2. 谈谈你对于人文科学的科学精神的理解。

第一章 哲学的历史发展和黑格尔的辩证法

哲学,它不是抽象的名词、枯燥的条文和现成的结论,而是一种人类把握世界、把握自身的现实方式。真正的哲学是时代精神的精华,是关于人类生存和安身立命的大智慧。这种集聚时代精神的精华的大智慧,是反思的智慧、批判的智慧、变革和创造的智慧。也正因为如此,哲学成为人文科学中最重要的学科。本章通过对哲学把握世界的方式、哲学的历史发展和黑格尔的辩证法的简单叙述,使大家对哲学问题和哲学智慧得到初步的了解和体验。

第一节 哲学及其把握世界的方式

一、哲学是时代精神的精华

哲学是一门特殊的学问,是与通常局限于某种具体对象的知识体系不同的学问。在汉语中,"哲"有聪明、智慧的意思。中国古代一般称聪明而具有智慧的人为"哲人"。上古时代的历史文献《尚书》中《皋陶谟》记载大禹语说:"知人则哲,能官人,安民则惠,黎民怀之。"《孔氏传》解释说:"哲,智也。无所不知,故能官人、惠爱也。爱则民归之。""哲学"按字意就是智慧之学。这门学问在中国古代曾称为"道"、"道术"、"玄学"、"道学"、"理学",19 世纪日本最早的西方哲学传播者西周首次用中国的"哲学"二字表述源于古希腊罗马的西方哲学学说,中国晚清的学者黄遵宪(1848—1905)将这一表述介绍到中国之后,中国学术界逐渐接受并开始用它来表述中外古今的哲学学说。在古希腊,哲学原词是"爱智慧"的意思。在古印度,哲学通常被称为"见"或"察"。

可见,从词源上看,哲学是和"智慧"、"聪明"连在一起的。"智慧"、"聪明"这种意思始终包含在哲学的理念和传统中。然而词源上的意思并不足以表明哲学的实质。在哲学的发展史中,关于哲学的本质,不同的哲学家表达着不同的观点。20 世纪以来,特别是 20 世纪 50 年代以来,以当代哲学为背景,大致可以概括出八种最主要的哲学观。

1. 普遍规律说

作为一种通行的哲学观,"普遍规律说"认为,各门科学知识研究世界的各种特殊领域,提供关于这些领域的"特殊规律",而哲学则以整个世界为对象,提供关于整个世界的运动与发展的"普遍规律"。

2. 认识论说

这种哲学观认为,哲学研究的对象不是整个世界,而是作为哲学基本问题的"思维与存在的关系问题",哲学关于普遍规律的认识,不是通过研究整个世界获得的,而是以辩证法、认识论和逻辑学三者的统一来实现的。

3. 语言分析说

这主要是西方分析哲学的观点。"首先,哲学家思考这个世界,接着,他们反思认识这个世界的方式,最后,他们转向注意表达这种认识的媒介。这似乎就是哲学从形而上学,经过认识论再到语言哲学的自然进程"。[①]"语言分析说"的哲学观,要求哲学家在建立关于人类"认识"及其所表达的"世界"的理论之前,必须先有关于"语言"的理论,没有语言学的认识论和本体论为无效。这种哲学观以强调对语言的"逻辑分析"为突出特征。

4. "存在意义"说

语言除了逻辑结构和逻辑形式,还有更深层的人文性。"存在意义"的哲学观就是强调反思语言的人文特性的哲学思潮。按照这种哲学观,哲学的使命不在于对语言的逻辑分析或澄清科学命题的意义,而在于寻求人类存在的意义。

5. "精神境界"说

一些现代中国哲学家对中国传统哲学精神情有独钟,致力于弘扬哲学对人生境界的意义。现代哲学家贺麟精辟地概括了这种"精神境界"说的哲学观:"哲学是一种学养。哲学的探索是一种以学术培养品格,以真理指导行为的努力。哲学之真与艺术之美、道德之善同是一种文化,一种价值,一种精神活动,一种使人生高清而有意义所不可缺的要素。"[②]

6. "文化批判"说

这种哲学观把哲学视为对"文化"的批判反思,认为哲学担负着这样的不愉快的任务:把意识的光芒普照到人际关系和行为模式之上,而这些东西已经根深蒂固,似乎已成为自然的、不变的、永恒的东西。"哲学的真正功能在于它对于流行的东西进行批判。"[③]

7. "文化样式"说

这种哲学观认为哲学不是思想王国的王后,而是思想共和国的公民,就

---

① 斯鲁格:《弗雷格》,中国社会科学出版社1989年版,第10页。
② 贺麟:《哲学与哲学史论文集》,商务印书馆1990年版,第120页。
③ 霍克海默:《批判理论》,重庆出版社1989年版,第250页。

是说,只是一种文化样式,而不是其他文化样式的基础,哲学的使命就在于沟通各种文化样式之间的对话。

8．"实践论"说

这种哲学观点基于对"现实的人"——从事实践活动的人、"感性的活动"——人的社会实践和"现实的世界"——人类实践活动的对象的科学考察,并以实践的观点去理解和解释全部的哲学问题。

这些观点,反映了在哲学历史发展中的不同阶段、不同哲学家或派别、不同角度有关哲学本质的认识成果。作为对上述认识的精辟总结,马克思以一句名言宣告了自己的实践论的哲学观:"哲学家们只是以不同的方式解释世界,而问题在于改造世界。"①在这份"包含着新世界观的天才萌芽的第一个文件"及其所具有的科学内涵中,已经明确地表达了马克思的新的世界观,即从"现实的人及其历史发展"出发去理解全部哲学问题的哲学观,以实践的观点去理解人与世界之间的全部关系的哲学观。

从更一般的层次上看,哲学作为一门学科,是与人们的世界观联系在一起的,是人们世界观的理论表现形态。马克思主义认为,哲学是理论化、系统化的世界观,或者说,是人们世界观的理论体系。

在人类文化的家园里,哲学是时代精神的精华。马克思指出:"人民最精致、最看不见的精髓都集中在哲学思想里","任何真正的哲学都是自己的时代精神的精华。"②同样,黑格尔也认为,哲学是"思想中所把握到的时代"。事实正是如此,比如,从文艺复兴到启蒙运动,达·芬奇的绘画、米开朗基罗的雕塑、莎士比亚的戏剧、拉伯雷的小说、弥尔顿的诗歌、贝多芬的交响曲、伽利略的自由落体试验、牛顿的经典力学、孟德斯鸠的三权分立说等,无不体现着工业文明的兴起和商品经济的发展,资本主义取代封建制度的大变革的时代精神,这就是追求知识、反对迷信的启蒙精神和肯定人性的人道精神。但是,当我们注视这一时代的哲学,我们可以发现,英国哲学家培根提出的"知识就是力量"的命题,法国启蒙思想家提出的"一切都站在理性的审判台前"的命题以及康德提出的"人是目的"、"人为自然界立法"的命题,却是近代西方的启蒙精神和人道精神最精练的概括和最集中的体现。由此可见,哲学作为时代精神的精华,是在对真理的不断反思和超越中达到的。哲学不满足于各门具体知识对世界的解释和说明,它要站在高处,通过对社会实践、科学理论、常识信念、社会文化的反思和批判、抽象和归纳,从中发现共性,找出反映

---

① 《马克思恩格斯选集》第 1 卷,人民出版社 1972 年版,第 19 页。
② 《马克思恩格斯全集》第 1 卷,人民出版社 1995 年版,第 120—121 页。

世界普遍本质的东西,这就使得哲学比一般的时代精神更为精致,成为各种文化形态精神的凝结,又是贯穿各种文化形态使其整合为一有机整体的灵魂。马克思主义哲学的产生就是这样。正像恩格斯指出的:"由于这三大发现(指能量守恒定律、关于生物机体的细胞学说和进化论思想——编者注)和自然科学的其他巨大进步,我们现在不仅能够指出自然界中各个领域的过程之间的联系,而且总的说来也能够指出各个领域之间的联系了,这样,我们就能够依靠经验自然科学本身所提供的事实,以近乎系统的形式描绘出一幅自然界联系的图画。"①而马克思和恩格斯对德国古典哲学的考察,抛弃了黑格尔的唯心主义体系,批判地吸取了其中辩证法的合理内核;抛弃了费尔巴哈哲学中的形而上学和宗教的、伦理的唯心主义杂质,批判地吸取了其唯物主义基本内核。正是在这样的基础上,马克思和恩格斯创立了辩证唯物主义和历史唯物主义。

　　学习哲学,对于提高人的素质,培养创新精神和实践能力有着非常重要的意义。哲学是时代精神的精华,和"聪明"、"智慧"相联系,这样,哲学就成为使人聪明的学问。哲学和具体科学不同,它不是对世界某一方面、某一层次或某个别联系理解与说明,而是对基于普遍联系的世界整体的本质的揭示和把握,所以,哲学智慧是大智慧。从这一点上说,哲学如同普照大地的阳光,他照亮人类的生活世界,使得人类生活展现出意义的灵光。学习哲学的意义,集中地表现在以下几个方面:第一,为人们提供思维模式,锻炼人们的理论思维能力。实践造就了理论思维模式,并由哲学集中地表现出来。一定时代的哲学体现着该时代理论思维水平的广度和深度。这样,哲学为人们提供的思维模式就代表着时代水平的认识和理解世界的能力。恩格斯对此曾深刻地指出,一个民族要想站在科学的高峰,就一刻也离不开理论思维,理论思维的能力"必须加以发展和锻炼,而为了这种锻炼思维能力,除了学习以往的哲学,直到现在还没有别的手段。"②马克思主义哲学为我们提供了一种崭新的科学思维模式,即唯物辩证的思维模式,这是迄今为止的人类实践所造就的最高级的思维模式。毛泽东的哲学就是有中国特色的马克思主义哲学。马克思主义哲学为人们所掌握后形成的辩证思维能力,是认识世界和改造世界的精神原子弹。第二,因此,就内容而言,真正的哲学所提供的是关于事物和现象的本质和根源的知识。第三,由于哲学提供具有时代发展水平的理论思维模式,提供关于事物和现象的本质和根源的知识,因此在客观世界面前,

---

① 《马克思恩格斯选集》第 4 卷,人民出版社 1972 年版,第 241—242 页。
② 《马克思恩格斯选集》第 3 卷,第 465 页。

哲学最能体现人的自由和高贵,使人明白自己的尊严。人通过哲学的方式,追求真理,以怀疑分析始,以条例法则终,创造知识,自强不息,行己有耻,从而形成对事物臻于最完善境界的观念。从这个意义上说,哲学具有提供理想,塑造理想人格的功能。比如孟子就提出了王道、仁政的理想,也提出了"富贵不能淫,威武不能屈,贫贱不能移"的理想人格。

二、把握世界的哲学方式

人类的创造活动,是在实践的基础上,以把握世界的基本方式实现的。哲学就是人类把握世界的一种特殊方式。

(一)追求真理的态度

虽然"智慧"和"聪明"并不能表达哲学的本质含义,但它始终保持在哲学观念和哲学传统中,其原因在于,"智慧"和"聪明"凸现了哲学的精神。人高于动物的突出之处就在于,人能运用自己的理性去思维、去处理人和自然的关系,改变自己的地位与处境。在这样做时,人就成了"智慧人"。古希腊大哲学家柏拉图,在他设想的理想国里主持朝政的是一位精通哲学的国王——哲学王。

德国哲学家卡尔·雅斯贝尔斯曾这样说道:"哲学就意味着追寻。对于哲学来说,问题比答案更加重要,并且每个答案本身又成为一个新的问题。"[1]古希腊的哲学家苏格拉底就反对别人称他为"智者",他说:我固知我愚,但我爱求智,我非智也,我乃爱智者也。[2] 中国先秦的孔子也曾这样评价自己:"我非生而知之也,好古,敏以求之者也。"[3]哲学的这种追寻精神就是追求真理的精神,正是这种精神,才使人类能够不断地拓展自己的精神世界,使得人类在物质世界面前保有自由和尊严。

哲学对真理的追求,主要是通过三种方式实现的。一是学习哲学理论。每种哲学理论,都凝结着哲学家对世界认识的成果,都在不同的程度上或不同的水平上或不同的侧面体现着时代的精神。离开古今中外哲学家所提供的哲学理论,仅凭个人去苦苦地思辨和体悟,则可能发生"在哲学中几百年前就提出来的、早已在哲学上被放弃了的命题,常常在研究理论的自然科学家那里作为全新智慧出现,而且在一个时候甚至成为时髦的东西"[4]。二是面向现实。哲学是思想中的时代,是以理论的方式对自己时代的表征,因而也必

---

① 雅斯贝尔斯:《智慧之路》,中国广播电视出版社,第2页。
② 参阅柏拉图:《苏格拉底的申辩篇》,见《柏拉图对话集》,王太庆译,商务印书馆2004年版,第26—40页。
③ 《论语·述而》,杨伯峻:《论语译注》,中华书局1980年版,第72页。
④ 《马克思恩格斯选集》第3卷,第466页。

须以理论的方式去面向现实。脱离现实,就无法把握时代精神的精华,因而也不是真正的哲学,只能是一些繁琐的、经院的、教条的说教。三是自我意识。在学习哲学理论和面向现实的基础上,哲学家们还必须以独特的心灵体验、独立的反思精神和独到的理论去捕捉和把握时代精神的精华,为人类揭示新的理想境界和新的可能世界。

（二）怀疑与批判

哲学对智慧的追寻,它表现为一种怀疑和批判的精神。学习和研究哲学的过程,就是形成哲学的批判精神的过程。罗素认为,哲学的根本特征是批判,它批判性地考察运用于科学和日常生活中的那些原则,它寻找任何可能存在于这些原则中的自相矛盾之处,它只有在批判性研究的结果表明出没有任何拒绝它的理由之时,才接受它们。哲学史上,一些重要的哲学家,几乎都把怀疑和批判的精神作为他们从事哲学思考的法宝。近代哲学史上经验论的首创者弗兰西斯·培根这样说道:"每一个研究自然的人,都应当把这一点当作规则,即凡是它以一种特别满意的心情去抓住不放的东西,都应当加以怀疑。"[1]培根正是以这种批判和怀疑的精神对经院哲学和盘踞在人们头脑中的一些错误和偏见作了详尽分析和深刻的揭露。与培根同时代的近代唯理论的代表人物笛卡尔也同样强调怀疑和批判的精神。在他看来,虽然人都有均等的"理性",但并不是人们已接受的思想、观点、看法都是在理性的指导下获得的。因为"我们在成为大人以前都曾经是儿童,都必须有很长一段时间为我们的欲望和我们的教师所支配。"[2]因此,我们以前当作真理所接受的一切,很可能是虚假的,所以对这一切应当运用理性能力进行审查,即进行怀疑和批判。不仅如此,笛卡尔还把"普遍怀疑"作为建构其哲学体系的第一原理。他认为,当我对一切普遍怀疑时,"我在怀疑"这件事本身是无可怀疑的,而怀疑乃是一种思想状态,因此"我在思想"这是确定无疑的。既然我在思想,必然有一个"在想这件事的'我'",因为思想必须有思想的承担者——"自我"的存在。经过一番推论之后,他得出结论:我思故我在。

应该指出,真正意义上的哲学的怀疑和批判与怀疑主义所谓的"怀疑"是有区别的。怀疑主义把全盘的否定当作哲学的结论,它是为怀疑而怀疑,只是消极地对待任何事物。正如黑格尔所指出的,怀疑论把怀疑当作单纯的否定性因素,"他一碰到什么材料、内容时就指出,它们内部都是否定的",[3]因而怀疑论"永远只见到的结果是纯粹的虚无而完全不去注意,这种虚无乃是特

---

[1]　《十六—十七世纪西欧各国哲学》,商务印书馆1975年版,第20页。
[2]　《十六—十七世纪西欧各国哲学》,商务印书馆1975年版,第142页。
[3]　转引自列宁《哲学笔记》,人民出版社1993年版,第332页。

定的虚无,他是对于结果所自出的那种东西的虚无"。① 与此相反,哲学的怀疑和批判是哲学思考的出发点,是为寻求真理扫除障碍的手段。同时,真正的怀疑和批判是一种理性的精神,它是建立在理性的思考的基础上的,而不是主观的随意猜测和臆断。

马克思主义的唯物辩证法更鲜明地体现了哲学的这种批判精神,它认为:"辩证法在对现存事物的肯定理解中同时包含对现存事物的否定理解,即对现存事物必然灭亡的理解;辩证法对每一种既成的形式都是从不断的运动中,因而也是从它的暂时性方面去理解;辩证法不崇拜任何东西,按其本质来说,它是批判的和革命的。"②马克思主义哲学还认为,理论批判的目的不能停留在"只是用不同的方式解释世界上","而问题在于改变世界"。③ 使现存世界革命化,实际地反对和改变事物的现状。这样,马克思主义哲学就使得怀疑与批判的哲学精神从书斋内的思辨中走出来,使哲学成为无产阶级和劳动人民改造世界的思想武器。

(三) 对话和论辩

哲学不仅蕴含怀疑和批判的精神,而且也内在地要求一种对话和论辩的精神。有些哲学家不仅从形式上以对话体来表述自己的思想,而且从内容上将对话和论辩的精神贯彻到实际的哲学活动中。苏格拉底为了传播自己的哲学思想,求得普遍的道德概念,他就采用了一问一答的对话方式。苏格拉底的这种方法当时被称为"辩证法",因为古希腊语中的"辩证法"就是"谈话"、"论辩术"的意思。英国近代哲学家穆勒曾从一般意义上讨论了自由的对话和论辩对于思想的必要性,并有层层递进的四点分析:"第一点,若有什么意见被迫缄默下去,那个意见却可能是正确的。否认这一点,就是假定了我们自己的不可能错误性。第二点,纵使被迫缄默的意见是一个错误,它也可能,而且通常总是,会有部分真理;既然如此,所以只有借敌对意见的冲突才能使所获真理有机会得到补足。第三点,即使公认的意见不仅是真理而且全部是真理,若不容它去遭受而且实际遭受到猛烈而认真的争议,那么接受者多数之抱持这个意见就像抱持一个偏见那样,对于它的理性根据就很少领会或感认。不仅如此,而且,第四点,教义的意义本身也会有丧失或减轻并且失去对其品性行为的重大作用的危险,因为教条已变成仅仅在形式上宣称的东西,对于改善是无效力的。它妨碍着去寻求根据,并且还阻挡着任何真实

① 黑格尔:《精神现象学》,商务印书馆 1981 年版,第 65 页。
② 《马克思恩格斯选集》第 2 卷,人民出版社 1994 年版,第 112 页。
③ 《马克思恩格斯选集》第 1 卷,人民出版社 1972 年版,第 48 页。

的、有感于衷的信念从理性或亲身经验中生长出来。"①当然,穆勒还认为意见的发表和争论不是无条件和无原则的,而是有限制的。意识要受到不同场合的限制,因为在有些场合,意见的发表会像行动一样引起实际的不良后果,而且要遵循一定的道德规范,双方不应在争论中进行人身攻击、捕风捉影、造谣中伤,也就是说,争论应当是平等的、互相尊重的。

毛泽东同志认为,党内不同思想的对立和斗争是经常发生的,党内如果没有矛盾和解决矛盾的思想斗争,党的生命也就停止了。因此,他主张积极的思想斗争,认为这是达到党内和革命团体内的团结使之利于战斗的武器。"百家争鸣,百花齐放"就是毛泽东同志提出的增强团结、繁荣事业的基本方针。毛泽东同志所说的思想斗争就体现了对话和论辩的哲学精神。

一切科学研究和社会问题的思考都要尽可能地诉诸对话和论辩,但是,哲学在这方面有特殊的要求。因为哲学不同于一般的实证科学。尽管哲学的真理性最终根植于社会实践,但一般的哲学命题却无法用实证的方法得到直接的验证,哲学问题的解决也得依靠哲学和科学长期、持续的发展。正因为如此,"百家争鸣,百花齐放"对哲学来说就是一种内在的、必然的要求,而不是一种外部的、可有可无的条件。事实上也正是这样,在一个历史阶段上,存在着各种哲学观点之间的对话和论辩,那么,这个时期的哲学也就会呈现出繁荣和发展的景象,反之,哲学就会失去其独立的、完整的意义和价值,不是沦为附庸就是走向媚俗。

（四）反思取向和创新

哲学的反思取向,就是自觉地从反思的维度去看待全部哲学问题。例如,在哲学与常识和科学的关系中,哲学不是常识的变形,也不是科学的延伸,而是对科学的超越。这就决定了哲学、科学、宗教和艺术各有各的思维特点。

科学要把握的是单一的时间和物理空间,即自在存在的本然世界,它遵循的只是客观性尺度,追求的是事实结果——对必然规律的真理性认识。从这一意义上可以说,科学思维的特点是复本还原的思考。

宗教要把握的是单一的理想化世界,即人能自由活动的应然世界,它遵循的便是理想化尺度,追求的是价值结果——人类生活的至善状态。然而,现实的统一世界毕竟有其自在的必然规律,所以,宗教要实现其目的,就力图跳出生存三界,摆脱必然的羁绊。从这一意义上可以说,宗教思维的特点是幻想式的超越性思考。

---

① 　约翰·穆勒:《论自由》,商务印书馆1959年版,第56页。

现实的统一世界是人的世界,既不是完全由自然辖制的洪荒宇宙,也不是完全凭人的意志构造出来的存在;现实的人过得既不是简单适应本然世界的、与禽兽为伍的动物式生活,也不是脱离自然和社会的、不食人间烟火的天使般生活。因而,单纯的复本还原的思考或幻想的超越性思考,显然是不能满足人类全面把握现实的统一世界并进而把握自身的精神需求的。哲学面对这一既是"自然"的、又是"为我"的两重性世界,就需要兼具追求"本然"的"真"和"应然"的"善"的思考方式,这就形成了哲学思维的特点。

艺术是通过感性的典型形象来反映现实的,是通过唤起人们的审美情感来追求理想的。从这一意义上可以说,艺术思维的特点是形象思维。而哲学与之不同,它对现实的反映和对理想的追求,是通过理论思维达到的,它的思维特点是反思,在反思中实现追求。

人们认识世界总是从同人们生活关系最密切的、周围的具体事物开始的。在原始社会,当人们对周围具体事物的认识还不足以解释自身同世界的关系时,图腾崇拜这一幻想式的超越性思考便形成了。原始社会解体后,随着人类社会实践水平的提高和实践范围的扩大,人们已不满足于对具体事物的零碎认识,而希望从事物之间的关系中探求事物的本质和现象背后的原因,同时,也力图摆脱对世界本质的幻想性解释。于是,诸如决定事物的存在,即事物之间的关系的本原是什么、世界的变化有无规律、人类自身同外部世界有什么关系等问题就提出来了。这些带有寻根究底、追本溯源性质的问题,历来被视为知识的"最高真理",我们也称为"世界观问题"。这些世界观问题,既离不开人们的经验归纳知识,又超越了人们的经验知识;既反映了现实生活,又表现了人们向往的某种理想,以期为人们的现实活动提供依据。世界观问题就成为哲学的对象。

正因为哲学的对象是世界观问题,它表现了人们某种超经验的理想,因而哲学具有超越性思考的特点。但是,哲学对理想的追求是建立在对现实反思的基础上的,而不应当是幻想式的,因而它离不开具体的科学知识。它的思维形式是理性思维,即它通过对具体的科学知识的反思,提出一定的观点和原理,并用明确的概念和范畴加以表达,同时,对这些观点和原理进行理论阐述和逻辑论证,以形成一定的理论体系。从这一意义上说,哲学是理论化、系统化的世界观。

哲学在自己的发展过程中,不断地在自己时代的水平上反思人类把握世界的各种方式及其历史成果,从而使自己与时俱进,通过理论体系不断地重建和创新,融汇着巨大的世界历史内容,成为建立在通晓思维的历史和成就的基础上的理论思维。

第二节 哲学的历史发展概观

一、中国哲学的历史发展概观

(一)奴隶制及其向封建制转变时期的哲学

先秦哲学主要是围绕天人、古今、知行、名实等问题展开的。

1. 天道与人道。天道与人道的论辩是关于世界本原的根本观点的论辩。中国古代哲学家大都认为,人道与天道一致,而以天道为本。

先秦的一些思想家认为,自然界的异常现象是由人世间的善恶引起的,而且这些异常现象也预示着人间的幸福或灾难。相信天道和人道之间,存在一种互相感应的神秘关系。天道与人道虽然互相感应,但以天道为本。《尚书·洪范》记载的殷代贤人的言论,既保留了殷商信奉上帝的神学观念,同时又把五行看成是世界的五种基本物质。大约产生于殷周之际的《周易》,将早期"八卦"观念加以系统化,以乾(天)、坤(地)、震(雷)、巽(风)、坎(水)、离(火)、艮(山)、兑(泽)八种自然界最基本的现象,说明宇宙的生成和万物间的联系与变易法则。春秋末年的哲学家孔子很少谈论天道,但肯定天命。孔子的所谓"天",有时指有意志的最高主宰,有时也指自然界。战国初的墨子反对孔子的天命,而宣扬天志。老子第一个明确否认天是最高主宰,提出了天地起源的学说,认为世界的本原是"道",而不是天。战国末年,荀子肯定"天行有常,不为尧存,不为桀亡",提出了"制天命而用之"的学说;韩非继承了荀子的思想,吸取了老子的辩证法,改造了老子关于道的范畴。

中国古代哲学中关于人生和为人之道的观点称为人道观。周代以前,认为人是上帝的奴仆。孔子认为人类生活的最高原则是仁,即"爱人"。他把仁与礼看作是统一的,认为礼体现仁。老子反对以仁为最高道德,主张以"无为"、"抱朴"为人生的最高准则。孟子大力宣扬孔子关于仁的学说,把仁义礼智与人的本性联系起来,认为人的本性中含有仁义礼智的萌芽。荀子反对孟子的性善论,提出性恶论,认为人之所以为人者,并不在于人性本善,而在于对生物本性的改造。庄子宣扬老子的无为思想,追求所谓"逍遥"的精神境界。

2. 古今观。古今观是中国古典哲学中的历史观。春秋以前的历史观以天命史观为基本形式,认为天降生了下民,又授命君主来统治。老子推崇太古的原始社会,提倡返朴归真,认为文明是人类失去素朴本性的原因。法家强调古今之变,认为历史是变化的,宣扬历史进化的观点。孔子考察了夏、商、周三代之礼,肯定其间因袭与损益的关系,注重历史变化造成的礼制变化。孟子认为历史是治乱转化的过程,并着重于肯定先王之道的普遍性。墨家主张"本之于古者圣王之事",肯定学习历史经验的重要。

3. 知行观。知行观是中国古典哲学中的认识论。孔子的认识论存在着"生知"和"学知"的矛盾,但他更重视"学知",提倡"下学上达"的认识方法,认为在现实生活中,应当向多方面学习。他还提出要重视思考功夫,但思考必须建立在已有知识的基础上。墨子提出了判断言论是非的标准问题,认为对任何理论或认识必须从过去的历史经验、当时人民的感觉经验以及实际运用的效果来确定言论的是非。孟子强调理性认识的重要。老子提倡无知,但强调识道,他否定感性经验对识道的作用。后期墨家把知识分为三种,即"闻知"、"说知"、"亲知"。认为闻知是通过传授得来的知识,说知是由推论得来的知识,亲知是从直接经验中得到的知识,三者不可偏废。荀子比较详细地讨论了知识来源与认识方法的问题,在荀子看来,无论是间接知识(闻),还是直接的感性知识和理性知识(见),都没有行重要。知而不行,知道再多也要困惑糊涂,没有用处。

4. 名实观。名实观是先秦哲学中关于名称与现实、概念与实在之间关系的观点。它具有方法论的意义。孔子主张"正名",认为"名不正,则言不顺;言不顺,则事不成"。[①]另外,先秦哲学中提出的一系列重要哲学范畴,如:天人、气、精气、太极、阴阳、道器、动静、常变、有无、名实、心物,均成为秦汉以后哲学思想发展的基础。

(二)封建制时期的中国哲学

汉初统治者总结秦亡的教训,抛弃"以法为教,以吏为师",主张清静无为的黄老之学盛极一时。汉武帝时,儒学逐渐成为统治思想。而天文学、医学等学科的进步,王充等人的反正统派哲学思想的出现,以及佛教的传入、道教的建立,使哲学思想呈现出复杂的新局面。汉代哲学思想主要是围绕天人关系、古今变迁、人性等问题展开的。

天人关系。汉代的封建统治阶级创立了崇信天命鬼神的新形式,天人关系成为哲学思想的中心问题。董仲舒是以儒学为宗,吸收阴阳五行学说,建立了以"天人感应"为核心的神学思想体系。他宣称天是百神之大君,人是天特别创造的东西。王充则指出天地生人生物都是自然而然的,天与人是互不相知的,天没有意志也没有情感,天道无为。

古今之变。古今之变是关于历史观的讨论。董仲舒认为历史本质上是不变化的,人类历史只能按"黑、白、赤"三统循环变迁,周而复始,他进一步把

---

① 《论语·子路》,杨伯峻:《论语译注》,中华书局1980年版,第133—134页。

王朝的更替归结为"天意"。司马迁否认"天道有知",能主宰历史的变迁,力图从人事的得失成败中说明历史变迁的原因。扬雄认为历史有因有革,肯定继承和变革都是必要的。王充反对复古主义,他把"天道自然"的观点用到社会历史的发展上,认为历史的发展有其必然性。他还试图探索国家兴衰治乱的经济根源,认为:"让生于有余,争起于不足。"汉代进步思想家,大多承认历史是变的、进化的,并对影响历史发展的经济因素和百姓的作用有所探索。

人性学说。人性学说是探讨人的本性的理论。董仲舒把人性看成人的自然资质,而性与情的联系便有了善恶,性倾向于善而情倾向于恶,性与情的对立是"受命于天"。扬雄认为人之性善恶兼有,修其善则为善人,修其恶则为恶人,强调后天的修养。王充认为,人性禀受于元气,人所秉之气有厚薄的不同,因此人也有善恶之分。同时王充也认为铸成人性的东西是学习,教育与环境对一般人的个性形成与改造有积极作用。

魏晋南北朝时期,适应门阀士族夺取统治权利和维护身份等级制度的需要,以抽象性为特征的玄学思潮应运而生。玄学提出了一系列新的哲学范畴、概念和命题,如有无、体用、本末、名教与自然之辩、言意之辩等等。

有无。所谓"有"指有形的物质存在,所谓"无"指没有任何具体规定性的绝对。何晏、王弼首创玄学,提出了以"无"为本的中心思想,把"无"当作一切事物生成和发展的根据。西晋时期,裴頠否认无能生有,认为原始的有是自生的;自生之物,以有为体。郭象否定"有生于无",提出了"万物独化"的理论,认为一切都"独化于玄冥之境"。[1]

名教与自然之辩。魏晋玄学从有无问题的争论引申出所谓"名教与自然"之辩。王弼认为"自然"和"无"、"名教"和"有"具有相同的意义,人的自然本性是本,名教是末,二者并不矛盾。名教是自然的必然反映,应当顺其自然。嵇康、阮籍强调名教与自然的对立,主张"越名教而任自然"。郭象则进一步抹煞自然与名教的区别,认为事物存在的状态都是自然的、合理的,社会上的君臣上下、等级贵贱、仁义礼法,都是"天理自然",遵守名教也就是顺随自然。这样,玄学终于找到了服务于士族特权统治的理论中心。

言意之辩。所谓言意之辩,指探索物象、语言、思维的关系以及语言能否表达真理的问题。《易传》曾说,"书不尽言,言不尽意",圣人"立象"以尽意。王弼加以引申,提出:"言者所以明象,得象而忘言;象者所以存意,得意而忘象。"[2]王弼强调把握义理的精神实质,而不拘泥于言辞,对提高理论思维水平

---

① 郭象:《庄子注》,钦定四库全书子部十四卷一,文渊阁本。
② 王弼:《周易略例·明象》,楼宇烈:《王弼集校释》(下),中华书局1980年版,第609页。

有积极意义。西晋时认为"名"是用来指"物"的,"言"是用来明"理"的。

隋唐时期,以心性问题为核心的佛教哲学广为流传。与此同时,儒家学者提出道统说,同佛教的"法统"相抗衡,迫使佛教中国化。这一时期的哲学突出探讨了如下问题:

心性、理事。唯识宗着重介绍并宣传印度佛教的唯识学说。特点是强调境不离识,认为感觉或意识的对象不能脱离感觉或意识而独立存在。天台宗、华严宗及禅宗都认为,人心为万物的本原,千差万别、包罗万象的三千世界都存在于意念活动的瞬间。华严宗以"法性"为现象的本原,提出"理"、"事"两个基本哲学范畴。"事"指万事万物,"理"指统摄一切事物的本体。两者是统一而又互不妨碍的。禅宗的创始人慧能以心净自悟为立论的哲学基础,提出"顿悟成佛"的方法论。

道统与法统。佛教为了维护自己的神学体系,曾编造了一个由历代祖师一脉相承的传授体系,称为"法统"。韩愈为了对抗佛教,提出了儒家道统说,韩愈所说的"道",就是抽象化了的封建伦理道德规范,认为只有儒家"道统"才是正统,是封建社会惟一合法的思想。

天人关系。柳宗元、刘禹锡重新提出天人关系问题,批判了天人感应论。柳宗元明确提出,天与人"不相预",不能"赏功而罚祸"。谈到天地起源问题时,认为"元气"是世界的本原。刘禹锡认为强者制服弱者是自然规律;建立礼义法制,赏善罚恶,是社会准则。

宋元明清哲学以理学为特征。各学派之间的论争主要是围绕理气、心性、知行、两一、古今等问题展开。

理气。理与气是宋代哲学探讨世界本原的一对范畴。张载以"气"为最高范畴,认为整个世界统一于"气"。王安石以"元气"为体,以"冲气"为用。程颢、程颐把"心"和"道"归之于"理",以其为最高的哲学范畴。朱熹兼采张、程,以理为第一本原、气为第二本原。明代罗钦顺、王廷相强调"理在气中"。明清之际的王夫之以及后来的戴震都肯定气是第一性的,理不能脱离气而独立存在。

心性、心物。张载把人性分为"天地之性"和"气质之性"。认为人有性又有心,心与物相对,心为内,物为外;又认为心包括性与情。程颢也区别"天命之性"与"气禀之性",以为"天命之性"就是理。程颐认为性的内容是仁义礼智。朱熹详细论述了心与性的关系,认为心之"体"是性,心之"用"是情;有理有气然后有心。陆九渊认为心性非二,心即是性,性即是理,所以心亦是理。他进一步推论出,整个宇宙只是一个理,而这个理就在吾心之中。

闻见、知行。中国传统哲学中所谓"知",即是指认识,包括对一般事物的认识和对道德的认识。所谓"行"是指行为,包括日常生活中的一般行为和道德行为。张载强调认识与道德的联系,认为"德性所知"来自道德修养,否定德性所知与见闻之知的联系。程颐认为只要研究了自己身心和天地万物之理,就能觉悟最高本原之理了。在知行关系上,程颐主张知先行后。朱熹也认为致知方法在于"即物而穷其理",但他的"物"既指客观事物,也指封建道德律。在知行关系上,他认为知在行先。陆九渊主张直接求理于心。王守仁提出"知行合一"说,强调知行不是二事。王夫之指出知行既相互区别又相互依赖,肯定行先知后。

两一、变化。两一、变化的辩证法思想,在宋元明清时代得到进一步发展。张载认为由于对立,所以产生变化;由于统一,所以变化神妙不测,变化构成事物的发展过程。程颢提出了"物必有对"[①]和"物极必反"[②]辩证法命题。他认为事物的发展,达到一定限度,必然转向反面。朱熹更提出"一中有对"之说,认为东西、上下、寒暑、昼夜、生死,都是相反相成的。王夫之认为对立面一定是有根本区别的,可谓"大辨";二者又是密切联系的,可谓"至密"。

(三)中国近代哲学

中国近代有了资产阶级哲学,而马克思主义在中国的传播,使中国近代哲学史的发展进入了一个崭新的阶段。在马克思主义与中国革命实践相结合的过程中,形成了中国化的马克思主义哲学,即毛泽东哲学思想。

1. 中国近代的宇宙观

从康有为开始,注意吸取西方近代自然科学知识来构造自己的宇宙观。康有为用"热重之力"、"光电"、"原质变化"来说明中国古代哲学的"气"。[③]谭嗣同则用"以太"代替气的本原地位。严复认为宇宙万物都是由于"质、力相推"演化而成的。孙中山用中国古代"太极"一词来译"以太",意即远处物质。地球、生命、人类及其进化都是由"太极"发展变化而来。

中国近代的科学宇宙观是由中国的先进分子在马克思主义指导下确立起来的。瞿秋白指出,马克思主义宇宙观的基础是在于互变法的唯物论,全宇宙只是统一的物质之种种组合或混合的方式,并认为各种物质遵循着辩证法规律。李达在《社会学大纲》中认为,世界是物质的关联的统一体的发展过程。"物质"是客观的存在,它独立存在于意识以外,又为意识所反映;运动和时间、空间都是物质的根本存在形式。物质世界辩证地发展着,形成无数物

---

① 《河南程氏遗书》卷十五,程颢、程颐:《二程集》,中华书局 1981 年版,第 161 页。
② 《周易程氏传》卷第四,程颢、程颐:《二程集》,第 945 页。
③ 康有为:《内外篇·理气篇》,《康有为全集》第一集,中国人民大学出版社 2007 年版,第 110—111 页。

体总关联的一个体系。瞿秋白和李达宣传了辩证唯物主义自然观的基本观点,开辟了中国哲学发展的新时期。

2. 中国近代的社会历史观

中国近代思想家对社会历史问题尤为注重。龚自珍和魏源虽然承认历史的变动性,但仍强调以心为本。洪秀全、洪仁玕为了否定清王朝的统治,塑造出一个天下凡间大共之父的"皇上帝"。康有为认为人类社会从君主专制、到君主立宪、而后达到民主,这是历史的必然。但他认为,儒家的"仁"是全部历史的基础。谭嗣同提出"通"的思想,主张革除封建专制的等级制度而达到平等。他还认为,历史的主人是圣哲、教主。梁启超认为,历史是英雄的舞台,没有英雄就没有历史。孙中山倡导民生史观,他说:"民生就是政治的中心,就是经济的中心和种种历史活动的中心。""人类求解决生存问题,才是社会进化的定律,才是历史的重心。""所以民生问题可说是社会进化的原动力。"[①]

"五四"时期,马克思主义哲学传到中国,一些先进知识分子首先接受的是唯物史观。李大钊、蔡和森等都主张从经济关系和阶级斗争上去说明社会变革和历史发展。后来李达在《社会学大纲》中对马克思的唯物史观作了系统阐述。20 世纪 40 年代初,毛泽东在总结革命实践经验的基础上,进一步提出"只有人民才是创造世界历史的动力",[②]并根据马克思主义的群众观点,提出一条完整的群众路线,从而发展了马克思主义的唯物史观。

3. 中国近代的发展观

由于中国近代社会处在大变动的历史时期,变易、发展的思想相当盛行。甲午战争以前的一批思想家都强调变易。而戊戌时期资产阶级的改良派则把西方自然科学的进化思想与中国传统的变易思想结合起来,形成了进化学说。但他们仍把社会历史进化发展的动力说成是"心力"、"天之所演"或"质、力相推",而且只承认渐变,不承认突变。资产阶级革命派则把革命论引入社会历史进化论,主张突变,但却害怕群众,不承认阶级斗争是历史发展的动力。

"五四"以后,中国共产主义者李大钊、瞿秋白、李达等人,特别是毛泽东把马克思主义与中国革命实践结合起来,形成了具有中国特色的唯物辩证法的发展理论。他们系统地阐明了事物由量变到质变,又由质变到量变,"螺旋式"上升的原理;科学地解释了事物变化发展的动因,认为事物的发展在于自身包含的对立统一的矛盾运动;不仅具体论证了自然界从低级、简单的形态

---

① 《孙中山选集》,人民出版社 1957 年版,第 825、812、818 页。
② 《毛泽东选集》第三卷,人民出版社 1966 年版,第 1031 页。

进到高级、复杂形态的物质运动过程,尤其深入论证了人类社会由低级阶段到高级阶段的发展规律。毛泽东的《矛盾论》是这一理论的代表作。

4. 中国近代的知行观

中国近代哲学的认识论思想比较丰富。魏源在提倡"彻悟心源"的同时,也强调"行"在认识中的重要性。谭嗣同认为概念决定于客观实际,但在知行问题上却主张"贵知不贵行"。严复则主张读宇宙"无字之书"。孙中山提出了"知难行易"的学说,用大量的事实论证了行先知后、知行转化问题。新民主主义革命时期,马克思主义认识论在中国已经得到广泛的传播和运用。李达在《社会学大纲》中写到:人类的认识是物质世界在人类意识中的反映。人类的认识是一个辩证的过程,由实践出发,而复归于实践,其中包括着由物质到感觉及由感觉到思维的认识发展过程。他认为,实践是认识的基础,认识是实践的动因。实践不但证明认识的真理性,并且依据认识的真理性,积极地变革客观世界。

毛泽东总结中国革命的实践经验,撰写了《实践论》等著作,进一步发展了马克思主义的认识论,提出以实践为基础的系统的认识论学说,指出"实践、认识、再实践、再认识,这种形式,循环往复以至无穷,而实践和认识之每一循环的内容,都比较地进到了高一级的程度"。[①]他认为这就是辩证唯物主义的全部认识论,就是辩证唯物主义的知行统一观。后来,他又在《新民主主义论》中把马克思主义认识论定义为"能动的革命的反映论"。毛泽东这些论述,是对辩证唯物主义认识论的高度概括,是对中国哲学史中知行问题的科学总结。他的认识理论以及在此基础上提出的"一切从实际出发"、"实事求是"和"理论联系实际"的原则,在中国革命和建设中,发挥了巨大的指导作用,今天依然是我们建设有中国特色社会主义的思想精髓。

二、西方哲学的历史发展概观

(一) 古希腊哲学

古希腊哲学从神话传说中产生以后,首先集中于对宇宙本原的探讨,一般称之为自然哲学。其中古代朴素唯物主义者,他们把世界的本原归结于某种具体物质形态或臆造的物质结构,如泰勒斯认为万物起源于水,赫拉克里特认为万物起源于火,德谟克利特则认为是不可分的原子。为了说明世界的多样性,朴素唯物主义者一般都确信万物处在运动变化之中。

公元前 5 世纪,古希腊哲学的兴趣由研究自然转移到研究人。智者的主要代表人物一般不相信有真正的存在和客观真理。普罗泰戈拉认为一切都

---

① 《毛泽东选集》第一卷,第 298 页。

同样的真,是非善恶都是相对于人的感觉而言的。高尔吉亚认为一切都同样的假。

苏格拉底也是集中研究人的哲学家,他与智者相反,主张有客观真理、认识事物是可能的。他认为真正的知识就是从具体的道德行为中寻求各种道德的普遍定义,而寻求定义的方法就是论辩诘难。他的论辩诘难的方法是辩证法的最早来源。

公元前 4 世纪,古希腊哲学的代表人物是柏拉图和亚里士多德。他们认为理念在感官事物之外,普遍在个别之外,这就在本体论上分裂了思维与存在、普遍与个别的关系。亚里士多德既重视理念,又注重经验事实,并把这两方面结合为一,创立了庞大的哲学体系。他认为理念或他所说的"形式"不能离开感官事物而存在,普遍不能离开个别而存在。亚里士多德要在理念和感官事物、普遍与个别之间建立起联系,认为这种联系的关键就是有目的的发展,发展是由潜能到现实的转化。

自亚里士多德死后约 800 年期间,主要哲学流派都集中于伦理问题的讨论。这个时期对于某些具体科学的兴趣也出自伦理行为的需要。大约从公元前 100 年起,罗马哲学由对伦理的兴趣转向了宗教。

(二)中世纪哲学

在中世纪大约 1000 年的封建社会时期,天主教会是最大的封建统治者,哲学不过是用理性解释信仰的工具,成了神学的婢女。

奥古斯丁确立了基督教哲学,他首先提出信仰第一,然后理解的原则,为中世纪经院哲学奠定了基础。经院哲学的特征是奉基督教教义为无上权威,但要用理性去加以解释,解释的方法极其烦琐,成了一种纯粹抽象的逻辑推理。

13 世纪,亚里士多德哲学的影响大为增长,教会遂转而利用亚里士多德哲学中与教义相结合的方面,于是被基督教教义改造过的亚里士多德哲学成了官方哲学。这种哲学明确主张哲学服务于神学,反对阿拉伯先进哲学家提出的"二重真理"说;将理性和信仰区分开,但又力图加以调和;认为启示高于理性,哲学以理性解释上帝,不能与宗教信仰相矛盾。

到 14—15 世纪末期,由于罗马教会的衰微、自然科学的发展,亚里士多德哲学中重经验事实的本来面目逐步被认识,于是正统的经院哲学日趋没落,哲学日益脱离神学。

(三)近代哲学

近代西方哲学分为三个时期:

1. 文艺复兴时期哲学

15—16 世纪的所谓"文艺复兴"时期,是一个自我觉醒的时代。自然和人成了当时思想界所研究的中心课题,并形成了人文主义和自然哲学两股互相联系而又有一定区别的思潮。

人文主义以资产阶级人道主义为核心,反封建、反神学,主张以人为中心,一切为了人的利益。人文主义并不是一种狭义的哲学理论体系,而是涉及文学、艺术、科学和哲学等各个文化领域的一种具有共同倾向的思潮。这种共同的倾向表现在人文主义者的一个主要口号:我是人,凡是人的一切特性,我无不具有。

自然哲学在 15 世纪下半叶兴起的近代自然科学的基础上,用自己的唯物主义反对经院哲学的唯心主义,用经验观察的科学方法反对经院哲学的推演方法,用辩证法的思想反对经院哲学的形而上学。自然哲学家尼古拉和布鲁诺从认识论的角度探讨了如何把握对立统一的途径问题。尼古拉从当时自然科学的材料出发,把多样性的统一归结为对立面的统一,认为只有对立的统一才是最高的真理。

2. 中期近代哲学

17—18 世纪是近代哲学的中期。这个时期,自然科学出现了分门别类的研究,现实世界成了可以由人类把握的对象,这时哲学的兴趣集中在主体与客体的关系、思维与存在的统一等问题上。

伽利略提供了近代科学的研究方法,同时也为近代哲学提供了研究的方法。伽利略方法的特点是,以观察和实验为基础,进行归纳和数学的演绎。培根是近代唯物主义经验论的第一个代表,他把经验当作统一思维与存在的关键,在近代哲学史上第一个提出思维的主体"人"应该主动干扰自然,使之服务于人类。笛卡尔是近代唯理论的第一个代表。他排斥一切外在权威,把人的思维当作哲学的开端。他的"天赋观念"说,主张单凭思维中的普遍性概念即可把握最高真理。笛卡尔提出的"我思故我在"把思维和存在直接地统一起来。洛克发展了唯物主义的经验论,他尖锐地驳斥了笛卡尔唯心主义的"天赋观念"说,提出了自己的白板说,认为人的心灵原本是一块"白板",因此没有什么天赋观念,一切知识都是从经验中产生的。莱布尼茨也针锋相对地反对洛克的唯物主义的经验论,他是"天赋观念"说的拥护者。他认为万物的实体是"单子","单子"由于"前定和谐"而联系在一个统一体即神之中。贝克莱是唯心主义的经验论者。他提出"存在就是被感知",认为世界上除了感知的主体即精神实体和被感知的知觉"观念"之外,什么也没有。休谟比贝克莱走得更远,他认为真实存在的只有知觉,经验由知觉构成,知觉以外的东西都是不可知的。

到了 18 世纪,才出现公开的唯物主义与无神论。法国唯物主义者明确主张只有物质实体,认为思维不过是物质的属性,这在解决思维与存在的统一性问题上比过去大大前进了一步。他们认为经验的惟一来源是感觉,并用因果必然性解释一切,完全排斥偶然性,还把运动归结为机械运动,认为"人也不过是一架机器"。

3. 德国古典哲学

自"文艺复兴"以后,人权问题固然从神权束缚下解放了出来,但 17—18 世纪形而上学的、机械论的宇宙观,又把人们的精神束缚于自然界因果必然性之下。康德、J. G. 费希特、F. W. J. 谢林和黑格尔一致认为,世界的本质是精神性的,精神、自我、主体在他们的哲学中都占中心地位,所不同的只是这种精神性的东西被把握的程度如何以及如何加以规定和说明。他们都承认哲学所追求的最高真理是多样性的统一或对立面的统一,统一性更根本,所不同的只是这种最高统一体能否由思想认识来把握以及对这种统一体作如何理解。他们都认为唯理论与经验论各有片面性,企图在肯定思想概念的基础上把感性认识和理性认识结合起来,所不同的只是结合的方式与程度不同。

康德用"感性"、"知性"、"理性"三个环节构成了他的整个认识论体系。他主张知识既要有感觉经验的内容,又要有普遍性、必然性的形式。他认为,作为感觉经验外部来源的"物自体"是不可认识的,对知识起主导作用的是作为人类普遍意识的"自我"的"综合作用"。"自我"靠自己的"综合作用"把多样性的东西统一于普遍性、必然性之下,从而构成科学知识。但他又认为,人心还具有比"知性"更高的"理性"阶段,"理性"要求超出有条件的知识、经验的范围之外,以达到无条件的最高统一体即理念。康德认为,"知性"的概念范畴总是非此即彼的,只能应用于多样性的事物,若用它们去规定超经验的最高统一体亦即世界整体,就出现"二律背反"。他列举了 4 组二律背反:①正题:世界在时间上有开端,在空间上有限;反题:世界在时间上和空间上无限。②正题:世界上的一切都是由单一的东西构成的;反题:没有单一的东西,一切都是复合的。③正题:世界上有出于自由的原因;反题:没有自由,一切都是依自然法则。④正题:在世界原因的系列里有某种必然的存在体;反题:里边没有必然的东西,在这个系列里,一切都是偶然的。康德的这套思想对破除非此即彼的形而上学方法,是一个很大的贡献,它促使黑格尔达到了具体真理是亦此亦彼、对立统一的结论。

费希特认为世界上的一切皆"自我"所创造。"自我"不是个人的我,而是普遍的我,是道德的自由的我。"自我"、"非我"二者的统一,是一切事物进展的历程。世界上的一切事物不是按因果必然性联系起来的，而是趋向于道德自我，为完成道德自我的目的而存在。

　　谢林把费希特的主观唯心主义推向客观唯心主义。谢林认为自然和精神、存在和思维、客体和主体，表面相反，实则同一，都是同一个"绝对"的发展过程中的不同阶段。"绝对"是浑然一体的"无差别的同一"，是万事万物的根源。谢林继承了费希特变化发展的观点，认为整个世界的发展过程是正、反双方对立统一的过程。

　　黑格尔是集德国唯心主义之大成的哲学家。他创立了西方哲学史上最庞大的客观唯心主义体系，第一个系统地、自觉地阐述了辩证法的一般运动形式，成为马克思主义以前辩证法高级形态的最主要代表。关于黑格尔的辩证法后面将专门论述。

　　德国古典哲学的最后一个代表是唯物主义哲学家 L. 费尔巴哈。他机智地驳斥了康德割裂思维与存在的二元论和不可知论，生动地讽刺了黑格尔所谓逻辑理念"外化"为自然的学说，他还批判了黑格尔的唯心主义的思维与存在同一说。他认为，自然界是惟一实在的；人是自然的产物，是肉体与灵魂的统一；自然、现实是可以被人认识的，思维从存在而来，思维可以达到存在。费尔巴哈以灵魂与肉体相统一的人为出发点，建立了形而上学形态的"人本学"唯物主义和以这种唯物主义为基础的思维与存在同一说，从而把人们的注意力从唯心主义者所喧嚷的抽象自我或"绝对精神"中，转移到了有血有肉的人和现实世界上。而且，他不再把人看成是一架机器。不过费尔巴哈和黑格尔等人一样，也离开了人们的物质生产活动和物质生产关系来谈人，把宗教的本质归纳为人的本质。

（四）现代哲学

　　从 19 世纪 40 年代起，西方哲学史进入了现代哲学的发展时期。

　　随着 19 世纪上半期欧洲工业革命的完成，许多国家进入了资本主义高度发展的阶段。这时，资本主义固有的矛盾也日益暴露，特别是无产阶级和资产阶级的矛盾日益尖锐。资本主义大工业生产促进了自然科学的发展，细胞学说、能量守恒和转化定律、生物进化思想等的提出，极大地推进了人们的认识发展进程。

　　面对社会的各种矛盾和自然界新的现象以及科学上的新发现，人们迫切需要理论的解释和哲学的概括。到了 19 世纪 40 年代，黑格尔学派已经解体，德国古典哲学已失去了它原有的光彩。但是，这一古典哲学仍然被后来的哲学家们所继承、利用、改造和发展。19 世纪 30—60 年代形成了以 A. И. 赫尔岑、车尔尼雪夫斯基为主要代表的俄国革命民主主义者的哲学。马克思和恩格斯批判地吸取了黑格尔哲学的合理内核和费尔巴哈哲学的基本内核，在以往哲学成果的基础上实现了哲学史上的最伟大变革，创立了辩证唯物主义和历史唯物主义。马克思主义哲学的产生宣告了旧的哲学时代的终结，新的哲学时代的开始。19世纪40年代和后半叶，是马克思主义哲学的形成以及它在欧洲的传播和发展时期。20世纪，马克思主义哲学在世界各国得到了广泛的传播和迅速的发展。在马克思主义哲学形成和发展的同时，西方资本主义国家也逐渐产生了其他的哲学派别，如实证主义、唯意志论、存在主义、结构主义等等，这些哲学流派总称为"现代西方哲学"。这是西方哲学史中现代哲学发展的另一个侧面。

三、中西哲学的比较

哲学作为一种社会意识形态，在一定的经济基础上产生，由经济基础决定。而人类社会经济基础的发展有着共同的规律，这就使得东西方哲学有着共同或相似的东西。东西方哲学中都贯穿着思维和存在这一哲学的基本问题，贯穿着辩证法和形而上学的对立和斗争；在东西方的哲学发展史上形成了许多可对应起来的观念、范畴等；这些观念、范畴等也都经历大致相同的生命周期，即发生、发达和衰落的生长阶段或形态，都按一定的周期而兴衰，甚至在时间上也是平行的。但哲学一旦产生，就有其相对的独立性，有自身发展的内在逻辑。受历史传统和思想资料的影响，东西方哲学同时又有着各自的特点。

（一）中国封建社会的哲学先进而西方中世纪哲学相对比较落后

中国哲学起源很早，历史悠久。先秦哲学内容丰富，学派众多，在同时期的世界哲学中，属于少数较高发展形态的哲学之一。进入封建时代，即西方的中世纪，中国的科学技术在世界范围内长期处于领先地位。随着社会思想及自然科学的不断发展，哲学也在殷周哲学的基础上，继续发展、繁荣和丰富，形成了历史久远的、具有较高形态的封建社会的哲学。这一时期，在其他多数国家，哲学尚处于相对贫困状态，文艺复兴之后，西方哲学才逐渐复苏。

（二）中国封建时代的哲学主要是同经学结合，而同期西方哲学主要同神学结合

中世纪的欧洲，神学在思想领域中占据了统治地位，哲学充当着神学的婢女。唯物主义思想因素不得不披上宗教神学的外衣或作为宗教异端出现。中国封建时代，宗教神学也比较活跃，但始终未能占据统治地位，正统思想一直是儒学。道教、佛教学说中反映出了不少哲学思想，构成了中国哲学的重要组成部分，但儒家哲学一直居于主导地位。儒家学派以经学的典籍为依据，因袭"天命"一类传统观念，但却没有树立一个主宰世界的人格神；他们不

注重彼岸世界,而着眼于现实社会;不是进行宗教说教,而是实施道德教育。

（三）中国哲学传统与伦理学相互渗透,而西方哲学传统则与科学息息相关

中国哲学传统与伦理学的联系极为密切,本体论、认识论往往同道德论相互渗透,表现出浓厚的伦理色彩。西方哲学传统则是哲学与科学息息相关,与宗教相互渗透而又相互对立。先秦时代,儒家、墨家、道家都以天道观作为伦理学说的理论根据。秦汉以后,董仲舒以"阴阳"来论证"三纲",王弼以"体无"为圣人的最高境界。宋明理学中,这一点更为显著。唯物主义从人物同属——"气"来宣扬仁爱,唯心主义则直接认为世界本原的"理"即是人伦的最高准则,二者都强调天道与人道的统一。此外,孟子所谓"思诚"、荀子所谓"虚壹而静"、程朱的"格物致知"、陆王的"发明本心"等等,都既是求知方法,又是道德修养方法。本体论与伦理学、认识论与修养论都密切结合。关于社会历史的变迁,则往往以某种伦理道德原则作为论评天下"有道"与"无道"的准绳。古希腊哲学是在摆脱宗教信仰和神话束缚的过程中诞生的,它从一开始便与科学结成了不可分离的关系,哲学家同时也是科学家。当时,人们只是从总的方面观察自然界,而没有对自然界进行解剖和分析,自然科学的这种情况反映在哲学上,就使古希腊哲学具有朴素辩证法的性质。随着基督教的兴起和封建统治者对基督教教会的利用,西方哲学便又溶化于宗教之中。中世纪哲学几乎完全受基督教教会的支配,科学也遭受同样的命运。近代西方哲学与科学之间保持着紧密的联系,其发展的阶段性是与近代科学发展的阶段性相适应的。17—18 世纪,自然科学进入了对自然界进行分门别类的研究和对各种事物进行分析解剖的阶段,它所采用的方法主要是以实验和观察为基础的归纳法和数学演绎法。与此相适应,这一时期形而上学思维方式在哲学中占主导地位。18 世纪末 19 世纪初自然科学中的新发现和新成就表明,自然界的现象是辩证地发生的。这种状况反映在哲学上,便是从康德到黑格尔的德国古典唯心主义哲学的辩证法形态。从古希腊的朴素辩证法形态,经过 17—18 世纪形而上学思维方式的阶段,到德国古典唯心主义辩证法的形态,这一哲学上的否定之否定的过程,是和整个西方自然科学发展的过程相并行的。

（四）中国哲学强调人与自然的和谐,西方哲学强调人对自然的改造

思维与存在的关系在西方哲学史中有着突出的地位。与中国哲学中人与世界的关系以一种先天和谐的原则被公认不同,西方哲学注重设定本原、二分世界,然后以逻辑思维的方式追求本原之真实,以此为主导思想建立起进行世界之思和人事之思的哲学。在西方的哲学传统中,存在着人与自然、

本质与现象、精神与物质等决然二致的紧促张力。从一定的意义上说,西方哲学史是从思维与存在浑然一体观,经过把两者看成分离对立的观点,逐步走向形而上学唯物主义或客观唯心主义的思维与存在对立统一观点的发展史。

（五）中国哲学思维方式重视整体把握,西方哲学的思维方式则重视个别分析

中国哲学的思维方式倾向于整体性、有机性与连续性。中国哲学具有丰富的朴素辩证法的思维传统,许多学派用不同的术语表述了他们关于事物或观念的矛盾、运动、发展、转化的辩证思想。他们把宇宙的演化视为一系列的生成、转化的过程,把天地、万物、动、静、形、神视为相互区别又相互联系的统一体,注重于天人合一、古今一贯、形神一体等等。西方哲学则注重于对一与多(普遍与个别、统一性与多样性、不变与变)之间关系的认识。古希腊哲学关于本原究竟是水还是气或者是火等等的讨论,实际上都是要在个别的、多样的、变动不居的东西中寻找普遍的、统一性的、不变的东西。柏拉图的"理念论"所说的感性事物就是指个别的、多样性的、变动不居的东西,理念就是指这些东西的型式,即普遍的、统一的、不变的东西。亚里士多德比较重视个别,认为理念不在感性事物之外,而在感性事物之中,普遍不在个别之外,而在个别之中。西方近代哲学着重从认识的角度讨论了一与多关系的问题,总的趋势是要求把二者结合起来。近代哲学中的唯理论与经验论之争包含有一与多关系问题的讨论。经验论者重多,唯理论者重一。康德看到唯理论与经验论各有片面性,企图结合普遍与个别而构成科学知识,但他并没有把两者有机地结合起来。只有黑格尔才在唯心主义基础上系统地阐发了一与多的辩证关系,他不但达到了多样性的统一,还达到了对立面的统一。黑格尔对一与多关系的论述,达到了近代哲学史上的最高水平。

（六）中国哲学和西方哲学各有自己的一整套独特的概念范畴

中国哲学有自己独特的传统概念范畴,如道、气、理、神、虚、诚、明、体、用、太极、阴阳等等,以鲜明的特点区别于西方哲学中的本原、逻各斯、理性、绝对、影像、质料因、形式因、动力因、目的因、潜能、现实等概念范畴。

第三节　黑格尔的辩证法

一、黑格尔其人其书

黑格尔(Georg Wilhelm Friedrich Hegel,1770—1831)是 19 世纪德国古典哲学家、客观唯心主义者、辩证法大师、渊博的学者。

　　黑格尔生于德国南部斯图加特城,父亲是税局书记。1780 年起他就读于本城文科中学,接受古典和启蒙教育。他在此期间所写的几篇短文,如《三人间交谈》、《谈希腊人和罗马人的宗教》、《谈古今诗人的显著区别》等,显示出他喜欢分析历史故事中的矛盾,并对传统宗教观念采取批判态度的倾向。

　　1788 年到 1793 年,黑格尔到图宾根神学院学习哲学和神学。他对于哲学充满兴趣,而对于正统神学则很反感。在学院里,黑格尔同荷尔德林、F. W. J. 谢林当时都是法国革命的热忱拥护者。以后黑格尔对于法国革命基本持肯定态度。1793 年大学毕业后直到 1800 年,黑格尔在瑞士和德国的一些城市当家庭教师。在这些年里,他一方面研究哲学、历史、宗教等理论问题,另一方面他对当时英国的经济发展和法国的政治发展非常注意。1800 年到 1806 年,由于谢林的关系,黑格尔担任了耶拿大学的讲师,这段经历在他一生中具有决定意义。他与谢林一起开课,又合办《哲学评论》。这一时期,他的哲学思想成熟起来,终于在 1807 年完成了他的奠基性著作《精神现象学》。马克思指出,《精神现象学》是"黑格尔哲学的真正诞生地和秘密"。[①] 1807 年3 月黑格尔迁居班堡,任《班堡报》的编辑。由于他的报纸同情拿破仑,一再与慕尼黑官方发生纠葛,一年后他辞去这个职务。1808 年 12 月黑格尔转到纽伦堡任中学校长。1816 年黑格尔到海德堡大学任哲学教授,开始声名鹊起,也就从这时起,黑格尔的资产阶级保守的一面愈来愈鲜明了。1818 年普鲁士国王任命黑格尔为柏林大学教授。1822 年,黑格尔被任命为大学评议会委员。1829 年 10 月黑格尔被选为柏林大学校长并兼任政府代表。1831年黑格尔被授予三级红鹰勋章,同年夏他的《论英国改革法案》一文发表,因普鲁士国王下令中止,文章只发表了前半部分。1831 年 11 月 14 日黑格尔病逝于柏林。

　　黑格尔的主要著作包括:《精神现象学》、《逻辑学》、《哲学全书》(其中包括逻辑学、自然哲学、精神哲学三部分)、《法哲学原理》、《美学讲演录》、《哲学史讲演录》、《历史哲学讲演录》等等。

二、黑格尔辩证法的主要观点、研究方法及其发展过程

　　绝对精神是黑格尔哲学的核心概念。它的含义是指"独立存在、囊括一切、惟一的宇宙本原"。黑格尔从他的"绝对精神"既是实体又是主体的唯心而辩证的规定出发,认为他的研究对象就是"绝对精神"的自己发展的历史,基本任务是要揭示其发展的阶段和内在必然联系。他把绝对精神的辩证发展过程分为三个基本阶段,而这也就是他经历的许多大大小小"三段式"中最

---

① 《马克思恩格斯全集》第 42 卷,人民出版社 1985 年版,第 159 页。

大的一个"三段式":逻辑阶段、自然阶段、精神阶段。从逻辑阶段经过自然阶段到精神阶段的过程,也就是从精神、思维转化为物质、存在,又从物质、存在转化为精神、思维的过程。"绝对精神"正式通过这个双重转化的过程而实现了对它自己的认识。黑格尔的全部哲学就是对"绝对精神"这一过程的描述,因此,他的哲学也就是由"逻辑学"、"自然哲学"、"精神哲学"三个部分组成的庞大体系。

逻辑学是黑格尔哲学体系的第一部分。在纽伦堡,黑格尔于1812、1813、1816年先后分3卷出版了《逻辑学》这部巨著,黑格尔的辩证法就是在《逻辑学》中详加制定的。这部著作的重要意义只是在马克思主义哲学中才得到了正确的理解、改造并加以应用。透过这部著作的神秘外壳,可以看到其中包含着对于自然、社会与思维中一般辩证法的深刻表述。

黑格尔的《逻辑学》研究的是所谓的"纯粹理念",是由"存在论"、"本质论"和"概念论"组成的概念推演体系。"纯粹理念"在这个体系中的先后次序,只是逻辑的,与时间无关。它在自然和人类社会出现之前就永恒存在,并构成自然和人类社会的本原和本质。恩格斯针对这种观点指出,黑格尔哲学具有把基督教的上帝创世说加以理性化的性质。但是,黑格尔提出的任务是要研究作为"真理"的概念到辩证运动,即"从思维本身的内在活动"或"它的必然发展"去研究概念自己的运动和自己的发展。黑格尔是一位渊博的学者,熟悉当代各门科学的成就,特别是历史学科,因此,在这种神秘主义虚构的外壳后面,无论就《逻辑学》的整体还是它的各部分而言,处处都包含着关于客观辩证法系统的深刻洞见。马克思指出,黑格尔"常常在思辨的论述中做出把握住事物本身的、真正的叙述"。①

从整体上看,在《逻辑学》中,"存在论"的概念是直接性的,比较抽象。"本质论"的概念是间接性的,向具体概念前进了一步。"概念论"的概念是直接性与间接性的统一,达到了真正的具体概念。《逻辑学》的这个整体结构表明,黑格尔实质上已经把认识看成一个从低级到高级、从抽象到具体的辩证发展过程。但他把这个认识过程看成是客观世界本身的发展过程,从而把认识的逻辑结构强加给客观世界。在认识的逻辑结构中,黑格尔在极力把人类认识所得的概念,采取历史与逻辑统一的方式,分层次地构成一个有机整体的体系时,本身就包含着对于世界真实辩证过程认识的深化与升华。

《逻辑学》集中地体现了黑格尔把宇宙看成一个运动、变化、发展的有机整体的合理思想。在"存在论"中,黑格尔通过质、量、度的推演和分析,在西

---

① 《马克思恩格斯全集》第2卷,人民出版社1957年版,第76页。

方哲学史上最先把质量互变作为一条普遍的规律提出来了。质是某物之所以为某物的规定性。质的规定性一旦丧失，某物就不成其为某物。质本身就含有量，所以由质而推出量。量作为事物外在规定性，其变化一般不影响事物的性质。但这种量变是有一定限度的。这种限度就是度或称尺度。度又包含量变不影响质变与影响质变的两重含义。黑格尔把质量互变的点称作"交错点"，把由此点组成的线称作"交错线"。特别重要的是，黑格尔指明了量变是"渐进性的过程"，而质变则是"渐进过程的中断"达到"飞跃"，并借此批判了否认质变和飞跃的形而上学发展观。

"本质论"包括本质自身、现象、现实三个层次的概念。黑格尔的杰出贡献主要是通过本质自身的推演，即分析同一、区别、对立、矛盾诸层次的概念，深刻地批判了否认矛盾和矛盾普遍性的形而上学世界观，揭示了对立统一这个宇宙的根本规律。黑格尔认为，以传统逻辑的同一律、矛盾律、排中律作为把握世界本质的思维方式，是抽象的同语反复，不仅不能把握任何事物的本质，而且违背常识，甚至违背形式逻辑本身。黑格尔由此进一步认为，说矛盾不可设想，那是可笑的，一切事物自身都包含矛盾。矛盾是一切运动和生命力的根源；事物只是因为本身具有矛盾，它才会运动，才有动力和活动。同时，黑格尔还把矛盾发展看作一个从自在到自为的过程。同一、区别、对立，都是矛盾发展的不同层次。同一不是 a＝a，而是包含区别于自身。区别不是 a≠非 a，而是内含同一。对立也不是"或者 a，或者非 a"，而是同样包含同一于自身。但是，这些矛盾阶段，尚处于自在阶段，都还没有达到对立面相互转化的具有生命搏动的阶段。只有经过自为阶段的矛盾，才能过渡到一个新的矛盾统一体。由此可见，黑格尔关于对立统一规律的表述是相当全面的，矛盾是普遍存在的，矛盾是对立面相互排斥又相互依存于一个统一体内，矛盾中的对立面转化是有条件的，对立面的转化标志着旧矛盾的扬弃和新矛盾的产生。此外，黑格尔还运用这种对立统一的观点，论证本质与现象、偶然与必然、可能与现实等诸种辩证统一关系，批判康德、D. 休谟等人在这方面的形而上学观点。

"概念论"包括主观性、客观性、理念三个阶段的概念推演。在主观性部分，黑格尔批评把传统逻辑作为世界观所表现的形式主义和僵化的倾向，并从逻辑形式所固有的内容及其关联上，提出了关于概念、判断、推理的辩证观。概念、判断、推理作为表达真理的具体概念，是普遍的，但不同于抽象的"共同点"，而是包含特殊、个别于自身；它是个别与特殊的，但并不排斥普遍，而是普遍寓于自身中。黑格尔在这里集中地揭示了普遍与特殊相联结这个辩证法的重要内容，从而把他创立的辩证逻辑与传统逻辑作了严格的区别。

在客观性部分,黑格尔所揭示的合理思想,主要表现在他把目的性作为人所独具的实践的特征之一,目的性得以实现,被黑格尔称为"理性的狡狯",即它不直接与对象发生关系,而是借助于工具和手段来实现。黑格尔关于工具重要性的认识,包含着向历史唯物主义前进的重要合理思想。理念是黑格尔《逻辑学》所追求的最终目标。它包括生命、认识的理念,实践的理念,绝对理念诸层次。在这部分,集中表达了黑格尔的真理观和方法论。就真理观而言,黑格尔认为真理存在于现实事物的总和与相互关系之中,存在于对立面统一之中,因而是全面的、具体的。此外,他还认为真理是一个矛盾的发展过程。黑格尔提出了著名的"行动推理":(1)目的是从现实来的,并要求支配现实;(2)目的以制造和使用工具来反对现实;(3)结果使目的得到实现。在这个推理中,包含着如何使认识与实践、主观与客观达到统一的深刻思想。就方法论而言,黑格尔认为绝对理念包含了概念发展的全部真理。但是,他在这里所考察的已经不是这种结果,而是它的发展形式,即整个哲学方法。黑格尔依据内容与方法统一的原则,既坚持内容决定方法,又强调方法的极端重要性。他明确指出:"方法并不是外在的形式,而是内容的灵魂和概念。"①鉴于哲学的发展是一个矛盾运动的过程,为了把握哲学发展中各环节的联系与区别,三分法只是认识的外在形式,重要的是要坚持对立统一原则,把作为辩证法要素的分析与综合统一起来。只有这样,才能在统一中把握对立,并在对立中把握统一。

三、黑格尔的辩证法对于哲学发展的历史贡献

恩格斯指出:"黑格尔第一次——这是它的巨大功绩——把整个自然的、历史的和精神的世界描写为一个过程,即把它描写为处在不断的运动、变化和发展中,并企图揭示这种运动和发展的内在联系。"又说:"辩证的思维方式以及关于自然的、历史的和精神的世界在产生和消失的不断过程中无止境地运动着和转变着的观念……这就是黑格尔哲学留给他的继承者的遗产。"②

黑格尔集以往哲学思想之大成,第一个全面有意识地叙述了辩证法的一般运动形式,对辩证法的发展做出了重要贡献。他以唯心主义的形式系统地阐述了辩证法的质量互变规律、对立统一规律、否定之否定规律以及本质与现象、原因与结果、同一与差别、可能与现实、必然与偶然、必然与自由等诸多辩证法范畴,建立了庞大的唯心辩证法的体系。他第一次把世界描写为一个过程,认为无论是自然的、历史的和精神的世界都是充满矛盾的过程,并且正

---

① 黑格尔:《小逻辑》,商务印书馆 2003 年版,第 427 页。
② 《马克思恩格斯选集》第 3 卷,第 63 页。

是矛盾引起了运动、变化和发展。他说:"天地间绝没有任何事物,我们不能或不必在它里面指出矛盾",我们"可以在一切种类的对象中,在一切的表象、概念和理念中发现矛盾。认识矛盾并且认识对象的这种矛盾特性就是哲学思考的本质。"①他还说,矛盾是一切运动和生命力的根源;事物只因为自身具有矛盾,它才会运动,才具有生命力。黑格尔所说的自然界或历史,都是绝对观念的外化或异在,他所说的运动不过是绝对观念的自我运动。但是,他把事物描述为不断运动的过程,并且在揭示这种过程的内在矛盾时,把矛盾同运动、发展联系起来,深刻地说明了运动发展的动力或源泉在于过程内部的矛盾性,列宁认为这是"黑格尔主义的实质"。

黑格尔的辩证方法与旧时庸俗唠叨的形而上学的方法比较,至少像铁路比中世纪的交通工具高明一样。恩格斯在《路德维希·费尔巴哈和德国古典哲学的终结》中揭示了黑格尔哲学的"合理内核",指出:"黑格尔哲学的真实意义和革命性质,正是在于它永远结束了以为人的思维和行动的一切结果具有最终性质的看法。哲学所应当认识的真理,在黑格尔看来,不再是一堆现成的、一经发现就只要熟读死记的教条了;现在、真理是包含在认识过程本身中,包含在科学的长期的历史发展中","这种辩证哲学推翻了一切关于最终的绝对真理和与之相应的人类绝对状态的想法。"②正因为黑格尔辩证法的真实意义和革命性质,马克思和恩格斯批判了黑格尔的唯心主义,把"合理内核"从他神秘的哲学体系的束缚下解救出来,把辩证法与唯物主义有机地结合起来,创立了辩证唯物主义和历史唯物主义,开辟了哲学史上的新纪元。黑格尔哲学的巨大历史意义在于它和德国古典哲学一起,为马克思主义的产生提供了理论前提,成为马克思主义的直接理论来源之一。

【思考与练习】

1. 为何说哲学是时代精神的精华?
2. 你是如何理解哲学把握世界方式的?
3. 黑格尔是如何在总结前代哲学家研究成果的基础上进行创新的?

---

① 黑格尔:《小逻辑》,第 200 页,第 132 页。
② 《马克思恩格斯选集》第 4 卷,第 212、213 页。

第二章 伦理学的历史发展和
儒家伦理思想

　　伦理学是研究道德问题的一门人文学科。道德问题在人类社会生活中十分重要,自古以来受到人们的重视和研究。古往今来,历代思想家、哲学家都从自己的阶级利益和时代要求出发,提出了极其丰富的伦理学思想和观点,这些思想和观点是人类文明宝库中的珍贵遗产。

　　马克思主义伦理思想的形成,实现了人类伦理思想史上的革命变革,使伦理学以科学的面目出现在人类知识的海洋中。马克思主义伦理学是马克思主义整个科学体系的一个重要组成部分,它是一个不断发展和创新的科学系统。随着社会的不断发展和前进,人类的伦理道德思想只会更加科学化和现代化。

　　中国传统伦理道德思想是中国传统文化的重要构成因素。本章旨在运用马克思主义伦理学观点概观性地介绍伦理学的基本问题,探讨中外伦理学的历史发展,反思传统伦理道德思想对中华民族人文精神的影响,探讨传统文化与现代化的有关理论问题。

第一节　伦理学的基本原理

一、道德、伦理和伦理学

　　1. 道德和伦理

　　"道德"这一概念有其产生和发展的过程。在中国古籍中,"道"一般指事物运动变化的规律、规则和最高原则,如"做人之道"、"治国之道"等等。"德"则是依据"道"去行动的意思,还有品质、德行的含义。孔子在《论语》中就说过:"志于道,据于德,依于仁,游于艺。"把"道"和"德"二字合在一起使用,始于战国时期的荀况。《荀子》中说:"故学止乎礼而止矣,夫是之谓道德之极。"这句话的意思是说,如果一切都能按"礼"的规定去做,就能达到道德的最高境界。今天我们所说的"道德"一词的意义主要指调整人们之间关系的行为规范和准则,还指个人的思想品质、修养境界和善恶评价等。

　　"伦理"这一概念在中国古籍中的解释有两种。一种认为"伦"就是类的意思。东汉郑玄说:"伦,犹类也。"即人与动物属于不同的"类",人在处理相互之间关系的过程中有一套行为准则,这就是"理",而动物没有。如果人没有伦理,就是禽兽了。另一种解释认为,"伦"的本意是"辈",即人与人之间有不同辈分的关系。孟子的"五伦"说就是指各种各样的人际关系。古人认为人际关系要讲究条理和秩序,即辈分,这也是中国宗法等级观念的深层文化根源。"伦理"二字连用,始见于《礼记·乐记篇》,其中说:"乐者,通伦理者也。"这里,"伦理"一词已经有了较确定的含义。宋明以后,"伦理"一词不但有人际道德关系的意思,而且还有道德理论的含义。

2. 伦理学

伦理学在中国称"道德学",西方叫"道德哲学"。在西方,伦理学这门学科最早是由古希腊的亚里士多德创立的。我国古代,在《周易》、《诗经》、《尚书》中均有丰富的伦理道德思想,在《论语》、《孟子》、《荀子》中亦有比西方更有深度和广度的伦理道德思想,只是没有专门性的《伦理学》著作罢了。到了近代,中国才出现了研究伦理学的专门著作。

3. 马克思主义伦理学的基本观点

马克思主义伦理学认为,道德是一定社会的上层建筑和意识形态。道德是由人类现实生活中一定经济关系所决定的,用善恶标准去评价的,依靠社会舆论和内心信念及传统习惯所维系的一种社会现象。道德是调整人们相互关系的行为原则和规范的总和。

马克思主义伦理学认为,道德关系是根源于经济关系的一种思想关系。社会关系中最基本的关系是经济关系。与此相适应,才产生了政治关系、法律关系、道德关系等思想关系。一旦人们之间发生了经济关系,必然产生个人利益与社会整体利益之间及个人利益之间的各种矛盾,为了解决这些矛盾,除了依靠政治、法律手段外,还需要一定的道德来调整。因此,道德和利益的关系问题是伦理学的基本问题。

马克思主义伦理学一方面承认个人利益的合理性,同时又坚持个人利益要服从社会整体利益,必要时甚至需要牺牲个人利益来维护社会整体利益。马克思主义提倡集体主义道德原则和与之相应的道德规范。

二、道德的本质、特征和社会作用

1. 道德的本质

道德的本质问题,在中外伦理思想史上一直争论不休。一般来说,客观唯心主义认为道德是从上帝的意志和神的启示中引申出来的行为规范;主观唯心主义认为道德是先天的、与生俱来的,是人心固有的东西;而旧唯物主义者总是根据抽象的人性或人的自然本性来寻找道德的根源,认为道德是人的本能欲望。

马克思主义认为,道德是一种社会现象,道德的本质和根源不应从人们的意识中去寻找,也不应从人们的动物属性或社会生活之外其他方面去寻找,只能从现实的人类社会生活中去寻找。认为道德是由一定经济基础决定的上层建筑和社会意识形态,是人类社会物质生活条件的反映。在阶级社会中,一定的道德是一定的阶级利益的体现。

人的本质是社会关系的总和,人们生活在世界上,总要与别人与社会发生复杂的关系。要处理好这些关系,就要遵循一定的道德原则和规范。因此,道德是人们如何处理人际关系的行为准则。

道德是依靠社会舆论的监督和人们内心信念的力量来实现的。道德规范和政治规范、法律规范所依据的力量是不一样的。如法律规范是由国家制定并用强制力量来保证实现的,而道德却是依靠日常的道德教育、社会舆论以及人们内心的道德信念的力量来实现的。社会舆论是一个"道德法庭",内心信念是一个无形的"法官",任何不道德的行为都要受到"审判"。

2. 道德的特征

第一,特殊的规范性。道德是把握世界的一种特殊方式,这种特殊性就是不论在道德意识和道德行为中,都要求人们按照一定的规范去行动。人们常说"道德是行为规范的总和"。

第二,独特的多层次性。任何道德规范体系中,总有一个代表着一定阶级最根本利益的基本的道德原则,同时还有一些一般的道德规范,用来调整人和人之间的一般的道德关系,表现出多层次的特点。我国当前处于社会主义初级阶段,由于人们的社会关系是多层次的,因而对人们的道德要求也应是多层次的。

第三,更大的稳定性。整个上层建筑对经济基础来说,都有相对的稳定性。道德这个上层建筑变化的速度更慢,因此表现出更大的稳定性。例如在社会主义社会,已经消灭了产生封建道德和资产阶级道德的经济条件,可是封建道德的残余和资产阶级道德思想还在有形无形地影响着人们的思想观念,并且渗透到社会生活的各个方面。

第四,广泛的社会性。道德既不像政治、法律那样只存在于有阶级存在的社会,也不像宗教那样最终会消亡,它和人类社会共始终。道德还遍及社会各个领域,渗透于各种社会关系之中,只要有人和人的关系存在,就存在着调整人与人的相互关系的道德。

3. 道德的社会作用

第一,道德在一定程度上促进或延缓社会的进步。当一种新的经济关系取代旧的经济关系时,由它产生的道德便以自己特有的形式激起人们的内心信念,激励人们树立新的道德观念,自觉地为建立新的社会制度而努力。当一种旧的经济关系及其相应的政治制度走向灭亡之时,由它产生的道德往往还要作为一种传统的习惯力量影响人们的思想和行为,以阻碍新的经济关系和政治制度的建立、巩固和发展。

第二,道德能影响人们的思想,规范人们的行为,促进社会精神文明的发展。社会进步的标志是物质文明和精神文明共同发展。社会道德历来是精神文明的重要方面,先进的道德能促进良好社会风尚的形成,人们良好的道德风貌能使社会生活更加和谐、美好。

道德的社会作用只是在一定范围内和一定程度上而言。如果片面地强调道德的社会作用,认为道德高于一切,支配一切,社会历史的发展一切由道德决定,就是所谓的"道德决定论"。如果否定道德的社会作用,把道德看作是在社会生活中可有可无的东西,就是所谓的"道德无用论"。我们要重视道德的社会作用,努力建设新型的道德体系,开展道德教育活动,提高社会精神文明水平。同时又不能片面夸大道德的作用,走上"道德决定论"的历史老路。

三、道德发展和进步的规律

1. 道德随经济关系的不断变革而发展

道德是由经济关系决定的,而经济关系又随着生产力水平的不断提高而发展,这就决定了道德标准是不断发展变化的。例如奴隶社会的道德就保护俘虏、反对食人之风和血缘群婚来说,相对原始社会的道德是一种进步。封建社会的道德就不任意虐杀农民,而农民阶级道德中还有等贵贱、均贫富等内容,这些与奴隶社会相比又是明显的进步。在资本主义社会,劳动者在形式上摆脱了与剥削者的人身依附关系,获得了形式上的平等、自由,特别是无产阶级道德的形成,相对于封建社会道德来说又是更大的进步。社会主义经济关系的确定,为人类最科学的道德——共产主义道德的发展开辟了广阔的前景。随着经济关系的不断发展,人们的道德关系总是不断发展和变化,人们的道德思考也在不断深化,道德理论也向更高的层次发展。

社会主义经济关系确定之后还有一个不断发展完善的过程,还要不断解决经济关系与生产力发展不相适应的矛盾,这就需要通过社会主义自身的不断调节和改革。只有这样,才能促使道德的不断进步。因此,社会主义社会的改革开放只能促进社会道德的不断进步和发展。诚然,改革开放中在道德领域也可能产生这样那样的负面效应,但那只是暂时的和局部的现象,从总体上来讲,道德还是处于进步和发展状态的。

2. 生产力和科学技术的发展是道德发展的动力

科学技术的发展是有利于道德的发展还是引起所谓"伤风败俗"而不利于道德的发展进步,这在历史上曾引起过多次讨论。在中国古代,《庄子》中曾记载着一个"抱瓮入井"的故事,说一个老翁宁可抱瓮入井取水,也要拒绝使用机械提水。在这个老翁看来,机械的出现必将导致道德品质的败坏。庄子利用这个故事来告诉人们,为了保持高尚道德,必须拒绝能工巧匠,不要科学技术,从而复归"赤子"。在国外,就连曾经在政治理想上相当激进的法国启蒙思想家让-雅克·卢梭也认为一切科学产生于人类的罪恶。他在《论科学与艺术》中列举了许多例子来说明,由于科学和艺术的发展,出现了邪恶、虚伪、奸诈等不良的社会风尚,从而玷污了人类的灵魂。在他看来,道德和科学、艺术是水火不相融的,尽管科学和艺术的复兴带来了18世纪的欧洲文明,但又促使了欧洲道德风尚趋向浅薄。现代西方还有一种"技术悲观主义"思潮,认为科学技术是瓶子里放出来的魔鬼,在带给人们经济生活富裕的同时却剥夺了人的价值和尊严,使社会道德沦丧,他们向往一种"返朴归真"的社会生活。

马克思主义认为,生产力和科学技术的发展最终将促进道德的不断进步。我们不能设想在刀耕火种的时代会有人类完美道德的产生,我们也不能设想要是没有机器大生产代替手工劳动会有资本主义道德的产生,我们更不能设想要是没有现代科学技术的发展社会主义道德会向更高的水平发展。现代社会已经进入知识经济时代,尽管在道德领域出现了许多亟待解决的新问题,但新的道德观念和道德标准正处于发展和变革之中,道德的不断进步和发展是不以人们的意志为转移的客观规律。

3. 道德的批判的历史继承性决定了道德的不断进步性

在人类道德发展史上,任何一个道德类型的产生和确立都是在扬弃旧道德的基础上形成的,都是旧道德合乎规律地发展的必然结果。例如资产阶级在反对封建地主阶级的时候,资产阶级道德曾竭力批判封建主义道德,尽管如此,资产阶级道德也没有与封建主义道德完全割断联系。无产阶级在对资产阶级提出的"人道主义"进行批判时,既揭露了它的抽象性和虚伪性,又赋予它特定的含义,形成了革命的或社会主义的人道主义。

现在,我们在建设社会主义道德体系的时候,面临着一个如何批判继承传统伦理道德的问题。中国传统伦理中有许多精华,如重人伦关系和价值,以民为本,重整体观念和民族大义,重视道德教育和修养,重视人生理想和人格、情操等等,这些都是我们在建设社会主义道德时值得吸收的。但是,就传统伦理的整体而言,占主导地位和核心内容的儒家思想对中国人伦理思想的模塑方面的消极影响是不可低估的,这在后面还将进行较详尽的阐述。

第二节 伦理学的历史发展

一、中国伦理学历史发展概观

1. 春秋战国时期的伦理学说

在春秋战国这样一个由奴隶制向封建制过渡的社会大变革时期,出现了思想意识形态方面的百家争鸣现象,形成许多伦理学说方面的流派,主要有儒、道、墨、法四家。

以孔丘和孟轲为代表的儒家提出了以"仁"为核心的伦理学思想。孔丘(公元前551—公元前479年)站在中国文化的历史性转折点上,在对以前伦理文化进行总结反思的基础上,提出了与殷周的天道观相对立的以人道为中心的新的伦理观念,成功地对中国社会的生活秩序进行了伦理的提升,创造了以"仁"、"礼"、"中庸"为内核的以仁学结构与中和情感为特点的伦理思想体系,为儒家伦理学说奠定了基础。

孔子死后,孟轲(约公元前372—公元前289年)继承和发展了孔丘的儒家伦理思想,孟子的"性善说"、"五伦说"和"修养论"以及"仁"、"义"、"礼"、"智"的价值体系,成为儒家伦理学说的重要内容。因此,在中国伦理史乃至整个文化史上,将孔孟并列,合称为"孔孟之道"。

战国后期儒家伦理学的代表人物是荀况(约公元前313—公元前238年),他提出了以"礼"为核心的伦理思想。所谓"礼",泛指国家制度、等级秩序和典章仪式等等。他说:"礼者,法之大分,类之纲纪也"[①],即礼是为人治国的根本原则。荀况认为人性本"恶",生来就有"目好色,耳好声,口好味,心好利,骨体肤理好愉快"[②]的感性欲望,因此需要圣人君主用礼义规范引导人们。在修养方法上,强调学和行,认为礼义之类的道德品质要通过学习才能形成,所谓"积善",才能"成德"。

以老聃和庄周为代表的道家提出了以"道"为核心的伦理学思想。老聃(生卒年不详)认为,现存的各种社会准则都是违背"道"的,人们要达到"道"的境界,就必须回到"无知无欲"的远古社会中去,保持童贞状态。从这种道德观念出发,他提出了三项道德准则:"我有三宝,持而保之。一曰慈,二曰俭,三曰不敢为天下先。"[③]"三宝"的根本精神是以退为进,不出头,不抢先。

---

① 《荀子·劝学》,王先谦撰《荀子集解》,中华书局1988年版,第12页。

② 《荀子·性恶》,王先谦撰《荀子集解》,第438页。

③ 《老子·六十七章》,陈鼓应:《老子今注今译》,商务印书馆2003年版,第310页。

庄周(约公元前369—公元前286年)继承、发展了老聃的思想,把老聃的学说进一步引向脱离社会的出世主义,寻求精神解脱,追求绝对的精神自由。他认为人之所以不自由,是由于受到生死、寿夭、贵贱、贫富、得失、毁誉的限制。要获得绝对自由,就要努力摆脱一切外界的和自己肉体的束缚而使自己的修养能通于"道"。

以墨翟为代表的墨家提出了以"义"为核心的伦理思想。墨翟(约公元前465—公元前376年)认为在劳力、钱财和文化等方面帮助别人为"义",以不侵犯别人的利益或劳动成果为"义",他提出"兼相爱,交相利"的行为准则,说:"爱人者,人亦从而爱之;利人者,人亦从而利之。"[①]他还提出了"义利合一"、"志功合一"的观点,反映了小生产者阶层互助德性的道德要求。

以韩非为代表的法家主张一种非道德主义的伦理思想。韩非(约公元前280—公元前233年)从人性自私论出发,反对儒家的仁义说教,主张用"严刑"和"重罚"来治国,因为官吏如讲仁义,必然执法不严,儿子如讲孝道,就不能勇敢作战。他说:"上古竞于道德,中世逐于智谋,当今争于气力。"[②]认为在争气力的时代,不能靠德治,把德与法对立起来,在伦理思想上完全否定了道德的社会功能。

先秦时期伦理学说为秦汉以后各派伦理学说奠定了基础,后来中国历史上各派伦理思想大都可以从这里找到理论渊源。

2. 秦汉隋唐时期的伦理学说

秦汉之际,《礼记》成书,其中《大学》《中庸》是先秦儒家伦理思想的提炼和概括,成为此后中国伦理精神生长的源头,然而这些并不就是封建伦理。

西汉时期董仲舒(公元前179—公元前104年)向汉武帝提出"罢黜百家,独尊儒术"的建议,把荀子以社会道德为中心的"礼"学与孔孟以个人道德为中心的"仁"学结合起来,建立了封建的伦理思想体系。他把"礼"具体化为"君为臣纲,父为子纲,夫为妻纲",并把"忠"、"孝"作为社会道德的基本原则,把"仁"具体化为"仁、义、礼、智、信",作为基本道德规范。这就是对后世影响深远的"三纲五常"伦理道德学说。董仲舒为了说明"三纲"与"五常"的统一性,还提出了著名的"天人感应"理论,认为自然界的变化和社会的兴衰治乱均为天意,"三纲"即为"天"的意志,所谓"王道之三纲,可求于天"[③]。

董仲舒"三纲五常"学说的提出和"儒学独尊"的理论主张,标志着中国伦理精神的封建化和体系化。董仲舒以后,以"三纲五常"为核心的儒家伦理成

---

① 《墨子·兼爱中》,李小龙译注,中华书局2007年版,第66页。
② 《韩非子·五蠹》,王先慎:《韩非子集解》,中华书局1998年版,第445页。
③ 董仲舒:《春秋繁露·基义》,凌曙注,中华书局1975年版,第434页。

为不可动摇的名教、礼教和社会道德主流。

东汉时期的唯物主义哲学家王充(公元 27—97 年)对董仲舒的"天人感人"论和后来的谶纬迷信进行了针锋相对的斗争,认为社会的兴衰治乱和道德水平的高低不是"天意",而是由老百姓的物质生活状况决定的:"夫饥寒并至而能无为非者寡;然则温饱并至而能不为善者希。"①他力图把唯物主义自然观贯彻到伦理思想中来,然而并没有建立起一个系统的伦理学说。

魏晋南北朝时期的社会大动乱,使儒家伦理陷入各种矛盾冲突之中,由于道家精神的潜在和佛学的传入,中国伦理精神系统又出现了一种新的形态,即玄学伦理和后来的隋唐佛学。这种理论形态在后来的很长时期成为中国封建社会上层建筑中不可分割的组成部分。

韩愈(公元 768—824 年)在唐代佛教势力鼎盛之时企图用儒家学说对抗佛学,提出要恢复孔孟仁义道德的所谓"道统"。他认为博爱就是"仁",行为合乎等级秩序就是"义",实现"仁"和"义"就是达到了"道"的途径和具备了"德"的本性。

3. 宋元明清时期的伦理学说

宋元明清时期是中国封建社会的后期,随着封建制度的日益腐朽,封建地主阶级日益加强思想上的专制统治。于是,代表大官僚大地主集团利益的一些思想家,以儒家学说为中心,对中国封建伦理精神经过体系上的整合,创立了唯心主义理学思想,把封建伦理纲常绝对化、凝固化、僵硬化。这一时期的儒学,既不是孔孟的古典儒学,也不是董仲舒的官方儒学,而是融合了道学、玄学与佛学的儒学,有的学者称这种儒学为"新儒学"。

这一时期的伦理学说最重要的学派是程朱理学和陆王心学。

程朱理学是由北宋程颢(公元 1032—1085 年)、程颐(公元 1033—1107年)创立,南宋朱熹(公元 1130—1200 年)所继承和发展的。程朱学派建立了以"天理"为核心的伦理思想体系,认为世界的本源是"理",它不生不灭,不增不减,是永恒的,"理"在人类社会则体现为封建伦理纲常。程颢说:"父子君臣,天下之定理。"②程颐说:"天地之间无适而非道也。即父子而父子在所亲,即君臣而君臣在所严,以至为夫妇、为长幼、为朋友,无所为而非道。"③朱熹说:"未有天地之先,毕竟也只是理,有此理,便有此天地。"④又说:"未有这事,

---

① 王充:《论衡·治期》,黄晖:《论衡校释》,中华书局 1990 年版,第 771 页。
② 《河南程氏遗书》卷五,《二程集》,第 77 页。
③ 《河南程氏遗书》卷四,《二程集》,第 73 页。
④ 黎靖德:《朱子语类》卷一,中华书局 1986 年版,第 1 页。

先有这理,未有君臣,已先有君臣之理;未有父子,已先有父子之理。"①他们还认为人的欲望都是不好的,应该克服"人欲",保持以"天理"为内容的本性,从而提出"存天理,去人欲"的禁欲主义说教。有人问程颐,如果有无依无靠而家境贫寒的寡妇,她可以再嫁吗?程颐回答说:"只是后世怕寒饿死,故有是说。然饿死事极小,失节事极大。"②程朱理学思想一方面提倡整体精神,在理欲对立中突出人性的尊严和道德的功能,另一方面又为封建政治服务而表现出道德专制主义,成为"以理杀人"的工具。

陆王心学由南宋陆九渊(公元 1139—1193 年)所创,明代王守仁(公元 1472—1528 年)所继承和发展。陆王和程朱一样,都把以仁义礼智等封建道德观念为基本内容的"理"作为宇宙的本体。不同的是,程朱主张"理"在心外,陆王主张"心即理也"。陆王心学的伦理思想受孟子的影响很大,其思维方式又与禅宗的"即心即佛"一脉相承,其根本目的虽是维护封建的"天理",但"心"的主体能动性的充分强调,在理论上又导致了对"理"的反思、怀疑与否定。

这一时期,与朱熹同时代的陈亮(公元 1143—1194 年)、叶适(公元 1150—1223 年)等人,他们反对空谈,反对玄学,重视实际利益和功效,他们的学说称为"功利之学"。他们十分强调"事功",认为道德不能脱离功利,有道德的人谋其利而利与人,有功而不自居其功,这样才是真实的道德。所谓"功到成处,便是有德;事到济处,便是有理"③。

清代思想家戴震(公元 1723—1777 年)继承了唯物主义传统,猛烈抨击了被奉为官方伦理学的程朱理学,强调欲望是人生而具有的自然需求,所以"欲"本身就是人性。他认为"理"不是与"欲"对立的,而是"理"在"欲"中,情感欲望的适当满足,就是"理"。戴震控诉封建礼教,揭露统治者"以理杀人",充分反映了人民群众反对封建专制的情绪,有着重大的进步意义。

4. 近代资产阶级革命时期的伦理学说

这一时期,腐朽没落的封建地主阶级为了挽救即将灭亡的命运,极力维护纲常名教。而资产阶级思想家接受并宣传西方资产阶级"自由、平等、博爱"的道德观,控诉封建伦理道德的罪恶,把斗争锋芒直指封建纲常名教。

康有为(公元 1858—1927 年)继承了戴震等人"天理即在人欲之中"的思想,反对理学禁欲主义说教。他认为历史和道德都是建筑在"去苦求乐"基础之上的,正是这一原则推动着历史的进化。康有为还通过对"大同"世界的空

---

① 黎靖德:《朱子语类》卷九十五,第 2436 页。
② 《河南程氏遗书》卷二十二,《二程集》,第 301 页。
③ 陈傅良:《止斋文集·答陈同甫》,《四部丛刊集部》,明正德间林长蘩温州刊本。

想,表达了资产阶级自由平等的道德观。在他理想的大同世界里,"无贵贱之分,无贫富之等,无人神之殊,无男女之异",人人从事劳动,人人相亲相爱。怎样实现这种理想呢? 他认为关键是要具备仁爱之心,康有为的学生梁启超说:"先生之哲学,博爱派哲学也。先生之伦理,以'仁'字为惟一宗旨。"①

谭嗣同(公元 1865—1898 年)是我国资产阶级改良派中的激进派代表,他勇敢地向封建纲常名教挑战:"数千年来,三纲五常之惨祸烈毒,由是酷焉矣。"②他认为"君为臣纲,父为子纲,夫为妻纲"是既无根据,又无道理,是君主用来奴役人民的枷锁,不仅迫害了人的身体,而且禁锢了人们的思想。五伦之中,只有朋友一伦"于人生最无蔽而有益"③。因为朋友一伦体现了平等、自由和独立自主的原则,其余"皆为三纲所蒙蔽,如地狱矣"④! 他得出结论,要变革,就要"冲决罗网",打碎"三纲"、"五伦"的名教。他还系统解释了"仁"的含义,用资产阶级观点,把"仁"同"自由、平等、博爱"统一了起来。

孙中山(公元 1866—1925 年)在和改良派的论战中阐述了自己的伦理思想。他强调革命党人要严格修身,培养高尚的人格和牺牲精神。他说:"大家为党做事,事无大小,必须持以毅力,彻底做成功;平日立志,应该想做大事,不可想做大官,如果存心做大官,便失去党员的真精神。"⑤孙中山认为,中国之所以落后,是因为失去了民族的精神,要恢复民族的地位,"便先要恢复民族的精神"。⑥ 而要恢复民族的精神,就要恢复我国传统的民族道德。他认为忠孝、仁爱、信义和平便是我们民族很好的道德,只是以前讲"忠君",现在要"忠于国"、"忠于民","要为四万万人去效忠"⑦。孙中山还批评了社会达尔文主义把生存竞争的学说搬到人类社会中来,指出国与国、人与人之间讲"优胜劣败,弱肉强食"是违背"自由、平等、博爱"精神的。他认为人类要"互助",实现"天下为公"的大同世界。但是,孙中山"天下为公"的互助论只是一种抽象的人性论。

总之,中国近代资产阶级伦理思想由于历史的局限性,表现出很大的软弱性和妥协性,具有明显的折中调和的特点。

后来,中国共产党人接受并宣传马克思主义伦理学的科学理论,才使我国伦理思想沿着新的方向不断发展。

---

① 梁启超:《南海康先生传》,《梁启超全集》第 1 册,北京出版社 1999 年版,第 488 页。
② 谭嗣同:《仁学》,华夏出版社 2002 年版,第 23 页。
③ 谭嗣同:《仁学》,第 127 页。
④ 谭嗣同:《仁学》,第 127 页。
⑤ 孙中山:《孙中山选集》下卷,人民出版社 1956 年版,第 460、461 页。
⑥ 孙中山:《孙中山选集》下卷,人民出版社 1956 年版,第 648 页。
⑦ 孙中山:《孙中山选集》下卷,人民出版社 1956 年版,第 650 页。

二、西方伦理学历史发展概观

1. 古希腊古罗马时期的伦理学说

古希腊罗马时代，是西方奴隶制形成、发展和灭亡的时期。这一时期产生了许多著名的伦理学家，形成了许多著名的伦理思想流派。

以苏格拉底和柏拉图为代表的贵族奴隶主伦理学家从唯心主义世界观出发对待伦理道德问题，提出了唯心主义伦理学说。

苏格拉底（公元前 469—公元前 399 年）提出应以"理性"作为道德的标准。他认为理性是一种至善的境界，它独立于人的道德行为，是道德的本源。一个人应当关心自己的灵魂，不要追求财富和荣誉等身外之物。只有节制自己，才会成为有德性的人。

柏拉图（公元前 427—公元前 347 年）继承和发展了苏格拉底的伦理思想，认为"理念"是客观存在的精神实体，现实世界是由理念派生的，在一切理念中，善的理念是最高的理念，人生的最高目的和最大幸福就是对善的理念的追求。因此，人生的幸福是精神上的满足而不是物质上的快乐。

以德谟克利特和伊壁鸠鲁为代表的奴隶主民主派伦理学家从唯物主义自然观出发，提出了感性论的伦理学说。

德谟克利特（公元前 460—公元前 370 年）认为，人的本性都是趋乐避苦的，凡是能引起人们快乐的就是有利的，凡是能引起人们痛苦的就是有害的。他又认为快乐不仅指肉体或感官的快乐，主要指精神上的快乐，因为肉体上的快乐是暂时的，精神上的快乐是持久和宁静的，应该把肉体的快乐和精神的快乐结合起来，从而达到真正的幸福。

伊壁鸠鲁（公元前 342—公元前 270 年）继承和发展了德谟克利特的伦理思想，认为人生的目的在于追求快乐，快乐就是至善的境界。但有时应该放弃可能带来更大痛苦的快乐，忍受可能带来更大快乐的痛苦。他也认为精神快乐应该高于肉体快乐。

古希腊罗马时期伦理思想集大成者是亚里士多德（公元前 384—公元前 322 年），他在总结批判各派伦理思想的基础上，建立了一种现实主义的幸福论伦理学体系，是西方历史上第一个系统完整的伦理思想体系。他认为人的特有本质不单是有欲望的肉体，而且是有理性的灵魂。人的灵魂分为两部分：一是理性部分，即智慧和德性；二是非理性部分，即感觉和欲望。一个人如果任凭非理性的灵魂支配，那就是行使动物的职能；但一个人如果只听从理性灵魂的支配，抛弃一切感情和欲望，那就不能生存。一个人要实现自己的特有本质，灵魂的各部分必须正确地发挥作用，使理性、感情和欲望保持正当的关系，遵循适度的原则，在道德上，人的感情的"过度"与"不及"都是恶的表现,只有"适度"才是善,即道德的最高境界。

古希腊罗马时期的各种流派伦理学说对尔后两千多年欧洲伦理思想的发展发生了深远的影响,后来欧洲历史上许多伦理思想大都可以从这里找到理论渊源。

2. 欧洲中世纪的伦理学说

欧洲中世纪统治阶级的最人精神支柱是基督教神学。基督教以《圣经》为基本经典,其伦理思想是围绕着个人对上帝的关系问题展开的。主要内容是:宇宙万事万物都是由至高无上的上帝创造并主宰的。人类始祖亚当和夏娃不听上帝命令,偷吃了伊甸园中的禁果,致使他们的后代一出世就有"原罪"。因此,人生在世,必须依靠救世主耶稣为之赎罪才能求得死后永生。为此,基督教道德极端轻视个人、肉体、文化、妇女和家庭,极力宣扬愚昧、迷信、麻木和对上帝的绝对信仰、服从和爱。

教父哲学的主要代表是奥古斯丁(公元354—430年),他系统地阐述了基督教的世界观、教义及宗教的伦理思想。他在著名的《忏悔录》中极力宣称要对上帝绝对的爱,认为这种爱是其他所有德性的源泉和基础。有了对上帝的爱,就会得到幸福和希望。

后来,著名的经院哲学家托马斯·阿奎那(公元1225—1274年)继承了奥古斯丁的伦理思想,吸收改造了亚里士多德的伦理思想,创造了中世纪最完备的神学伦理思想体系。他认为,作为灵魂和肉体统一的人既具有人性又具有神性。人既要过现实的生活,又有来世的生活和天国的幸福。人既有现实的德性,又具有神学的德性。但是现实的德性是不完善的,达不到与上帝接近的超自然的幸福,要达到这种幸福就要靠神学的德性。他要求人们摆脱尘世的财富、荣誉及一切物质享乐的纷扰,去过清贫禁欲的生活,只有这样才能使灵魂摆脱肉体的束缚,达到与上帝接近的境界。

欧洲文艺复兴时期,人文主义者在思想文化领域中全面开展了反封建反宗教的思想解放运动,斗争矛头直指教会和宗教神学。当时在伦理思想领域最著名的是人道主义派和宗教改革派。人道主义派的代表人物有意大利的彼特拉克、薄伽丘,荷兰的爱拉斯谟,法国的拉柏雷、蒙台涅等人。他们以人性反对神性,以人道反对神道,以理性反对蒙昧,以个性解放反对封建等级制度。宗教改革派的代表人物是德国的马丁·路德和法国的加尔文,他们认为道德出自人的心灵信仰,符合心灵信仰的就是道德,反之就是不道德,其矛头指向封建教会和官方神学伦理。这两派伦理思想在本质上均属于资产阶级道德观,代表了道德发展的历史方向。

这一时期,意大利文艺复兴著名思想家马基雅弗利(公元1469—1527

年)提出了"人性恶"的观点,他认为人是有情欲的动物,这种情欲推动人们去追求幸福,所以人的本质是自私自利的。人的情欲无穷无尽,而能力却有限,必然产生嫉妒、贪婪等恶习。由于人的本性恶,所以只有饥饿才能使人勤奋,只有法律才能使人为善,人们只需要从政治上考虑问题,不必从道德上考虑问题。在西方伦理史上他第一次提出了"非道德主义"的伦理观点。

3. 西方近代资产阶级革命时期的伦理学说

欧洲近代资产阶级革命时期,资产阶级伦理学家继承发展了文艺复兴时期人文主义思想,根据资本主义发展的要求,以资产阶级人性论为理论基础,建立了系统完整的资产阶级伦理思想体系。

17世纪英国最有影响的伦理思想家是培根和霍布斯。

培根(公元1561—1626年)从唯物主义经验论出发对人性问题进行了研究,认为人的本性是"自爱"的。因此,人生不应当满足吃喝玩乐,而应当发展自己的才能,谋求事业,这才是更高的快乐和更高的道德。他还认为集体福利高于个人福利,社会的善高于个人的善,个人应当积极投入社会生活,在谋求公共利益中求得个人道德上的完善。培根力求把自然科学与道德结合起来,认为知识可以改善人的心灵,人的理性在知识指导下,能够明辨善恶,去恶从善,变得幸福快乐。因此知识就是道德,知识就是力量,人生的目标就是通过知识认识善,再通过修养去达到善。

霍布斯(公元1588—1679年)用机械唯物主义的观点来研究人,认为人是自然的产物,人的本性是极端利己的,人生就是一个无限追求个人欲望满足的历程,人对外物的爱憎情感是道德的出发点。霍布斯提出了一系列资产阶级新的道德规范,比如公道或正义就是遵守契约,实现财产权;自由就是买卖自由,择业自由等。他号召人们从虚无缥缈的天国下到人间,去自由地追逐现实的物质利益。

18世纪法国资产阶级革命时期的主要伦理思想家是爱尔维修(公元1715—1771年),他把唯物主义感觉论运用到社会领域,认为人的生理机制决定人必然是趋乐避苦的,即人人都有"自爱"的本性,人的所有欲望、感情和精神都来自这种"自爱"本性。人的这种"自爱"本性在社会中表现为追求物质利益,因此利益决定了人的道德观念,决定对一切行为的道德评价。虽然人的本性是自爱,但人是社会动物,人们在追求个人利益的同时要受他人和社会的制约。个人利益支配个人的道德判断,社会利益支配社会对个人的道德判断,每个人都应对自己的自爱本性进行一定的限制,使人们既利己又不损人,这就是所谓的"合理的利己主义"。

18世纪末到19世纪初德国资产阶级伦理思想的代表人物是康德和黑

格尔。

康德(公元 1724—1804 年)既反对宗教神学从神的意志中引申出道德原则来,也反对英法资产阶级伦理学家从感觉经验引申出道德原则来,认为只有理性才能决定道德。他认为人与动物不同就在于人有理性,能用理性指导自己的行为。理性表现为善良意志,它是一切道德行为的来源。

黑格尔(公元 1770—1831 年)以客观唯心主义为基础,吸收并改造了历史上各伦理学派的长处,建立了自己的伦理思想体系。他把伦理学包括在法哲学中,他认为法哲学包含三个环节:第一,客观外在的法,即法律。第二,主观内心的法,即道德。第三,主观的法与客观的法的统一,即伦理。这三个环节是相互联系,从低级到高级不断发展的。道德是对法律的扬弃,是法的更高层次、更高阶段。道德的特点就在于它是自由意志的规定,是人在自己内心里实现的自由。所以,道德的出发点是自觉,只有自觉的行动才能称得上是道德的行为。黑格尔还把辩证法运用于伦理学领域,对善与恶、动机与效果、目的与手段、个人与整体的辩证关系作了深刻的分析。

19 世纪德国激进的资产阶级民主派思想家费尔巴哈(公元 1804—1872年),继承了 18 世纪法国唯物主义者的伦理思想,认为人是自然的产物,人的本质就是使人能维持生命的一切本能需要的总和,人的本质决定了人是利己的,利己主义与人的生命共存亡。他认为道德也出自人的本质,人的自爱利己本性和感官享乐就是道德的源泉和基础,一切善恶观念都来源于感官上的快乐和痛苦。费尔巴哈还认为,人的本质只有在"类"中才能实现,个人追求幸福的欲望只有在与他人交往中才能实现。为此,道德还应包括对他人的义务,他称这是"合理利己主义"。

西方近代以来,伦理学说流派很多,伦理道德思想颇为丰富,除前面介绍之外,还有实用主义、功利主义、存在主义等等。如在资产阶级伦理思想发展中,以杰罗密·边沁和约翰·斯图亚特·穆勒为代表的功利学派,在近代资产阶级伦理思想中具有重要影响。又如萨特的存在主义伦理学不但在西方有一定影响,而且一度在中国也很流行。由于篇幅有限,在此恕不一一赘述。

马克思主义伦理思想之所以是最科学的伦理学说,正在于它没有离开世界文明大道,是批判地继承和改造了人类历史上所有优秀的伦理思想遗产的结果。在德国古典哲学的主要代表康德、黑格尔和费尔巴哈的著作中,伦理思想都占有重要的地位。如康德的《道德形而上学基础》《实践理性批判》,黑格尔的《法哲学原理》《精神现象学》,费尔巴哈的《幸福论》等等著作中所阐发的道德理论,都是他们思想体系中的重要组成部分。空想社会主义者无论是法国的圣西门、傅立叶,还是英国的欧文,更是把道德作为改造社会的重要手段。还有英国的古典政治经济学家亚当·斯密和大卫·李嘉图以及杰罗密·边泌、约翰·斯图亚特·穆勒等人，也很重视人性和幸福等伦理范畴的理论研究。上述资产阶级思想家的伦理思想，虽然都带有他们那个时代的历史和阶级局限性，但他们或者在理论上或者在方法上均程度不同地作出一些\贡献。马克思、恩格斯正是在批判地改造了他们那些唯心主义的、形而上学的和空想的伦理思想基础上，经过理论上的创新，实现了人类伦理思想上的革命，创立了马克思主义伦理思想体系。

马克思主义伦理思想是一种全新的科学的思想体系，它从创立的那一天起就形成了一个开放的思想体系，因此在发展中必然会不断创新和不断现代化。

三、东西方伦理学研究的重要理论观点和研究方法之比较

由于东西方文化传统的不同和发展流变方面的差异，在伦理学研究方面的思路和对有关重要理论范畴的理解和认识上一直存在明显的区别。

1. 在对"道德"、"伦理"这些基本概念的理解上，一开始就表现出东西方文化的分野。

在西方，"道德"一词英语比较早的拼法是"morae"（莫爱），现在的拼法是"moral"，起源于拉丁语的"moralis"（莫里斯），是从希腊语的"mos"来的，意思都有风尚、习惯、生活方式、性格、行为等含义。而中国关于"道德"的认识一般强调人伦秩序和品德修养。关于道德是一种行为规范，西方比我们要晚得多。

在西方，"伦理"一词来源于希腊语"ethika"，出自"ethos"（伊索斯），表示风尚、习俗的意思。亚里士多德第一次提出"伦理学"这个概念，主要是指研究人们在社会生活中所必须遵循的习俗和惯例的学问。在我国古代典籍中，"伦"指人们之间的有条理的关系；"理"指道理和规则。所以，"伦理"一词就是指处理人们之间相互关系应当遵循的道理和规则。而"伦理学"这一概念，则是从日本传来的，日本学者在翻译西方这一门学问时，首先借用汉语中的"伦理"一词，后来被中国学者沿用至今。

2. 在道德与利益的关系问题上，东西方伦理学研究的方法和理论命题有很大差异。

在西方伦理思想史上，大凡唯心主义伦理学家，总是企图从人类社会生活之外去探求道德的根源，把道德说成是"神"的启示，认为善是与现实社会生活无关的"绝对理念"，人的幸福不是对物质利益的追求和肉体的快乐，而是对"理念"的追求和精神的满足。而唯物主义伦理学家总是从人的自身需要出发去研究道德的根本问题，反对把幸福、快乐、物质享受同道德对立起

来,认为人生的真正目的是现实的幸福,在有关道德条目问题的研究上注重现实生活中的道德实践,反对神秘空洞的道德说教。因此,围绕着道德与利益的关系问题而展开的关于什么是善或至善,什么是公正或正义,什么是幸福或人生目标、人生价值等问题的争论,形成了不同的思想体系和学术派别。直到马克思主义产生以后,把社会存在与社会意识的辩证关系原理运用于道德问题的研究,才找到了惟一科学的研究方法。

在中国伦理思想史上,围绕着道德与利益关系问题的研究,主要是伦理思想本身的研究。如人性善恶问题、"义利之辨"、"理欲之辨"以及道德最高原则和具体道德问题。实际上,"义"和"理"即指封建道德,"利"和"欲"就是人们的物质利益。在儒家伦理看来,重义轻利是一条重要的准则,同时,义、利的关系还指动机和效果的关系。由于对上述关系的看法不同,也形成了各种不同的思想流派,在中国古代伦理学的形成和发展中一直存在不同思想和学术观点的论争。

3. 中西伦理文化对道德功能的认识和研究表现出很大差异。

中国传统的伦理思想研究强调道德的协调—聚合功能,尤其是儒家伦理鼓励人们自觉调整人际关系,保持社会的秩序与稳定。中国传统的宗法等级秩序最理想的调控手段就是"礼"。礼教规范既是道德原则,又是刑律法制,如《孝经》强调:"五刑之属三千,而罪莫大于不孝。"这种"以礼为体,以法为用"的道德法律一体化的社会调控模式理论,必然导致人们法治意识的模糊。中国传统伦理思想研究对道德社会功能的认识由于忽略了道德的激励、进取功能,又成为中国社会运动缓慢滞阻的重要精神因素。

西方伦理思想研究强调道德的激励、进取功能。尽管在基督教伦理文化中关于道德功能的认识与中国传统文化有着某种相似之处,但近代以来道德理论研究中个人主义思潮崛起,自由意志理论盛行,强调个人自由选择的权利与自我实现的合理性,在道德上推崇勇敢、智慧、坚毅,敢于与命运挑战的人格品质。这种思潮发展到极端,于19世纪出现了尼采的超人哲学和相应的社会思潮,以及当代的存在主义伦理思想等。

由于西方伦理文化片面地发展了道德的激励、进取功能,而对其协调、聚合功能的关注不够,在社会经济发展进步的同时,人际关系方面又出现了新的危机。另外,西方伦理学研究中关于道德社会功能的认识总是作为以法治为中心的社会调控模式的补充,必然对道德建设目标须达到与自觉自顾相统一这一特点认识不够,最终导致人们内心的异化感、价值的失落和人情的疏远。

因此,18世纪以后,西方伦理学的研究又开始重视社会道德的协调、聚合功能,出现了 18 世纪"合理利己主义"的盛行和 19 世纪博爱旗帜的高扬,以及 20 世纪呼唤人性复归的理论热点。

东西方伦理学研究的理论观点和研究方法的差异,一方面由于文化传统和社会政治条件的影响,另一方面也受各自哲学思想和伦理思想体系内在发展规律的影响,同时也由于东西方文化互相影响而造成。

第三节 孔 孟 之 道

一、孔丘和《论语》

孔丘,又称孔子,字仲尼,春秋时期鲁国陬邑(今山东曲阜)人。孔丘是杰出的思想家、教育家和伦理学家,为儒家创始人。先世是宋国贵族。他初任委吏和乘田等职,后周游列国,聚徒讲学,曾任鲁国司寇,并摄政相事。他弟子三千,身通六艺者七十二人。他的主要言行由门徒记载下来,编成《论语》一书,计二十篇。他曾删改史书,改订鲁国史官所编《春秋》。孔丘一生的主要活动是从事文化教育方面的事情,对我国思想文化的发展有巨大和深远的影响。

《论语》不是论说体的著作,而是语录体的散文,主要是记言,各章各节之间没有必然的逻辑关系。如果对孔丘的言论进行条理化的整理和总结,就可以概括出他的伦理思想体系:

1. 关于道德观

第一,"志于道,据于德"。《论语》中所讲的"道"有几种不同的含义。其一指道路和途径。《论语·雍也》(以下引论语中的话只注篇名)中说:"谁能出不由户? 何莫由斯道也?"即人们出门入户都要经由一定的道路和门径,意思是处世待人总要遵循一定的途径。其二指规矩和规范。《学而》说:"三年无改于父之道,可谓孝矣。""父之道"即父亲制定的规矩。其三指社会政治的最高原则和做人的最高准则。《季氏》说:"天下有道,则礼乐征伐自天子出;天下无道,则礼乐征伐自诸侯出。"《里仁》说:"朝闻道,夕死可矣。"前句指国家和政治的原则,后句指为人的最高准则。其四指道理和学说。《里仁》说:"吾道一以贯之。""夫子之道,忠恕而已矣。"《公冶长》说:"道不行,乘桴浮于海。"这些话中所说的"道"都是指孔子的学说或基本思想。《论语》中所使用的"道"的上述种种含义,都具有法制、条理的意义,属于客观方面的东西,就其伦理学的意义说,是指行为的规范和准则。同"道"相比较,"德"则属于主观方面的东西。《颜渊》说:"主忠信,徙义,崇德也。"这里的"忠"、"信"、"义"属于道德意识,"德"指内心的道德境界。孔子认为能坚持一定的道德信念就能提高内心的道德境界。

第二，"导之以德"。孔子认为道德高于其他一切活动，主张用道德统帅其他，体现了他的唯道德论或道德决定论的观点。在孔子眼里，道德高于政治。《为政》中说："为政以德，譬如北辰，居其所而众星共之"。"共"即环绕。意思是说，如果统治者有道德，群臣百姓就会自动围绕着你转，主张以道德教化为治国的原则，强调道德对政治生活的决定作用。在孔子眼里，道德高于刑罚。《为政》中说："道之以政，齐之以刑，民免而无耻；道之以德，齐之以礼，有耻且格。"意思是说，刑罚只能使人避免犯罪，不能使人懂得犯罪可耻。道德教化要比刑罚高明，既能使百姓守规矩，又能使百姓有羞耻之心。在孔子眼里，道德教育比知识教育重要。他认为教育的目的是培养人的道德品质，他对学生的评价也是把"德"置于"才"之上。《雍也》中说："有颜回者，好学，不迁怒，不贰过。不幸短命死矣。今也则亡，未闻好学者也。"他认为颜回好学，不是说他的知识丰富，而是指他的品德比别人高尚。在孔子眼里，道德高于经济。《子路》中有"樊迟请学稼"的故事，孔子对樊迟请教稼穑之事很不屑："小人哉，樊须也！上好礼，则民莫敢不敬；上好义，则民莫敢不服；上好信，则民莫敢不用情。夫如是，则四方之民襁其子而至矣，焉用稼？"意思是从事农业生产是小人的事，君子不必去劳动，统治者只要崇尚道德，百姓自然归顺。在孔子眼里，文学艺术作品的道德标准重于艺术标准。他把道德标准称之为"善"，艺术标准称之为"美"。《八佾》中说："子谓韶，尽美矣，又尽善也。谓武，尽美矣，未尽善也。"指音乐艺术要尽善尽美，才是最好的。在孔子眼里，人的道德修养比迷信鬼神重要。《雍也》中说："樊迟问知。子曰：'务民之义，敬鬼神而远之，可谓知矣。'"意思是致力于义就叫聪明，不必求神问鬼。

第三，"天生德于予"。孔子认为，人类的道德观念和道德规范是上天给的，《宪问》中说："道之将行也与，命也；道之将废也与，命也。"意思是"道"之兴废全在天命，人力是改变不了的。关于"德"，他在《述而》中说："天生德于予，桓魋其如予何？"意思是他的德行是上天赐予的，桓魋能把他怎么样？孔子认为道和德都是来源于天的意志，这种历史唯心主义属于客观唯心论形式，并带有宗教唯心主义的因素。

2. 关于道德规范和道德情操

《论语》提出了许多道德条目，重要的有仁、礼、忠、孝、信、义。其中以"仁"和"礼"为核心。"仁"属于道德信念和情操，"礼"属于道德规范。

第一，"仁"。《论语》中"仁"字有一百多处，意义也不尽相同，主要有以下含义：其一指道德品质或道德意识。《雍也》说："回也，其心三月不违仁。"认为颜回能长时间保持仁的精神境界。其二指爱人，即"仁者爱人"。《颜渊》中说:"樊迟问仁。子曰:'爱人'。"其三指全德之名,包括各种品德,表示人的最高道德境界。《阳货》中说:"子张问仁于孔子。孔子曰:'能行五者于天下为仁矣。''请问之。'曰:'恭、宽、信、敏、惠。恭则不侮,宽则得众,信则人任焉,敏则有功,惠则足以使人。'"

第二,"礼"。《论语》中出现的"礼"字有七十五条,各条的意义不尽相同,主要有以下含义:其一泛指西周以来的社会制度。《为政》中说:"殷因于夏礼,所损益可知也;周因于殷礼,所损益可知也。"其二指各种礼节仪式。《为政》中说:"生,事之以礼;死,葬之以礼,祭之以礼。"其三表示谦虚、恭敬、有礼貌。《季氏》中说:"不学礼,无以立。"意思是讲礼貌修养是立身之本。

第三,"忠"、"孝"、"信"、"义"。这几个条目,都有主观意识方面的含义。

关于"忠",是下级事奉上级的道德,特别是臣事君的道德,其内容是,尽自己的一切能力为君效力。《八佾》中说:"臣事君以忠。"但孔子讲"臣事君以忠"还不是像后来儒家所宣扬的那种绝对服从,《子路》中说:"如不善而莫之违也,不几乎一言而丧邦乎。"这是说君有不善言,当臣的随声附和不敢争谏,其结果会导致亡国,更谈不上尽忠了。

关于"孝",是子女爱父母的道德。在孔子看来,忠君不是绝对的,而尽孝则是绝对的。《为政》中说:"孝慈,则忠。"所以孔门弟子把孝看成是各种道德的根本,"本立而道生"。但孔子讲孝,也不像后来儒家所宣扬的那样"唯命是从"。在《里仁》中说:"事父母几谏,见志不从,又敬不违,劳而不怨。"是说对父母的错误可以轻微婉转地劝告,要是听不进去,应仍然对他们恭恭敬敬,不冒犯,无怨言。

关于"信",是诚实不欺,用来处理上下等级和朋友之间关系的道德。《子路》中说:"上好信,则民莫敢不用情"。《阳货》中说:"宽则得众,信则人任焉。"指说真语,说话算数。《学而》中说:"与朋友交,言而有信",指交朋结友要讲信用。

关于"义",指服从等级秩序的行为和言论。《为政》中说:"见义不为,无勇也。"《子路》中说:"上好义,则民莫敢不服。"这里的义都是讲行为原则的。孔子还认为,个人的得失利害,应受义的指导,所谓"见得思义"。

3. 关于道德的基本原则和道德行为评价

第一,"仁者安仁"。这里讲道德和幸福的关系。《里仁》中说:"不仁者不可以久处约,不可以长处乐。仁者安仁,知者利仁。""约"指贫困,"利仁"指仁德对自己有利,"安仁"是说不受贫贱富贵的影响,不追求与切身利益有关的幸福,在任何条件下都能安于仁德。《卫灵公》中说:"君子谋道不谋食,君子忧道不忧贫。"这是说有道德的人不为贫贱担忧,不计较衣食幸福,而一心谋求"道"。这就是后来儒家伦理反复强调的"仁者无忧"和"安贫乐道"。

第二，"君子喻于义"。这里讲"义"和"利"的关系问题。"利"指利益和功效；"义"指正当的行为。孔子认为"义"和"利"二者是对立的。《宪问》中说："见利思义，见危援命，久要不忘平生之言，亦可以为成人矣。"这是说见到有利可图的事首先要想到义，符合义的利可以考虑，不符合义的利一定要抛弃。在他看来，重义轻利是一条重要的准则，道德行为应该脱离功利，这一条后来被儒家发展成超功利主义的道德原则。

第三，"中庸"。中庸属于道德行为的评价问题。中庸就是不偏不倚的平常道理。中庸又被理解为中道，中道就是不偏于对立双方的任何一方，使双方保持均衡的状态。中庸又称为"中行"，中行是说，人的气质、作风、德行都不偏于一个方面。按孔子的说法，中庸是一种德行，而且是最高的德行。《子路》中说："不得中行而与之，必也狂狷乎！狂者进取，狷者有所不为也。""狂"和"狷"即狂妄和拘谨，是两种对立的品质，一是流于冒进、进取、敢作敢为；一是流于退缩、不敢作敢为。孔子认为，中行就是不偏于狂，也不偏于狷。

4. 关于道德修养的过程和方法

孔子很重视道德修养，在伦理学史上第一次对道德修养问题作了理论上的阐发，他提出的修养方法有三条：学、思、行。

第一，"学"。"学"即学习，《论语》中讲"学"主要指学习关于"礼"的知识，《季氏》中说："不学礼，无以立。"孔子认为，不学习礼节条文和古代圣贤的言论，智、仁、勇等道德意识就会产生各种流弊。

第二，"思"。"思"即思考、反省，就是运用思考检查自己的言行是否符合道德。他认为"思"属于理性思维活动，是检查自己的言行是否符合道德标准的过程，也是提高道德境界的重要方法。《学而》中说："吾日三省吾身。"孔子还认为学和思不能偏废，《为政》中说："学而不思则罔，思而不学则殆。"思学结合才能使自己成为有道德的人。

第三，"行"。"行"的含义有二：其一是指和言论相对的行为。《宪问》中说："君子耻其言而过其行。"意思是说言和行应该一致，只说不做是可耻的。其二，是指对道德规范和道德观念的实行、履行。《公冶长》中说："始吾于人也，听其言而信其行；今吾于人也，听其言而观其行。"意思是一个人的道德品质是否高尚，不能凭其言论，要看他的实际行动。

关于修养的过程，孔子在《为政》中说："吾十有五而志于学，三十而立，四十而不惑，五十而知天命，六十而耳顺，七十而从心所欲，不逾矩。"孔子讲的道德修养过程，有其合理的因素。他看到了人的道德修养不是一朝一夕的事，而要经过长时间的学习和锻炼，要有一个循序渐进的过程。

二、孟轲和《孟子》

孟轲又称孟子,字子舆,战国时期邹(今山东邹县东南)人。他生活的时代上距孔子一百多年,是孔子的孙子子思的再传弟子,是战国中期的儒家大师,自称继承发扬了孔子的事业。孟轲早年丧父,母曾三迁学宫之旁,习俎豆之事。他历游齐、宋、梁、滕、魏等国,曾为齐宣王客卿。宣王很尊崇他,但亦终不见用,于是归而述孔子之意,明先王之道,以教弟子。孟轲死后,门人万章、公孙丑等人记其言行为《孟子》七篇。另有《外书》四篇,久佚不传。

《孟子》一书也是语录体的散文。《孟子》同《论语》一样,是中国古代伦理学的重要著作。《孟子》所反映的孟轲的伦理思想主要可以归纳为以下几方面:

1. 以仁义为道德生活的最高原则

孟子发展了孔子的仁学,并同义结合起来,把仁义视为最高的道德理念,以仁德为齐家、治国、王天下的最高准则。他说:"天子不仁,不保四海;诸侯不仁,不保社稷;卿大夫不仁,不保宗庙;士庶人不仁,不保四体。"(《孟子·离娄上》,以下引《孟子》中语,只注篇名。)关于仁义,孟子有以下两种解释:

第一,亲亲为仁,敬长为义。《尽心上》中说:"亲亲,仁也;敬长,义也。"《告子下》中说:"尧舜之道,孝弟而已矣。"

第二,仁者爱人。孟子将"爱亲"的意识加以推广,便是"仁者爱人",在发挥"爱人"的思想时,突出地提出了"仁民"说,即以爱百姓为统治者的最高道德。《梁惠王上》中说:"老吾老以及人之老,幼吾幼以及人之幼,天下可运于掌。"

2. 论人道的本质

孟子正面提出了孔子没有回答的关于道德本质的认识问题,即人同禽兽不一样,人有道德意识,禽兽没有道德意识。主要有以下观点:

第一,人伦说。孟子提出了"类"的概念,指出人和禽兽是两大不同的类。告子以食色为性,孟子在《告子上》中反驳说:"然则犬之性犹牛之性,牛之性与人之性与?"就是说,如果人和动物都以食色为性,人类同犬牛便没有什么区别了。他还认为动物没有同情心,互相吞食,人则有同情心,互相爱护。在《滕文公上》中说:"人之有道也,饱食暖衣,逸居而无教则近于禽兽。圣人有忧之,使契为司徒,教以人伦:父子有亲,君臣有义,夫妇有别,长幼有序,朋友有信。"孟子在这里提出了"人伦"的道德范畴,成为后来儒家伦理所谓的"五伦"说。

第二,仁为人心,义为人路。孟子以伦理为人类生活的特点,所以把仁义道德看成是人类的生活准则。《离娄上》中说:"仁,人之安宅也;义,人之正路也。旷安宅而弗居,舍正路而不由,哀哉!"《告子上》中说:"仁,人心也;义,人路也。舍其路而弗由,放其心而不知求,哀哉!"孟子以人心、人路解释仁义道德,表明仁义道德乃人类所特有。

第三,人皆可以为尧舜。孟子认为,仁义的观念是每个人都有的,只要从事道德修养,任何人都可以成为圣人。《梁惠王上》中说:"曹交问曰:'人皆可以为尧舜? 有诸?'孟子曰:'然。'"《告子上》中说:"圣人与我同类者。"《离娄下》中说:"舜人也,我亦人也。"既然都是人,是同类,就都具有共同的道德本质,舜能做到的事,普通人也可以做到,只要努力向圣人学习,同样可以成为圣人。

3. 道德出于良知、良能

这是关于道德的来源问题。孟子十分强调仁义为人心固有,把孔了的客观唯心主义引向主观唯心主义。

第一,四端说。《告子上》中说:"恻隐之心,人皆有之;羞恶之心,人皆有之;恭敬之心,人皆有之;是非之心,人皆有之。恻隐之心,仁也;羞恶之心,义也;恭敬之心,礼也;是非之心,智也。仁义礼智,非由外铄我也,我固有之也。"

第二,良知说。《尽心上》中说:"人之所不学而能者,其良能也;所不虑而知者,其良知也。"这是进一步用良能、良知来解释道德的来源。良知、良能也称良心。按照孟子的说法,良能是超经验的,良知不仅超经验,而且不考虑个人的得失。

4. 性善论

孟子的性善论,即人性论,也就是对人的本质的伦理学观点。孟子的性善论是在和告子的辩论中表述的。告子认为人性无所谓善与不善;人是生之谓性,即"食色性也";孟子反驳告子的观点,认为人性本善,善端均为先天固有;告子以生理方面的性能为人的本质属性,是把人看成一个感觉体,这种人性论属于感觉论的类型。孟子以道德为人的本质属性,是把理性的东西看成人的本质属性,这种人性论属于理性论的类型。

5. 关于道德行为评价的准则

第一,辨义利。这是对孔子观点的阐发。孟子把道德和功利看成是对立的,在动机与效果的问题上,也是动机论者。

第二,别德福。这是关于道德与个人幸福的关系问题。孟子同样发挥了孔子的观点,认为仁人志士不应追求个人幸福,为了实现自己的道德理想,必要时应不惜牺牲个人的生命,这就是他提出的"舍生取义"说。《告子上》中说:"鱼,我所欲也;熊掌,我所欲也;二者不可得兼,舍鱼而取熊掌者也。生我所欲也；义亦我所欲也；二者不可得兼，舍生而取义者也。"

第三，关于道和权。道指道德规范，权指实行道德规范时要通权达变，不能墨守成规。如凡事都固守中道，不能通权达变，过于偏于一点，"举一废百"，反而会破坏"道"。《离娄上》中说："淳于髡曰：'男女授受不亲，礼与？'孟子曰：'礼也。'曰：'嫂溺，则援之以手乎？'曰：'嫂溺不援，是豺狼也。男女授受不亲，礼也；嫂溺援之以手，权也。'"道、权问题实际上也是关于善恶行为的评价问题。

6. 关于道德修养的方法

孟子的道德修养方法是建立在天赋道德论和性善论的基础上的，着重强调内心反省。

第一，存心。"存心"，是指保持住仁义之心而不忘掉。《离娄下》中说："君子所以异于人者，以其存心也。君子以仁存心，以礼存心。"

第二，养气。从存心说出发，孟子存的是伦理学上的心，即良心，将其哲理化，便是"浩然正气"。孟子提出"善养吾浩然之气"，是要说明道德力量的强大，能使人做出惊天动地的事业来。

第三，寡欲。"寡欲"即减损欲望。孟子认为，人的本性是善的。有人所以不善，是由于追求物欲，使欲望压抑了本性。因此要保存仁义之心而不丧失本性，必须克制、减损欲望。孟子的寡欲说是与他的人性论、存心说和养气说相互呼应的，《尽心下》中说："养心莫善于寡欲。其为人也寡欲，虽有不存焉者，寡矣。其为人也多欲，虽有存焉者，寡矣。""存焉者"指存心、保住良心。做不到这点，良心就会丧失，所以说存心、养气在于寡欲。

第四，尽心知天。这是讲道德修养同天命的关系。孟子发挥了孔子"五十而知天命"的观点，从《论语》中的"死生有命，富贵在天"出发，认为天和命都是非人力所能为的事情。《尽心上》中说："尽其心也，知其性也；知其性，则知天矣。存其心，养其性，所以事天也。殀寿不贰，修身以俟之，所以立命也。"孟子在认为人的物质利益甚至生死都取决于天命的同时，又认为人的道德境界则要依靠个人的努力去提高，而不应把它归之于命。《告子下》中说："故天将降大任于斯人也，必先苦其心志，劳其筋骨，饿其体肤，空乏其身，行拂乱其所为，所以动心忍性，曾益其所不能。"身处逆境，要不怕艰难困苦，不认命，经过自己的努力甚至艰苦磨炼，就会成为道德高尚的英雄。在《滕文公下》中孟子称赞这种人说："居天下之广居，立天下之正位，行天下之正道；得志与民由之，不得志独行其道；富贵不能淫，贫贱不能移，威武不能屈，此谓大丈夫。"

从以上介绍可以看出，孔子和孟子的伦理思想体系相当完整，他们共同构成的儒家伦理思想对中国古代的伦理学说和民族道德文化产生了深远的影响。①

三、孔孟儒家伦理思想对中华民族道德文化的影响

在中国各种文化形态中,伦理道德学说居于中心地位,而中国传统伦理思想的主体是孔孟儒家伦理思想。几千年来,这一思想的发展传承绵亘不断,对中华民族的道德义化和民族心理发生了深远的影响,主要表现在以下几方面:

1. "天人合一"的生存观念

"天人合一"问题就其理论观念来说,是关于人与自然的统一关系问题或者是人对自然的适应问题,也是对自然界和人的精神统一认识问题和心理态势问题。"天人合一"的观念从春秋时期就已经产生。孔子认为道之兴废全在天命,人力是改变不了的。孟子把天道与人性联系起来,认为天有善恶之心,人性天赋,善端与生俱有,因而性、天相通。这里,"天人合一"的观念虽然没有作为一个理论命题,但在孔、孟的言论中明显指出了天道和人道的统一问题。

"天人合一"的思想自孔孟之后逐渐发展和演化,到汉代演变为董仲舒的"天人感应论"。北宋的张载明确提出了"天人合一"的命题,认为人与天地万物都由"气"构成,天地犹如父母,人与万物都是天地所生,都是由"气"所生成,"气"的本性也就是人和万物的本性,人与自然界统一于物质性的"气"之中。

此后,"天人合一"的思想得到进一步阐发,逐步弥漫于社会和历史的文化传统之中,在民族心理中形成了人和自然之间具有统一性的观念和凡事都要顺从天意的心理状态。

这种影响主要表现在两方面:其一,人们总在追求精神和行为与外在自然的一致,达到天道与人道的统一,自我身心的平衡与自然环境的平衡的统一,从而实现完美和谐的精神追求和心理平衡。其二,由于人和自然界是统一的,因而不是不可知的,而是可以为我所用的客观对象。因此在中华民族心理中还有一种征服自然的思想,即"人定胜天",愚公移山的故事便是一例。

"天人合一"的观念既有积极意义,也有消极影响。积极意义在于,根据这种观念,人不能违背自然规律而随心所欲地去利用自然,而只能按照自然规律,并充分发挥人的主观能动性去调整自然,使之符合人类的需要,也使自

---

① 关于孔子、孟子伦理思想的概括归纳,主要参考朱伯崑著《先秦伦理学概论》,北京大学出版社 1984 年版。僅此致谢。

然界的万物都能生长发展。这种积极意义运用于现代文明社会的生态平衡的文化观念还是很进步的。消极影响在于,如果绝对地遵从天道和顺从天意,把适应自然作为惟一的生存理念,就会走向听天由命、屈服自然的另一端而无所作为。

2. 以人为本的价值观念

传统的"天人合一"思想强调天人之间的统一,人成了宇宙万物的中心,人为万物之灵,天地之间人为贵,是中国传统文化的基调。因此,在中国文化中神本主义始终不占主导而人本主义成为中国文化的基本精神。

中国传统文化中以儒家为代表的人本主义思想在后来的封建社会中得到广泛的认同和创造性的发展。东汉思想家仲长统提出"人事为本、天道为末"的论述,精辟地概括了儒家的人本主义思想。后来的进步思想家,基本上都继承、发展了这种思想。包括宋明理学宣扬的"存理去欲"理论,也是一种以道德修养为宗旨的道德的人本主义。

与西方资产阶级人本主义不同,中国儒家文化倡导的人本主义强调个人的社会义务和道德人格方面。这种文化传统对中华民族的心理状态的影响也是很深远的。人们总是习惯于把自己放在一定的伦理关系中来定位,并确定自己的存在价值,把个人价值的实现和个体道德人格的树立寄托于整体社会关系之中。如政治上的君臣关系,家庭中的父子、夫妇、兄弟关系,社会上的朋友关系,构成所谓"五伦",每一个人既处于五伦关系网络之中,又同时处于整个社会家国一体的宗法政治关系网络之中,每一个人在社会中扮演一定的角色,履行一定的义务,实现各自的价值,彼此之间相互联系和制约,维系社会的正常运转。

这种人本主义的文化价值观念也有积极和消极两方面的影响。积极方面是注重人的道德实践,有利于人的精神开发、自我道德的完善和社会文明水平的提高。消极的方面由于过分强调道德修养,而不重视个人的权利和自由,形成了中华民族很多人谨小慎微的心理素质弱点。另外,人们只重视内在修养和自己的主体地位,势必忽视外在的东西和对客观世界的认识和改造,也是我国科学技术长期落后于西方的民族心理方面的深层原因之一。

3. 刚健有为的人生观念

儒家伦理思想在人生观念上是入世的,即积极进取的。《论语·子罕》中说:"三军可夺帅也,匹夫不可夺志也。"《论语·述而》中说:"发愤忘食。乐以忘忧,不知老之将至。"就是提倡为崇高理想而不懈奋斗的进取精神,鄙视那些饱食终日无所作为的人生态度。

这种刚健有为的人生观念作为中国文化的基本精神之一,是中华民族积极上进的人生态度的集中体现。几千年来,这种自强不息、积极进取的人生观念深入人心,并为全社会所接受,成为民族心理结构的重要方面。中华民族愈是在遭受挫折和危难的时候,这种精神表现得愈是突出。人民群众中流传的许多民间谚语如"天不怕,地不怕,敢把皇帝拉下马"、"人穷志不短"、"大丈夫宁可站着死,不能跪着生"等等,正是这种心理倾向的写照。还有不少国人起名字直接用"刚"、"健"、"自强"、"强健"、"刚强"等等,这种名字的经常出现,也说明了自强不息精神的广泛社会影响和普遍的社会意义。

刚健自强精神的延伸便是独立的人格精神。孔子认为,为了实行仁德,宁可牺牲自己的生命,也决不可苟且偷生。《论语·卫灵公》中说:"志士仁人,无求生以害仁,有杀身以成仁。"孟子也认为大丈夫应有"富贵不能淫,贫贱不能移,威武不能屈"的气概。中国历史上众多英雄人物正是保持了这种独立的人格和民族气节,才铸造了中华民族奋勇向前的强大力量和人文精神。

4. 贵和尚中的处世观念

孔子主张"和为贵",孟子提出重"人和",先贤们总是以和谐作为处世待人的最高原则,因此重和谐就成为一种处事的准则。在人际关系上强调友爱、团结、与人为善,平等待人;在国际关系、民族关系上主张和平共处,达到"协和万邦"。由于人性本善,就应行善于社会,保持良好的道德操守,使社会成为理性的和谐的社会。所谓"高怀见物理,和气得天真"。

儒家"贵和"的思想往往与"尚中"相联系。"尚中"的观念集中体现在"中庸之道"之中。"中庸之道"是以"中庸"作为道德行为的最高境界,主张通过"持中"的原则去实现人际关系及人与社会的平衡。

贵和尚中观念可以说是一种调节社会矛盾使之达到中和状态的高级哲理。先秦西汉儒家的中和理论以"中庸"观念为理论基础,以"礼"为标准,对统一体进行保持,对竞争观念和行为进行抑制。虽有不偏不倚、公允适度的持中之意,但它力图使对立双方达到统一和平衡,永远不超越"中"的界限,必然成为阻碍事物发展变化的保守思想。

贵和尚中观念表现为一种处世哲学,使得中国人往往做事不走极端,着力注意和谐局面的实现和保持,求大同存小异,保持人际关系的和谐友好。其积极意义在于凝聚民族精神,促进社会的稳定和发展。消极影响在于这种不偏不倚的观念如果成为绝大多数人的思维定势而绝对化,又容易走向取消必要的对立和斗争,甚至使人变得圆滑世故,形成不健康的心理状态[1]。

---

[1] 以上概括归纳参考张岱年、方克立主编《中国文化概论》,北京师范大学出版社 1994 年第一版。僅此致谢。

四、弘扬优秀的传统伦理思想，努力提高中国公民的道德素质

综上所述，中华民族有着悠久优良的道德传统，曾经创造了辉煌的道德文化，给我们留下了极其宝贵丰富的伦理思想遗产。大凡传统的伦理道德文化一般由两个部分构成：一部分是具有条件特征的存在，是一定历史时代的产物，如中国古代的"三纲五常"等道德规范，必然随着其赖以产生和存在的社会条件的消失而自然失去其合理性。而另一部分则是不完全依赖具体的社会历史条件而在各个时代都有其存在的意义，有的内容通过调整和延伸还能发挥很大的现实作用。例如儒家伦理中的"仁者爱人"、"天人合一"、"己所不欲，勿施于人"、"君子合而不同，群而不党"等观念已被现代人广泛接受，构成人们所倡导的"全球伦理"、"人类底线伦理"的基本内核之一而具有现代意义和世界意义。中国传统伦理思想中还有许多范畴都有其合理成分和很现实的进步意义，完全能够进入现代人类的道德文化系统。

当前，中国的经济社会正由伦理型经济向市场经济社会转变，中国的文化正由伦理型文化向经济社会的文化转变，在这经济的转轨和文化的转型时期，过去传统的道德观念需要结合新的实际，改变形态，进行调整和重建，才能适应我国社会主义市场经济的健康发展。这就需要弘扬传统伦理道德的精华，借鉴世界各国各民族积极进步的道德思想成分，并通过改造、重组和创新，使之不断现代化和科学化。

当前，我国正处于社会主义初级阶段，在改革开放的过程中，新旧体制并存，新体制尚在逐步走向完善，存在各种漏洞和不足，对一部分人的道德观念产生消极影响。在社会转型期，人们一方面中断了原来的道德传递纽带，另一方面又暂时难以接受新的道德传递方式，必然引起社会道德领域出现不同的层次性。尽管我们承认社会主义初级阶段道德的层次性，但我们搞的是社会主义制度条件下的市场经济，这就决定了绝大多数社会成员必须树立社会主义道德观念，在尊重个人物质利益原则的同时，把国家利益、集体利益和个人利益统一起来，实现社会的经济发展和道德进步的统一。

社会主义市场经济的建立和发展，使传统的义利观、价值观受到严峻的挑战。我们要敢于冲破旧道德的樊篱，破除传统道德中保守、僵化、封闭的道德观念。同时，我们还应继承传统伦理道德中优秀的成分和精华。如对市场经济发展十分有利的诚信观念就应大力提倡，要把诚信原则渗透到社会生活的各个方面、人际关系的各个领域，诚信待人，信誉至上，说话算数，遵守时间，忠于职守，形成良好的社会风尚。要大力提倡"爱国守法、明礼诚信、团结友善、勤俭自强、敬业奉献"的公民道德规范，努力提高全民族的道德素质，建设新的社会伦理道德体系。

　　新的世纪，全球经济将进一步走向一体化，尤其是中国"入世"以后，我们面临更严峻的挑战，在如何处理国家利益和个人利益关系上将面临更严肃的社会伦理问题。中华民族要振兴，必须进一步发扬爱国主义优良传统，弘扬爱国主义、集体主义、社会主义精神，每个公民都应认清自己的利益同祖国利益休戚与共，理应为民族振兴而奋斗。

　　新的世纪，科学技术的发展把许多新的道德问题提到人类面前，如基因工程和克隆问题，信息高速公路和网络化问题，社区生活对传统生活方式的挑战问题等，使人们的物质生活和精神生活发生了巨大变化，这都需要人们更新观念，树立正确的人生观、价值观和道德观。

　　新的世纪，人类比过去更容易认识自己只能是以一个"类"而存在，人类的共同利益更显重要，保护人类生存环境，必将成为全球共同伦理的重要内容。中国作为一个人口大国，人均占有资源远在世界平均水平之下，环境保护任务尤显艰巨，我们更应弘扬生态伦理思想，让传统的"天人合一"观念走向现代化。

　　文化是民族的传统血脉，人民的精神家园。道德文化是维系国家、民族和社会和谐统一、持续发展的前提和基础。我们应弘扬中华民族优秀的传统文化，努力建设优秀的道德文化传承体系，并使之不断现代化和世界化。应树立高度的文化自觉和文化自信，发展优秀的传统道德，倡导良好的社会道德风尚，提高全民族的道德水平，促进物质文明与精神文明的协调发展，向着建设社会主义文化强国的宏伟目标迈进。

【思考与练习】

1. 谈谈中国传统伦理思想中积极内容的世界意义和现代意义。

2. 谈谈孔孟之道对中华民族心理结构的影响。

3. 结合公民道德建设谈谈如何提高中国公民的道德素质。

第三章　美学的历史发展和
康德的《判断力批判》

美学是研究人与现实审美关系的人文科学。人在实践活动中,不仅创造出了物质产品,而且也在实践活动中,发展自己特有的审美心理和审美技能,用马克思的话来表达,就是通过人类的实践活动,达到了两重人化,亦即自然的人化和人自身的人化。马克思还认为,"按照美的规律来建造"是人区别于动物的本质特征之一。本章将系统地阐述美学的基本原理,勾勒出美学的历史发展线索,并对美学学科发展产生了重大影响的康德进行个案分析,以开启读者的创新思维。

第一节　美学的基本原理

一、美

(一)关于美的定义

1. 美是一个关系概念

在了解什么是美以前,我们必须首先知道,美是一个关系概念。它产生于作为审美主体的人和作为审美客体的物的关系中。如果没有作为审美主体的人,不可能产生出美来,同样道理,如果没有作为审美客体的事物,也不可能产生出美来。比如说,茅盾先生写《白杨礼赞》时,观察白杨树。如果没有茅盾先生这个审美主体,白杨树依然是黄土高原上的普通的白杨树,它不可能被赋予一种"枝枝叶叶,紧抱团结,哪怕只有碗来粗细,也要向上发展,不屈不挠对抗着西北风"的民族精神。而如果没有白杨树这个审美客体,茅盾先生的这种审美体验就不可能产生,更谈不上为他所理解的质朴而奋力抗战的民族精神去找一个恰当的"白杨树"的形式。

2. 美是合规律、合目的的形式

关于美的这一定义,我们需要把握住下述三个要点:

(1)美是合规律、合目的的形式,这个"形式"的实际含义是指事物的感性外观,如色彩、线条、形体、声音、构图等。凡美的事物都必须具有感性的外观,如"赤橙黄绿青蓝紫"的色彩,如水波浪的曲线,如"刺破青天锷未残"的大山形体,如泉水叮咚的声音,如"两个黄鹂鸣翠柳,一行白鹭上青天"的构图等等。反之,如果没有感性外观的东西,我们无论如何不会认为它是美的事物。在安徒生的《皇帝的新衣》中,皇帝所穿的"最漂亮的衣服",由于谁也看不见,所以没有人认为他穿了世界上最漂亮的衣服。西方文化中的上帝,由于没有形体,所以只能是信仰的对象,而不能是美的对象。

事实上,人们特别是文学艺术家在讴歌美的对象时,都特别重视对于感性外观的描写。例如我国古代的诗歌总集《诗经》中关于美人的描写,就突出其感性特征。我们现在就来看一看《诗经·卫风·硕人》是如何写庄姜之美的:

> 手如柔荑,肤如凝脂,领如蝤蛴,齿如瓠犀,螓首蛾眉。巧笑倩兮,美目盼兮。

庄姜作为中国文学史上直接描绘的第一个美人,其美就体现在她的感性外观上:她的手像一场春雨过后从地上发起的嫩草那样鲜嫩,她的皮肤像在锅里加热化开、滤过渣,然后又凝固起来的羊油那样白皙,她的脖子像白色的天牛虫那样的挺拔高昂,她的牙齿像瓠子的籽儿那样细小而整齐,她的额头像螓的额头那样天庭饱满,她的眉毛又像出茧的蚕蛾的两道须眉那样细长。更令人难忘的是,她的笑容是那样恰到好处,既不夸张也不勉强,露出动人的样子来,而她的两只眼睛,黑白分明,炯炯有神,充满了生命的活力。一个鲜活而生动的美人就这样展示在我们面前。

(2)美是合规律、合目的的形式,这种"合规律"是指符合事物自身构成、运动的规律。凡是美的事物,都必须符合它自身的构成规律,符合它自身的运动规律。

我们常常看到这样的事实:由于所有的动物左右对称,所以当我们看到符合这一规律的动物时,我们就会感觉到它们是顺眼的,而一旦看到不符合这种规律的动物时,我们就会觉得怪异,觉得不顺眼、不舒服,也就不会产生美感。

在我国,美的建筑必须坐北朝南。老百姓常说,"有钱难买朝南门",民谣也讲"皇帝面南而坐","天下衙门朝南开"。这其实也是一个合规律的问题。我国地处北半球。首先地球绕太阳公转运动。在夏至这一天,太阳直射在北回归线上,而在冬至这一天,太阳则直射在南回归线上。同时,地球还在作自转运动,产生出昼夜的分别和早晚太阳位置的变化:东方日出,西边日落。这样一来,我国的房屋就必须合乎"坐北朝南"这样一个规律,夏天尽管太阳直射,但屋顶足以遮掩,且避免了晨晒和夕晒,而冬天,太阳则斜射进屋子,人们可以享受到充足的阳光。所以,在我国美的建筑必须"坐北朝南"。

（3）美是合规律、合目的的形式,这种"合目的"的意思是指,美的事物还必须既符合作为审美主体的个体的需要,同时又要符合整个人类社会发展的需要。

我们可以通过分析下列现象,来理解美的合规律问题。

亭子的顶为什么要往上翘呢？其实这就是一个合目的的问题。屋顶是为了遮挡阳光、遮盖雨水。如果设计成直线条的"两坡水",固然合乎造屋顶的规律,但是作为供人们游玩之时休憩的场所,这样的造型将会使人感觉到像一个金字塔的重物悬浮在人们的头顶,产生一种受到压抑的心理,从而导致游兴全消。为了符合人们游玩的轻松目的,设计师作了改动,让亭子的顶往上翘,于是线条的力的方向被改变了,它不再给人以重压的感觉,而是一种飞升的感觉,实现了游玩的轻松目的。当然值得注意的是,这种目的虽然体现在个体身上,但就本质来说,这是人类在实践活动中所创造的文化成果的积淀。

在文学艺术中,所有的景物描写也都必须合乎目的。岑参的《白雪歌送武判官归京》写道:"北风卷地白草折,胡天八月即飞雪。忽如一夜春风来,千树万树梨花开。散入珠帘湿罗幕,狐裘不暖锦衾薄。"本来是恶劣的边塞天气,但由于边疆将士保家卫国的豪情壮志,于是面对八月飞雪的恶劣天气,也变成了春意盎然的美景。这种情感当然也体现在个体身上,但却是群体意识的表达。

（二）美的本质

美和人的自由创造的本性息息相关。美的本质是从事自由创造的人在对象世界中直观自身。

1. 关于自由的分析

"自由"一词,在不同的领域有不同的理解。从语义学的角度分析,"自由"一词在日常生活中,常常是指玩得畅快,指无拘无束的活动。在心理学领域,"自由"被用来指心理活动的随意性和不规律性,如想象自由、游戏自由等等。在伦理学中,"自由"则被用来指行为的无约束力,往往与纪律相对立,如自由散漫、行为随便等等。在政治学中,"自由"专指从某种剥削与压迫的制度下解放出来的一种理想状态,常常与民主联用,如政治自由、言论自由等等。

美学中的"自由"是一个哲学概念,包含两种意义:一种是指意识自由,如理性自由、意志自由、精神自由等等。一种是指实践的自由,意在表明人类社会实践的普遍性与现实性,表明人类社会实践对自然界里必然性的掌握和运用,对于自然的征服和改造。马克思主义美学是在实践的意义来使用"自由"一词的。恩格斯在《反杜林论》中指出:"自由是在于根据对自然界的必然性的认识来支配我们自己和外部自然界;因此它必然是历史发展的产物。"[1]毛泽东则把这一思想简明地概括为人类的历史就是一个不断地从必然王国向自由王国发展的历史。

2. 自由创造

自由创造是指人们在认识客观必然性、规律性的基础上,能动地去改造世界,以实现人类的目的和要求的活动。具体地说,客观事实的必然性和规律性,总是存在于个别的、具体的事物之中,并通过它们表现出来。人类在长期的改造自然的社会实践中,由于无数次地接触众多的具体事物,所以能够逐渐地把它们的形式和规律抽取、概括、组织起来,成为普遍的形式和规律。此时,人类主体的实践活动就能够利用所掌握的事物的必然性和规律性,并按照自己实践活动的目的,去能动地改造世界。也正是在此时,人类主体的实践活动成为一种合规律性与合目的性相统一的活动,并实现了自己的自由创造。

自由创造可以说是人类最为珍贵的品性。因为:(1)自由创造是人类区别于动物的最为本质的特征之一。从新石器时期开始的工具制造,尽管还很粗糙,但从材料的选择到加工方法的创新以及外形特征的确定,都体现了人类有意识、有目的的创造活动。随着社会实践的发展,人的这种自由自觉的特征愈发明显,正像恩格斯指出的那样:"人离动物愈远,他们对自然的作用就愈带有经过思考的、有计划的、向着一定的和事先知道的目标前进的特征。"[2]而动物的活动则与人相反,它们只能被动的适应自然,"一切动物的一切有计划的行动,都不能在自然界上打下他们意志的印记。这一点只有人才能作到。"[3](2)自由创造是人类社会存在和发展的基础。马克思和恩格斯曾经指出:"这种连续不断的感性劳动和创造,这种生产,是整个现存感性世界的非常深刻的基础……。"[4]人类社会之所以有今天的伟大成就,有了航天飞机,有了电子计算机,有了原子弹和氢弹,有了原子能反应堆,发现了激光,发明了 PC 机,建立了互联网,实现了"多利"克隆羊的无性繁殖,一切日新月异的科学发现和技术发明,都是人的自由创造活动的结果。动物由于只是适应于自然,而不能创造,所以它们的情况就与人类社会大相径庭。(3)人在自由创造中还发展了人本身。人在社会实践活动中,每一次自由创造,都显示

---

① 恩格斯:《反杜林论》,人民出版社 1970 年版,第 112 页。
② 《马克思恩格斯选集》第 3 卷,人民出版社 1972 年版,第 516 页。
③ 《马克思恩格斯选集》第 3 卷,人民出版社 1972 年版,第 517 页。
④ 《马克思恩格斯选集》第 3 卷,人民出版社 1972 年版,第 50 页。

出人的智慧、勇敢、灵巧、坚毅等品质,都体现了从必然到自由的飞跃。随着人的聪明才智的发展,人所有器官也愈来愈灵巧,"五官感觉的形成是以往全部世界历史的产物",①感受音乐的耳朵、感受形式美的眼睛、甚至于细腻的触觉等等,都是在长期的创造实践活动中发展起来的。

3. 自由创造与美

人的自由创造是怎样与美联系起来的? 自由创造如何能够成为美的根源? 这可以从两个方面看出。

(1) 人作为自由创造的主体,从事生产劳动,是自由自觉的、有目的有意识的活动,正像马克思所指出的那样,"劳动过程结束时得到的结果,在这个过程开始时就已经在劳动者的表象中存在着,即已经观念地存在着"②。我们搞城市建设、建一座花园,都先要有设计蓝图;做其他任何事情,也都要有计划;这些都表明了人对规律的把握,体现了人的目的性。

(2) 人的这种有目的、有意识的活动,必然在生产劳动的对象上表现出来。在人改造自然的活动中,必然要引起材料的变化,而材料的这种变化是按照人的预先企图来实现的,换句话说就是体现人的目的和智慧。此时,所生产出来的东西就完全地打上了人的印记,也就使得创造者能够在他所创造的对象中"直观自己","我们的产品就会同时是些镜子,对着我们光辉灿烂地放射出我们的本质"③来,看到自身的力量、智慧和才能,以及目的和理想的实现,可以感到自由创造的巨大喜悦。

在现实生活中,女同志织毛衣、教师看到成材的学生、农民看到自己种的庄稼等,都能产生美的喜悦。其实这一切都与人的自由创造息息相关。女同志织毛衣,她一方面要进行一系列的学习,了解已经有的花型,另一方面她要体现出自己的情感,并凝聚为一种创造性的智慧,从而织出一件得体的毛衣来。此时,愈看自己的这件杰作,就愈感受到自己的创造和自己的智慧,也就愈产生出愉悦之情,于是这件毛衣就成为美的事物。教师对于好的学生,也会产生出美感,因为好学生体现了教师的智慧和才能、体现了教师自己的创造力,是教师自身一种自由创造本性的实现。

(三) 美的存在领域

美的存在领域主要有:社会美、自然美、艺术美。

1. 社会美是指社会生活中的美。人的美、劳动产品的美、劳动环境和生活环境的美等等,都是社会美的具体表现形式。社会美具有直接的实践性,

---

① 《马克思恩格斯全集》第 42 卷,人民出版社 1979 年版,第 126 页。
② 马克思:《资本论》。第 1 卷,人民出版社 1972 年版,第 202 页。
③ 《朱光潜美学文学论文选集》,湖南人民出版社 1980 年版,第 378 页。

因而它以内容为重点,必须在运用感官感知的同时运用理性思维,去把握美的内容。例如,张海迪是一个残疾人,但她的"要让生命被意义充满着,要让生命活出意义来"的追求,她的顽强毅力,她的创作成就,都体现出一种人之为人的巨大力量,令人肃然起敬。

2. 自然美是指自然事物的美,它的实质在于以自然的感性形式表达了人类社会性的内容。例如,青松使人联想到仁人志士,芭蕉使人联想到美人,修竹使人联想到隐士,榕树则使人联想到饱经风霜的老人。

由于自然美是以它的感性特征直接引起人们的美感,因此,自然的某些属性,如色彩、形状、质感等等,具有不可忽视的审美意义。在审美中,我们必须仔细地去观察这些形式特征,进而观察出自己的某种社会感受来。例如,屈原在《桔颂》中,从桔树的绿叶、挺立、不移的仔细体验中,感受到独立、质朴、立场坚定的人格,进而写下了这一脍炙人口的名篇。

3. 艺术美是指艺术作品的美,它是艺术家对于社会美和自然美的反映,也是艺术家在创造的艺术形象中肯定自己的一种形式,所以它是客观和主观的统一、再现和表现的统一。

艺术美的把握,首先要注意到它的再现因素,因为这种再现的情境,体现了美的感性形式。抒情性作品要弄清楚它描写的是什么样的景物,叙事性作品则要仔细地去把握它生动的情节。我们读毛泽东的《长征》时,要弄清楚诗篇中万水千山是如何等待红军去做闲庭信步的,而阅读杜甫的《绝句》"两个黄鹂鸣翠柳",则必须弄清楚春天万事万物的勃勃生机。读列夫·托尔斯泰的《安娜·卡列尼娜》,我们一定要弄清楚多重情节和"拱式"结构,而读莎士比亚的《哈姆雷特》则必须弄清楚作品中的三重复仇线索。其次,通过这种审美的感知和体验,细细地理解作家在这种再现中,试图表现什么样的思想感情。

二、美感

(一)什么是美感?

美感是人在接触到美的事物时引起的一种感动,是一种赏心悦目、怡情悦性的心理状态,是对美的认识、评价和欣赏。

理解美感要注意以下三点:

1. 它是一种赏心悦目、怡情悦性的感觉,不是愤怒感、悲伤感、痛苦感,也不是冷暖寒热的生理感。美感总是先通过对一定对象的感性状貌、一定的色彩、线条、形体和音调等感性外观的感知来进行的,因为美的事物总是有着极其鲜明的感性外观。蓝天、白云、高山流水、帕格尼尼的音乐、拉斐尔的绘画等等,之所以能吸引我们,就是因为这些东西具有极其鲜明的感性外观。

2. 它是一种感动,蕴涵着情感。美的事物总是以其特有的感性特征引起我们的注意,随之而来它便会影响到我们的情感。因为人能在对象和产品中"直观自己",感受到自己独特的本质力量:如自己的个性、自己对于事物的独特理解、自己的人格等等,从而形成一种愉快的情感。

3. 知觉、想象、理解等认识因素暗含在对于感性的具体形象认识中。《诗经·小雅·采薇》中有这样一段描写:"昔我往矣,杨柳依依,今我来思,雨雪霏霏。"这是作品中的抒情主人公一个戍卒在离开亲人时和从前线回家时对于周围景物的一种感受,严格地说,这也是一种美感。在离开家人时,他感觉到了杨树枝和柳树枝在微风中缓慢地摆动着,此时正好与自己出门远行的心情在节奏上是一致的。于是他想到了许多事情,内心中也有许多的哀怨和惆怅。这一切最后都化解在"杨柳依依"的具体景物之中。同样,在从前线戍边回家时,他感觉到了纷纷扬扬的大雪一阵紧似一阵,此时又正好与自己急切回家的心情在节奏上是一致的。他也想到了许多事情,内心中也不断地涌动着很快就会与亲人团聚的兴奋之情。这一切最终都融合到"雨雪霏霏"的具体景物之中。

(二)美感的特征

美感的特征有四个:

1. 形象的直接性

美的事物都有感性外观,因此美感总是由感性状貌直接引起,并通过直接感知的方式来进行,不需要借助于抽象的推理和思考。蔚蓝的大海、翠绿的草坪、叮咚的泉水、浩瀚的大漠、挺拔的青松、傲雪的腊梅、充满活力的少女等等,都能直接地引发我们的美感。

美感的这种直接性虽然离不开感觉和知觉,但是它又不同于感性认识,而是包含有理性认识的内容。这是因为从客观上看,美的事物不仅有感性外观,而且还有内在的本质和一定的生活内容;从主观上看,单有感觉和知觉活动,还不能感觉和认识到美的本质、美的生活内容,必须有相应的理性思维活动才能达到这一点。同时,我们还要看到,美感中的这种理性认识,又不同于科学的逻辑思维中的理性认识。逻辑思维中的理性认识是从大量的感性认识中抽象出来的一般概念、推理和判断,已经排除掉了感性的因素,而美感中的理性认识却不排除感性的因素,而是一种领悟、揣摩形态的理性认识。例如,台湾的蔡志忠的漫画《庄子说》一书中就采用这种方式,从庄子的许多故事中,领会揣摩出许多的理性认识。他从"邯郸学步"的故事中,就体会到"读书的人原来是为了追求大道恢复自然的本性,但是久而久之,就迷失在书城里面,走都走不出来了"[①]。

---

① 蔡志忠:《庄子说》,生活·读书·新知三联书店1989年版,第82页。

2．精神愉悦性

人性的特征之一就在于有一种审美的需要，一种在感性事物中肯定自己本质力量的精神需要。一旦这种需要得到满足，就会生成愉快的情感，觉得舒畅和愉快。因此美感具有强烈的精神愉悦性。曹雪芹在《红楼梦》第二十三回写林黛玉读《西厢记》和听《牡丹亭》曲文，就显示了美感的这种情感的愉悦性：贾宝玉给林黛玉带来了《会真记》（《西厢记》的别名），她"从头看去，越看越爱看，不到一顿饭工夫，将十六出俱已看完，自觉词藻警人，余香满口"，她细心地听着，只觉得"十分感慨缠绵"，"不觉心动神摇"，甚至于达到了"亦发如醉如痴，站立不住"的地步。她所以有这样的情感反映，是因为她从中感受到了自己的人格、自己的追求、自己的处境、自己对于人生的理解，与自己对生活的体验息息相关。

3．精神的启迪性

世界上没有无缘无故的爱和兴趣。美感是有社会功利性的，其中包含着生活的功利目的和内容。但美感的功利性是一种精神的功利性，美的对象总是启迪人们更好、更深入地领会人的自由创造本性，从而提高做人的基本素质，所以我们在审美活动中总是有这样或者那样的精神上的启迪，甚至于得到教育。奥斯特洛夫斯基《钢铁是怎样炼成的》中的主人公保尔的人生追求和革命经历，曾经激动了几代人；而车尔尼雪夫斯基的《怎么办》也鼓舞了保加利亚人民的优秀儿子季米特洛夫，使他从中获得巨大的教育，并走上革命的道路。我国现代作家朱自清的《背影》，也使得读者更进一步地理解了亲情。

4．想象的创造性

美感中想象的创造性主要是指审美者在形象直觉的基础上，进行创造性想象，从而在自己的头脑中形成新的形象。

美感首先需要感性外观的感觉，但要形成能够体现自己本质力量的新的形象，则要在感觉的基础上进行创造性的想象，通过想象构成自己心目中的形象。"看山是山"，绝对不能进入审美的境界。而只有"看山不是山"，"这座山不是那座山"，看到的是自己心目中的那座山，此时才有创造性，也才有创新性。毛泽东的《十六字令·山》，看到的是自己心目中的"刺破青天锷未残"那样的刀尖似的山，才构成了美感的最高境界——想象的创造性。

三、美育

（一）什么是美育？

美育是以提高和培养人对现实与艺术的鉴赏和创造能力、陶冶人的情操、提高人的生活情趣为主要目的的一门教育科学。

美是无所不在的,美育也是无所不在的。美育包括家庭美育,也包括社会美育。美育可以通过欣赏自然美、社会美、艺术美达到教育的目的。游览大好河山、了解他人的品行、阅读艺术作品都可以达到美育的目的。

(二) 美育的本质

"劳动创造了人。"人在物质生产的实践活动中,有两重人化:一重是物质产品的人化,每一个物质产品都打上了人的印迹;另一重是人自身的人化,每个人在做人和做事方面更加体现出高质量的素质和高水平的能力来。人作为一种自然生命的存在,是在人类伟大的实践活动中逐步发展起自己的本质特征的。而美育的本质就在于这种"人的人化"。

通过美育可以达到以下效果:

1."以美启真,拓展人的创造力"。人的认知结构既有群体的内容,又表现在个体身上,具有个体的自由直观性。美的陶冶是人类的各种创造活动可以借用的钥匙和拐杖。"判天地之美,析万物之理。"例如诗人马伏尔的《哀悼》所写:"每当女人哭泣,总得认为她们伤心欲绝",这与泡利的不相容原理就有联系:每个量子轨道最多只能容纳两个电子,如果这两个空位被填满,其余电子就必须填在其他轨道上。《汤姆·索亚历险记》启发了认识:要想使一件事情变得使人感兴趣,就必须首先使这件事变得神秘。

2."以美储善,解决生存难题"。人的意志结构体现着人类的发展目的,但它又寄寓在有欲望的个体身上。所以个体常常经不起欲望的诱惑,经不起钱、权、色的诱惑,经不起威胁利诱。特别是在市场经济情况下,人的生存不确定性更为突出,人们常常缺乏信仰,从而沉沦。通过审美教育,就可以帮助个体克服这些人性的弱点,建立起生存的意志力。叶挺将军在狱中吟颂"面对死亡,我放声大笑,魔鬼的宫殿在我笑声中动摇。"康德抵住了色欲的蛊惑,保尔战胜了残废,帅孟奇克服了困惑,都是典型的例证。

(三) 美育的特征

1. 情感性

情感根源于人的需要。人的需要既有物质的需要,也有精神的需要。而美育的情感教育主要是要满足于人们的精神需要,一种不断地寻求人类自身发展的精神需要。这种情感教育不同于宗教的地方是,美育寻求"此岸"的人类自身的发展,而宗教则寻求"彼岸"的天国幸福。美育教会人们热爱人生,热爱生命,热爱人类,在创造中寻求最高的心理"高峰体验"。

即便是悲剧,美育也要求人们体验到人类抗争命运的力量,并获得一种崇高感。欧里庇得斯的悲剧《美狄亚》就是如此。在《美狄亚》中,欧里庇得斯的悲剧超越更加现实化,也更加人性化和情感化。面对现实巨大的生存灾难,美狄亚采取报复杀人的极端方式得到了欧里庇得斯情感上的肯定。在欧里庇得斯的悲剧意识中,他可以肯定杀人,甚至杀了无辜,但是不能容忍悲剧人物的怯懦;可以肯定反抗,但不能原谅屈服。宁折不弯的人格力量,得到了高扬。

2. 形象性

由于美的事物都具有感性的外观,人们在欣赏美的时候,不论是社会美、自然美,还是艺术美,都是以其鲜明生动的形象来诉诸人的感官,进而影响人的思想感情的,所以在美育中"以情感人"是通过形象来实现的。

在美育中,形象越是生动感人,也就越能引起我们的兴趣,进而激发起我们的感情。对于社会美来说,人物的事迹愈是突出,个性愈是鲜明,我们就愈是敬仰,如雷锋、如焦裕禄;对于自然美来说,自然物愈是有特色,我们也就同样愈是向往,如华山、如九寨沟、如黄山;对于艺术美来说,情节愈是曲折,矛盾斗争愈是激烈,景物描写愈是鲜明,也就愈能吸引我们的注意。

3. 寓教于乐性

美育是在个人爱好与兴趣中、在快乐中接受的教育。人们游山玩水,没有人强迫,人们阅读艺术作品,也没有人强迫,但就在这种自由状态中,人们的身心得到了陶冶。也正是因为如此,中外许多美学家都称美育是一种"寓教于乐"的教育[1]。

第二节　美学的历史发展

一、中国美学的历史发展概观

(一) 中国古代的美学发展

中国古代美学是在一个比较发达的古代文明基础上产生的。

中国的先哲们在建立人的理想的生存样态时,总是把人置于天地的系列中去进行定位,"将宇宙当作一个充满着和谐意志的有局部有整体的结构"[2]。训诂学在研究中发现,中国的"王"字的构成,便是一种理想的人的生存状态的定位。三横意味着"天、地、人",一竖则意味着一以贯之[3]。换言之,达到了"天、地、人"三者的和谐,才能为"王"。这个基本观念,深刻地影响了整个中

---

① 本节的写作参考了杨辛、甘霖先生的《美学原理》(北京大学出版社 1996 年版)的部分观点,在此表示致谢。

② 李约瑟:《中国古代科学思想史》,陈立夫等译,江西人民出版社 1990 年版,第 381 页。

③ 参阅许慎《说文解字》:"董仲舒曰,古之造文者,三画而连其中谓之王。三者天地人也,而参通之者王也。孔子曰一贯三为王。"

国美学的发展,使得中国美学长期以来坚持从个体与社会、人与自然的和谐统一中去寻找美,认为审美和艺术的价值就在于它们能从精神上有力地促进这种统一的实现,从而把具有深刻哲理性的和谐和道德精神的美提到了首要位置,并经常通过形象性的直观方式和情感语言来表达。

在漫长的中国历史上,以孔子为代表的儒家、以庄子为代表的道家、以屈原为代表的楚风和佛教中的禅宗,是支配和影响中国数千年美学思想的四大主干。

1. 以孔孟为代表的儒家美学思想

以孔孟为核心的儒家主张,"天、地、人,一以贯之"的和谐是生成的而不是既定的,是时间性的而非空间性的,是价值的而不是认识的,是需要人去努力做到的而不是坐享其成的。他们从外在行为和内在心理两个方面指出了实现这种和谐的路径:一是"天道即人道",只有不断地努力地做,不断地"替天行道",才能实现"天、地、人,一以贯之"的和谐。孔子认为自己"吾十有五而志于学,三十而立,四十而不惑,五十而知天命,六十而耳顺,七十而从心所欲,不逾矩"[①],才真正地达到了"天、地、人,一以贯之"的和谐。二是"我心即天心",认识了自己的本性也就认识天了。孟子认为"天下之本在国,国家之本在家,家之本在身"[②],所以人人都必须"存其心,养其性,所以事天也;事天寿不贰,修身以俟之,所以立命也"[③],只要达到这样的境界,就会"仁者无敌"[④],也就实现了"天、地、人,一以贯之"的最高的人生目标。从此,修身、齐家、治国、平天下,成为中国人成功的一条理想的人生逻辑序列。人们既可以"修身、齐家",从自我修身养性做起,在现实的家庭和社会的人际关系中确定一种和谐而又温情的人伦秩序,从而实现生存的价值,又可"治国、平天下",在现实的社会活动中建立功业,建立实际的王道秩序。既可"内圣",又可"外王"。

在这样一种人伦化的世界观指导下,儒家美学便着重强调了美与善的关系问题和审美的社会作用。其主要观点如下:第一,把外在的形式称为"文",把内在的道德的善称为"质","文"这种外在的形式的美固然也可以给人感官的喜悦,但只有"文质彬彬",文和质相统一,才具有真正的价值。第二,内在道德的善的最高原则就是"仁",就是实现那种虽然等级有差别但互相关心、互相爱护的和谐的人伦关系。孔子特别巧妙的地方在于,他以子女给父母守

---

① 《论语·为政第二》,杨伯峻:《论语译注》,第 12 页。
② 《孟子·离娄上第七》,杨伯峻:《孟子译注》,中华书局 1960 年版,第 167 页。
③ 《孟子·尽心上第十三》,杨伯峻:《孟子译注》,第 301 页。
④ 《孟子·梁惠王上第一》,杨伯峻:《孟子译注》,第 10 页。

孝三年为例,强调这种人伦关系不是外部强加于人的东西,而是置根于血缘关系基础上的普遍的内在需求,从而"仁"的社会普遍性与个体心理的具体性溶合在一起,不再是外在的观念和规定了。第三,审美的社会作用在于激发人的伦理情感,进而促进个体与社会的和谐发展。艺术可以"兴"、可以"观"、可以"群"、可以"怨",其中"兴"和"怨"是强调艺术的抒发情感的特征,而"观"和"群"则是说明艺术所产生的伦理效果。第四,由于孔子理解的"善"受到中国古代奴隶主等级制的限制,所以他对审美与艺术在人类生活中的重要地位和作用的认识,只停留在"事君"和"事父"的有限目的上。

2. 道家的美学思想

与儒家不同,以老庄为核心的道家则主张"天、地、人,一以贯之"的和谐是人的心灵自由,只要心智努力地去摆脱那些强加于人的种种限制,就能达到这样的境界,而不需要付诸外在的行动。道家所以要把"天、地、人,一以贯之"的和谐理解为心灵的自由,是因为他们注意到了个体的渺小,注意到了零乱的毫无秩序的现实,注意到了儒家仁义道德的虚伪。在他们看来,人的生存是短暂而又渺小的,"吾在于天地之间,犹小石小木在大山也。方寸乎见少,又奚以自多? 计四海之在天地之间,不以礨空之在大泽乎? 计中国之在海内,不似稊米之在太仓乎?"[1]人的追求也是徒劳无益的:"小人则以身殉利,圣人则以身殉天下,事业不同,名声异号,其于伤性以身为殉,一也。"[2]儒家所倡导的仁义道德更是值得怀疑的:"大道废,有仁义。智慧出,有大伪。三亲不和有孝慈,国家昏乱有忠臣。"[3]现实常常嘲弄着儒家所倡导的"善","彼窃钩者诛,窃国者为诸侯"[4]。面对浩瀚的天地宇宙和如蜉蝣般短暂的人生,人的努力徒劳无益,现实的一切都是虚无。

在这样的一种回归自然的世界观指导下,道家的美学思想便突出地强调下述内容:第一,与儒家充分肯定美与善相统一的美学观念相反,道家的美学观念强调美与善的分裂,强调美与人伦的对立。他们不断地抨击"窃钩者诛,窃国者为诸侯"的残酷的现实,强烈地批判"圣人不死,大盗未已"的儒家仁义道德的虚伪,甚至于对艺术活动中的"五彩"、"五音"、"六律"等感性形式,也视之为助长统治者们的骄奢淫逸的享乐欲望的东西,要加以否定。第二,他们主张,真正的美,应该是同自然无为的"道"合为一体、超越人世的利害得失,在精神上不为任何外物所奴役的绝对自由的境界。人在现实中所能得到

---

① 《庄子·秋水》,陈鼓应:《庄子今注今译》,商务印书馆 2007 年版,第 477 页。
② 《庄子·骈拇》,陈鼓应:《庄子今注今译》,第 280 页。
③ 老子《道德经·第十八章》,陈鼓应《老子今注今译》,商务印书馆 2003 年版,第 145 页。
④ 《庄子·胠箧》,陈鼓应:《庄子今注今译》,第 302 页。

的最美的东西就是能使人摆脱"人为物役"而心灵获得自由的境界。第三,他们认为,美感的心理特征是摆脱现实的功利束缚,从而获得精神上的超越。他们提出以"忘"作为获得超越的必然的前提:"忘乎物,忘乎天,其名为忘己。忘己之人,是之谓入于天。"①"三日之后能外天下;已外天下矣,吾又守之,七日之后能外物;已外物矣,吾又守之,九日而后能外生;已外生矣,而后能朝彻;朝彻而后能见独;见独而后能无古今。"②他们认为凡对于现实外在的事物有所依赖的,如"抟扶摇而上者九万里"的鲲鹏,如"翱翔蓬蒿之间"的斥鴳,如"辩乎荣辱之境"的宋荣子,如"御风而行"的列子,都不能进入心灵自由的境界,做一番"逍遥游"。真正的"逍遥游",必须去掉外在的任何依赖,必须忘形骸、无物我,必须忘掉自己、忘掉事功、忘掉名位,而此时才"与天齐一",与天地融合,既无时间限制又无空间限制,既恍兮惚兮,又混混沌沌,进入无忧无虑的自由境界,成为至人、神人和圣人③。第四,美的感性形态应是一种朴素的感性外观,而不能是极富有刺激性的感性外观,"朴素而天下任何外物莫能与之争美","淡然无极而众美从之"。过分追求华丽的感性外观的声色文章,应该排斥,"擢乱六律,铄绝竽瑟","灭文章,散五彩"。虽然道家缺乏儒家那种执著于现实的积极入世精神,但是道家对于审美特征的深刻理解,弥补了儒家在个体精神超越和心灵创造方面缺少探索的不足。

3. 楚骚的美学思想

在战国后期,随着南方楚国文艺的发展,出现了以屈原(约公元前 340—公元前 277 年)为代表的楚骚美学思想。

楚骚的美学思想是儒道两家美学思想的一种特殊的结合,主要体现在《楚辞》,特别是屈原的诗歌作品中,代表了先秦美学中的一种新倾向:第一,它汲取了儒家积极入世的人格精神和主张"文"与"质"、"美"与"善"相统一的思想,但又不受儒家严格的礼法束缚。在美的追求上,非常重视情感的热烈表现和想象的自由抒发;在形式上,还追求着一种"惊彩绝艳"的强烈官能感受,大不同于儒家所崇尚的"思无邪"和庄严肃穆的作风。第二,它吸取了道家遨游宇宙,大胆想象和勇敢揭露黑暗的批判精神,但又不接受道家避世退隐、不谲是非的消极态度,而坚持对虚伪丑恶作不妥协的顽强斗争。楚骚美学对汉代的影响极大,直到明清,其影响仍然明显可见。

4. 禅宗的美学思想

---

① 《庄子·天地》,陈鼓应:《庄子今注今译》,第 366 页。
② 《庄子·大宗师》,陈鼓应:《庄子今注今译》,第 216 页。
③ 《庄子·逍遥游》,陈鼓应:《庄子今注今译》,第 20 页。

魏晋以后,佛教逐步兴起。到唐代,出现了儒佛合流。这一方面使得佛教世俗化,另一方面也促进了中国佛学禅宗在中唐以后迅速发展起来,并日益侵入到文艺和美学的领域。

禅宗不同于印度佛教的地方在于:印度佛教强调"生死轮回"和"因果报应",要求人们忍受人生的无穷苦难,广行善事,以便转生到下辈子,有个好日子;而禅宗则重视"现世和此生",强调以平常事获得心灵的满足,达到空灵的境界,进而"见性成佛"。按照李泽厚的理解,禅宗的这种"真佛性"是我的主观体验完全在对象化的对象中,我又与对象合为一体的境界[①],在某种特定条件、情况、境地下,你突然感觉到在这一瞬间似乎超越了一切时空、因果,过去、现在、未来似乎溶在一起,不可分辨,也不去分辨,不再知道自己身心在何处(时空)和何所由来(原因)。"万古长空,一朝风月",在时间上是瞬刻永恒,在空间上是万物一体,成为禅的最高境界。既已经超越了时空、超越了因果,也就超越了一切"有"和"无"的区别,于是也就获得了从一切世事和所有束缚中解放出来的自由感。于是,既不用计较世俗事务,也不必苦坐修行;饥饿了就吃,疲倦了就睡;一切皆"空",又无所谓"空"。虽然还过着原来的世俗生活,但实际上此时已经"入圣超凡"了,已经成了佛了。

禅宗关于通过直觉、顿悟以求得精神解脱、达到绝对自由的人生境界的理论,在唯心主义的神秘形态下包含有对审美与艺术创造的心理特征的深刻理解,和美学有明显相通的地方:第一,禅宗主张直觉,反对人们在思维推理中去作"知解宗徒"。在惠能看来,任何语言、文字,只是人为的枷锁,它不仅是有限的、片面的、僵死的、外在的东西,不能使人去真正地把握那真实的本体,而且正是由于执著于这种思辨和认识,反而束缚了人们的把握。只有直觉的方式,才能把握佛的那种与对象合为一体的境界。惠能本人的"菩提本无树,明镜亦非台,本来无一物,何处染尘埃"的偈子,就充分地表达了他对于这种境界的直觉。第二,平常心是道,强调在一种完全独特的个体感受和直观体会的情况下,完成感性经验的飞跃。"(智闲)一日芟除草木,偶抛瓦砾,击竹作声,忽然省悟"[②],"僧问师学人乍入丛林,乞师指示。师云,吃粥也未?云吃粥了也。洗钵盂去。其僧因此大悟"[③]等等公案,都是强调这一点。第三,顿悟成佛,强调在抛开了一切世俗理念的纠缠后,在瞬间感受到了佛的那种与对象合为一体的境界,一种物我融为一体的境界。

禅宗思想得到了一些文人士大夫们的推崇,并运用于艺术实践,从而形

---

① 李泽厚:《中国古代思想史论》,人民出版社 1985 年版,第 207—208 页。
② 普济:《五灯会元》卷九,中华书局 1984 年版,第 536 页。
③ 瞿汝稷:《指月录》卷 11,巴蜀书社 2005 年版,第 327 页。

成了颇有影响的美学思想。王维(701—761)晚年的诗歌和绘画被人们称之为"禅意盎然";佛教法师兼诗人皎然的《诗式》,把佛学思想应用于诗歌理论,称谢灵运诗歌创作是"彻空王之奥",并且在标举各种诗体时独尊"高"、"逸",提出明显体现禅宗思想倾向的"闲"、"达"、"静"、"远"诸体。画家张璪所谓"外师造化,中得心源"的理论,也同禅宗强调"心"的作用有联系。晚唐司空图的《二十四诗品》更为成功地把禅宗的思想倾向化为一种审美的理想和境界。此外五代山水画家荆浩的《笔法记》推崇王维、张璪的创作"真思卓然,不贵五彩",也表现了禅宗在美学中造成的影响。

以孔子为代表的儒家、以庄子为代表的道家、以屈原为代表的楚风和佛教中的禅宗,是支配和影响中国数千年美学思想的四大主干。它们之间的渗透交融和矛盾对抗激起了中国美学历史上的许多波澜。中国古代美学的基本特征诚如李泽厚先生所言:摈弃外在的偶像膜拜,追求人与自然的精神统一,肯定存在意义在于人间,主张情感与理性的均衡和谐,向往自由独立的人格理想,以中和为美,重"天人合一";儒家的"天行健,君子以自强不息"的乐观奋斗精神、道家的"天地有大美而不言"的超脱态度、屈原的"虽九死而毋悔"的执著顽强的情感操守、禅宗的"万古长空,一朝风月"的形而上学心理境界,所有这些表明中国哲学指向的最高精神阶段不是宗教,而是美学①。

(二) 中国近代美学的发展

与中国古代美学思想不同,中国近代美学思想则直接来自西方。梁启超、王国维、蔡元培和朱光潜等人作出了巨大贡献。

梁启超提出"时事入诗"的诗界革命,把小说感染力归结为"熏"、"浸"、"刺"、"提",主张为人生而艺术,在当时具有思想启蒙意义。

王国维推崇康德哲学,深受叔本华的影响,著有《红楼梦评论》和《人间词话》等著作,把近代西方美学的理论观点运用于中国文学欣赏和批评。王国维的主要美学思想是:第一,以叔本华的悲观主义为出发点,认为人的本质是意志,意志是生活的欲望,美和艺术的创造能解脱这种生活之欲的苦痛。"解脱"成了他的美学理论的基本观点。第二,用"境界"的概念来概括中国古典诗词和戏曲的审美特征,使西方美学与中国古典美学达到了一种新的融合。

蔡元培1907年去德国留学,研究了康德哲学和美学,对于西方美学史和艺术史也相当熟悉。蔡元培对于中国近代美学的重大贡献是把美学与社会教育结合起来。他在1912年出任教育总长时,就把美育作为教育方针之一。1917年出任北京大学校长,曾亲自教授美学,并提出了著名的"以美育代宗

---

① 参阅李泽厚《美的历程》,安徽文艺出版社1999年版。

教说",力图以资产阶级的自由、平等、博爱的观念来反对封建专制和宗教迷信活动,建立起人性的信仰。

朱光潜在 20 世纪 30 年代对西方近现代美学思想作了较系统的介绍和研究。他的《文艺心理学》是很有影响的美学著作,对于西方美学中的表现说、移情说、心理距离说和内模仿说作了认真地分析,促进了我国美学中审美心理的研究。

在西方美学史上地位并不突出的车尔尼雪夫斯基的理论,自 1942 年由周扬翻译介绍后,成了中国现代美学的重要经典。中国现代美学对它作了革命的改造和理解,舍弃了原来命题的人本主义和生物学的"美是生命"的含义,突出了"美在社会生活"等具有社会革命意义的方面。后来,"美是生活"与马克思关于"社会生活在本质上是实践的"这一基本论断联系起来,使现代中国美学迈上了创造性的新行程。正是在这行程中,严肃地提出了如何批判地继承和发扬本民族的光辉传统,以创建和发展具有时代特色的中国的马克思主义美学的任务。

二、西方美学的历史发展概观

(一) 西方古典美学

西方古典美学主要经历了古希腊、中世纪、文艺复兴、法国启蒙主义、英国经验主义、德国理性主义等几个主要阶段。我们按照历史发展的过程,进行大致的梳理,并归纳出每个时代美学思想的创新点。

1. 古希腊美学思想

公元前 6—前 5 世纪之间,希腊进入奴隶社会的全盛时期。工商业奴隶主掀起的民主运动,促进了文学艺术的发展,悲剧、喜剧、音乐、雕刻等,都达到了高度的繁荣,同时又推动了自由辩论和对于知识的重视,与自然科学结合在一起的哲学取得了空前的发展。对美和艺术进行哲学思辨性的反省和思考,产生和形成了希腊最早的美学思想。它支配了以后西方美学思想的发展。

最早提出较有系统的美学思想的,是一些研究宇宙构成的哲学家。他们认为宇宙是由某种或某些元素,按照一定的"秩序"构成的;人的心灵也是由同样的元素构成的,因之人能够认识世界。公元前 6 世纪的毕达哥拉学派认为,数的秩序、比例和尺度,不仅构成了宇宙万物,而且构成了宇宙的和谐。美,就是从和谐中产生的。例如音乐的美,就是由不同长短高低的声音,按照数的比例关系所形成的和谐。整个宇宙是一曲和谐的音乐。他们有"天体音乐"的讲法,其他如"黄金分割"、"多样统一"等美学上的形式观念,也是根据数的秩序提出来的。节奏、对称、和谐等形式观念,是希腊美学思想的理论基础。

柏拉图(公元前 427—公元前 347)和亚里士多德(公元前384—公元前322)对美和艺术进行了真正的系统的哲学思考,建立起完整的体系,从而成为以后西方美学思想的奠基者。

柏拉图在《国家篇》、《会饮篇》、《伊安篇》、《大希庇阿斯篇》、《法篇》等对话中,把美学思想融贯在哲学思想中,广泛地探讨了美与艺术的问题。柏拉图的美学思想主要是"理念论":世界的根本是"理念",现实世界是从理念世界派生出来的,事物的美也是从美的理念派生出来的,美的理念是"美本身"。现实事物之所以美,是由于分享了"美本身"。把美学研究从现象引向美的本质,从个别事物的美引向美的普遍规律,是柏拉图的一个历史的贡献。

亚里士多德是柏拉图的学生,但是他以"吾爱吾师,吾更爱真理"的精神,提出了与老师截然不同的美学见解。他的美学和艺术的论著主要有《诗学》和《修辞学》两部,其余的则散见于《政治学》、《尼各马可伦理学》、《形而上学》等论著中。亚里士多德的美学思想主要是"客体论":在哲学上批判了柏拉图的"理念论",提出"四因论":质料因、形式因、动力因和目的因。世界上任何事物都是由这四因的统一而构成的,Being(存在)的问题实际上是一个 substance(物质)实体的问题[①]。美的本质包含在美的对象之中,应从事物本身的价值以及它们所产生的快感来谈美。亚里士多德以其客体论雄霸欧洲两千年。

2. 中世纪美学思想

欧洲中世纪起于 5 世纪西罗马帝国的灭亡,止于 15 世纪资产阶级文化的兴起。在 1000 多年的历史中,宗教和神学统治了意识形态领域,艺术和美被认为是属于感性世界的享乐,因而被当成异教的东西,受到排斥和打击。A. 奥古斯丁在《忏悔录》中,差不多对人世间所有的艺术都加以谴责,并说那些把荷马所写的神和罗马剧本所写的神当成榜样来歌颂的人,都应当下地狱。托马斯·阿奎那以及其他一些中世纪的神学家,都毫无例外地敌视人世间的美和艺术。

3. 文艺复兴时期的美学思想

文艺复兴时期的美学思想,是在中世纪美学思想的胚胎中孕育出来的。文艺复兴运动于 14 世纪开始于意大利,后来扩大到德、法、英、荷等国,到 16 世纪达到高潮。

---

① 此为亚里士多德在《形而上学》第七卷中所提。参阅北京大学外国哲学史教研室编《古希腊罗马哲学》,商务印书馆 1961 年版,第 262 页。

　　文艺复兴时期美学思想最根本的特点是：从神学的迷雾中走出来，面对现实的人，歌颂人的理性、智慧和力量，歌颂人的世俗的美和欢乐。在美学思想上最具有震撼力的观点是：美不再是来自上帝的赋予，而是来自人为了创造"第二自然"而对自然所作的选择，并通过这种选择表现出人的力量①。人的机智和手艺、人的创造力和发明，使人自己能够从杂多的自然中，经过选择和安排，创造出有机的和谐来。

　　4. 18 世纪的欧洲美学思想

　　18 世纪是欧洲美学思想最为活跃的时期，主要以法国、英国和德国为亮点。他们几乎是在同时，但是又从各自不同的角度，来探索着美的现象和本质。

　　法国的学者们是结合启蒙运动来思考美学问题的。法国启蒙运动最著名的代表是伏尔泰、狄德罗和卢梭，而在美学中最具有创新性的是狄德罗和卢梭。

　　狄德罗的美学思想的创新之处在于：(1) 提出"美是关系"的论点，认为只有"关系"的性质才能使事物成为美的事物。(2) 在审美标准上他提出了真、善、美的统一论，而他所谓的真、善的具体内容是资产阶级人道主义。

　　卢梭的深刻之处是对资本主义文明的矛盾作了深刻的揭露，并从道德的角度确立了人是万事万物的目的的思路。

　　卢梭的著名书信体哲理小说《新爱洛伊斯》，写贵族小姐尤丽与平民家庭教师圣·普乐相爱，而尤丽的父亲从中阻拦，终于迫使尤丽含恨而死。小说赞扬二人纯洁高尚的爱情，批判了封建等级制度，也显示了人的快乐和幸福是社会的终极目的，对近代欧洲文艺起了很大作用，特别是对浪漫主义思想的影响。他的美学思想对后代特别是对后来的康德影响极大，其影响也是深远的。

　　18 世纪的英国产生了经验主义美学，它最显著的特点是强调感性经验的重要性，把经验的事实作为研究美学问题的出发点。从西方的美学发展来看，这是一个承前启后的重要阶段，是传统美学过渡到近现代美学的开始。当时绝大多数英国经验主义美学家都深受 J. 洛克(1632—1704)哲学的影响，强调感性经验是一切知识的来源，人类的一切知识都可以用感性经验来加以说明。从学科发展的角度来看，英国经验主义开辟了美学研究的新视野，提供了新的思路，可以更加细腻地切入人类审美的精神现象。

---

①　意大利学者斯卡里杰的观点。斯卡里杰在文艺复兴时期最伟大的贡献是制定了版本考证与鉴定的校勘规则，使一系列偶然的猜想变成了合理的程序和固定的法则。http://en.wikipedia.org/wiki/Joseph_Justus_Scaliger.

18世纪在德国兴起的理性主义美学是与英国经验主义美学相对立的思潮。正是这种对立,使得美学中一些深层问题暴露出来,为美学的学科体系的建立奠定了基础。以 G. W. 莱布尼茨(1646—1716)为代表的理性主义,矛头直指英国的经验主义美学。莱布尼茨探讨了感觉经验、理性法则和天赋观念的关系问题,为把美的本质与人的本质结合起来,做了必要的学理准备。

A. G. 鲍姆嘉通则根据传统的说法,把人的心理活动分成知、意、情三个部分。知,是理性认识,已有逻辑学来研究;意,是道德活动,已有伦理学来研究;情,就是感性认识,也应当有一门专门的学科来研究。他称这门学科为"感性学",这也就是"美学",并且把它研究的对象和范围确定为人的感性认识。1750年出版的《美学》一书,更进一步发挥了这一思想,强调建立"美学"学科的必要性,并从十个方面,驳斥了反对意见。人们据此称他为美学学科的创始人。

5. 德国古典美学

鲍姆嘉通最初提出"美学"这个名词,并希图把"美学"建成一门独立的学科;德国古典美学则给美学建立了完整的学科体系。以康德、席勒、谢林、歌德、黑格尔等为代表的德国古典美学,认真思考着18世纪同时出现的英国经验主义美学、德国理性主义美学、法国启蒙运动美学的成就和不足,并围绕当时社会生活和文学艺术中所提出来的新问题,根据他们的哲学体系,建立起德国的古典美学体系。如果说以柏拉图和亚里士多德为代表的希腊美学思想,是人类早期美学思想发展的一个高峰,那么以康德和黑格尔为代表的德国古典美学则是西方资产阶级美学思想发展到成熟阶段的另一个高峰。关于德国古典美学的详细情况,我们将在第三节的个案分析中进行论述。

(二)西方近代美学的历史发展

德国古典美学以后,西方美学思想向着三个方向发展:一是朝着唯心主义方向发展,形成了19世纪中叶以后形形色色的资产阶级美学思想;二是经过费尔巴哈的批判,发展成为以车尔尼雪夫斯基为代表的俄国革命民主主义的美学思想;三是经过马克思和恩格斯的批判和改造,继承了以前的美学的"合理内核",使其成为马克思主义美学的一个重要来源。

三、西方美学和中国美学的比较

中国人和西方人是按照各自的文化观念来看待和理解这个世界的,也是按照各自的文化精神来理解人和人心的。这样一来,他们的美学观念、美学术语和美学知识体系就显示出极大的不同来。

(一)西方客体论的文化精神和中国主体论的文化精神

西方人认识世界是从认识 Being(存在)开始的,但由于最早的哲学家都是自然科学家出身,到亚里士多德就以此潮流把 Being(存在)确定为 sub-

stance(物质),汉译为"实体",从此西方发展起了一种重视物质实体和逻辑的
文化精神,追求知识的明晰性。而中国人认识世界则是从人的心理体验出
发,来看待世界,把世界确定为"道"和"无",①一种"充满着生化创造功能的
气",②诚如张载所说的:"太虚无形,气之本体,其聚其散,变化之客形尔。"③这
样一来,中国发展起来一种重视虚空和功能的文化精神,追求体验和体悟的
模糊性。前文中我们已经对此进行了详细的分析和叙述。这种文化观念造
成了中国和西方审美的理想境界尽管都是和谐,但是西方人重视的是对立和
斗争中的和谐,而中国人重视的是对立面相互转化的和谐。如西方人在冲突
中可以通过建立起彼此能够接受的规则,来达到和谐,而中国人的和谐却是
重在整体的安定,每个人通过调整自己的心态,来适应这种整体安定的需要。
诚如张法教授所言"高扬整体的保存和安定,中国和谐给中国带来了两千年
性质不变的封建社会;注重个体的发挥,西方文化不断发生革命性质变
化。……中国文化可以自豪的是它从未中断地发展了两千年,西方文化可以
自豪的是它现在走在世界的最前面"。④

（二）中西美学的各自特点

在上述文化观念和文化精神的影响下,中西美学形成了自己明显的
区别:

1. 西方美学从柏拉图开始就追问"美的本质",而且建立起一整套的具
有严密的逻辑性的概念系统,而中国美学则不追问"美的本质",而要求人们
从整体功能上去体验去感悟美的韵味,不在语言、逻辑、公理定义上去纠缠。
就像庄子讲的,说话是有所指的,你不能老盯住语言不放,而必须"得意而忘
言";筌是用来捕鱼的,你不能去研究筌,而必须"得鱼而忘筌"。后来,中国的
禅宗更是把顿悟发展到极至,提出著名的"见性成佛"的体验感悟模式。

2. 西方美学可以把人的审美心理分解为各种要素,并归为"知、情、意"
的类型,而中国美学只是从整体功能上去把握人的审美心理,特别地讲性情。
正因为如此,中国美学特别地注重体验,孔子听见《韶》乐,性情获得了一种满
足,竟然激动得三个月不知肉味和水味;而西方美学特别地注重分析,康德研
究美学则是以独身为代价,苦苦地探求着知、情、意审美心理的逻辑关系,并
力图建立起一个逻辑严密的、经过条分缕析论证的美学理论体系来。

---

① 《老子》第四十二章指出:"道生一,一生二,二生三,三生万物"。第四十章又指出"天下
万物皆生于有,有生于无。"
② 张法:《中西美学与文化精神》,北京大学出版社 1994 年版,第 19 页。
③ 张载:《正蒙·太和》,《张载集》,中华书局 1978 年版,第 7 页。
④ 张法:《中西美学与文化精神》,第 76—77 页。

3. 西方美学可以学科化,但是中国美学有美无学。尽管如此,中国美学的核心概念却是统一的,所以几乎所有的艺术理论都讲阴阳刚柔之美,讲虚实互相转化,讲形神之兼备,讲气韵之生动。而西方美学则各门艺术都有自己的成体系的理论,分门别类之细、逻辑之严密、概念之明晰也使我们体验到文化的冲击。建立中国的美学学科需要我们既保持我们的民族特点,又大胆地借鉴西方美学研究的优点。

第三节　康德的《判断力批判》

一、康德其人其书

（一）康德的生平及其所受到的影响

康德(1724—1804)是 18 世纪后半期德国哲学家,德国哲学革命的开创者,德国古典哲学的奠基人,也是有重大贡献的自然科学家和美学家。

康德受到的影响主要来自以下几个方面:

首先,出身的低微和青少年时代的贫困生活铸造了他的理性性格和责任感。康德生于东普鲁士的哥尼斯堡(第二次世界大战后归属苏联,改名加里宁格勒)的一个小手工业者家庭。他的祖先是从苏格兰来到东普鲁士的哥尼斯堡的移民。他的父亲是一个做马鞍的皮匠。他的母亲是一个坚信笃行的虔诚派教徒,颇有学识。康德的父母先后生养了 11 个孩子,康德排行第四,然而又是活的最长的男孩。家庭生活本来就不宽裕,加之他 21 岁那年他的母亲和父亲相继去世,所以他只好一边上学,一边做家庭教师,给人家的孩子们补习功课。直到 1765 年他当上公共图书馆的馆员时,才算拿上了微薄的固定工资,每年合英币约 9 镑 6 先令,而此时康德已经 41 岁了。他的理性性格和责任感,由这样两件事情可以看出:一是尽管工资微薄,他还经常在经济上补贴他的弟弟和姐妹。二是康德一辈子没有结婚,用他自己的话来说,当他需要的时候,他娶不起;当他娶得起的时候,他又不需要了。总之,在他半生的艰苦奋斗中,“上帝”没有给他什么好处,他只能靠自己。

其次,康德从幼年起,受到他父亲的严格的清教徒的思想教育,这种思想教育表现在不重视基督教的教规和一切宗教仪式而注重个人道德的修养。康德一生没有进过教堂,也从不参加任何教堂以外的宗教仪式,就连一次由哥尼斯堡大学校长带头参加的校园内的基督教游行仪式,康德由于校长的面子,也只是开门看了看,并没有参加。

再次,康德的前半生是唯物主义的自然科学家,这给他的善于创新的治学态度以巨大的影响。1740 年康德进哥尼斯堡大学学习,并与沃尔夫学派的副教授 M. 克努村结下亲密友谊。在克努村影响下,康德接触到牛顿的科学思想。1746 年离校前,康德完成长篇论文《关于动力的真正测量的一些想法》。他在取得了讲师头衔后的许多年头,讲的都是数学和物理学课程,后来还讲过逻辑学。1756 年为了申请教授职位,提出《物理的单子论》进行答辩。这个时期的代表性著作是 1755 年匿名出版的《自然通史与天体论》。在这本书中,他立足于牛顿力学,而在世界观上却超出牛顿。康德认为宇宙中的物质微粒自身有引力和斥力,引力和斥力相互斗争产生元素的运动,运动是自然的永恒的生命。趋向引力中心运动的元素,由于斥力作用,从直线运动向侧面偏转,形成围绕引力中心的圆周运动。由于物质自身的运动,经过一系列自然发展过程,形成了太阳系和宇宙,根本不需要外力推动。所以在整个运动变化过程中,上帝不起任何直接作用,元素本身是生命的源泉。恩格斯高度评价说:"康德一开始他的科学生涯,就把牛顿的稳定的、从有名的第一次推动作出以后就永远如此的太阳系变成了历史的过程,即太阳和一切行星有旋转的星云团产生的过程。同时,他已经作出了这样的结论:太阳系的产生也预示着它将来的不可避免的灭亡。过了半个世纪,他的观点有拉普拉斯从数学上作出了证明;又过了半个世纪,分光镜证明了,在宇宙空间存在着凝聚程度不同的炽热的气团。""康德关于目前的天体都从旋转的星云团产生的学说,是从哥白尼以来天文学取得的最大进步。认为自然界在时间上没有任何历史的那种观念,第一次被动摇了。"[①]康德的自然科学研究,一开始就身手不凡地在长期统治人们思想的形而上学自然观上打开了缺口,显示出他的创新性。

最后,康德所处的时代正是欧洲启蒙运动发展到德国的时代。法国 18 世纪唯物主义思想对他发生过巨大的影响,他特别喜爱卢梭的著作。他曾经这样写道:"卢梭是另一个牛顿。牛顿完成了外界自然的科学,卢梭完成了人的内在宇宙的科学,正如牛顿揭示了外在的秩序与规律一样,卢梭则发现了人的内在本性。必须恢复人性的真实观念。哲学不是别的,只是关于人的实践知识。""我渴望知识,不断地要前进,有所发明才快乐。曾经有一个时期,我相信这就是使人生命有其尊严。我轻视无知的大众。卢梭纠正了我。我意想的优越消失了,我学会了尊重人,认为自己远不如寻常劳动者有用,除非我相信我的哲学能替一切人恢复其为人的共有的权利。"[②]英国的经验论者休谟的学说,也是他乐于接受的。他曾说是休谟第一次打破了他教条主义的迷

① 恩格斯:《反杜林论》,《马克思恩格斯全集》第 20 卷,人民出版社 1971 年版,第 26 页,第 62 页。
② 科学院版《康德全集》第 20 卷,第 58 页,转引自李泽厚:《批判哲学的批判——康德述评》,人民出版社 1984 年版,第 39—40 页。

梦。此外,他特别推崇洛克,也特别地讨厌贝克莱,把贝克莱的主观唯心主义称之为"做梦的唯心主义"。这种启蒙运动的思潮,使他决心在哲学领域发起一场革命,推翻亚里士多德以来的形而上学理论,并建立起一种新的形而上学理论。

带着这种创新的念头,1780 年,康德用四五个月时间写出《纯粹理性批判》,后来在 1781—1790 年的 10 年间,构成批判哲学体系的《纯粹理性批判》、《实践理性批判》、《判断力批判》三部巨著相继问世,另外还刊行了《未来形而上学导论》、《道德形而上学探本》以及其他 10 多篇论著。在德国,康德的声望日隆,到 18 世纪 90 年代,各大学都讲授康德哲学。他的新哲学在德国的影响不断增长。早在 18 世纪 70 年代,康德已参与哲学系的领导,后来进入评议会,还担任过两届哥尼斯堡大学校长,1792 年起担任柏林科学院哲学部主席。18 世纪 90 年代康德出版的重要著作有:《论永久和平》、《法学的形而上学原理》、《伦理学的形而上学原理》、《学科的论争》、《实践观点的人类学》,以及逝世之前由他的朋友编辑出版的《逻辑学》、《自然地理学》和《教育学》等。1786 年腓特烈大帝去世,威廉二世即位,德国的政治气氛发生了变化。康德在 1793 年出版的《理性界限内的宗教》,把宗教归结为道德,并且批评了教会,专制政府强令康德永远不得讲授和撰述宗教问题,康德上书作了承诺。1797 年威廉二世死去,康德自动解除了诺言。

1797 年康德完全停止教学之后,开始撰写《从自然界的形而上学到物理学的过渡》,尚未完成,1804 年在家乡哥尼斯堡逝世①。

二、《判断力批判》的主要美学观点和方法

(一)康德在思想领域的"哥白尼式革命"

人所共知,哥白尼革命是以"日心说"取代了"地心说",从而发起了一场审视点转移的思想革命,康德也打算在人们整个的思想领域发起一场审视点转移的革命,亦即由重视事物材料的研究,改为人们怎样给予现实杂乱无章的材料以一种秩序或序列的研究;由重视事物内容的研究,改为重视事物形式的研究;由过去经验主义的探求"事物是什么"的问题,改为"人们认识事物如何成为可能"的形而上的问题;由经验论者采用心理学方法,研究个人的观念怎样形成的问题,改为用哲学的方法,研究知识的必然性和严格普遍性问题;由经验主义的研究路径,改为形而上的研究路径。康德本人说得好:"形而上学知识这一概念本身就说明它不能是经验的。形而上学知识的原理(不仅包括公理,也包括基本概念)因而一定不是来自经验的,因为它必须不是形

---

① 关于康德的生平事迹主要参考了《中国大百科全书》"哲学"卷和李泽厚《批判哲学的批判》。

而下的(物理学的知识)而是形而上的知识,也就是经验外的知识。这样一来,它就既不能根据作为真正物理学的源泉的外在经验,也不能根据作为经验心理学的基础的内在经验。所以它是先天的知识或者说是出于纯粹理智和纯粹理性的知识。"①康德要研究的就是人们利用公理来判断事物,而这公理又是如何可能的、如何形成的主体论问题。要之,康德研究方法的创新之处,是从我们确已掌握着具有必然性和严格普遍性的先天知识这个千真万确的事实出发,来剖析它的可能性的条件的。

（二）康德三大批判的体系

《纯粹理性批判》、《实践理性批判》、《判断力批判》被人们合称为"三大批判"。弄清了这三大批判的体系,有利于我们弄清楚他的美学理论。

由于康德要研究的是"公理又是如何可能的、如何形成的主体论问题",而按照传统的分类,人的心理功能可以区分为知、情、意三方面,因此康德把他的三大批判也按此作了划分:《纯粹理性批判》专门研究认知功能,试图弄清人类知识在什么条件下才是可能的,意在由此推导出人类的认知心理结构;《实践理性批判》专门研究意志的功能,试图弄清人凭借什么最高原则去指导道德行为,意在由此推导出人类的意志结构;《判断力批判》专门研究情感的功能,寻求人心在什么条件下才感觉到事物的美和完善。由于情感在认知和群体的实践活动中起着桥梁作用,因此审美活动在自然界的必然和精神界的自由之间也起着桥梁作用。这样一来,《判断力批判》也在《纯粹理性批判》和《实践理性批判》中,起着桥梁作用。这三大批判合在一起,便构成了康德哲学的完整体系。

康德的《判断力批判》于1790年出版。康德的美学,是要为感性经验中快与不快的感情,寻求具有普遍性和必然性的先验理性原则。这是什么意思呢?在康德看来,"先验"是与"后验"相对立的。所谓"先验"就是先于经验,所谓"后验"就是后天经验。前者表现为理性原则,后者表现为实际经验。如果人们的审美判断要想成为可能,就必须一方面要有感性材料,即"后验"因素,另一方面也要有"先验"因素,才能使后验的感性材料具有形式。经验材料就好像面粉,而理性原则好像蛋糕的模具,二者结合就成为了蛋糕。审美也是这样,既要有感性材料,又要有人的理性认识和人的情感,这样才能形成审美感受。由此看来,康德企图在主观唯心主义的立场上调和与统一主观与客观、理性与感性、一般与特殊的对立。

但是康德的美学研究并不追问实际经验是什么,而是要追问"先验"的理

---

① 康德:《任何一种能够作为科学出现的未来形而上学导论》,商务印书馆1978年版,第17—18页。

性形式是什么,所以他要研究"审美判断力"。他所说的"判断力",就是指给特殊的感性事物寻求普遍规律的反思判断力,具体地说就是人在进行审美判断时的心意状态和心理功能,而这种心意状态和心理功能又符合人类的"共同感觉力"。按照这样的理解,康德把《判断力批判》就分为两个部分,第一部分是"审美判断力的分析",主要内容是"美的分析"和"崇高的分析";第二部分是"审美判断力的辩证",着重讨论审美趣味既不能根据概念,又要根据概念的"二律背反"问题。

(三)《判断力批判》的基本美学思想

1. 对于美的分析

康德根据逻辑判断的质、量、关系和方式四个方面来分析审美判断。(1) 从质的方面看审美判断。康德认为,通常逻辑判断都离不开概念,但审美判断却离不开感觉、离不开情感。例如"这朵花是美的",在逻辑判断中,主词"花"和"美"都是概念,都具有抽象的意味,而在审美判断中,"花"只涉及形式而不涉及内容意义,它只是作为一种主观的快感的来源与"美"的快感联系在一起,所以不涉及概念,也不是一种理智判断,而是一种情感判断。审美的快感只关心事物的形式,它只是一种观照活动而不是一种满足现实各种欲望的活动,就像画饼不能充饥、望梅不能够真正解决缺水的经验一样,所以审美判断既不涉及利害的计较,也不涉及欲念和概念。(2) 从量的方面看审美判断。审美对象都是个别事物的形式,所以审美判断在量上都是单称判断。可是,在逻辑中单称判断不能显示出普遍性,例如"这道菜很好吃",就只是根据个人主观味感来判断,旁人未必就有同感。审美判断则不然,它虽然是单称判断,却带有普遍性,我觉得美的东西,别人也会觉得美。所以,审美判断虽然只是个人对于个别对象的感觉,却仍可假定为带有普遍性。当然这种普遍性不是客观的,亦即不是对象的一种普遍属性,而是主观的,亦即一切人的共同感觉,一种"人同此心,心同此理"的感觉;由此而来,审美对象也不是认识对象而只能是情感对象。(3) 从关系方面看审美判断。关系是指对象和它的目的之间的关系。由于美的事物不涉及概念,所以没有明确的目的性;由于美的事物的形式适合于主体的想象力的自由活动,也适合于知解力的和谐把握,这其中好像又有一种"意志"来预先安排。所以美的事物具有虽然没有明确的目的而又有"符合目的性"的特征,这种目的性指向整个人类的发展。例如,"花卉、自由的图案画,以及没有目的地交织在一起的线条"[①]等等,都可

---

① 康德:《判断力批判》第 4 节,朱光潜译文,转引自朱光潜《西方美学史》下卷,人民文学出版社 1979 年第 2 版,第 366 页。

以体现出一种人的趣味。(4)从方式方面看审美判断。判断的方式指的是判断带有可然性、实然性和必然性。任何感性事物的感性外观都有生出快感的可然性,一件东西出生了快感,那就是实然性,可是美的东西产生的快感却是必然的。康德认为这同人们的"人同此心,心同此理"的"共同感觉力"有关系。某个花、某个女人很美,大家会形成一致的看法,而其中就包含着"共同感觉力"。这种"共同的感觉力"碰巧在我身上发挥了作用,在别人身上也同样地应该发生作用。

2. 对于崇高的分析

我们平常把优美的事物称之为美的事物,所以美也可以叫做优美。崇高与优美是审美判断之下的两个对立面。它是一种与优美相对立的形态。

在康德看来,崇高与优美的区别是:

第一,从客观方面来看,美只涉及对象的形式,而崇高却涉及对象的"无形式",这种崇高的对象,如惊雷闪电、疾风暴雨、大海波涛等,都以其巨大的量在刹那间使我们的生命力受到重压,显现出"混茫"、"最粗野最无规则的杂乱和荒凉"、令人震惊的"体积和力量"。从美的质和量两个角度分析,优美更多地涉及到"质",而崇高更大地涉及到"量"。

第二,从主观心理方面看,美感是单纯的快感,崇高却是由痛感转化成的快感。由于漫无界限的、无形式的对象从量的方面使我们感到震撼,使我们感受到一种巨大的压力,譬如惊雷闪电、疾风暴雨、大海波涛等以其巨大的量在刹那间使我们的生命力受到重压,随之又感到我们内心里出现一种不可遏制的更加强大的生命力量,足以与自然界的威力相抗衡,转而形成强烈的奔放,这就是崇高。所以,崇高感是在恐惧和崇敬对立中,崇敬克服了恐惧,而崇敬是主要的。

那么崇高中所崇敬的对象是谁呢? 康德认为:"对自然的崇高感就是对我们自己的使命的崇敬,通过一种'偷换'(Subreption)的办法,我们把这崇敬移到自然事物上去(对主体方面的人性观念的尊敬换成对对象的尊敬)。"[①]这就是说,崇高中所体现的是一种不向"外在暴力"屈服的人的感情和意志,一种道德感,一种勇敢精神。这样一来,康德美学就实现了美与善的统一,高扬了人的道德意志力量。这里特别需要说明的是:康德由于受到了卢梭的影响,发现了人的内在的道德本性,因此他在分析中抬高了崇高而贬低了优美。

3. 对于艺术的见解

---

① 康德:《判断力批判》第 27 节,朱光潜译文,转引自朱光潜《西方美学史》下卷,第 380 页。

在艺术的研究上,康德的创新点有二。

首先,康德提出,艺术活动与游戏活动相通。他把艺术与自然、科学、手工艺进行比较,然后分析出艺术的本质与特征。第一,艺术与自然的区别是,自然只是本身的运动和变化,而艺术则加入了艺术家的意志、目的乃至于概念。第二,艺术与科学的区别是,艺术是一种创造能力,而科学是一种知识体系。艺术最需要的是技术方面的训练,接下来才需要有关知识的积累。第三,艺术与手工艺的区别是,手工艺是一种劳动,是一种为谋生而从事的工作,它本身并不愉快,只有在领取报酬时,才有些吸引力。而艺术本身则是一件愉快的事情,它在本质上是一种摆脱了谋生制约的自由活动,是一种"想象力与知解力的自由活动",所以可以看作是一种游戏。第四,艺术和游戏活动能够给人以愉快的满足感的原因是,在艺术和游戏中人的整个生命力得到舒展,自由得以实现。康德的这种观点突出了艺术创造的本质。

其次,在艺术的问题上,康德还阐发了另一个语出惊人的观点:"艺术是天才的艺术。"在康德看来,艺术与自然在外观上接近,因而就不能没有规则。但是,研究自然的科学的规则是由旁人"定成公式,作为方剂来应用的",是作为概念来存在的,是别人在一定的范畴、原理指引下也可以做到的,而艺术则是"无法之法",没有固定的法则和公式,它只能单纯依靠艺术家个人去捕捉和表现既具有理性内容有不能用概念来认识和表达的东西,以构成审美的理念,创造审美的理想,成为既是典范又是独创的作品。牛顿可以把他的最重要的科学发明传授给旁人,而荷马却无法教会旁人写出像他那样伟大的诗篇来。康德的"天才论"突出了艺术家的特殊地位,既给艺术设立规则,又具有个人独创性的创造作用。康德提出的"天才"不是后来的浪漫主义者所讲的超人的天资、神秘的天赋,而是在艺术创作中艺术家所创造的一种"通过'无法之法',即'无目的的合目的性'的审美形式"[①]。荷马在《伊利亚特》中把残酷的特洛亚战争表述为神与神之间的嫉妒和争斗,在《奥德赛》中则突出了俄底修斯惊人毅力,确实是一种"无目的的",但又符合人类自身逐步觉悟、逐步意识到自身力量、逐步摆脱神的控制的"合目的性"的审美形式。曹雪芹的《红楼梦》通过众多人生命的凋零,通过"好了歌"以及甄士隐解"好了歌",显示了个体生存的不确定性,进而把以人为目的的问题又突现出来,这又是一种"无目的的合目的性"的审美形式。

三、康德美学的历史贡献

1. 康德在《判断力批判》中以学者的严谨,既摆脱了经验论的纯客观研

---

① 李泽厚:《批判哲学的批判——康德述评》,人民出版社1984年第2版,第390页。

究,又摆脱了唯理论的独断专行,把人类自身的实践活动引入了美学的研究,提出了"无目的的合目的性"问题,从而在美学历史上起到了一个承上启下的里程碑的作用。经验论者如休谟把知识的来源完全归于感觉经验,尽管否认了上帝、宗教奇迹和精神实体的存在,但他否定不了依存于人们主观意识中的物质世界及其客观规律的独立存在,所以经验论不能保证科学所要求的客观内容和普遍必然的有效性质。而唯理论者如笛卡尔尽管信任人的理知,尽管认为只有理知才能获得真理,反对封建愚昧,但由于否定经验的重要性,最终陷入唯心主义泥坑。只有康德正视这一矛盾,一方面提出具有真理性的科学知识如何可能的问题,另一方面提出形而上学的根本究竟是什么的问题?他一方面从牛顿经典力学中,发现自然科学和传统形而上学用超经验的唯理论来论证的根本错误,另一方面从卢梭的有关"良心"和道德感觉的学说中,看到了对于人本身尊严和权利的信念可以取代神学和宗教而成为新的形而上学的根基,从而确定了人本身就是目的。这种科学精神,不仅超越了以前所有的美学学说,而且给予后来的黑格尔、马克思等人美学观念的建立,奠定了基础。

2. 正视审美与艺术创造中的许多矛盾现象,并进行了深入而细致的科学分析,特别是在美的事物的客观形式分析和主观表现分析两个方面,给后来的美学发生了极大的影响,出现了许多继承者。诚如李泽厚所指出的,客观形式上的分析成为"为艺术而艺术"、"有意味的形式"、"距离说"等现代形式主义前驱的基础;而主观表现方面的分析,则成为后来谢林、黑格尔和浪漫主义狂飙运动的基础。

【思考与练习】

1. 什么是美? 什么是美感? 什么是美育?
2. 应该如何理解"以美启真"和"以美储善"?
3. 比较中国美学和西方美学在宏观形态上有什么不同。
4. 谈谈你对于康德美学理论创新的理解和看法。

第四章　艺术学的基本原理
及艺术鉴赏

艺术是人类精神的家园,守护着人类穿越历史的隧道。尽管人类的艺术活动已有数十万年的历史,尽管在艺术发展的长河中出现了大量的带有真知灼见的理论,但是由于种种局限,始终没有能够形成艺术的科学体系。直到19世纪末,德国的康拉德·费德勒提出了艺术学与美学分离的构想,才使艺术学作为一门独立的学科成为可能。进入20世纪以来,随着考古学、人类学、社会学、心理学等学科的迅速发展,随着艺术研究的广泛深入,艺术学体系得到了建立与不断的完善。

从总体上来说,艺术学应当包括艺术理论、艺术发展和艺术接受三个部分。本章中我们将扼要介绍艺术学的基本原理,勾勒中西艺术的发展流变,描述艺术鉴赏的有关知识并进行必要的个案分析。

第一节　艺术学基本原理

一、艺术的本质和特征

(一)什么是艺术

"艺术"一词本来泛指各种技艺。例如中国古代的甲骨文中"艺"是一个人在种植的形象,象征着劳动的技术。在英语中"Art"同样有技艺的意思。在历史发展的过程中,艺术渐渐由技艺不断向精神领域延伸,现代意义上的艺术则更多地倾向于人类的精神范畴。

在现代社会中,"艺术"一词得到了最大限度的运用,像"领导艺术"、"求爱艺术"、"烹饪艺术"、"谈判艺术"等不绝于耳,那么究竟什么是艺术? 当我们观赏郑板桥的绘画时,称之为艺术中的上品,谁会对生活中的竹子发出这样的赞誉呢? 当我们为帕瓦罗蒂雄浑的男高音倾倒的时候,谁会认为帕瓦罗蒂本身就是艺术呢? 当我们看到沈阳冰雕马为之惊羡的时候,又有谁会认为生活中驰骋的马就是艺术呢?

我们认为,艺术是指人类创造的具有审美价值的精神产品。

（二）艺术的本质

人类的社会生活从总体上可以分为物质生活和精神生活。为了满足人们的物质生活进行的生产活动我们称之为物质生产,它的成果构成了人类的物质文明;为了满足人们的精神生活进行的生产活动我们称之为精神生产,它的成果构成了人类的精神文明。艺术生产作为一种特殊的精神生产,是为了满足人的审美需要而产生的,它的成果构成了人类光辉灿烂的艺术宝库。

马克思在《〈政治经济学批判〉导言》中明确提出了"艺术生产"的概念,把"艺术"与"生产"联系起来考察,把艺术看成一种人类为了满足审美的需求而进行的特殊的精神生产,这在艺术史上是前无古人的。"艺术生产"的理论,对于我们揭示艺术的本质与特征,以及从总体上把握艺术创作——艺术作品——艺术鉴赏这样一个完整的系统给了重要启示。

第一,艺术生产理论揭示了艺术的起源与性质。

从艺术的起源来看,人类最初的艺术品同生产劳动有着直接的联系。无论是旧石器时代的石材、骨角等粗糙的生产工具,还是新石器时代制作精美的陶器,以及战国时期出土的纹壶,几乎所有的艺术品都体现着艺术同生产劳动的联系。随着生产的发展与社会大分工的产生,艺术生产才渐渐同物质生产分离出来,成为独立的精神生产,而它的功用也随之发生了变化:从满足人类的物质需要转变为满足人类的精神审美需要。在艺术的生产过程中,我们很难确切地说究竟是什么因素起了决定性的作用,但是从根本上说,我们不能脱离人类的社会生产实践来探讨艺术的起源。

从艺术的本质来看,任何一部艺术品都是客观因素与主观因素的统一。一方面艺术反映客观的社会生活,另一方面,艺术又传达着艺术家主观的审美趣味,抒发着艺术家的思想情感。作为艺术生产,它的任务就是在艺术创作过程中把艺术家的情感融会到反映的社会生活之中,最终物质化为艺术品。无论是物质生产还是精神生产,人类的生产劳动都具有明显的创造性,艺术生产作为一种特殊的精神生产,它的创造性更为突出。所以艺术生产不能脱离特定的社会生活,"社会生活是一切文学艺术的用之不尽,取之不竭的惟一源泉"(毛泽东《在延安文艺座谈会上的讲话》)。同时,艺术生产也不能离开主观的思想与情感。只有当艺术家在情感的驱动下展开想象的翅膀,才有可能创造出感人至深的艺术形象。从这个意义上说,艺术生产理论可以帮助我们更好地认识艺术的起源,把握艺术的性质等一系列艺术问题。

第二,艺术生产理论阐明了物质生产同艺术生产的不平衡关系。

艺术作为一种审美的意识形态,在社会结构中处于这样一个特定的位置:一方面它由经济基础决定,艺术不能脱离经济基础而独立存在;另一方面,经济基础与艺术的关系不是直接的,它必须通过一定的中介环节才能发生作用。同时,在意识形态领域中各部门之间也是相互影响、相互作用的。

艺术生产作为一种特殊的精神生产,具有相对的独立性。有时候,艺术的发展同社会的发展呈现出一种不平衡关系。如古希腊处于人类社会的童年期,却产生了光辉的神话和史诗,这些作品至今"仍然能够给我们以艺术的享受,而且就某方面来说,还是一种规范和高不可及的范本"(马克思语)。随着社会的进步,它的繁荣阶段也随之逝去。19世纪的俄国,也出现过类似的现象。当时俄国在经济上远远落后于欧洲各国,腐朽的农奴制还在苟延残喘,但俄国的文学艺术却出现了空前繁荣的局面,文学上涌现出普希金、果戈理、契诃夫、列夫·托尔斯泰等一大批星光灿烂的作家,以及别林斯基、车尔尼雪夫斯基等评论家,乐坛上出现了以穆索尔斯基、科萨柯夫为代表的"强力集团",画坛上出现了以列宾、苏里科夫等为代表的"巡回画派",舞蹈方面出现了《天鹅湖》、《睡美人》等一大批芭蕾舞杰作。可以说,19世纪的俄国在艺术领域取得了与其经济极不相称的巨大成就。

当然,我们也必须看到,在整个人类发展的历史长河中,社会是不断进步的,艺术是不断丰富的,这种物质生产同艺术的不平衡现象只是一种局部现象。从总体上说,艺术的发展同物质生产发展的历史一样,都是由低级向高级发展的,它们之间具有大体平衡的一面。

第三,艺术生产理论有利于把握完整的艺术系统。

艺术的创作、艺术作品、艺术鉴赏这三个相互联系的环节,我们可以把它们连接为一个完整的流动的系统,即艺术创作——艺术作品——艺术鉴赏。艺术创作是艺术的生产阶段,艺术家选用适当的媒介来传达自己对现实生活的认识与评价,艺术作品可以看作是艺术生产的产品,而艺术鉴赏则可以看作是艺术的消费阶段,鉴赏者可以通过对艺术作品的品味、玩赏来满足自己的精神需求。对于这样一个流动的系统而言,艺术生产理论揭示出它们之间的辩证关系。艺术生产是艺术活动的起点,艺术作品的完成是艺术活动的中间点,而以满足鉴赏者精神愉悦作为艺术活动的终点。这三个环节构成了一个完整的活动的系统。

(三) 艺术的特征

艺术作为一种审美的意识形态,艺术生产作为一种特殊的精神生产,决定了艺术的审美性、形象性、情感性等基本特征。下面我们进行具体的介绍。

1. 审美性

艺术是人类创造的具有审美价值的精神产品,这个概念首先说明了艺术的特性在于它的审美性。审美性是区分艺术品与非艺术品的重要尺度。

根据美学原理我们知道,美可以分为自然美和艺术美。自然美是指客观世界中自然物、自然现象的美,这种美不能先于人类而独立存在,是一种"人化的自然",亦即人们在观赏它时,总是寄托或投射了人自身的思想情感。像雄伟的泰山、雨后的彩虹、蔚蓝的大海等等,这些都是人在其中投射了情感的产物,是一种人化了的自然。艺术美是指艺术作品所显示出来的美,它的艺术形象中凝聚着人类的理想和智慧。那些具有审美价值的,能够给人带来精神享受的产品我们才称之为艺术品。所以,当我们聆听邓丽君的歌曲的时候,我们会为她哀怨的歌声而缠绵;当我们欣赏《蒙娜·丽莎》的时候,我们会为她神秘莫测的微笑而倾倒;当我们阅读小说《人生》的时候,我们会为高加林曲折的人生经历而痛恨;当我们观赏电影《卧虎藏龙》的时候,我们会为李慕白的绝顶轻功而叫绝。在这些时候,我们都会感到一种心灵上的自由和精神的愉快。

艺术的审美性,首先来自于艺术家对生活的选择。艺术家面对的永远只能是具有审美价值的富有诗意的对象。例如,毛泽东同志创作了《卜算子·咏梅》,着眼点不是梅花的自然特性,也不是梅花可作香料的实用价值,而是反映梅花与诗人在实践中交汇形成的诗意的因素,即梅的审美价值。词中通过"已是悬崖百丈冰,犹有花枝俏","俏也不争春,只把春来报","待到山花灿烂时,她在丛中笑"等诗句,以艺术的方式折射出强烈的道德理想和政治意识。单纯的道德理想、政治意识可以成为哲学、伦理学、政治学的内容,却不可能成为艺术表现的对象。

艺术的审美性还在于鉴赏者对艺术品的审美把握上。任何一件艺术品都包含丰富的内涵,作为鉴赏者应当以审美的方式来把握艺术品。例如《红楼梦》这样一部百科全书式的巨著,给古今中外多少的读者带来了艺术上的享受。但是,有的读者从小说中所描写的人物的衣着去考察中国 18 世纪纺织工业发展的水平;有的读者根据林黛玉的病态考证她患有肺结核,在当时的中国这是一种不治之症,所以她不适结婚;有的读者从贾母护孙、贾政教子的失败中来对照当今的教育方式。尽管他们面对的是世界级的杰作,但是他们却无法获得审美的享受。马克思就说过:"对于不辨音律的耳朵,最美的音乐也毫无意义。"同样,对于艺术作品而言,鉴赏者如果不从审美的角度去把握艺术品,那么就注定他无法获得审美的享受、精神的愉悦。

2. 形象性

形象性是艺术的又一基本特征。艺术总是以具体的、生动感人的艺术形象来反映社会生活、表达艺术家的思想和情感的。由于艺术的种类繁多,我们可以通过不同的方式去感受艺术形象。如绘画、雕塑,我们可以通过视觉直接感知;音乐,我们可以通过听觉去感受;文学,我们必须根据语言的描绘通过想象去间接地感受;而电影、电视、戏剧等,则必须调动人的多种感官去全面、立体地把握。但不管是哪一种样式的艺术品都不能没有艺术形象,这就使艺术具有了形象的特征。我们可以从以下几个方面把握:

第一,艺术形象具有可感性。

艺术形象必须以一种个别的、具体的、生动的感性形态,诉诸于人的感官,激起鉴赏者心中真切、鲜明的感受。俄国现实主义画家列宾的油画《伏尔加河上的纤夫》通过纤夫们褴褛的衣衫、不同的神态和丰富的表情,使鉴赏者能够体会到纤夫们沉重的负担、生存的痛苦,同时也让你感受到劳动人民沉稳坚毅的精神品质。音乐中,艺术形象既有不确定的一面,又有确定的一面,但从总体上看我们可以根据音响、旋律来感受。例如,江南丝竹乐《春江花月夜》通过悠扬的渔歌、潺潺的水声、远处传来的钟鼓声,在听众的想象中汇集成一幅幽静美丽的春江夜景图,引起人的陶醉、神往之情。对于文学形象而言,它不具备这种直观性,它是通过语言的描绘而成的。读者只能通过阅读,结合自己的生活经验,在头脑中意会出相应的艺术形象。如徐志摩的小诗《沙扬娜拉》:

> 最是那一低头的温柔,
> 像一朵水莲花不胜凉风的娇羞,
> 道一声珍重,
> 道一声珍重,
> 那一声珍重里有甜蜜的忧愁。
> 沙扬娜拉!

随着诗歌语言的流动,我们仿佛看到了日本女郎在与诗人告别时的羞羞答答、低头鞠躬、妩媚动人的风姿。通过想象,我们仿佛听到了她眷恋不舍的缠绵细语,听到了因离别而演奏的哀伤而凄美的旋律。

第二,艺术形象具有概括性。

艺术形象不是对生活的照搬照抄,它是作家在一定的审美理想的指导下,努力选择最能反映事物本质特征、最富表现力、最能激动人的生活细节,所以这样的形象既是具体可感的,又会比普通的生活更高,具有比较普遍的概括意义。例如,古典小说《水浒传》中通过对宋江、林冲、鲁达、杨志、武松等形象的刻画,表现出统治阶级内部的相互倾轧以及尖锐的阶级矛盾,显示了"官逼民反"的社会规律。这些人物形象既是个体形象,同时又是特定阶层的代表,具备了一定的概括意义。

3. 情感性

情感有如艺术品中流动的血液,没有了情感,也就没有了艺术的生命力。情感不仅蕴含在艺术品中,而且还贯穿于艺术创作的整个过程。所以,情感性是艺术创作的又一基本特征。

首先,情感是艺术创作的原动力。生活中缺少热情不可能干好工作,对于艺术的创作来说,没有情感就不可能进行真正的艺术创作。刘勰提出过"为情造文"的观点,白居易指出"诗者,根情、苗言、华声、实义",这些观点都强调了情感的地位与作用。法国的罗丹则开门见山地提出"艺术就是情感"的观点。诸如此类,都说明了情感作为创作的动力,激发了艺术家的创作冲动,促成了艺术品的诞生。

其次,情感是艺术的重要表现内容。

各类艺术所展现的侧重点尽管各不相同,但有一点却是一致的,即艺术品中都包含了一种审美的情感,可以说,情感是艺术的重要表现内容。古希腊的雕刻《拉奥孔》表现的是人被巨蟒缠住时极端的痛苦;达·芬奇的《最后的晚餐》中,当耶稣告诉门徒自己被出卖的时候,十二个门徒流露出不同的情绪反映,同时也表现了耶稣因自己的发现而痛苦的心态;俄国画家列宾的《伊凡杀子》表现的是一种恐怖、悔恨和无力回天的父亲的情感,同时我们也可以看到皇子在垂死时那种衰弱、悲哀,又好像得到安慰似的复杂情感。"文学是人学"(高尔基语)。作家在创作作品的过程中,总是把人物错综复杂的、波澜起伏的情感作为重要的表现内容。对于《红楼梦》,曹雪芹本人认为:"满纸荒唐言,一把辛酸泪。都云作者痴,谁解其中味。"其中之味,似乎更偏重于吐露对世事耿耿于怀的心曲,表现对已经逝去的安富尊荣生活的留恋,对社会将尽的哀挽,抒发人生如梦、无力补天的人生感慨。

再次,艺术形象具有审美感染性。

艺术形象诉诸于人的情感,使人怡情悦性,在精神上得到愉悦和满足。只要是成功的艺术形象,都能激起人们难以名状的情感。生活中的自然现象、社会生活场景有些也很具体、形象,但是由于它们缺少了情感因素,无法像徐悲鸿的马、齐白石的虾、郑板桥的竹那样给人以强烈的艺术感受。在《老残游记》中刘鹗对王小玉说唱的艺术感染力作了淋漓尽致的描述:"王小玉便启朱唇,发皓齿。声音初不甚大,只觉入耳有说不出的妙境:五脏六腑里,像熨斗熨过,无一处不伏帖;三万六千个毛孔,像吃了人参果,无一个不畅快。……每次听她说书之后,总有好几天耳朵里无非都是她的书,无论做什么事,总不入神。"①这段文字可以说是艺术形象具有勾魂摄魄感染力的生动写照。

二、艺术的功能

艺术作为人类的创造的精神产品,总得有其特定的价值。它能够影响人的精神,陶冶人的情操,净化人的灵魂,最终对社会产生多方面的作用,这就是艺术的功能。

艺术具有多种的社会功能,但主要表现为以审美价值为中心的审美娱乐、审美认识和审美教育三个方面。

(一)审美娱乐

审美娱乐是指人们通过对艺术的鉴赏,满足自己的审美需要,获得心灵的自由与精神的愉悦。

在日常生活中,当我们怀着不同的动机走进电影院、录像厅、展览馆、剧院等场所的时候,一个最直接的结果就是我们的心灵获得了自由,精神得到了愉悦,也就是说艺术的审美娱乐作用产生了。对于这一点,古罗马的贺拉斯提出了"寓教于乐"的观点,他强调的是诗歌应当有趣味,能够给读者带来快乐,实现诗歌的功能。这种"寓教于乐"的思想,在西方产生了久远的影响。

艺术,永远会受到人们的欢迎,原因就在于它具有审美价值,当人们鉴赏它的时候,就会获得精神上的美感。在艺术创作中,艺术家有时会处于一种忘我的状态,从中获得极大的满足与快乐。同样,在艺术鉴赏的过程中,读者、观众或听众也会处于一种忘我的状态,沉醉于艺术世界乐而忘返,甚至使人忘却尘世间的一切喧嚣与纷扰。如《论语》记载说:"子在齐闻《韶》,三月不知肉味。"②音乐使孔子达到了如痴如醉的地步。随着社会的进步,人们的衣、食、住、行等物质生活需要得到满足之后,人们就会产生更高级的精神需要,而艺术正是这样一种满足人的精神需要的产品。

在艺术鉴赏过程中,人们在得到美的享受的同时,也使人们在紧张的劳动之余得到积极的休息,以便以饱满的热情和精力投入到新的生活中去。恩格斯在《德国的民间故事书》中描绘了民间故事书的这种作用:"民间故事书的使命是使一个农民作完艰苦的日间劳动,在晚上拖着疲倦的身子回来的时候得到快乐、振奋和慰藉,使他忘却自己的劳累,把他的硗瘠的田地变成馥郁的花园。"③其实,不仅仅是民间的故事书,几乎所有的艺术品都具有这样的功能。

---

① 刘鹗:《老残游记》,人民文学出版社 1979 年版,第 16—17 页。
② 转引自《中国美学史资料选编》(上),中华书局 1980 年版,第 16 页。
③ 《马克思恩格斯论艺术》第四卷,人民出版社 1996 年版,第 401 页。

（二）审美认识

审美认识是指通过艺术的鉴赏，鉴赏者能够更加深刻地认识自然、认识社会、认识人生。在《论语》中，孔子认为："诗可以兴，可以观，可以群，可以怨；迩之事父，远之事君，多识于鸟兽草木之名。"如果排除政治的因素外，我们认为这段话道出了文艺的两个方面认识的作用，一是"可以观"历史的盛衰，具有认识社会、认识历史的作用；另一方面是"多识于鸟兽草木之名"，文学艺术具有认识自然的意义。通过分析可以看出，先秦时代的孔子已经清晰地意识到了艺术的审美认识的功能。

艺术是生活的百科全书，政治、经济、伦理、宗教、哲学、风俗等等内容都可以通过一定的艺术形式表现出来，所以有些艺术品就具有了一定的认识价值。例如：宋代画家张择端的《清明上河图》描绘的是京都汴梁的风貌，形形色色的人物，川流不息的车马，比连彼接的房屋，这一切都细致地呈现在画面上，为人们更深入地把握宋代的历史提供了翔实的历史资料。再如《红楼梦》涉及到政治、经济、法律、教育、婚姻、民俗、建筑等等方面，光就人物而言，上至皇妃，下至乞丐，总共有数百个。可以说，一部《红楼梦》几乎写尽了当时的社会百态，我们可以认为，贾府就是整个清朝社会的缩影。通过对小说的阅读，我们可以获得方方面面的知识。

（三）审美教育

审美教育，主要是指人们通过艺术鉴赏来陶冶自己的情操，净化自己的心灵，在潜移默化中养成良好的道德品质。

古今中外的思想家、艺术家、评论家都十分重视艺术的审美教育作用。孔子的"兴"、"群"观，尽管在根本上是为了维护旧的统治秩序，但是他已认识到艺术能够感化人，也就是意识到艺术具有教育功能。在西方，贺拉斯全面论述了艺术的审美教育功能："寓教于乐，既劝谕读者，又使他喜爱，才能符合众望。""寓教于乐"是发挥艺术审美教育功能的重要特征。艺术具有教育功能，但艺术本身并没有充当传道士的角色，它的教育功能隐藏在审美价值的后面。

我们还应该看到，艺术的教育功能具有超越时空的特点。如德国女画家珂勒惠支的《面包》，描绘的是两个饥饿的孩子急切地拉着母亲，而母亲由于一无所有只得痛苦地扭转身子。这样的内容能够激发人们对弱势群体的同情。不仅对于德国人民，对于世界人民来说都具有一定的教育作用。再如罗中立的作品《父亲》，画中人物的脸上布满历经沧桑的皱纹，使得每一位观赏者都能从内心升腾起对父亲的尊敬与爱戴。可以说，这些作品以其独特的内容唤起人类天性中美好善良的东西，激起人们情感上的共鸣，是艺术宝库中不可多得的佳作。

以上我们分析了艺术的审美娱乐功能、审美认识功能、审美教育功能。艺术的这些功能是其他学科所无法取代的。但是我们又必须看到，艺术在发挥这些功能的时候，它的范围又是有限的。例如，在认识方面，艺术终究无法超越自然科学，更不能替代物质的作用。所以我们对艺术的功能不能肆意夸大。黑格尔在《美学》中谈及音乐的作用时断然否决了"凭音乐就可以杀敌"的荒谬说法。单纯的艺术，既不可以兴邦，也不可能成为一个国家或民族衰亡的主要原因。所以在艺术的多种功能中，我们应该认识到艺术最基本的功能在于审美娱乐，在审美娱乐中潜移默化地改造人的灵魂。这是一项缓慢的内在灵魂改造的工程。只有通过具体的社会实践，才能使精神的影响转化为实际的效果。

三、艺术的分类

艺术系统中包含着许多不同的门类，为了更好地认识不同艺术类型之间的关系，了解它们各自的特性，提高艺术鉴赏的层次，我们来介绍一下艺术的分类。

（一）分类的依据及类型

中外艺术史上，不少的艺术家都曾经探讨艺术的分类原则及艺术的门类。有的艺术家根据自己的原则和角度把艺术划分为不同的种类，有的艺术家认为艺术作为一个整体是不可分割的，结果造成了众说纷纭的局面。下面我们介绍几种最为常见的分类方法。

1. 根据艺术形象的存在方式，艺术可以分为时间艺术（如音乐、文学）、空间艺术（如绘画、雕塑）和时空艺术（如影视、戏剧、舞蹈）。

2. 根据感知艺术形象的方式，艺术可以分为听觉艺术（如音乐）、视觉艺术（如绘画、雕塑、建筑）、视听艺术（如影视、戏剧、舞蹈）及想象艺术（如文学）。

3. 根据塑造艺术形象所用的媒介，艺术可以分为造型艺术（如绘画、雕塑）、表情艺术（如音乐、舞蹈）、语言艺术（如文学）及综合艺术（如影视、戏剧）。

4. 根据艺术反映生活的方式，艺术可以分为再现艺术（如绘画、雕塑、叙事文学）和表现艺术（如音乐、舞蹈、抒情文学）。

应当说，这些分类方法都有一定的理论依据，也各有独到的合理之处。但这些分类又存在着明显的局限，即在分类的过程中出现了相互交差、彼此重复的现象。当然，不管我们按照什么样的标准进行分类，总会带有一定的相对性。因为艺术总在不断地发展，不排除产生新的艺术门类的可能，并且有的种类也在不断地发展、演变、分化。因此,我们不能把艺术的分类机械化。

(二) 艺术的两种基本类型:再现性艺术和表现性艺术

在对艺术本质探讨的历史过程中形成了两种最主要的学说,分别是再现说和表现说。那么与之相对应的,在艺术的分类中存在两种基本的类型,即再现性艺术和表现性艺术。再现性艺术一般侧重于对外部客观世界的再现与摹仿,通过外部的世界来表达内部的情感。而表现性艺术一般侧重于对内部主观世界的表现,间接或者曲折地表达外部客观世界。由于表现性艺术重视主体意识,注重艺术家的个性,在 20 世纪中充分显示出它的魅力。

1. 再现性艺术

绘画:这是一门运用线条、色彩等艺术语言,通过构图、造型和设色等艺术手法,在二维空间上创造出视觉形象的艺术。绘画是人类艺术史上最为古老的样式之一。在漫长的历史发展中,绘画形成了风格和名目繁多的艺术种类。从体系而言,绘画可以分为东方绘画和西方绘画。从媒体而言,绘画可以分为中国画、油画、版画、水彩画、水粉画、帛画、素描等。从内容来说,绘画可以分为人物画、风景画、风俗画、历史画、宗教画、动物画等等。从形式来说,绘画可以分为壁画、年画、连环画、宣传画、漫画等等。

雕塑:它是以一定的物质材料,通过雕刻、塑造的艺术手法,在三维空间上创造出具有真体的艺术形象,故名雕塑。雕塑的种类也比较繁多。从制作和材料来看,可以分为雕和塑两大类。雕,主要有石雕、木雕、玉雕等;塑,主要有泥塑、陶塑、面塑等。从表现手法来看,雕塑一般可以分为圆雕、浮雕和透雕。根据雕塑的样式,雕塑可以分为头像、半身像、全身像、群像等。从功用来说,雕塑可以分为纪念性雕塑、装饰性雕塑、城市园林雕塑、宗教雕塑、陵墓雕塑。

2. 表现性艺术

音乐:这是一种通过一定形式的音响组合来塑造艺术形象、传达人们思想感情的艺术。它是人类艺术史上产生得最为古老的艺术门类之一。音乐主要是通过旋律、节奏、和声、复调、曲式等方式展现的。音乐的分类也有不同的角度,一般来说,人们把音乐分为声乐和器乐两大类。声乐是以人的声音歌唱为主的音乐,器乐是用乐器来发声演奏的音乐。声乐还可以分为男声(包括高音、中音和低音)、女声(包括高音、中音和低音)和童声。现在我国又对音乐进行了再次的划分,把声乐分为民族唱法、美声唱法和通俗唱法。器乐也可以划分。根据乐器的种类,器乐可以分为弦乐、管乐、弹拨乐和打击乐四类。从演奏方式来看,器乐可以分为独奏、重奏、齐奏、伴奏、合奏等多种形式。

舞蹈：它是以特定的人体动作作为主要表现手段，表达人们的思想情感，反映社会生活的一种艺术形式。舞蹈是世界上最为古老的样式之一。在原始社会中，诗、歌、舞是三位一体的，更多的体现为一种巫术活动。后来舞蹈渐渐分化出来，主要运用动作、节奏、表情和构图来传递其意蕴。舞蹈可以分为不同的种类。从表现形态分，舞蹈可以分为独舞、双人舞、三人舞、群舞和组舞。从表现风格分，舞蹈可以分为古典舞和现代舞、民族舞和民间舞。芭蕾舞是欧洲古典舞的重要代表，而民族舞则是舞蹈中最为丰富的样式。如汉族的龙舞、狮舞、秧歌，维吾尔族的赛乃姆，蒙古族的安代舞，傣族的孔雀舞，苗族的芦笙舞，朝鲜族的扇子舞等。

第二节　中西艺术的比较及发展

一、中西艺术的整体比较

西方社会从古希腊、罗马开始的奴隶社会，历经中世纪的封建社会，步入近现代的资本主义社会，都带有明显的商业性的特点。与西方相比，中国社会更多地体现出农业性的特色。所以，中西方在社会生活、传统文化等方面都存在一定的差异，这种差异势必会影响到中西方的艺术观念、艺术创作，这也导致了中西方艺术在审美特征上的不同。中西艺术的特征差异主要表现在：

（一）中国艺术强调表现，西方艺术追求再现

宋代的苏轼认为"诗画本一律"，距离我们相当遥远的西方的西蒙尼德斯也说过："诗是有声的画，画是无声的诗。"中西方艺术家的观点竟惊人得相似。可以说，中西方的古典艺术都十分注重诗中有画、画中有诗，力求在艺术品中把再现因素和表现因素有机地统一起来，力图在表现中有逼真的写实色彩，使再现中有浓郁的写意因素，创造出水乳交融的艺术境界。但是，相对而言，中国的艺术更多地倾向于表现，偏爱言志抒情；西方的艺术偏重于再现，倾向于摹写现实。这就形成了中西艺术在审美特征上的第一个差异。

从我国古代艺术发展的整个过程来看，比较偏重于表现。如古典文学中，常用"赋"、"比"、"兴"等表现手法，把写景、叙事、抒情结合在一起。《诗经》的首篇中，"关关雎鸠，在河之洲；窈窕淑女，君子好逑"，作品借河中的雎鸠抒发了深闺中少女欲说还休的心绪，加深了古典诗词的韵味，使作品获得了含蓄、典雅的艺术感染力。这种创作观念对后世的艺术产生了深远的影响。绘画中，注重于写意传神，强调形神兼备。如东晋著名画家顾恺之根据

曹植的名著《洛神赋》创作的《洛神赋图》,画家从曹子建初见洛神宓妃起笔,表现了一幅缠绵哀怨的连续画卷:卷首曹子建与侍臣们出游,忽然遥遥望见一个美妙女子出现在岩石之畔。画家用动人的笔致将这个女子表现得含情脉脉,回眸顾盼,飘飘若仙,体现出超尘脱俗的意蕴,使得曹子建寝食不安,为之朝思暮想。卷末,曹子建走在洛水之畔,目痴口呆,神情迷惘,表现出对女子近于病态的追求。最后,在归途中,他频频回首,尽显留连之情。这幅画卷用秀劲的笔法,把洛神宓妃的容貌、神态刻画得惟妙惟肖,把曹子建的爱慕、惆怅表现得淋漓尽致,使画卷流露出淡淡的哀怨之情。

综观中国古代艺术的进程,中唐以前强调的是形神兼备,带有较多的再现成分。晚唐以后则以写意为主,强调神韵趣味。这种特点一方面加强了中国古典艺术的意蕴,增强了审美的愉悦性,另一方面,也在一定程度上削弱了它的写实品格。

在西方,人们十分重视再现,重视对世界、自然、生活的摹仿。德谟克利特认为艺术是对自然的摹仿,开创了再现理论的先河。亚里士多德认为人类出于天性摹仿现实世界,导致了艺术品的产生,"人对于摹仿的作品总是感到快感"。之后再现理论成为西方艺术的一条重要原则。文艺复兴时期,艺术家把摹仿自然作为艺术的最高目标。达·芬奇说:"绘画是自然界一切可见事物的惟一的摹仿者。……绘画的确是一门科学,并且是自然的合法的女儿,因为它是从自然产生的。"莎士比亚在《哈姆雷特》中借人物之口说:"演戏的目的,从前也好,现在也好,都仿佛要给自然照一面镜子,给德行看一看自己的面貌,给荒唐看一看自己的姿态,给时代和社会看一看自己的形象和印记。"到了19世纪,一些批判现实主义艺术家把再现理论推向了极端。斯汤达规定小说是如实地反映现实的"一面镜子",巴尔扎克主张作家"严格摹写现实","照世界原来的样子表现现实",福楼拜认为"只要是真的就是好的"。直到俄国的别林斯基仍在恪守摹仿说的原则,认为"艺术是现实的复制"。

总体来看,无论是在艺术观念上还是在艺术创作中,西方古典艺术更多地强调再现。这种特点,一方面使艺术品获得了深广的社会内容,另一方面也在不经意中失却了部分审美情趣。

(二)中国艺术体现出阴柔风格,而西方艺术体现出阳刚风格

阳刚与阴柔是艺术风格的两大基本类型,中西方艺术在整体上恰恰体现出这样的两种风格。西方艺术具有阳刚之美,而中国艺术具有阴柔之美。

西方艺术史大致可以分为古希腊时期、文艺复兴时期、古典主义、启蒙运动、浪漫主义、现实主义、现代主义等阶段。当我们纵观各个时期的艺术作品时,总体的感受就是它们体现出一种阳刚之美。

阳刚包括豪放、雄浑、悲壮等风格。在题材上，多取材于重大的历史事件，力图塑造叱咤风云的英雄人物、历史人物；在意境上，一般气概博大、气魄恢宏、气势雄浑；在抒情方式上，阳刚常常是直抒胸臆，多采用直接倾诉的方式。所以，这类艺术品不仅给人以强烈的震撼，而且也以人物的悲剧命运让人悲愤，激起欣赏者紧张的、激荡的审美情感。如米隆的雕塑《掷铁饼者》表现的是运动员投掷铁饼的瞬间动作。运动员右脚弯曲，左脚拖后，脚尖使全身的中心置于青筋突起的右脚上。他张开的双臂像一张拉满弦的弓，这样的"引而不发"的状态加强了投射的力度，这种强烈的动势与运动员从容镇定的面容达成了统一，表现出雕像的灵魂和生命力。在西方文学中，阳刚风格表现得更为突出。从古希腊神话到古典主义，从荷马史诗到莎士比亚的悲剧，大多数主人公都是具有反叛性格或者具有坚韧不屈斗争精神的英雄，像为了正义事业甘愿忍受无尽痛苦的普罗米修斯，为了保卫祖国、面对十万敌军毫不畏惧的罗兰，带有人文主义理想的哈姆雷特等等，都成为西方艺术画廊中不朽的艺术形象。

当我们放眼中国艺术的时候，就会发现其中蕴含着更多的阴柔之美。阴柔包括淡雅、飘逸、空灵等风格。在题材上多取材于普通而平常的现实生活，着意描写小人物形象；在意境上，一般神韵典雅，格调清新，气势含蓄；在抒情方式上，多用委婉的抒情方式，曲折而含蓄地表现出某种情趣。所以这类艺术品不仅以力度的轻柔让人心旷神怡，也以格调的淡雅、神韵的空灵令人眷恋忘返，使读者的审美心理趋向于宽松、和谐平静的状态。如绘画中长于线条，讲求骨法用笔，在有限的空间中蕴含无尽的意蕴。清代画家任伯年的《高邕像》中，作者笔墨不多，线描淡染，人物却极富神态。高邕手持竹竿，双眼凹隐，猛一看俨然一个乞丐。但他身边的竹篮中，放置的却不是破筷，而是毛笔和纸簿。画面刻画的是当时失意的高邕形象，实际上表现的却是中国文人集体的辛酸与无奈。在传统音乐中，类似于"大风起兮云飞扬"的歌辞固然有之，更多的似乎还是春花秋月、高山流水及中和平正的"中和之乐"，追求旋律典雅、深沉，音调缠绵、哀怨。中国的传统舞蹈中，最常见的是《霓裳羽衣》之类的轻歌曼舞。至于中国的园林艺术，更是以小桥流水、曲径通幽、柳暗花明的风格著称于世的。

总之，西方艺术总体上表现出一种恢宏的气魄，呈现出阳刚之美，给人以酣畅淋漓的艺术享受；而中国艺术总体上以细腻、宁静的特色，呈现出阴柔之美，给人以温柔甜美的艺术享受，这是西方艺术难以超越的境界。

二、中西绘画的发展流变

中国画，简称国画，在世界绘画领域中自成体系，独具魅力。中国画的特点,首先表现在工具上,往往采用毛笔、墨或者颜料,在纸或绢帛上作画,所以"笔墨"成为中国绘画理论中的一个重要概念,笔墨和谐的运用能够达到某种神韵。所谓"笔",是指运用毛笔的不同技巧和方法,使中国画表现出无穷的趣味;所谓"墨",是指中国画以墨代色,使墨色产生细微而丰富的色度和变化,通过艺术的处理,创造出色彩无法企及的艺术效果,使中国画具有独特的表现力。如齐白石的《墨虾图》,画家充分运用了墨分五色的水墨功能,淡墨画头部,次淡墨画身躯和尾部,用线条勾画虾须与附肢,并对虾钳加以夸张,又用浓墨点睛和脑,使墨色相互交融,达到气韵生动、形神兼备的艺术境界。

中国画的第二个特点是在构图上多采用散点透视法,突破时间与空间的束缚,使构图十分自由。这比西方绘画具有更大的灵活性。如元代画家王蒙的山水名作《青卞隐居图》是一幅纸本水墨画,展示了画家故乡卞山从山麓到山顶的全貌,画面上高崖陡壑,奇峰峻岭,长松丛树,清溪幽谷,草庐数间,它们巧妙地结合在有限的画面上,生动地再现了江南的自然风貌。再如南唐著名人物画家顾闳中的作品《韩熙载夜宴图》是一幅由听琴、观舞、休憩、赏乐和调笑等五个独立成章又相互联系的片段组成的长卷,绘声绘色地表现了韩熙载玩世不恭的生活态度和忧郁苦闷的内心状态。

中国画的第三个特点就是绘画与题识的结合。许多传统的国画中都有题画诗或者散义,款山及印章,能够将诗情、画意、书法有机的融为一体。这种题识的意义不仅仅在于形式上的美感,更重要的是在内容上能够诗画相济。清代著名画家郑板桥的作品《风竹图》中,题诗为"衙斋卧听潇潇竹,疑是民间饥苦声,些小吾潮州县吏,一枝一叶总关情",这样的一首题画诗不仅能够与画面上迎风飘摇的竹纸表现的意境相合拍,而且把这种意境进一步提升、充实,由诗的内容和画的意蕴,我们仿佛体验到郑板桥忧国忧民的高尚情怀和伟岸人格。

中国绘画具有悠久的历史和独特的风格,原始社会中彩陶上的美丽的花纹和图案,代表着我国原始艺术的发展和成就。战国时期的帛画线条流畅、造型简练,是我国现存最早的绢帛画作品。汉代的大量壁画、石刻及砖刻画,各具特色,古风盎然,具有鲜明的时代特色。魏晋南北朝时期,涌现出许多著名的画家和流派,如东晋的顾恺之、南朝的陆探微、张僧繇并称"六朝三杰",他们的作品以其独特的艺术风格独树一帜。隋朝除了绘画、壁画以外,卷轴画已风行一时。展子虔的《游春图》是我国目前保存最早的山水卷轴,代表着我国绘画艺术的高峰。这一时期,人物画、山水画、花鸟画、鬼神画、鞍马画等大放异彩,在庞大的画家队伍中涌现出阎立本、吴道子、王维、李思训、张萱、戴嵩等名家,他们在绘画领域所取得的辉煌成就使之艺盖当世,名传千古。

两宋的绘画,在继承唐代传统的基础上又自创新格,形成中国绘画史上的又一高峰。从题材来看,绘画的范围进一步扩大,反映现实生活的风俗画、肖像画,表现古代事迹的历史画,描绘祖国壮丽河山的山水画,正整艳丽的花鸟画等都有所发展;在表现手法上更加灵活,充分运用水墨,追求艺术上的概括性和抒情性。无论是在民间还是在政府,绘画之风盛行一时。政府设立了较大规模的翰林图画院,涌现出一大批杰出的画家,如米芾、苏轼、文同、崔白、张择端等等,对后世的绘画产生了深远的影响。元代的绘画由于政治上和社会上的原因,呈现出独特的面貌,文人画的出现与盛行,使得中国的绘画艺术更富艺术气息和民族特色。这一时期山水画和花鸟画等画科的发展比较突出,梅、兰、竹、菊等题材的流行,使得绘画具备了一种特殊的含义,如竹表示气节,松暗示孤高,菊代表傲岸,都是对当时文人画家复杂心态的曲折体现。这一时期的代表画家有赵孟頫、王蒙、吴镇、黄公望、柯九思等。明代是绘画发展的重要时期,由于处于特定的历史时期,政治对文艺领域进行了粗暴的干涉,使绘画呈现出新的变化。山水画的创作和成就比较突出,但是画风趋向复古,在创新上多有欠缺。这一时期的突出现象就是在画坛上出现了一系列绘画流派,有以戴进为代表的"浙派",吴伟为代表的"江夏派",沈周、文征明为代表的"吴门派",以徐渭、陈淳为代表的"水墨写意派"。各个流派争奇斗艳,形成了姹紫嫣红的繁荣局面。但是明代后期,复古之风愈演愈烈,一味追求笔墨形式,使画风日下。清代的绘画大体沿袭了前代的风气,仍以山水画、花鸟画较发较。山水画方面,以朱耷、石涛的影响最为突出,也涌现了很多的山水画流派,如以王时敏、王鉴为代表的"娄东派",以王原齐为代表的"虞山派",还有"金陵派"、"扬州派"等等。花鸟画方面,作梅兰竹画的不乏其人佳作,以恽派花卉影响为最。"扬州八怪"中的金农、郑板桥、罗聘等,各展个性,别具一格,为时人所称誉。除此之外,民间年画,太平天国的壁画,也以其独特的风格独占一席。

　　现代是中国绘画史上的一个新的阶段。现代画家们在继承传统的基础上进行了大胆的革新改造,为拓展中国画的表现境界,丰富中国画的审美情趣,做出了卓越的贡献,代表画家有齐白石、徐悲鸿、潘天寿、张大千、傅抱石等大家,他们的创作为中国的绘画艺术大增奇光异彩。

　　西方绘画也是源远流长,品种繁多,尤其是油画,可以说是世界绘画艺术中最有影响的画种。油画是用油质颜料在布料或板上绘制而成的,它的主要特点是运用各种鲜艳丰富的色彩,突出事物的质感和空间感,能够达到对事物亦步亦趋的摹仿再现,具有较强的艺术表现力。同时,由于油画所用的原料具有较强的覆盖力,所以在创作过程中画家可以进行便利的修改,方便了画家的创作。

如果说中国画追求的最高境界是气韵生动,那么西方绘画的最大成功便是摹仿自然,达到对事物真实的表现。为了达到这一效果,西方绘画比较重视光影变化,十分讲究透视、解剖等技巧。从总体上说,如果中国画追求意韵,那么西方绘画追求形似;中国画注重表现艺术家的内在情感,那么西方绘画注重再现外在的客观事物;中国画用笔墨来塑造形象,西方绘画用光和色表现形象,形成了各自鲜明的特点。

西方绘画从古希腊和古罗马起就大放异彩。当时的陶画把实用和艺术二者结合起来,体现出精湛的工艺技巧,传达了当时人们的审美理想,如《阿契利斯与阿扎克斯战后休息》、《酒神迪俄倪索斯在船上》等具有不朽的艺术魅力,是不可多得的典范。在漫长的中世纪,出现了拜占庭艺术、哥特式艺术等样式。拜占庭艺术约从公元 4 世纪到 15 世纪,一方面它承袭了基督教艺术的传统,以圣经故事作为艺术的主要内容,另一方面又具有东方艺术的特点,喜欢装饰而不喜欢真实的表现。从 12 世纪开始到 16 世纪初期,欧洲出现了一种新兴的艺术,即哥特式艺术。绘画以彩色玻璃窗花为主,经过阳光的照射,画面映射的色彩使教堂更加富丽、堂皇、神秘,充满了宗教意味。

文艺复兴时期是西方绘画的高峰期。意大利著名的画家乔托创作了一系列宗教绘画,表现出切实的人生情感。由于乔托的创作及成就,后来的艺术家称之为"第一个奠定了现代绘画传统的天才",特别是作品中传达出的人文主义精神,更为后来的艺术家所效法。此后,达·芬奇、米开朗基罗、拉斐尔的活动与成就,标志着文艺复兴时期绘画艺术的高峰,西方绘画史上把他们并称为"文艺复兴三杰"。达·芬奇的《最后的晚餐》、《蒙娜丽莎》,米开朗基罗的《创世纪》,拉斐尔的《西斯廷圣母》、《椅中圣母》等成为享誉世界的杰作。17 世纪到 18 世纪,西方绘画史上形成了巴罗克艺术,在内容方面渐渐脱离了宗教的影响和束缚,独立的静物画、风景画、肖像画等开始流行。这一时期欧洲各国涌现出一批杰出的画家及作品,如意大利的卡拉瓦乔创作的《女占卜者》,西班牙的委拉斯贵支创作的《卖水的人》、《教皇英诺森十世》、《纺织女》等,尼德兰的鲁本斯创作的《基督被抬下十字架》、《劫夺吕西普斯的女儿》、《苏姗·芙尔曼》等,荷兰的伦勃朗创作的《夜巡》、《杜普教授的解剖学课》等,法国的普桑创作的《阿尔卡迪的牧人们》等。

进入 18 世纪以后,随着启蒙运动的展开与深入,以及资产阶级大革命的爆发,使法国成为欧洲的中心。在画坛上,各种流派纷呈迭现,比较有影响的有以达维特、安格尔为代表的新古典主义,以席里柯、德拉克洛瓦为代表的浪漫主义,以杜米尔、罗丹为代表的现实主义,以马奈、莫奈、雷诺阿为代表的印象主义，以塞尚、凡·高、高更为代表的后印象主义。各个流派在理论上的倡导、在创作上的实践使得法国的绘画艺术极盛一时。这一时期，英国、德国、罗马尼亚、瑞典、比利时等国的绘画运动也蓬勃发展，涌现出一大批画家、画派，特别是俄国的以列宾为代表的"巡回画派"，开创了俄国绘画的一代画风。

20 世纪以来，资本主义的高度垄断激化了社会中固有的各种矛盾，使原来不正常的社会变得更加荒唐、畸形。在二三十年内，先后爆发了两次世界大战，经济恐慌，核子恐怖，灾难感时常笼罩在人们的心头；物质文明的高度膨胀，却使人们在精神上感到前所未有的贫困和压抑。在种种社会灾难的重压之下，一批知识分子的心灵受到了严重的扭曲和创伤，于是悲观绝望，感到前途暗淡。艺术家们感到，传统的表现手法已经难以表现这个病态的时代、病态的社会和他们被扭曲的心灵，于是突破各种传统，力求新的探索、新的发现。所以在欧洲继后印象主义之后出现了"现代派艺术"，包括野兽派、立体主义、未来主义、达达主义、超现实主义、抽象艺术、波普艺术、新写实主义、行为艺术、后现代主义等流派，形成了西方绘画史上一个又一个热浪。

三、中西雕塑的发展流变

雕塑是人类艺术史上最为古老的艺术形式之一。无论在中国还是在西方，雕塑艺术都有着悠久的历史。尤其是在远古的原始社会里，雕塑尚未从实用工艺中分化出来。因此，一件原始雕塑品，常常又是一件实用工艺品。在旧石器时代，我国北京猿人所使用的石器中，就已经有了石制的雕刻器。在距今约 6000—7000 年前的浙江河姆渡遗址中，出土了大量骨、木、象牙雕刻的装饰品。尤其是陶器的出现，更是促进了原始雕塑的发展，在距今 5000 年前的辽宁红山文化晚期遗址中，就发现了陶塑的裸体女像，塑造得逼真自然，达到了相当的水平。商周时期，古代青铜器铸造达到鼎盛，雕塑也随之而发展，近年来我国考古发掘的重大收获之一，便是四川广汉商周祭祀坑中出土的青铜人头像，距今已有 3000 多年历史。秦汉时期，我国古代雕塑艺术达到高峰时代。被誉为世界第八奇观的秦始皇陵兵马俑，规模空前，气势磅礴。汉代大型石雕除著名的霍去病墓前石刻外，还有鲁王墓前的石人，陕西城固张骞墓前的石兽等，这些大型石雕多在陵前起纪念和仪卫作用。作为我国古代雕塑艺术宝库之一的陵墓雕塑在秦汉时期堪称盛况空前。魏晋南北朝和唐宋时期，作为我国古代雕塑艺术另一大宝库的宗教雕塑发展迅速。从魏晋开始，云冈石窟、龙门石窟、敦煌石窟、麦积山石窟等相继繁荣起来。石窟造像艺术规模之大、数量之多达到了惊人的程度，仅现存的龙门石窟就有 10 万余座佛像，敦煌莫高窟 490 多个洞窟里，遗存至今的彩塑作品就有 3 千多件，云冈石窟现存大小雕像 5 万多个，麦积山石窟也有造像 7000 余尊。虽然这些地方的雕塑并非一朝一代的作品,而是历经许多朝代才完成,但从整体风格和艺术水平来看,当推魏晋隋唐时期的石窟雕刻艺术成就最为显著。例如,龙门石窟雕刻的代表作奉先寺卢舍那大佛像,就是唐代的作品,不仅正中的佛像有很高的艺术水平,周围的菩萨、弟子雕像的塑造也非常成功,这组具有重要艺术价值的雕像群成为我国雕塑艺术的珍品。敦煌、云冈、麦积山石窟中,雕塑艺术的精品也大多是这一时期的作品。魏晋隋唐时期还出现了一批雕塑大师,如东晋时期的戴逵父子被后世学者看作是中国佛像雕塑的奠基人、唐代雕塑大师杨惠之被称为"塑圣",与"画圣"吴道子齐名。元明清时期,大规模的石窟艺术走向衰落,作为我国古代雕塑艺术的又一大类型的小型玩赏性雕塑却日趋繁荣。这个时期各种案头陈列雕塑、工艺装饰雕刻和民间雕刻工艺迅速发展,广东石湾的陶塑,福建德化窑的瓷塑,无锡、大津的泥塑,嘉定竹刻,潮州木雕等,具有独特的艺术风格。新中国成立以来,我国雕塑艺术更有长足发展。

西方雕塑艺术源远流长,早在古希腊罗马时期,雕塑艺术便已达到了相当高的水平。公元前 5 世纪至公元前 4 世纪是希腊雕塑艺术的繁荣时期,出现了米隆、菲狄亚斯等一批杰出的雕塑家。米隆的代表作《探铁饼者》和菲狄亚斯的名作《命运三女神》,都是举世瞩目的佳作。约作于公元前 12 世纪的古希腊雕刻著名作品《维纳斯像》,也称《米洛斯的阿芙罗狄特》,因 1820 年发现于爱琴海中的米洛斯岛而得此名,这一作品是由两块大理石合雕而成的优美的身雕。典雅的脸庞,丰腴的肌肤,恬静的神态,使这件端庄优美的女性雕像闻名于世,法国雕塑大师罗丹将其称之为"古代的神品"。

罗马帝国衰落以后,教会兴起了。中世纪的雕刻紧紧地受缚于宗教,基督教的空间意识决定了雕塑的风格。基督教的观念鄙视世俗的生活,力求上升到完美的上帝所在的天国。中世纪的教堂,以森林般的塔楼、尖顶、狭长的矢状拱门拼命地向天空飞腾,似乎要冲破尘世的羁绊。在凸柱上,在壁龛里,在基石上,这些装饰味很浓的雕像顺着教堂上升的动势,这在巴黎圣母院这座早期哥特式建筑上看得很清楚。在许多的教堂里有《圣经》,但大多数人读不懂,这样人们只能通过绘画和石头来讲述神圣的教义,于是教义被雕刻在教堂的墙壁和柱子上。所以圣徒的形象和《圣经》的内容、寓言和布道场景都被装饰在教堂里,那里便成了大家都能读懂的"石头圣经"。基督教雕塑就是在这种历史文化背景中产生和发展起来的。新的信仰和趣味、外来的刺激、传统的感染、社会的变动和文化的兴衰,共同造就了与古希腊罗马艺术不大相同而又藕断丝连的种种艺术样式。它们虽然总是围绕着神这个中心,但于神圣威严之中往往流露出丰富迷人的韵味,苦涩神秘之处往往动人心魄,有时还会在貌似呆板的面孔里让人觉察到些许人情味。

文艺复兴时期的雕塑艺术是西方雕塑史上的第二个高峰。在 14 世纪，欧洲考古学家们从地下发掘出了古希腊、古罗马时代的雕刻作品，它像一根火柴点燃了文艺复兴的熊熊大火。意大利出现了前所未有的艺术上的繁荣，这就是伟大的文艺复兴运动。文艺复兴时代的雕塑恢复了古希腊罗马的传统，雕像又获得了空间的自由，重新确认了人在空间活动中的主动性。雕塑从神的世界又回到人世间，以米开朗基罗为代表的雕塑大师们，再次对雕像的体积、人体的运动给予热忱的关注。米开朗基罗的《奴隶》以及美狄奇家庙中的《朝》、《夕》、《昼》、《夜》等雕像，以胸、腹、腿各体块的转折运动，穿插对比，有力地占据了三度空间。《大卫》、《摩西》等雕像使人联想到更远的空间。英雄人物的坚定意志和微妙的心理，把我们引向一个悲壮雄浑的艺术境界。在艺术中，神从神坛上走了下来，圣母是一位仁慈善良、和蔼可亲的母亲。圣徒也是各具个性的艺术形象，这些着意表现人的肉体美和精神美的雕塑奠定了文艺复兴时期的现实主义传统。

近代法国艺术流派的更迭与演进，是同法国的政治变革紧密相关联的。19 世纪上半期，无产阶级起来反抗，发生了震惊世界的"巴黎公社"起义。艺术家们的眼光开始转向现实生活，于是现实主义思潮便席卷全欧洲。以希腊、罗马为典范的艺术一直主宰着欧洲美术创作。当时对雕塑的认识、对人的尊严和价值的肯定，都仅限于通过古典化的裸体造型进行曲折的探求，很少直接表现人和人的生活。直到现实主义思潮发生后，现实生活中真实的人才走进雕塑。法国雕塑家吕德的《奈伊将军》、《马赛曲》，卡尔波的《舞蹈》，都是体积和运动完美统一的优秀作品，而罗丹的《巴尔扎克》、《加莱义民》、《思想》、《地狱之门》则代表着雕刻艺术的新的高峰。

20 世纪以来，西方艺术向多元化发展，多种流派并存，良莠掺杂，处于不断的演变发展之中。

第三节　艺术鉴赏

一、艺术鉴赏的性质、条件和过程

（一）艺术鉴赏是一种审美的创造活动

艺术鉴赏是指人们感知艺术形象，对艺术品进行理解和评价的过程。同艺术的创作一样，艺术鉴赏也是一种特殊的精神活动。

根据马克思主义的艺术理论，艺术与物质生产一样，也要经过生产—消费的过程。艺术鉴赏作为艺术的消费，它具有普通商品与精神产品的双重属性：一方面作为普通商品，艺术品必须经过艺术家的创作、出版、管理等环节，在流通的过程中体现它的商品属性；另一方面，艺术鉴赏又是以满足人的高级精神需要作为终极目标的，在鉴赏的过程中，人获得了精神上的享受。

艺术鉴赏是一种审美再创造活动，主要表现在以下几个方面：

第一，艺术品必须通过鉴赏者的审美再创造才能真正实现它的审美价值。音乐家谱出的乐曲，画家绘成的画幅，雕刻家完成的雕像，作家写成的小说，都凝聚着艺术家对生活的认识，体现着艺术家的美学理想。如果我们把这些艺术品束之高阁或藏之于深山老林当中，那么艺术品所包含的审美价值和社会价值都只能是　种潜在的价值。只有在鉴赏的过程中，鉴赏者通过想象进行再创造，领悟艺术品中所蕴含的情思，接受艺术品中高尚的审美理想，这时艺术品的潜在价值才得到实现，所以说艺术鉴赏是艺术系统中一个必不可少的环节，没有艺术鉴赏，就没有真正意义上的艺术活动。

第二，艺术鉴赏不是被动接受而是积极主动地进行审美的创造。艺术品一旦产生，就具有了客观性的品格，不管艺术家认为表现得如何全面、具体，总会留有一些"空白"，这就需要鉴赏者发挥想象与联想等心理机能去丰富和补充，艺术品才能获得比较完全的意义。接受美学的代表者伊瑟尔认为，文体只是一个不确定的结构，它在期待读者最大限度地发挥再创造的才能，这样才能更好地显现艺术品的社会意义和美学价值。

所以，艺术鉴赏不是对艺术品的简单接受，而是鉴赏者的审美再创造。在鉴赏过程中，鉴赏者通过想象、联想、理解、评价等心理活动，根据自己的生活经验、艺术修养、审美趣味对艺术形象进行加工、丰富和补充，进行审美的再创造，使艺术形象在自己的脑海中栩栩如生地活动起来。鉴赏者可以同艺术家一样获得创造的快感，获得审美的体验，从创作的角度进行观照，我们似乎可以说，艺术鉴赏是艺术创作的有机延伸。

（二）艺术鉴赏的条件

随着人们物质生活的不断满足，人们对艺术的需求愈来愈大，实际上，并不是所有的人都能进行艺术鉴赏。要进行艺术的鉴赏活动，必须具备哪些条件呢？面对形式粗糙、缺乏内涵的作品，或者品位低下的观赏者，艺术鉴赏活动根本无法进行。所以艺术鉴赏要求鉴赏的客体（艺术品）和主体（鉴赏者）都必须具备相应的条件。

1. 艺术鉴赏的客体

艺术鉴赏是实现艺术品的审美价值和社会价值的必要环节，那么对于艺术品来说审美价值和社会价值就十分重要。可以说，具备一定的审美价值和社会价值，是艺术鉴赏客体必须具备的条件。只有那些凝聚着艺术家积极向上的思想感情和美学理想,具有深刻性和独创性的艺术品,才能受到广大鉴赏者的欢迎与喜爱。科学著作注重运用严密的逻辑,力求正确的论断,但是它少了鲜明、生动、感人的艺术形象,难以引起读者情感上的震动,所以不论它的观点多么超前,论证多么严密,也不能成为艺术鉴赏的对象。不但科学著作不能成为艺术鉴赏的对象,就是那些质量低劣的作品,也会因为内容的肤浅,形式的粗糙,无法把鉴赏者带入到艺术境界之中,不能激发鉴赏者想象与联想,不能从情感上吸引读者,因此,同样也不能成为艺术鉴赏的对象。

2. 艺术鉴赏的主体条件

艺术鉴赏是主体对客体的审美活动,只有鉴赏的客体,而没有鉴赏主体,这种鉴赏活动还无法建立。作为鉴赏的主体应当具备哪些条件呢?

首先,鉴赏主体必须具备起码的生活经验。艺术品中饱含着艺术家的人生阅历和生活经验,如果鉴赏者的生活经验与艺术品中所反映的距离较大,缺乏了解,那么他就无法鉴赏,或者只能得到表层的观赏。托尔斯泰曾谈到这样的事情:他十五六岁时就读司汤达的《红与黑》,虽然很佩服作家的胆识与勇气,除此之外什么也不懂了。而四十年后,当他对资本主义的丑恶有了亲身的经历和深刻的了解之后,再读这部小说,所获得的体验要深刻得多。同样,很多身处大学校园的同学阅读刘震云的小说《一地鸡毛》后"少年不知愁滋味",总认为作品的基调太低沉、灰暗,但是当他们步入社会,经历了种种事件之后才发现刘震云描绘的就是生活,活生生的当代知识分子的生活。只有当鉴赏者具备一定的生活基础后,才更易于进入作品所展示的艺术境界,获得艺术的享受。

其次,鉴赏者必须具备一定的艺术修养。马克思曾经说过:"如果你想得到艺术的享受,你本身就必须是一个有艺术修养的人。"意大利的美学家克罗齐也认为:"要了解但丁,就要把自己提升到但丁的水平。"这两种说法都强调了鉴赏主体必须具备一定的艺术修养。

鉴赏者的艺术修养,离不开一定的历史文化知识,以及对各种艺术门类基本常识的了解。艺术系统中存在不同的门类,了解每一门类的特征将会有助于提高我们的鉴赏能力。如果我们对绘画中的技巧、发展、风格等常识有了一定的把握之后,在鉴赏现代绘画大师毕加索的《格尔尼卡》时,就会体验到这幅画所流露出的紧迫感,从中感受到毕加索对法西斯的肆无忌惮所表现出的愤怒、谴责之情。

从根本上说,艺术修养的培养和提高,有赖于对大量优秀艺术品的鉴赏实践。多听音乐就能培养和提高耳朵的音乐感,多看绘画就能训练和发展眼睛的形式感,多阅读优秀的文学作品就能开阔我们的视野、丰富我们的经验。

大量地、经常地鉴赏艺术作品尤其是优秀的艺术品,有助于直接提高我们的艺术修养。这是一项长期的、不断积累的工程。任何一位杰出的艺术家都不可能一夜之间脱颖而出,同样我们也不可能在一夜之间就造就一位高品位的鉴赏者。只有多进行艺术鉴赏的实践,丰富自己的艺术知识,孕育一颗感受艺术的心灵,才能不断提高自己的艺术修养。

（三）艺术鉴赏的过程

艺术鉴赏是一项复杂的精神活动。从理论上来划分鉴赏的过程有助于我们更深入地把握它的特征。一般说来,完整的艺术鉴赏过程可以分为审美感知、审美体验和审美超越三个层次。

1. 审美感知

当我们鉴赏艺术品的时候,我们首先接触到的是什么呢？艺术语言。艺术作品虽然是艺术家创造的精神产品,但是任何艺术品都是以一定的形式而存在。鉴赏者只有通过对艺术语言的把握,才能进入审美的感知阶段。例如对于电影艺术,我们在进行鉴赏的时候,必须一个镜头接一个镜头地观看,同时倾听与画面配套的声音。这样,随着时间的延续,在我们的头脑中便会将这一系列的画图组合起来,获得对内容的了解与把握。

审美感知是艺术鉴赏活动的初级阶段。在这一阶段,鉴赏者通过不同艺术品的艺术语言,建构特定的艺术形象,激发自己的审美兴趣。在审美兴趣的驱使下,鉴赏者便可以进入鉴赏的第二阶段,也就是审美体验阶段。

2. 审美体验

审美体验是艺术鉴赏的中心环节,是鉴赏者在审美感知的基础上,运用想象与联想,获得某种情感的体验,激起了鉴赏者的内心情感的波澜。如与李清照并称为"南宋双绝"的女词人朱淑贞在《减字木兰花》的开头写道:"独行独坐,独唱独愁还独卧。"作为一名出身于官宦之家、颇有才气的千金,为何在词中是如此孤独？原来,朱淑贞曾经有过一段刻骨铭心的爱情,由于父亲的包办婚姻,把她嫁给一位俗气的小吏。从此她心有不甘,抑郁寡欢。对个人婚姻的不满,对昔日恋人的怀念在她的许多作品中都有所反映。这里连用五个"独"字,便写尽了词人的孤苦之情,坐也不是,站也不是,赋诗也无心,饮酒也无绪。通过这一连串的动作,我们体会到词人那种心烦意乱、百无一可、无法排遣的苦闷与徘徊。我们的情感随着词人在孤独、忧郁中痛苦地煎熬,对她不幸的婚姻寄予深深的同情,而对于包办的婚姻,我们予以强烈的愤怒与谴责。

在审美感知这一过程中,鉴赏者的情感十分活跃。同时,鉴赏者一系列的心理机能也被充分地调动起来,其中最重要的是想象与联想。可以说,它们贯穿于艺术鉴赏的整个过程中。艺术的创作中也存在想象,那是艺术家根据自己的主观感受进行的创造性想象,能够最大限度地发挥艺术家的创造力,而在艺术的鉴赏中想象则是一种再创性想象,根据艺术语言的描绘再现艺术形象。与前者相比,它的独立性、创造性要小得多。但是鉴赏中的想象担负着再现艺术形象和丰富艺术形象的使命。读白居易的《琵琶行》时,我们通过想象在脑海中可以建构起幽清的月下之景,"犹抱琵琶半遮面"的琵琶女,甚至通过想象,我们和诗人一起欣赏了琵琶女那饱含身世飘零之感的哀怨感伤之曲,和白居易一道潸然泪下。没有想象,就没有这一切,在我们眼前显现的只能是一行行、一页页枯燥的语言符号,审美体验也就成为一句空话。

在审美体验阶段,鉴赏者的心理因素十分活跃,情感也相当丰富,较之审美感知阶段,更加能体现出审美再创造的特点,鉴赏者从中获得更大的审美享受。但这还不是鉴赏者的最高境界,艺术鉴赏的最高境界是审美超越。

3. 审美超越

审美超越是在审美感知和审美体验的基础上达到的一种精神的高度自由境界,具体表现为共鸣。

在鉴赏过程中,鉴赏者被艺术形象深深感动、吸引,以达到物我同一,如痴如醉的状态,这就是共鸣的现象。共鸣被认为是艺术鉴赏的高潮。文学史上出现不少美谈,汉武帝读了司马相如的《子虚赋》深感惋惜地说:"朕独不得此人同时!"唐宣宗得知白居易故去后作诗作:"文章已满行人耳,一度思卿一怅然",绝非溢美之辞。郭茂倩在《乐府诗集》中引用了韩娥的故事:"韩娥因曼声哀哭,一里老幼悲愁垂涕相对,三日不食……。后(韩娥)曼声长歌,一里老幼喜起舞,不能自禁,忘向所悲也。"这样的传说,虽然带有一定的夸张色彩,但是一里老幼两次听韩娥歌唱的情景却十分逼真地描绘出共鸣发生时的状态。

当然,共鸣是一个比较复杂的美学范畴,它本身也经历了一个由酝酿到激发的过程;诱发共鸣产生的原因也相当复杂,但主要在于艺术家通过艺术形象所传达的思想和情感,深深地打动了读者的心灵,致使他们出现了短暂的心理相通,这是鉴赏过程中的一种特殊现象,并不是每一位鉴赏者,每一次鉴赏活动都能达到这样的境界。

以上我们对艺术鉴赏的过程进行了理论上的划分。在艺术鉴赏的过程中,这三个阶段并不是截然分开的,它们往往是相互联系、相互渗透的。所以我们认为,艺术的鉴赏是一个复杂的动态的过程。

二、著名艺术作品鉴赏

(一)秦始皇陵兵马俑

公元前3世纪,经过变法的秦国,国势不断增强。秦始皇嬴政凭借强大的军事力量和出色的才能统一了六国,建立了我国历史上第一个中央集权的国家。为了宣扬自己的历史功绩,秦始皇即位第二年就投以巨资为自己建造陵墓,前后共费时 10 年,动用 70 万人员,在陕西临潼骊山脚下,建成了一座巨大的陵墓,占地约 25 万平方米,高 50 余米,并且制作了大批的陶制兵马俑,安置在陵墓旁的随葬坑内。

1974 年,对于中国的考古业来说是具有划时代意义的一年。3 月份,临潼宴寨公社西扬生产队的农民,在秦始皇陵墓东侧一公里处打井,意外的挖掘出比真人还要高大的陶俑,从此揭开了发掘我国雕塑艺术宝库的序幕。经过考古部门的勘探和挖掘,总共清理出三个随葬坑,面积达 2 万平方米,其中 1 号坑为右军,2 号坑为左军,3 号坑为军幕,是统领军阵的指挥部。总共挖掘出陶制兵马俑 8000 余件,这些陶兵以车兵、步兵、骑兵混合编组成井然有序、蔚为壮观的军阵,这些场面尽显秦朝政权的大气磅礴。

秦始皇兵马俑再现了昔日国势的强盛与军队的威严,更为重要的是,兵马俑体现出秦朝工匠高度的智慧和高超的水平。陶俑平均身高在 180 厘米左右,陶马身高在 150 厘米左右,和真人真马相差无几。更让人叫绝的是陶俑形象的塑造。陶俑按服饰、装备及所在位置可分为军吏与兵卒,兵卒又分为骑兵、御手、车士、弩兵等。他们身着不同的褐袍与铠甲,头扎不同形式的发髻或顶戴不同的冠帽。工匠们以写实的技法,表现了人物的各个方面。发髻纤毫毕现,柔滑而蓬松,铁甲坚硬而冰冷,褐袍粗厚而笨重。人物面部骨骼与肌肉更为写实。结构上的准确无误,体现了秦军的精良装置。另外,通过不同形貌特征的塑造,刻画出了陶俑的不同身份、年龄、个性与心理活动,这些陶制品似乎获得了生命的动感。他们中间有身经百战、深谋远虑、神态安详的老将;有出生入死、经验丰富、气宇轩昂的中年战士;也有面带稚气、生龙活虎、无所畏惧的年轻士兵。他们或者浓眉大眼、机智刚毅,或者憨厚、质朴,有的则小胡细目,谨慎多思。但他们都统一在一种严阵以待的庄严肃穆的气氛之中。将领威风凛凛,稳如泰山;步兵执戈列队,如箭在弦;弩兵或跪或立,持弓待发;御手伸臂揽缰,凝神候令;骑兵牵随战马,时刻准备跨鞍驰骋。那些战马,一匹匹膘肥体壮,昂首竖耳,口张目瞪,似乎一声令下,就会飞越沙场。一个个陶俑、一匹匹陶马都是那么栩栩如生,呼之欲出。站在它们跟前,你会感到仿佛面对一个真正的强大军队的阵容,被那种严肃、紧张而壮烈的气氛所感染。同时被昔日秦国的雄兵百万、战车千乘的气势而折服。

兵马俑的塑造,采用模制与捏塑相结合的手法,塑成之后进窑烧制,最后着色。如此大型的陶制兵马俑,至今未见开裂变形的痕迹,其烧制工艺之高超,足以使今天的陶瓷专家惊异不已。这批陶俑的发掘,不仅填补了中国艺术史的空白,而且在世界雕塑史上也有着举足轻重的意义。

（二）自由女神像

在碧波荡漾的美国纽约港外的小岛上,矗立着举世闻名的自由女神像。女神高举火炬,高耸入云,形体稳重,充溢着巨大的力量。古典式的衣裙一垂到底,更增加了稳定感,体现了自由女神怀着爱心,带着怜爱,等待那从世界各地投向她怀抱中的人们。

这座雕像作为自由和胜利的象征,给漂流到美洲大陆来寻找生活出路的世界各地的人带来精神上的慰藉。

这座庄严、雄伟的大型雕像,全称叫做"照耀世界的自由女神",由法国的巴尔托尔迪所作,是法国人民作为厚重礼物送给美国独立 100 周年的纪念品。像高 46 米,连台座为 92 米,包括火炬超过 100 米,上面刻着"1776.7.4"（美国独立日）的字样。它的基座上贴有一块铜牌,铜牌上镌刻着一首诗,诗中写道:

> 旧大陆\去保住你那些荣华富贵吧!……\把那些人给我吧!\那些疲惫的人,穷困的人,\蜷缩在一起渴望自由呼吸的人,\在你的富饶的岸边遭到不幸遗弃的人,\把这些无家可归颠沛流离的人们,\都交给我吧!\我站在金色的大门口,\高举火炬,\向他们欢迎!

雕像的作者热爱民主、自由,他调动了自己的艺术与生活积累,选择了这样一个高举火炬的女性形象来表现自己的思想。在制作方法上作者充分运用了象征手法。自由女神头戴光芒四射的七星冠冕,右手高举火炬,神情肃穆,凝神远视遥远的海面,象征着她为在封建愚昧束缚下追求光明的人们引路。左手持法典,表示美国资产阶级的民主共和制法规。当时的美国,在不少欧洲人的心目中,是新世界的代名词,是一个充满希望的地方。脚踏断裂的锁链,象征着人民得到了自由;左脚支撑全身重量,右脚微微踮起,象征着无畏向前的精神。不难看出,法国浪漫主义画家德拉克洛瓦的《自由领导法国人民前进》对作者的构思有着极大的影响。据说,自由女神的面容酷似作者的母亲,庄严、高贵,带有理想化的色彩,而体形则像作者的妻子。

（三）《清明上河图》

宋代以来,随着工商业的萌芽,经济不断发展,促使文艺在不断的变革。为了迎合小生产者的审美趣味,在绘画领域,以市俗生活为中心内容的风俗画,在悄然兴起,佳作纷呈。其中最杰出、最具有代表性的作品就是张择端的《清明上河图》。

《清明上河图》是一帧高 24.8 厘米,横 528 厘米的绢本设色长卷。因为画中所描绘的是北宋都城汴梁(今开封)和汴河两岸清明时节的人事,所以称为《清明上河图》。画家张择端,年轻时曾游学于汴京,对这里的风土人情了如指掌,尽管画中的人和物虽为数繁多,仍被他描写得意态生动,毫发无憾,不愧为稀世珍品。

　　《清明上河图》规模宏大,结构严谨,从总体来看,它可以分为郊野、汴河和街市三个部分。第一部分描写城郊农村清明时节的田野景色:疏林薄雾掩映着农舍酒家,阡陌纵横,田亩井然,农民正耕作于田间;几匹驮炭的毛驴缓行于绿阴深处;村头大道上,一队人员肩挑背负,护拥着一骑马者和一乘轿者,轿顶上还插满了杨柳杂花,似名门豪富踏青扫墓归来,正匆匆地向城内进发。通过环境和人物的点染,对时间、地点和习俗,作了简明的交代,为全图展开了序幕。第二部分以拱桥为中心,描绘了汴河两岸繁华而又闲适的景象。这个临近京城的水陆码头,有一座巨大的拱桥横跨两岸。这座结构新颖,形式优美,宛如飞虹的拱桥,也有人称它为"虹桥",成为本段画面的主体。此处,陆上车马喧阗,河里舳舻相接,人声鼎沸,热闹非凡,呈现出清明时分人们出郊"拜扫新坟","四野如市"的盛况(宋孟元老《东京梦华录》)。而拱桥的南端,新柳叶絮,屋宇错落,临河的酒楼茶肆里,游客们有的席间闲聊,有的临窗远眺,洋溢着一种闹中取静的闲暇意趣。无疑,这一段是全图的中心。第三部分描写汴梁街市的状况。这个宋代政治、经济和文化的中心城市,官府之衙,市廛之居,商铺店坊,鳞次栉比,甚是可观。至于人马喧嚣,车轿穿梭的热闹场面,更是绘声绘色地跃然绢素,都得到了细致的表现。这番形形色色、熙熙攘攘、百货俱陈、百态俱备的情景,把北宋末期工商业发达的面貌,以及隐藏在这种繁华景象背后的那种有闲者酒楼欢宴,劳苦者辛勤操作的贫富差别,表现得淋漓尽致。《清明上河图》通过由上述三段内容所组成的统一画面,从商业、交通、漕运、建筑等各个具有代表性的角度,集中地再现了12世纪我国都市社会的生活面貌,反映了那个历史时期的政治、经济、文化和社会风俗习尚,是一件内容极为丰富、完整的艺术品。为后人研究宋代绘画,考据宋代社会,提供了具有综合性价值的形象资料。

　　《清明上河图》作为现实主义的杰作,在艺术技巧上所取得的成就也非常突出。首先,作品成功地设置了"全方位"的立体布局。全图从远郊河野一直写到城郭街市,楼台树木横列天际近处,河道原野延伸至天边,既可鸟瞰繁华热闹的街市,又能极目幽静广阔的乡间,大则楼船人马,小则器皿花鸟,比划相准,轻重均衡。笔调平实,没有丝毫呆板滞硬。总之,整个画面人和物的远近、疏密、动静、繁简,都通过画家的传神之笔,被运筹得周密妥帖,准确别致,具有长而不冗、繁而不杂、紧凑严密、起伏有节的艺术节奏,充满了"方寸之内,体百里之迥"的宏伟气派,显示了画家在运思立意过程中,概括生活和炼取素材的艺术才能。

其次,在章法和透视处理上,不受固定视点限制,充分运用"散点透视"的娴熟技艺。在人物刻画和景物描写方面,本图达到了神形毕肖、生动准确的艺术效果。全图共画了仕、农、商、医、卜、僧、道、胥吏、妇女、篙师、缆夫等不同阶层的人物 550 余位,他们有赶集的,有买卖的,有闲逛的,有饮酒的,有聚谈的,有推舟的,有乘轿的,有骑马的等等,神情各异,姿色不同。另外,还画了驴、马、牛、骡、骆驼等各类牲畜 50 多匹,不同类型的车轿 20 余件,大小船只 20 余艘,楼屋农舍 30 余幢。无论是写人状物,都求一丝不苟,使每个人物,每个细节,每种物象,都合乎生活规律。特别是对桥头闹市那种沸腾场面的描写,画家摒弃了一般的写生手法,以选取典型事例的概括描绘来实现。请看桥面上的一个情景:适巧和一顶由南端上桥的轿子相遇,这一意外的狭路相逢,迫使一位随从迅速勒住了缰绳,而另一随从急忙伸手招呼行人回避,那匹大马则被这一"急刹车"弄得进退两难,无所适从。轿夫们由于一时惊慌,虽然奋力支撑,却也乱了阵脚。这时,狭窄而又拥挤的桥面上,出现了"交通阻塞"的现象。这种场面描写,不仅突出地表现了拱桥上下的热闹情景,而且丰富了画面的情节性意趣,引起了读者的欣赏兴趣。大场面如此生动,小细节也不逊色。例如那位拉着车子从桥上下行的农民,由于下坡的惯性力作用,车子飞速下滑,这使他不得不用力把车,弯腰弓背,又开两腿,力图保持平衡。那头毛驴则无需用力了,它拖着松弛的绳套,扭头歪脑,漫不经心,似乎想趁机觅捡一草片叶的食物。可以想象,这种真实感人的场面和细节描写,倘若不是对生活现象观察得细致入微,理解得透彻,是难以奏效的,这也正是这件艺术品历久不衰的基础。

第三,在笔墨技法上,本图兼取了"界画"工致准确和"写意画"淋漓活泼的长处,以工带写,以写润工,使其具备典雅堂皇、寓意毕肖的特色,形成了与画坛大家王诜、郭熙、李唐异样的风格,别成家数,独具一格。

最后,特别值得一提的是《清明上河图》和不少古代名画一样,辗转流传,幸免于难。从画面上张著、杨准、刘汉、李祁、吴宽、陆完、李东阳、张公药、张世积、冯保等各家的题诗和跋,以及累累的鉴藏印来看,说明本图自宋以来,经历了不少公私鉴藏家之手。大约在清仁宗嘉庆四年(1799 年)流入清宫内府。1911 年,溥仪将此图运到天津。伪满洲国成立,这件作品又被带到长春的伪宫。抗战胜利,溥仪把这件珍品带走,因来不及,被弃于机场,幸被我人民解放军所获。从此以后,这件历经沧桑的艺术珍宝才归于人民。现由故宫博物院珍藏,每岁陈列。

（四）《最后的晚餐》

在《圣经》中有这么一个传说，耶稣有 12 个门徒，其中一个叫做犹大，此人阴险狡诈，心怀鬼胎。当他知道犹太法利赛人在寻找耶稣时，就去找犹太人的祭司长。"如果我把耶稣交给你们，我能得到多少钱？"祭司长给了他 30 块银币。以后，犹大开始寻找机会出卖耶稣。耶稣预先知道了犹大的阴谋，在逾越节的晚餐上，他对 12 个门徒说："我实在告诉你们，你们中间有一个人要出卖我。"这一句话引起了门徒们强烈的骚动。历代的画家们都用自己的画笔对这个故事做过诠释。达·芬奇对这个人物思想感情表现得最强烈的时刻进行了独特表现。

这一幅画的构图相当出色。以前许多人画《最后的晚餐》时，人物大多是围桌而坐，或是使徒们坐在一边，耶稣坐在对面。达·芬奇的这幅画中人物全都面向观众。坐在正中央的耶稣，头部恰好受到中间窗户亮光的衬托，十分突出。第一，因为他坐在正中处于天花板与左右面墙形成的两条平等透视线的焦点上；第二，因为他两旁留有空隙；第三，因为他的背后正对着一扇大开着的门或窗；第四，因为耶稣微圆的双目以及放在桌上的平静的手，与其他人物的激动惶乱，形成了极为显著的对照；门徒们几乎都望着他，他却不望任何人，他完全沉浸在一种内省、自制、沉思的状态之中。值得注意的是这幅画上的耶稣和 12 个使徒头上都没有圆光。人们一直认为这些绝对神圣的人头上一定要饰以圆光，而达·芬奇把他们只是当作凡人或市民来描绘。整幅构图是由四个三角形组成的，12 个门徒分成了每组 3 人的四个小组；各组之间，又自然地由人身的倾向和手臂的穿插互相连结；在统一中有变化，变化中有统一，形成了相互连带，富于变化的关系。

其次，作者以高超的手法，通过不同的动作表情来刻画不同人物的性格。从右端开始，双手展开的西门，似在对倾听的达太讲："这是从何说起？"马可随着达太也倾向西门，可是手势指向耶稣，似乎在问："真的有人会出卖教师？"年轻的菲里普双手按胸，向教师保证："我决不会干这种事！"大雅各惊呼着撑开双臂，无意中把杯子带翻。他身后的多马竖起一个手指问老师："真有这样一个人？"耶稣摊开双手，平静的面容上略显悲悯。耶稣另一边，温柔的约翰靠向后边听彼得的问话。虬髯的彼得左手按在他的肩上，弯曲的右手还紧握着一把餐刀，使人想起后来他挥舞刀剑不许人们逮捕耶稣的暴烈性格；在彼得胸前，犹大紧靠在桌边，恐惧中向后仰靠，右手不自觉地握住他出卖老师而获得的一袋金币。在 13 个人物中只有犹大的脸隐在暗中，显得格外阴险和卑劣。左端最后一组人，年老的安得列因感到震惊而举起双手，小雅各像是在抚慰他，同时将左手从背后伸向彼得，制止他的急中生乱；最后，年轻而雄健的马太却忍不住从座位上站起来,俯身凝神事态的发展。

《最后的晚餐》这幅画是达·芬奇应他人的委托而画的。在创作态度上极为严格的达·芬奇,常常凝神自己画幅,偶然才动几笔。据说,修道院里的一位副院长曾向大公暗中汇报,说达·芬奇整天游荡,很少画画。当大公问及画家时,他和蔼地回答:"画家必须想好了才可以动笔,特别是画面上有两个头部至今我画不好。一个是耶稣的那种仁慈的美,一个是犹大的头,我想不出一个人得到了那么多的好处,竟会背叛恩人。不过,为了快一点完成,我发现这里副院长的头是可以画在犹大的身上。"达·芬奇对当时天主教以秘密汇报、罗织罪状来陷害他人的现象深恶痛绝,他想借这幅画表达自己的愤慨。为了寻找犹大的典型,他常去闹市或罪犯聚集之处进行观察。对于耶稣的形象,他多方面地进行了选择和体察,也为此画过许多素描。

再次,达·芬奇的这幅画没有采用传统的湿壁画的画法,也不是采用油画的画法。他用酪蛋白和水胶调制的颜料,而且在厚薄不同的两层底面上所用的材料是一种难于粘合的东西。这就使得《最后的晚餐》完成后不到 20 年便出现毁坏剥落。在几个世纪中,这幅画曾先后进行了五次修复,致使部分地改变了原貌。1985 年,意大利女专家勃朗碧拉和两名助手,借助于高倍显微镜和其他科学仪器,获得了重大发现:使徒西门长的是短胡子,而不是长胡子;脖子也不像过去看到的那样粗胖;翘起的鼻子被修直了;以前的棕色披衫显露出柔和的玫瑰色,并缀有两块灰色的补丁;特别是他那已经"瞎了"的眼睛,又重新闪射出惊异而坚定的光芒。坐在餐桌右边的第三个位置的使徒马太,由于受坐在他右边的使徒达太的身影影响,使以前的修复家们误认为是他的胡子,现在也被纠正了。叛徒犹大的面部表情也不再那么可憎,他那略显紧张的神态表现出某种虚伪的庄严。过去耶稣前面那个轮廓不清的盘子,原来是透明的,并且反射出了衣服的色彩。白桌布上的图案又重新变得清晰了。另一个震动西方美术界的发现是,这幅画虽然经历了五个世纪的漫长岁月,但经过修复以后仍可以看出当年的富丽堂皇。

欧洲画坛对这幅杰作的评价是:"这是所有伟大画卷中的最佳珍品,是欧洲艺术的拱顶之石。"这个评价绝非溢美之辞。

【思考练习题】

1. 艺术的基本特征有哪些?
2. 中西方艺术的特点是什么?
3. 艺术鉴赏可分为哪几个阶段?

第五章　汉语语言学的历史发展
和许慎的《说文解字》

语言学是以人类语言为研究对象的学科,具体地说,"它是研究人类语言现象和语言规律的一门社会科学"[1]。研究范围包括语言的性质、特征、功能、结构、历史发展规律及其应用以及其他跟语言相关的问题。依据语言的历史渊源、亲属关系对语言所作的"谱系分类",世界五大洲可分为以下几个语系:亚洲的东南部,西起克什米尔,东至我国东部边界,主要用汉藏语系诸语言;亚洲的印度、欧洲和美洲主要用印欧语系诸语言;大洋洲主要用印欧语系的英语和土著语;非洲主要用闪——含语系(主要是阿拉伯语)、班图诸语言、苏丹诸语言,此外各族人还使用印欧语系的法语、英语、葡萄牙语等。综上所述,可以看出汉藏语系和印欧语系是使用人数最多的两个语系。汉语在汉藏语系里占有非常重要的地位,因为几千年来它一直保持着自己的独立性、统一性,且分布很广。除中国外,它还分布在新加坡、马来西亚等地,以汉语为母语的人口约有十亿多。"汉语的标准语是近百年来以北方话为基础而逐渐形成的,它以北京话的语音为标准音。汉语标准语,中国大陆称为普通话,台湾称为国语,在新加坡、马来西亚等地叫做华语"[2]。汉语为汉民族文化和中华民族的文化发展作出了巨大的贡献。

历史的发展有昨天、今天和明天。在我国社会主义文化建设中,研究、发掘并整理我国古代文化遗产,从而使我国的优秀文化传统得以继承和发扬,这是我们的使命。通过学习汉语史,"我们不仅可以对汉语的发展历史有比较全面深入的了解,而且能够解决中国古代历史、哲学、文学等学科中存在的有关语言文字方面的若干实际问题"[3]。本章的内容共分三个部分:第一节概述汉语语言学的性质与特征,第二节简介汉语语言学的历史发展,第三节重点讲授许慎的《说文解字》及其对汉语语言学的历史贡献。

---

[1]　高名凯、石安石主编:《语言学的概论》,中华书局 1987 年 3 月重排版,第 1 页《导言》。

[2]　唐作藩顾问,冯春田、梁苑、杨淑敏撰稿的《王力语言学词典》,山东教育出版社 1995 年版,第 260 页。

[3]　向熹编著《简明汉语史》(上册),高等教育出版社,1993 年 5 月第一版,第 1 页。

第一节　汉语语言学的性质与特征

一、汉语的性质

自从有了人类以来,语言是人类区别于其他动物的本质特征之一。人类用语言表达思想感情,沟通联系,协调行动,进行科技文化诸方面的交流。总之,它是人们进行交际和思维的最重要的符号系统。这个符号系统的性质体现在两个方面:其一,是全人类都能做到的用口说的口语;其二,因为它不能向远传播和历史存留,于是通过人类的智慧与思维,开始创造出既能远近传播又能长远存留的文字来记录口语。因此语言具有社会性、全民性,它是为社会全体成员服务的最重要的工具。

但是,由于地域的广大、族语的繁多,作为人们交流的符号系统便产生了差异。不同的民族有不同民族的语言,具体到每个民族使用的语言称其为族语。在语言学上,只以族语为单位。作为世界上主要语言之一的汉民族语言,简称为汉语。它在世界语言中属于汉藏语系最主要的语言,是汉民族进行各种交流与思维的最重要的符号系统。作为符号系统,语音是语言的物质外壳,词汇是语言的建筑材料,语法是语言的结构规律而构成的体系。其间各个成分是互相联系而又互相影响的,它的发展具有一定的系统性与规律性。

二、汉语的特征

作为一种族语,汉语的特征可从横向与纵向两方面概述。

(一)从横向看,汉语作为世界语言之一,它有区别于其他语言的三大主要特征:

1. 元音占优势。汉语音节可分为声母、韵母和声调三个组成部分,作为音节可以没有声母(即零声母)和辅音韵尾(以元音收尾),但凡作为音节绝不能没有元音;

2. 用声调作为词汇成分。汉语的声调(调类在古今之间和不同方言区之间都有不同)具有区分词汇意义。例如“文”与“问”,声韵组成都是〔wen〕,只是声调一个是阳平,一个是去声,词义便不同;

3. 语法构造以词序、虚词等为主要手段,而缺乏形态变化。如果词序或虚词搞错了,便是错句。如“鼠比虎小”,不能说成或写作“鼠小比虎”。“一座山”不能作“一棵山”。“他为什么不来呢”不能作“他为什么不来吗”等等。

汉语除以上三大要素外还有很多特点,但是以上三个特性是全世界范围内大多数语言不具备的。

（二）从纵向看，汉语经历了漫长的历史发展，古代汉语与现代汉语相比，三要素中，语音差别最大，词汇差别也较大，惟独语法差别小，相对稳定。

1. 语音方面

声母有两次大的变化：第一次约在盛唐时代产生了上古时期没有的舌上音，舌上音"知彻澄"诸母从"端透定"诸母中分化出来；而在晚唐时代产生了上古时期没有的轻唇音，轻唇音"非敷奉微"诸母从"帮滂并明"诸母中分化出来。第二次大约是从宋代开始浊音声母消失。

韵部方面也有两次大的变化：第一次约在魏晋时代，入声韵分化为去、入两声；第二次约在元代，古入声韵部消失。

2. 语法方面

语法虽具稳定性，但也在发展，表现有四个方面：

（1）由古代以单音节为主，逐步向双音节化发展。构成复音词的方法，主要是用词素复合法或词组的凝固化，而在构词法上基本上是和造句法相一致。如主谓、动宾、偏正、并列等组合形式。这种发展一是社会发展的需要，在旧词的基础上组合成新词来表示新的概念，另一方面为了避免同音词过多，造成理解上的困难。

（2）词尾的发展。词尾这种附加成分与其他的词组合成"附加式词"，这是汉语语法因人们交流的需要的大发展。诸如近代产生了名词词尾"子"、"儿"；人称代词词尾"们"；形容词词尾"的"；副词词尾"地"；尤其是表示情貌（aspect）的词尾"了"、"着"、"过"，最能反映汉民族逻辑思维的发展。

（3）量词的发展。上古汉语量词少，且置于名词后，后因需要而大量增加，逐步变为置于名词前。特别到近代，汉语动量词也产生了，这也是汉语语法的大发展。

（4）使成式的发展。东汉前使成式极罕见，东汉后才逐渐增多。其功用是能把动作的因果关系同时表现出来，大发展的趋势是必然的。

3. 词汇方面

大体可分四点：

（1）汉语的词汇随着社会的发展而不断发展，其明显标志是古代旧词的消亡和后代新词的产生，并且新兴词数量要比死亡词多得多，这样才能适应新的社会交往的需要。

（2）汉唐以来，中原与西域各民族文化交流频繁，输入一些如"琵琶"、"蒲桃"、"箜篌"等外来语；受印度佛教影响，如"佛"、"浮屠"、"菩萨"、"世界"、"因果"等借词、译词也传入国内；明末清初由于西方科技文化的渗透，又增添了一批近代科技术语，如"地球"、"测量"、"几何"、"透视"、"推论"等。

(3) 同时汉语对其他国家的民族语言也曾产生过很大影响。如公元 3 世纪,汉字已流传日本;约公元 5 世纪前后,汉字已被用作朝鲜的文字;上溯公元前 111 年,汉语就开始传入越南,所以有"古汉越语"(上古传入)和"汉越语"(隋唐时期的汉语借词)。

(4) 汉语经过长时期的历史发展,逐渐形成了以北方方言为基础的民族共同语。"五四"以来,扭转了书面语与口语脱节的局面,打破了文言文在书面语里的统治地位。1949 年以后,在中国大陆等地区,白话文成为法定的和人们共同使用的书面语[①]。

第二节 汉语语言学的历史发展

一、汉语语言学历史发展概观

按王力先生的《中国语言学史》,我们将汉语语言学的历史发展,分为四个时期。

(一)汉语语言学历史发展的四个时期

1. 以训诂为主的时期(西汉至东汉)

在汉代以前,古人不是没有对字形、字音、字义的阐释,从历史的发展上看,训诂是处于萌芽状态时期,解释字形、字音、字义属于个别的、零星的、散见的现象,没有形成系统的训诂学。

汉代崇尚经学,训诂由此兴起。何谓训诂? 就是对古代文献中的各种语言现象进行解释。最初出现的是随文而释的古书注释。如《诗经》的毛亨传、郑玄笺,《尚书》的孔安国传,《周礼》、《仪礼》、《礼记》的郑玄注,《孟子》的赵歧注等等,应运而生。训诂专著也出现有《尔雅》、《说文解字》、《方言》、《释名》四部。下面简述这四部专著。

《尔雅》是我国第一部研究词义的专著。关于作者说法不一,成书约在西汉初年。主要是对"五经"进行解释,该书保存了大量的先秦古词义,是阅读儒家经典和其他先秦古籍的一把钥匙,也为汉语词汇史的研究提供了第一部比较完整的资料。

《尔雅》编纂体例是将所收的 4300 多词语,按其义类分成十九篇十七大类。然后,再将每篇之中的同义词汇集为一条,全书汇集同义词 2000 余条,每条进行统一训释。如:"初、哉、首、基、肇、祖、元、胎、俶、落、权舆,始也。"

---

① 说明:本节内容参考了唐作藩顾问,冯春田、梁苑、杨淑敏撰稿的《王力语言学词典》中关于"语言"(第 658—659 页)、"语言学"(第 662 页)、"汉语"(第 260—262 页)、"族语"(第 732 页)等词目。

（《释诂》）"宫谓之室,室谓之宫。"（《释宫》）

《尔雅》的这种编纂体例,"显示出编者对语词同义现象的研究已达到相当高的水平。语言中的同义现象,正是训诂工作的基础和条件。从根本上说,训诂就是用易知、熟知、通用的语言去替代、解释与之同义的难知、冷僻、方俗语言。就是对语言中同义现象的利用。《尔雅》对义类的研究、划分,对同义词的汇集、辨析,都标志着训诂已进入自觉的理性阶段。古人已较清醒地认识到了同义现象在训诂中的重要作用并自觉地加以利用了。这正是《尔雅》在训诂实践中的真正价值所在"。

《方言》是我国也是世界上第一部记录方言的专著。同《尔雅》相比,《方言》不再仅是旧训的汇集,而是有着自觉的归纳。该书第一次总汇了先秦两汉的方言,以时间和空间两个方面展示了占语、今方言（汉代方言）和共同语（通语、凡语）的关系。作者不仅收集了前人调查的方言材料,自己还进行了方言调查。《方言》的作者,西汉成都人杨雄。成书在西汉末年。

《方言》的编纂体例大致与《尔雅》相同,也是将被训词依事类划分排列,但未标明类别名目。说解方式主要有两种:

第一种是先举一词,作为训释对象,然后再举出各地的不同方言对应词。如:"箭:自关而东谓之矢,江淮之间谓之鏃,关西曰箭。"（卷九）

第二种是先举出一组同义词,作一个共同的解释,然后再分别辨析,指出各地用语之异。如:"逢、逆,迎也。自关而东曰逆,自关而西或曰迎,或曰逢。"（卷一）

《方言》"注重耳闻目验,实事求是地考证语词意义的方法,符合训诂的唯物原则。而他将训诂的目光扩展到经典著作之外,把民间俗语作为训诂的明确目标,更是为后人研究方俗语词的工作开了先河。这是《方言》作为训诂专著最重要的价值。"[①]

《释名》是东汉末年刘熙所著。它是我国第一部专门研究汉语词汇音义关系的训诂专著。

《释名》的编纂体例与《尔雅》相同,是按语词所代表事物概念的类别,共分27卷。

其解词则以单个词为词目,完全采用声训方式,推寻该词得名之源。其说解形式通常是先对被训释词进行解释,然后进一步按声音的线索探求该词之所以有此义的根源。如:"万二千五百家为乡。乡,向也。众所向也。"（《释州国》）"仓,藏也。藏谷物也。"（《释宫室》）

---

① 许嘉璐:《古代汉语》（上册）,高等教育出版社1992年版,第408页。

"声训的方法,不是刘熙的发明,然对《释名》所收词全部进行声训,这样大规模、自觉地、有意识地运用声训,则表明古人对词语音义关系的认识加深了,重视程度提高了。《释名》本身的出现,又促进了声训的进一步发展。"①

《说文解字》是研究字形字音字义的训诂专著,第三节专讲,故于此不再赘述。

2. 以韵书为主的时期(汉末至明代)

继汉代之后,这一时期语言研究的特点是音韵学占了优势,这一语言学发展方向对后代小学产生了有利影响:人们已经意识到有声语言的重要性。等到反切随着佛教从西域传入中国,韵书也随之而出现了。这时人们才逐渐意识到语音是语言的重大要素,不研究语音就无从研究语言。

在反切产生之前,汉语有几种注音法,即造字时代的形声字声符具有注明字音的作用,然而汉语语音的发展使原来同音的字到后代往往变得不同音了,形声字的读音也往往变得与声符的读音相异。如"江"字是形声字,从水工声。"工"是声符。可是现代普通话的"江"字声、韵都不同于"工"。因此声符的注音作用不能适应语音的发展;加上还有大量的文字不是用形声造字法创造的,对这些字也存在着如何注音的问题。因此,古代还有"譬况"、"读若"、"直音"注音法。这三种注音法可说是汉语早期的注音法。"譬况"是用描述性语言来说明某字发音状态的注音方法。如《淮南子·原道》:"蛟龙水居,虎豹山处,天地之性也。"高诱注:"蛟,读人情性交易之交,缓气言乃得耳。"从上例可以看出,汉代譬况注音法的应用,有审辨字音的能力,却未给被注字直接注出音来。"读若"是用一个发音近似的较常见字来注明某字读音的注音方法。《说文解字》中常用读若注音,大多是取近似音相注,并非是被注字的准确读音,缺陷较大。"直音"是用一个同音字来注明某字读音的方法,以"某音某"的形式表示。直音法注音准确、易晓,但有些字没有同音字,或虽有同音字却是不常用的冷僻字,这时就不能用直音法了。由于譬况、读若、直音等方法存在弊端,于是促使人们不得不另辟蹊径。反切注音法从而产生于东汉末,到六朝而大行于世,一直使用到清朝末年,是一种影响很大的注音方法。因为"反切以前的注音方法都是把字音作为一个整体进行注音,而反切注音法则是在分解字音的基础上进行注音的。当时人们已认识到汉字的音节可以分为声、韵、调三个组成部分,因而在标注字音时,使反切上字与被切字同声母,使反切下字与被切字同韵母、同声调。由于一个字同声母的字很多,同韵母的字也很多,就易于选择用来注音的上下字,避免了直音法

① 《古代汉语》(上册),第 409 页。

的不足；而且拼出的字音准确，也避免了读若法注音的缺点，因此它的注音效能较为周密完备。"①

　　清人陈澧《切韵考》卷六说："盖有反语，则类聚之即成韵书，此自然之势也。"陈澧这句话足以证明反切是韵书的基础。

　　据云我国最早的韵书是三国魏李登的《声类》和晋吕静的《韵集》，然而这两部书早已亡佚。继之有南北朝梁人沈约《四声谱》，把声调纳入韵的组成部分，不同声调的字不能同属为一个韵部。可见四声分韵的韵书始于沈约的《四声谱》，可惜该书今也亡佚。

　　在这时期影响最大的一部韵书是隋代陆法言的《切韵》。该书成于隋文帝仁寿元年(公元 601 年)，收字 12 158 个，分韵 193 韵。编写的目的是为了正音。《切韵》这部书一问世，先前的韵书均被淘汰，"惟陆生《切韵》盛行于世。"(见孙愐《唐韵序》)可惜的是，《切韵》也已亡佚。承继者乃北宋真宗期间陈彭年、丘雍等人奉敕撰写的《大宋重修广韵》，简称为《广韵》。全书 206 韵，按平、上、去、入四声分为五卷。因平声字多，分为上平、下平二卷，上、去、入各一卷。上平 28 韵，下平 29 韵，上声 55 韵，去声 60 韵，入声 34 韵。收字 26 194 个，注文 191 692 个，比《切韵》多一倍以上，但在语音体系上两者一脉相承，所以学者都把《广韵》作为《切韵》系统韵书的代表作。

　　到了元朝，《中原音韵》产生了，它是由元代江西高安周德清(公元 1277—1365 年)所撰。书成于元泰定帝泰定元年(公元 1324 年)。这是根据北曲归纳而又服务于北曲的一部韵书，共分 19 个韵部。这部书以研究近代的洛阳语音为中心的北方话语音系统为主要依据，成为北曲用韵的标准。现代普通话的语音系统也就是从《中原音韵》的语音系统来的，因此在汉语史的研究上，《中原音韵》具有很高的价值。

　　3. 文字、声韵、训诂全面发展时期(清代)

　　清代是中国语言学发展的兴盛时期。王力先生指出："我们一方面承认中国自先秦时代就有了语言研究，但是另一方面也应该指出，严格的语言科学，只能算是从这个时期开始。一系列的重大问题都被陆续提了出来，并且解决得很好。"②

　　从文字的研究上看，历代对《说文解字》的研究，以这个时期为最盛。段玉裁、桂馥、朱骏声、王筠，被称为"说文四大家"，而段、朱又在四大家中最为杰出。

---

① 《古代汉语》(上册)，第 281 页。
② 王力：《中国语言学史》，山西人民出版社 1981 年版，第 170 页。

此外,古文字学的研究成就也非常巨大,特别是1899年甲骨文出土后,对汉字字形的研究跨进了一个崭新的时代,学者们不再墨守着一部《说文解字》,并且对《说文》说错了的地方,可以拿甲骨文、金文作为反证。

从声韵的研究上看,清代学者对上古语音的研究作出了巨大贡献。

首先在古韵上,按《诗经》用韵,通过归纳方法,把上古韵分得越来越细。

其次在声母的研究上,以谐声偏旁、声训和异文为依据,作出一些成绩。如钱大昕在《十驾斋养新录》卷五上,确立"古无轻唇音"、"古无舌上音"的结论。

此外,章炳麟确立古声二十一组,黄侃确立古声为十九组。

从训诂学的研究上,清儒由重文字字形转向重视声音,这一观念直到段玉裁、王念孙等人从研究中才有所冲破,把传统训诂学推进到一个崭新的历史阶段。

段玉裁在《广雅疏证序》中指出:"小学有形、有音、有义,三者互相求,举一可得其二。有古形、有今形,有古音、有今音,有古义、有今义,六者互相求,举一可得其五。……圣人之制字,有义而后有音,有音而后有形。学者之考字,因形以得其音,因音以得其义。治经莫重于得义,得义莫切于得音。"[1]这是清代训诂学上的宣言,也是认识上的革命。清代训诂学家按照这一原则进行训诂,作出了巨大成绩。

4. 西学东渐时期(清末至解放前)

这一时期,中国语言学吸收了西方语言学的优点,研究领域扩大了,研究方法改进了。王力先生指出:"中国语言学曾经受过两次外来的影响:第一次是印度的影响,第二次是西洋的影响。前者是局部的,只影响到音韵学方面;后者是全面的,影响到语言学的各个方面。"[2]

首先是语法学的兴起及其发展。中国古代学者也曾注意到一些语法事实。陆宗达先生在《训诂简论》中谈及:"汉民族传统的语法分析,也是训诂学的重要内容。两汉时期的训诂学者已把汉语词汇分析为'词'、'事'、'名'三类。'词'是虚词;'事'是状物的词,包括动词、形容词等;'名'即名词,包括名词、人称代词等。许慎的《说文解字》全书释字中,三者的脉络条贯皎然可寻。"[3]到了唐代孔颖达疏《诗经》,对虚词的基本特征、用法有较明确的阐述,指出了虚词在句中并不显示词汇意义。这显示出孔氏头脑中已有较明确的语法论体系了。但是作为系统地阐述并成专著,清末语言学家马建忠的《马

---

①　《中国语言学史》,第157页。
②　《中国语言学史》,第173页。
③　陆宗达:《训诂简论》,北京出版社1980年版,第38页。

氏文通》是第一部。全书分四部分,第一部分为正名,即给各种语法术语下定义;第二部分是实字,即今天的名词、代词、动词、形容词、副词五类实词;第三部分是虚字,即今天的介词、连词、助词、感叹词类虚词;第四部分是句读,即今天所谓句法。随后有杨树达《高等国文法》、《词诠》、《马氏文通刊误》等,黎锦熙的《新著国语文法》,王力先生的《中国文法学纲要》,吕淑湘先生的《中国文法要略》相继问世。

(二)从语言本身发展特点及规律上,汉语史可划分成四个时期:

1. 上古期(从公元前 18 世纪到公元 3 世纪,即商、周、秦、汉时期)

(1)语音方面:没有轻唇音,没有舌上音;前期和中期没有庄组声母;阴、阳、入三类韵母配合整齐。

(2)词汇方面:以单音词为主,也有一定数量的复音词。

(3)语法方面:判断句一般不用系词;否定句和疑问句的代词宾语通常要放在动词前面;被动句通常用"于"、"见"等虚词表示;实词缺乏一定的词类标志。

2. 中古期(从公元 4 世纪到公元 12 世纪左右,即六朝、唐、宋时期)

(1)语音方面:以《切韵》音系为代表的中古语音系统形成;声调方面,平上去入四声形成;轻唇音产生,舌上音产生;庄组声母与章组声母合并。

(2)词汇方面:四声别义现象普遍加强;复音词大量增加;有了一定数量的外语借词。

(3)语法方面:第三人称代词"他"产生;系词"是"和新的判断句广泛应用;否定句、疑问句的代词宾语普遍移到动词后面;用"被"表示的被动句出现;用"将"和"把"表示的处置式产生;〔动词+否定副词+动词〕式的反复问句产生。

(4)出现文言和白话两种书面语言,模仿上古汉语的文言占有统治地位,同时反映口语的白话开始形成,并在变文、语录中广泛应用。

3. 近代期(从公元 13 世纪到公元 20 世纪初,即元、明、清时期)

(1)语音方面:浊音声母清化;舌上音和正齿音合并,并变为卷舌声母;韵部系统简化,〔-m〕尾消失,并入〔-n〕尾;入声消失,并入平、上、去三声;平声分成阴、阳两类。

(2)词汇方面:由于白话文学普遍传播,口语词汇(包括方言词汇)大量进入文学语言;中期以后受西方文化影响,吸收了大量外来词,并根据外来的概念创造了大量新词。

(3)语法方面:时体助词"着"、"了"用法进一步固定;开始貌、继续貌、短时貌先后产生;结构助词"地"、"的"普遍使用;新的语气词系统形成。

4. 现代期(从五四运动到现在)

以北京音为标准音,以北方方言为基础方言,以典范的现代白话文著作作为语法规范的现代汉民族共同语(普通话)最后形成。

上面的分期参见向熹编著的《简明汉语史》①。

二、汉语语言学重要的理论观点和研究方法

(一)汉语语言学重要的理论观点

研究汉语发展史,应该贯彻历史唯物主义和辩证唯物主义精神,在具体研究过程中有三个应注意的问题:

1. 研究中一定要注意语言的时代特点。

"语言是一个历史范畴,在不同的时代里往往带有不同的时代特点。语言里有的成分(语音、词汇、语法)古代有,后代可能有,也可能没有;有的成分古代没有,后代才有;有的成分古今形式相同,而内容上有差别,甚至大相径庭。究竟各种语言成分产生于什么时代,历史上发生了什么变化,应当深入探索,细加分辨"②。如:上古汉语可能存在某些复辅音,中古以后不见了。语音如此,词汇上的演变也是如此:如"寺"字,东汉佛学尚未东渐之前,指为官署、官舍,如封建王朝的大理寺、太常寺。《汉书·元帝记》:"地震于陇西郡……坏败豲道县城郭官寺及民室屋。"唐人颜师古注云:"凡府庭所在皆谓之寺。"自东汉佛学东渐,"寺"演变为僧众供佛、居住之所的名称。正反映了佛学东渐以前的"寺"的基本意义"官署"已被佛寺的称呼所取代。柳宗元的《岳州圣安寺无姓和尚碑》:"岳州大和尚终于圣安寺。"正证名"寺"由"官署"变为"寺庙"的变化。

但我们要注意的是,语言(包括语音、词汇、语法)发生变化不会是偶然的,有其内部原因,也有其外部原因。内部原因指语言自身存在着引起变化的条件:如南北朝梁沈约为了适应诗歌声律,发现了汉语声调有平上去入四种声调;中古以前,声母不但有清音,还有浊音(全浊),而到近古浊音全部清化了;入声消失了,并入平上去三声之中;〔-m〕闭口韵尾消失,并入〔-n〕韵尾等等。这在元代周德清《中原音韵》中看得最清楚不过了,这种变化一直延伸到现代汉语普通话之中。而外部原因指某种社会条件引起的语言变化。例如第一人称代词"朕"字,先秦时期泛指上下通称,然而自秦始皇规定"皇帝自称曰朕"以后,这个词就变为历代皇帝所垄断。再也不会出现战国时代屈原在《楚辞·离骚》中"朕皇考曰伯庸"的含义了。

---

① 向熹编著:《简明汉语史》(上册),高等教育出版社1993年版,第40—43页。
② 《简明汉语史》(上册),第2—3页。

2. 研究中一定要注意通例与特例的区分。

"语言是社会的产物,为社会所制约,具有社会性。个人不能创造语言,也不能违背语言的规则去使用语言。古书里的词语通常都会多次出现,而不会只出现一次,这也是社会性的体现"①。如疑问代词宾语前置,在先秦汉语中是严格的语法规则。如果动词前有助动词,前置宾语多数放在助动词前。如《左传·成公三年》:"二国有好,臣不与及,其谁敢德?""臣实不才,又谁敢怨?"疑问代词作宾语而后置的结构,到汉代才开始发展起来。可见通例是具有社会性的。但是有时通例之外,也可能出现少数特例。一方面,不要因为有少数特例而否定通例。如全浊上声字绝大多数变成去声,是汉语从中古到近古声调发展的一条规律,但有少数字:"浮、嗥、艇、挺、袒、窘、狠"仍读上声,但这不否定"浊上变去"的这条规律。另一方面,对于少数特例也要仔细考察,不可忽视,有些在某一时期看来是罕见或特殊的现象,在另一时期却可能十分常见或者暗示着某种语言变化的规律。

3. 一定要注意语音、词汇、语法各方面的联系。

"构成事物的各方面总是互相联系而不是彼此孤立的。语言也不例外。词汇是语言的建筑材料,语法是用词造句的规则,语音是词汇语法的物质外壳,三者有机地联系在一起,不可分割"②。"四声别义"就是利用声调的变化来表示词义和词性的不同,实词的虚化又往往引起语音的分化,古汉语中多义词的几个义项往往通过改变读音或改变字形等方式构成。如"相",本义是察视,读去声,引申有互相之义,转读平声。其本义、引申义由两个字形相同、读音不同的词分别承担。又如"贾",古代可以表示买卖、价钱等意义,后代以"贾"表示买卖,读 gǔ,而另用"价"表示价钱,读 jià。一个词分化为两个字形、读音各不相同的词。再如动词"了"虚化为时体助词后,读音即分化为 liǎo 和 le;动词"着"虚化为时体助词后,语音即分化为 zháo 和 zhe。这些都说明,在汉语史的研究中重视语音、词汇、语法各方面的联系是十分必要的。

(二) 研究汉语史的方法

方法是手段,研究方法对了,可以达到事半功倍的效果。王力先生在《汉语史稿》中指出:"研究方法应该是:第一,舍弃少数例外,寻求主要根据;第二,以同时代、同地域的语言作为分析对象,使其不相杂乱;第三,排除伪书;第四,不拘泥于西洋的形态,也不拘泥于和现代汉语的对比。"③向熹先生认为"王先生的意见对整个汉语史的研究都是有指导意义的,语音史、词汇史、语

①　《简明汉语史》(上册),第3—4页。
②　《简明汉语史》(上册),第5页。
③　王力:《汉语史稿》(中册),中华书局1980年版,第267—268页。

法史的研究方法不一定完全相同,但是有的方法似乎是可以普遍适用的。"①
因此,他在普遍性、共同性上归纳出七种汉语史的研究方法:一曰归纳法,二
曰比较法,三曰统计法,四曰实证法,五曰探原法,六曰转换法,七曰推演法。
这七种方法是研究汉语史常用的几种方法,研究中既可以使用一种方法,同
时也可同时使用几种方法。但在上面七种方法之外,还可能有新的研究方
法,使汉语史的研究开创出新的局面。

下面就举例说明几种常见的研究方法。

如归纳法。何谓归纳法?即从许多语言事实中概括出一般的原理。这
是汉语研究中应用最广泛又比较可靠的方法。段玉裁归纳《诗经》用韵,确立
了古韵十七部,而王力先生也归纳《诗经》用韵,却确定了古韵二十九部。

如统计法。何谓统计法?即对研究对象的数据进行搜集、整理、计算和分
析。这种方法通过具体的数据,可以增加论述的说服力。统计的内容可以是多
方面的,有专书统计,有若干部书的专题统计,也有某一专题的历史统计。杨伯
峻先生的《论语词典》、《孟子词典》分别统计了每一个词在这两部书中出现的次
数。何乐士先生在《〈史记〉语法特点研究》一文中,统计了《左传》和《史记》两书
中介词及其宾语出现于动词前和动词后的次数和所占比例,使读者对于这两部
书中介词和介词结构的消长情况及位置变化,有了比较清楚而具体的认识。

如实证法。何谓实证法?即列举大量实例以证明某种语言现象的存在。
清代学者王念孙父子在古代字义研究中取得了巨大成绩,原因在于他们不仅
提出了许多新见解,而且能举出大量实例加以证明。

第三节 许慎的《说文解字》

一、其人其书

(一)许慎生平简介

《后汉书·儒林传》云:"许慎,字叔重,汝南召陵人也。性淳笃。少博学
经籍,马融常推敬之。时人为之语曰:'五经无双许叔重'。为郡功曹,举孝
廉,再迁,除洨长。卒于家。初,慎以《五经》传说臧否不同,于是撰为《五经异
义》,又作《说文解字》十四篇,皆传于世。"南朝宋范晔撰《后汉书·儒林传》,
仅以85字简短地记载了许慎的生平事迹,使后人对许慎有了概貌性了解。

《辞源》(修订本)在《后汉书》的基础上又有所补充:"许慎,公元30—124
年。汉召陵人。字叔重。曾为洨长、太尉南阁祭酒。从贾逵受业,博通经籍,

---

① 《简明汉语史》(上册),第6页。

时人谓之'五经无双许叔重'。作《说文解字》并叙目共十五篇,以'六书'推究文字本义兼及声音训诂,为我国最早的文字学专著。又有《五经异义》十卷,已佚。《后汉书》载《儒林传》。"

　　通过史书、词典的简介,我们知道许慎乃东汉豫州汝南郡召陵县(即今河南省郾城县东约15公里处的许庄;20世纪30年代,当地人命名许庄所属之乡为"叔重乡")人。其性格质朴敦厚,诚实善良,故曰"性淳笃"。由于年少就博通经籍,被时人誉为"五经无双",并被选拔为汝南郡功曹。功曹者,官职也,为州郡佐吏,协助郡守办理公务,掌管考查记录功劳。因"性淳笃",在《汝南先贤传》中颂曰:"为郡功曹,奉上以笃义,率下以恭宽。"又被举荐为孝廉。孝廉者,本为汉选举官吏的两种科目名,孝指孝子,廉指廉洁之士。汉武帝元光元年初,令郡国举孝廉各一人,因此合称为孝廉。继又被委任为太尉南阁祭酒。太尉是国家三公(东汉以太尉、司徒、司空为三公)之一,是军事首脑。祭酒者,又称博士祭酒,是太尉府曹的主要人物。后人因此称许慎为许南阁或许祭酒。祭酒一事,本为古时飨宴醉酒祭神必由尊者或老者一人举酒祭地,遂谓位尊者或年长者为祭酒,至汉代为官名。汉平帝时,置六经祭酒,秩上卿,后置博士祭酒,为五经博士之首。故段玉裁称其为"南阁之首领也"。所谓"南阁祭酒",也是汉官名,在太尉府官属中挑选声望辈行较高的人充任。许慎身居中央朝廷,接触到博士及众儒生,在当时治经学分成今文派、古文派,两派严重对立,斗争亦激烈。许慎属于古文派,为申明己意,写出《五经异义》一书,同时还完成《孝经孔氏古文说》及《淮南子注》。并师事大学者贾逵,从此系统地研读前代的字书及文献资料,总结前人关于"六书"的理论,开始撰写《说文解字》。汉和帝年间(公元100年),朝廷又召集学者于东观典校宫中秘书,许慎参与其事,颇受校书郎中马融的敬重。其间他又为宫中近臣小黄门等宦官讲授《说文解字》。最后被任命为洨(xiáo)县(古县名,汉置,在今安徽省灵壁县南五十里)县长。其时许慎已年迈,称病未赴任,便居家讲学而终其身。

　　"1985年5月,全国首届'纪念许慎学术讨论会'在河南省召开,与会的近百名许学专家学者拜谒了许慎墓,中国训诂学研究会会长、北京师范大学教授陆宗达先生为此活动撰写了纪念碑文。郾城县政府并将清代两通石碑粘结修整,三通石碑均竖立于许慎墓侧。河南省政府又在郾城县建立了许慎纪念馆(嗣后,河南省社会科学院还建立了许慎研究所)。在洛阳市图书馆前,为许慎树立了石雕塑像。作为中国历史上的文化名人,许慎在其故里更加受到人们的崇敬"[①]。

---

①　余国庆:《说文学导论》,安徽教育出版社1995年版,第10页。

（二）《说文解字》概述

东汉许慎撰写《说文解字》在汉和帝永元 12 年（公元 100 年），其子许冲上表献书在汉安帝建光元年（公元 121 年），前后历时 22 年。《说文·后叙》云："此十四篇,五百四十部,九千三百五十三文,重一千一百六十三,解说凡十三万三千四百四十一字。"

陆宗达先生在《说文解字通论》引言（二）开头声称："《说文》是我国语言学史上第一部分析字形、说解字义、辨识声读的字典。"①按陆先生的说法剖析《说文解字》的内容及体例如下：

1. 许慎用"六书"分析小篆字形结构,达到"以形说义"。

《说文·叙》云："周礼八岁入小学,保氏教国子先以六书。一曰指事,指事者:视而可识,察而见意,上下是也;二曰象形,象形者:画成其物,随体诘诎,日月是也;三曰形声,形声者:以事为名,取譬相成,江河是也;四曰会意,会意者:比类合谊,以见指㧑,武信是也;五曰转注,转注者:建类一首,同意相受,考老是也;六曰假借,假借者:本无其字,依声托事,令长是也。"

清人段玉裁在《说文解字注》"一"下注云："《尔雅》《方言》,所以发明转注、假借。《仓颉》、《滂熹》及《凡将》、《急就》、《元尚》、《飞龙》、《圣皇》诸篇,仅以四言七言成文,皆不言字形原委。以字形为书,俾学者因形以考音与义,实始于许,功莫大焉。"但是"六书"是否皆为汉字字形结构的造字法呢?截止目前看法不一。段玉裁在《说文解字注·叙》中指出："赵宋以后言六书者匈裣狭隘,不知转注、假借所以包括诂训之全。谓'六书'为仓颉造字六法,说转注多不可通。戴先生曰:'指事、象形、形声、会意四者,字之体也。转注、假借二者,字之用也。'圣人复起,不易斯言矣。"可见体用的区别在于:"四体"能造出新字,"二用"没有造出新字。

现在根据"六书"的"许名班次"（许慎对"六书"的名称,班固对"六书"的排序）说,就象形、指事、会意、形声四种造字法与转注、假借二种用字法作一简介。

（1）象形：

许慎云："象形者,画成其物,随体诘诎,日月是也。"所谓"画成其物",是指描画出事物的形状。"随体诘诎",是指按照事物的形体加以描绘,该弯曲处则弯曲。概言之,这是一种描摹具体事物实像的手段的造字法。许慎采取三种不同的说解：

第一种:直言"象形"。如：

---

① 陆宗达:《说文解字通论》,北京出版社 1981 年版,第 5 页。

"彡:云气也。象形"。(《说文·一卷上》)

"凵:人所以言食也。象形。"(《说文·二卷上》)

第二种:在直言"象形"基础上,多加说明,"象某某之形"。如:

"半:大牲也。……象角头三、封尾之形也。"(《说文·二卷上》)

"臣:牵也,事君也。象屈服之形。"(《说文·三卷下》)

第三种:合体象形。即有些事物,须依附于一定的有关物体,才能显示出它的形象,即用有关事物作烘托,显现出所要表示的事物,亦可曰烘托显物。词例是:"从某,象形"。如:

"袞(襄):草雨衣也。秦谓之萆。从衣,象形。"(《说义·八卷上》)

"胃:谷府也。从肉,⊗象形。"(《说文·四卷下》)

(2)指事:

许慎云:"指事者,视而可识,察而见意,上下是也。"所谓"视而可识",指一看字形便能识其大体;"察而见意",在识其大体基础上,还须仔细观察,方能知晓意义所在。概言之,对无形可象的抽象概念用一种指事符号或借显性之形暗寓其隐性之意来表意的造字法。

大体有五种方法识别之:

第一:直说"指事"。如:

"丄:高也。此古文上。指事也。"(《说文·卷一上》)

"丅:底也。指事。"(《说文·卷一上》)

第二:纯粹用指事符号标志出抽象意义之所在。如"象某形"、"象某某。"如:

"刃:刀坚也。象刀有刃之形。"(四卷下)

")(:别也。象分别相背之形。"(二卷上)

第三:在象形基础上增加指事符号。如:"从某,并加以解说。"如:

"本:木下曰本。从木,一在其下。"(六卷上)

"亦:人之臂亦(腋)也。从大,象两亦之形。"(十卷下)

第四:用说解方式,无明确词例。如:

"十:数之具也。一为东西,丨为南北,则四方中央备矣。"(三卷上)

"丶:有所绝止,丶而识之也。"(五卷上)

第五:借事物显性之形,暗寓其隐性之意,往往采取象征方法。如:

"亯:崇也。象台观高之形。从冂,口与仓舍同意。"(五卷下)

"屰:不顺也。从干下凵,屰之也。"(三卷上)

（3）会意：

许慎云："会意者，比类合谊，以见指㧑，武信是也。"所谓"比类合谊"者，即比并不同事类组成一个字义。"以见指㧑"者，用来显现新的意义指向。大体可分为五种方式。如：

第一：直言"会意"，如：

"信：诚也。从人从言，会意。"（三卷上）

"图：厕也。从口，象豕在口中也。会意。"（六卷下）

第二：指出组成的偏旁，暗示其会合所成之意。如"从某从某"、"从某某"。如：

"取：捕取也。从又从耳。《周礼》'获者取左耳。'"（三卷下）

"吠：犬鸣也。从犬口。"（二卷上）

第三：在第二种方式基础上，多一些解说，使人明其意。如：

"辇：挽车也。从车㚘。㚘在车前引之也。"（十四卷上）

"扁：署也。从户册。户册者，署门户之文也。"（二卷下）

第四：把构成会意字的诸意符组成词组，再加"从"字。如：

"暴：晞也。从日出廾米。"（七卷上）

"爨：齐谓炊爨。臼象持甑，冂为灶口，廾推林内火。"（三卷上）

第五：用二三四叠体的会意字，其方式与第二种相同，但又别具特色。如：

"炎：火光上也。从重火。"（十卷上）

"轟：群车声也。从三车。"（十四卷上）

（4）形声：

许慎云："形声者，以事为名，取譬相成，江河是也。"所谓"以事为名"者，是按事物的范畴定个名类来作形声字的意符。"取譬相成"者，是用跟所要造的那个字的声音相同的字来譬喻它的声音，这就是形声字的声符。概言之，即这是一种用意符与声符组合成新字的造字方法。

组成的方式大体可分五类：

第一：一形一声，是最普通的组成形式。由于造字时形符与声符所处位置不固定，又细分为三小类。如：

其一：等量的。

甲：左形右声——江河松柏

乙：右形左声——期鸽钦颅

丙：上形下声——花宵篇窨

丁:下形上声——盒驾煎基

戊:外形内声——固阁阔围

己:内形外声——闻问鳳風

其二:分散的。

甲:形分左右,声在中间——衕衕衕衕

乙:形在中间,声分左右——辨雠游随

丙:形分上下,声夹中间——衰裹韦彦

丁:形夹中间,声分上下——莽哀

其三:一角的。

甲:形在左上——聖荆

乙:形在左下 雖疆

丙:形在右上——匙题

丁:形在右下——修强

戊:声在左上——歸酱

己:声在左下——聽

庚:声在右上——徒徙

辛:声在右下——旗寐

以上十八种三小类,词例是"某某声"。如:

"荆:楚也。从艹刑声。"(四卷上)

"徒:步行也。从辵土声。"(二卷下)

"雠:犹应也。从言雔声。"(三卷上)

第二:多形的形声字。其中每个义符都代表一种类属或性质,都是原字应包含的意义。词例是"从某从某某声"。如:

"𢪙:承也。从手艹,丰声。"(三卷上)

"𥳑:黍稷圜器也。从竹皿,甫声。"(五卷上)

第三:省形的形声字。这种字减少了意符的笔画,使汉字的结构匀称。

词例是"从某省,某声。"如:

"考:老也。从老省,丂声。"(八卷上)

"屨:履也。从履省,婁声。"(八卷下)

第四:省声的形声字。这种字减少了声符的笔画,使汉字的结构匀称。

词例是"从某,某省声。"如:

"疫:民皆疾也。从疒,役省声。"(七卷下)

"恬:安也。从心,甜省声。"(十卷下)

第五:形声字的声符兼表义。

词例是"从某从某某亦声。"如：

"婚：妇家也。《礼》'娶妇以昏时'。妇人，阴也，故曰婚。从女从昏，昏亦声。"（十二卷下）

"姻：婿家也。女之所因，故曰姻。从女从因，因亦声。"（十二卷下）

以上所讲的象形、指事、会意、形声，皆属"六书"的造字法。用戴震、段玉裁的理论称做"六书"的"四体"。另外，"六书"的转注、假借称做"六书"的"二用"，即用字法，它不属于造字范畴。

（5）转注：

许慎云："转注者，建类一首，同意相受，考老是也。"从许慎所举的例字"考"、"老"两字看，皆在《说文解字》540部首的"老"部，又同意，彼此可以从意义上互相容受、互相注释，声音又相近。故许慎的所谓"转注"，综合其界说及举的例字观察，即互训也。

又如《说文解字·十卷上·火部》："焜，火也。从火尾声。"又"火部"："燬，火也。从火毁声。""焜"、"燬"两字同在火部，声音又相近，意义又相同，可以互相容受、互相注释，当然"焜"、"燬"同用"火"训释，属同训，都属直训范畴。

由上两例可以看出，转注指的是汉字中已有字之间的互相训释而已，并未造出新的书写符号。两字之所以能互为转注，必须具备三个条件："即同属一个部首，读音相同或相近，意义相同。"①

（6）假借：

许慎云："假借者，本无其字，依声托事，令长是也。"从许慎对假借下的界说及举例字观察，意思是说，口语里已有这个词，但书面上却没有这个字，于是依照它的声音找一个同音或近音的字来寄托它的意义，故"假借"纯粹是从声音的相同或相近出发，利用已有的同音字来代替，仅当作一个表音符号来使用，假借字与被借字在意义上毫无联系。如：

《说文解字·四卷上·隹部》："離：黄仓庚也，鸣则蚕生，从隹，离声。"段注："今用鹂为鹂黄，借离为离别也。"可见"隹"部的"離"本义是鸟名，后来假借为分离、离别之离。并未给离别、分离的词义制造新字。

《说文解字·六卷上·木部》："校：木囚也。从木交声。"可见"校"的本义是用来囚禁犯人的一种木质器械。后来假借为"学校"、"校对"、"校正"的"校"。

由此看来，"假借没有造出新的书写符号，只不过借一个现成的与语言中

---

① 周本淳：《古代汉语》（修订版），华东师范大学出版社1997年版，第8页。

那个没有书写符号的词同音的字,作为这个词的书写符号而已"。[1]

2.《说文》通过声训、形训、义训说解小篆字体字义,因此它不仅是我国最早的一部分析字形著作,也是汉语语言学史上最早最重要的一部训诂著作。

(1) 通过"声训"法说解小篆字义

声训也叫音训,采用读音相同或相近的字来解释词义,是训诂学上解释词义的一种方法。《说文》采用声训形式可分二类:

甲:以音同音近词直训。如:

"門:闻也。从二户,象形。"段注:"谓外可闻于内,内可闻于外也。"(十二卷上)

"戶:护也。半门曰户,象形。"(十二卷上)

乙:用义界中心词进行声训。如:

"祡:烧柴燎以祭天神。"(一卷上)

"土:地之吐生万物者也。"(三卷下)

以义界中心词进行声训,其中心词与被训词常为同源词。

(2) 形训

所谓"形训",即根据字形结构来解释字义。《说文》形训可划分两类:

甲:在说解中体现形训,会意字大都体现了形训。如:

"苗:草生于田者。从艹从田。"(一卷下)

"典:五帝之书也。从册在兀上,尊阁之也。"(五卷上)

乙:仅就字形的某一结构进行分析。如"某与某相似"、"与某同意"。如:

"鱼:水虫也。象形。鱼尾与燕尾相似。"(十一卷下)段注:"其尾皆枝,故象枝形,非从火也。"

"鹿:兽也。象头角四足之形。鸟、鹿足相似,从匕。"(十卷上)

(3) 义训

所谓义训,即直陈词义。以通行词解释古语词或方言词,不借助于字音和字形。《说文》义训方式有六种:.

甲:直训。

所谓"直训",即用已知或常用的词解释同义词,直接以词解词。如:

"元,始也。""丕,大也。""上,高也。""下,底也。"

(以上均见一卷上)

---

① 周本淳:《古代汉语》(修订版),华东师范大学出版社 1997 年版,第 8 页。

其中直训又细分为互训、递训、同训三类。

a. 互训

互训者,即用两个同义词(近义词)相互训释。如:

"讽:诵也。""诵:讽也。"(三卷上)

"诏:谀也。""谀:诏也。"(三卷上)

(以上为同一部首互训例)

"谨:慎也。"(三卷上)   "慎:谨也。"(十卷下)

"警:戒也。"(三卷上)   "戒:警也。"(三卷上)

(以上为异部互训例)

b. 递训

递训者,三个以上的词辗转相训,即多字互训。如:

"咙:喉也。""喉:咽也。""咽:嗌也。"(二卷上)

"逆:迎也。""迎:逢也。""逢:遇也。"(二卷下)

c. 同训

同训者,用一个常用词来解释许多同义词。

"唅:咽也。""吞:咽也。""嗌:咽也。"(二卷上)

"排:挤也。""抵:挤也。""摧:挤也。"(十二卷上)

乙:以今释古。

所谓"以今释古"者,古语不被后人所知,需要今语来解释。如:

"舟:船也。……象形。"段注:"古人曰舟,汉人言船。"(八卷下)

"詈:骂也。"(七卷下)王筠《说文句读》云:"詈,见《诗》《书》,是周语也;骂,见《史记》,是汉语也。《柔桑》'覆背善詈',无传者,盖秦时犹但言詈。"

丙:以通语释方言。如:

"夥:齐谓多为夥。"(七卷上)

丁:以共名释别名。如:

"苔:草也。"(一卷下)

"葵:菜也。"(一卷下)

"雁:鸟也。"(四卷上)

以共名释别名,很不明确。故又有"属"、"别"之分,表示事物的类别:为了强调事物之间的共同性,就释某物为某之属;为了强调事物之间的区别,就释其为某之别。如:

"橙:橘属。"(六卷上)

"豺:狼属。"(九卷下)

"稗:禾别也。"(七卷下)

戊：设立界说

所谓"界说"，即用一串词(词组或句子)给词义做定义式的解释，以指明词义的内涵与外延，亦即该词词义的本质特征。使人明了该词与其他语词的异同。如：

"药：治病草也。"(一卷下)

"鸡：知时畜也。"(四卷上)

己：用比喻手法，描写说明其形象。如：

"狼：似犬，锐头白颊，高前广后。"(十卷上)

"麝：如小麋，脐有香。"(十卷上)

3.《说文》对辨析读音方面，采用两种方法。

甲：用读若、读与某同、读若某同。拟出汉代人的读音。如：

"䔌：禾粟下生莠也。从艹秀声。读若酉。"(一卷下)

"森：木多貌。从林从木。读若曾参之参。"(六卷上)

从《说文》"读若"辨识声读上，作用有三方面：

其一：拟音。或音同或音近。如：

"肰：犬肉也。从肉犬。读若然。"(四卷下)

"豆：饭食之用器也。象形。与豆同意。读若猛。"(五卷上)

其二：以俗语、方言、经典成语注音。如：

"䢅：舍车解马也。从卪止午。读若汝南人写书之写。"(九卷上)

"爰：物落上下相付也。从爪从又。读若《诗》'摽有梅'。"(四卷下)

其三：指出文字通假的线索。如：

"蜫：虫之总名也。从二虫。读若昆。"(十三卷上)

按："昆，同也。从日从比。"徐锴曰："日日比之，是同也。"而《礼记·王制》已有"昆虫"之名，且沿用至今。即不用蜫，用同音"昆"替代。

乙：用形声系统，即形声字的"某声"、"省声"、"亦声"；说明造字时的读音。形声字在汉字中的比重最大。《说文》9 353 个正文中，就有 7 697 个是形声字，占 82.3%。因讲"六书"形声字中已举例说明，故不再赘述。

4.《说文》共分为 540 部首，对字的说解行文模式是统一的。

(1) 关于 540 部首

① 全书 9 353 个正文(小篆)，共分 540 个部首。每部确立一个字为部首，凡一部之首皆用"凡某之属皆从某"用语，在此用语之下统率一群意义范畴与之相关的字。《说文·叙》称："分别部居，不相杂厕"，八个字正体现出这一点。

如:"一:凡一之属皆从一。"(一卷上)

"示:凡示之属皆从示。"(一卷上)

"玉:凡玉之属皆从玉。"(一卷上)

②《说文》540 部首间的次第是"据形系联"。从"一"部开端到"亥"部结束,称"始一终亥"。凡形体相关、相近者,按次序排列。

③《说文》部首内字的次第是"以类相从",即一部之内的字,一般都是把意义相近的字放在一起。段玉裁于《说文》"一"部最后注云:"凡每部中字之先后,以义之相引为次。《颜氏家训》所谓'隐括有条例'也。《说文》每部自首至尾,次第井井,如一篇文字。如'一'而'元',元,始也。'始'而后有'天',天莫大焉,故次以'丕',而'吏'之从一终焉,是也。"

④《说文》于每部之后,又注明该部所收字数和异体字数。词例是"文某"、"重某"。如:

"一部:文五,重一。"(一卷上)

"示部:文六十,重十三。"(一卷上)

"玉部:文一百二十六,重十七。"(一卷上)

按:"文"指正文小篆,即用篆文写在说解之前的字头。"重"即重文,包括古文、籀文(个别也有小篆)等异体字。

(2)说解行文的体例

首先释字义;其次分析其字体构形,指出属"六书"(主要指前四书)中的哪一类;最后有声者,形声字用"某声"、"省声"、"亦声"标识,或用"读若"、"读与某同"形式注音。如:

"理:治玉也。从玉,里声。"(一卷上)

"否:不也。从口从不,不亦声。"(十二卷上)

"珣:石之似玉者。从玉,句声。读若苟。"(一卷上)

关于说解中,还涉及到"存异例"、"阙疑例"、"博采通人例"、"引证例"等,不再一一介绍。

二、历史贡献

自从东汉许慎所撰《说文解字》问世以来,至今有 1 800 多年历史。历代对它的研究之作,不绝如缕,延绵不衰,而成为专门的学科,称之为"许学"、"《说文》学",在我国学术史上有着极其崇高的地位,一致认为《说文》是一切学术的基础。前人用这几句话进行归纳与概括:"为文必须读史,明史必须通经,通经必须治小学,治小学必先读《说文》。"[①]由此可知《说文解字》在各种学

---

① 余国庆:《说文学导论》,安徽教育出版社 1995 年版,第 5 页。

术上的作用、贡献与价值了。

关于《说文解字》这部字典在历史上的贡献、作用与价值,可概括为下面几点:

第一,它是我国也是世界上最早的一部字典。许慎运用"六书"不但对汉字形体结构进行了分析,而且系统阐发了对"六书"的理论上的认识与归纳,从而创造了部首检字法。《说文》的 540 部,部与部之间"以形系联",每部之内"以义之相引为次",每字解释皆是体例统一:先释字本义,次析字形,后辨识声读,就汉字的形、音、义进行全面诠释,已具备了现代意义上词典的主要内容。清代段玉裁在《说文解字叙》注中给予这样评价:"无《说文解字》,则仓颉造字之精意,周孔传经之大旨,埋蕴不传于终古矣!"北朝颜之推在《颜氏家训·书证篇》推崇道:"大抵服其为书,隐括有条例,剖析穷根源,……若不信其说,则冥冥不知一点一画有何意焉!"今人王力先生在《中国语言学史》上称赞道:"作为一部字典,《说文解字》对后代语文学的影响非常之大。后代的字典基本上不出《说文解字》的范围,只不过字数增加,例子增加罢了。《说文解字》是中国古代语言学的宝藏,直到今天还没有降低它的价值。在体例上,我们今天的词典比它更完善了,而在古代词义的保存上,它是卓越千古的。"①

第二,《说文解字》是沟通古文字的桥梁。许慎在《说文解字叙》中指出:"今叙篆文,合以古籀。"《说文》共收正文 9 353 个,皆用小篆字体为字头,而小篆属于占义字范畴。自从隶变,隶书成为古今文字的分水岭。隶变以后,古文字的象形意味已荡然无存。《说文》收录了古文、籀文、篆文,是甲骨文的遗存。而甲骨文在东汉尚未发掘,但是许慎通过古文、籀文,许多字依然保留了甲骨文的本来面貌。尽管形体发生了变化,但结构取意未变,因此仍可以确定古文字的认读。今人唐兰先生在《古文字学导论》中云:"一直到现代,我们遇到一个新发现的古文字,第一步就得查《说文》,差不多是一定的手续。"②王力先生在《中国语言学史》第一章第四节《字书的兴起》中评论说:"自从有了甲骨文和金文出土,《说文解字》所误解的一些地方得到了修正。但是我们可以说,假如没有《说文解字》作为桥梁,我们也就很难接近甲骨文和金文。总之,这一部书的巨大价值是肯定了的。"③导师陆宗达先生在《说文解字通论》"引言"中强调指出:"它完整而系统地保存了小篆和部分籀文的形体,是我们借以辨识更古的文字——甲文金文绝不可少的阶梯。"又说:"关于《说文》的用途和价值,这里只想着重指出这样一点:在文物考古工作中,不仅研究甲骨

---

① 王力:《中国语言学史》,第 39 页。
② 余国庆:《说文学导论》,第 4 页。
③ 王力:《中国语言学史》,1981 年版,第 39 页。

卜辞、钟鼎款识需要借助《说文》,就是认读整理秦汉以来的简册帛书,也离不开它;《说文》中还保存着大量的资料,在我们研究和总结我国古代社会历史状况、科学技术成就方面,它也有着不可忽视的功用。随着考古发掘工作和科学发展史研究工作的迅速发展,《说文》应该发挥越来越大的作用。"[1]

第三,《说文》也是研究训诂学的一部专书。所谓"训故"、"训诂",就是解释。由汉以来,历代训诂学家做了大量的训诂实践工作,撰写和编纂了众多随文而释的注释书和训诂专著,为我们留下了丰富的训诂资料和经验。然而具有特色的《说文解字》,它的独到之处,是通过剖析字形,阐明字的本义。王念孙在《说文解字注叙》中明确指出:"《说文》之为书,以文字而兼声音、训诂者也。"[2]其实质是许慎通过"六书"分析汉字形体,阐明字(词)本义为宗旨。字(词)的本义在词义系统中处于中心地位,它的特点决定了词义引申发展的过程。从字(词)本义出发,把一个词的多项意义联系起来,从而就建立了整个汉语的词汇史,所以《说文》对汉语词义和研究至关重要。如在解释字义上,《说文》采用了直训与义界方式,在直训中又采用了互训、递训与同训方法。在义界中又穿插进声训,这义界中的中心词与被训词往往是同源词,对语源学的研究提供了有力的根据。所以段玉裁在《说文解字注·序》中云:"《说文》、《尔雅》相为表里。"陆宗达先生在《说文解字通论》"引言"中指出:"对至今仍然活在口语或书面语中的古代汉语,探其原委,明其颠末,既知其然又知其所以然,不仅关系到语言的运用,也将促进我们对古人生动活泼而具有生命力的语言的学习与吸收,在这方面,应该让《说文》充分发挥它的作用。"[3]

第四,《说文》的"读若"、"形声系统",对研究古音韵学提供了珍贵材料。研究上古音韵,主要凭靠先秦韵文和散文中的韵语。但这是不够的,韵文入韵字有限,因而就得借助《说文》的形声系统来充实与验证。段玉裁运用这一系统,得出"同谐声者必同部"的论断,无疑,许慎的《说文》给予他有力的依据。另外,《说文》的"读若",反映了汉代的语音,通过"读若"沟通先秦两汉语音的研究及其语音流变是有力的实证。

第五,许慎的《说文》保存并吸收了古代与当时的大量的科技、文化等方面的史料,如有关古代社会生产、古代的科学、医疗学、社会制度等。此外,他在《说文》一书中进行了阐释。因此"我们研究《说文解字》,也应当把这些材

---

① 陆宗达:《说文解字通论》,北京出版社 1981 年版,第 8—9 页。
② 段玉裁:《说文解字注》,上海古籍出版社 1988 年 2 月第 2 版,王序 1 页。
③ 陆宗达:《说文解字通论》,第 17 页。

料发掘出来,以资古史学者和科学工作者的参考借鉴,以补古史典籍之不足"①。"总之,我们不应把《说文》只当作研究语言文字的参考资料,更不能把它只看成说解字义的字典,偶然去翻检一下,而应该看作一个历史知识的宝库,引起充分重视和深入研究,以利于批判地继承古代文化遗产,发展新的科学文化"②。

　　最后,应该指出的一点是,《说文》这部字典很难读懂,特别是许慎首创的540 部首的顺序排列,不是按后来的笔划多少排序,更不是按拼音字母排序,仅想通过 540 部首查找某一字在什么地方,是十分花费精力的。又训释字义语言非常精粹,没有一定的"小学"——"文字音韵训诂"基础与功底,也很难理解。再加上许慎"由于见闻所限,遗漏和谬误之处自不可免"③。

【思考与练习】

　　1. 简述汉语的性质与特征。

　　2. 汉语语言发展史从历史进程上看,大体可归纳几个时期? 每个发展时期的侧重点是什么?

　　3. 从汉语发展的内部规律,即根据汉语言本身发展特点及规律去看,汉语史分为哪几个时期? 每个不同时期在语音、词汇、语法上各自特点是什么? 请举例说明。

　　4. 背诵出《后汉书·儒林传》中关于许慎的生平;请说出《说文解字》是一部什么性质的书? 其内容与体例是怎样的? 请举例说明。

　　5. 许慎《说文解字》的历史贡献可概括为哪几个方面?

---

① 陆宗达:《说文解字通论》,第 157 页。
② 陆宗达:《说文解字通论》,第 13—14 页。
③ 陆宗达:《说文解字通论》,第 220 页。

第六章 文学的历史发展和
屈原的诗歌

文学与自然科学的共同之处在于,它们都是最具有创新性的学科。如果说自然科学家必须关注着自然界的任何变化,并以严谨的逻辑和反复的实验来证实自己的发现的话,那么文学家则时时关注着人性的发展与变化,具体地说,关注着现实生活中每个人的生存状态,同时也更注意发掘着现实生活中每个人对于这种生存状态的自觉,并以审美意象的感性形态和浓烈的情感方式把自己的观察、体验、理解和了悟表达出来。所以理工类的大学生不能不了解文学。本章主要分为三节内容:第一节"文学的基本原理",介绍文学的最基本的理论;第二节"中国文学的历史发展",主要是选择每个时代最具有里程碑意义的文学现象和主要作品进行分析介绍,以揭示出它们的创新点,激发大家的创造性;第三节"屈原和他的诗歌",主要分析屈原作为中国第一位伟大诗人是如何创新、如何对于中国文学的发展产生巨大影响的。

第一节 文学的基本原理

一、文学的本质

什么是文学?用一句最简洁的话语来概括,文学是用语言描述审美情境,反映社会生活的社会意识。关于文学的这一本质,我们可以从三个方面加以阐述。

(一)文学是一种社会意识形式

无论什么样的文学作品,说到底都要表达作家对于社会人生的一种体验和理解,而这种体验和理解用社会科学的术语来表述,就是"社会意识"。

马克思在《资本论》中曾经指出:"蜘蛛的活动与织工的活动相似,蜜蜂建筑蜂房的本领使人间的许多建筑师感到惭愧。但是,最蹩脚的建筑师从一开始就比最灵巧的蜜蜂高明的地方,是他在用蜂蜡建筑蜂房以前,已经在自己的头脑中把它建成了。"[①]马克思强调了人与动物的区别在于,人在建造任何

---

① 《马克思恩格斯全集》第23卷,人民出版社1972年版,第202页。

事物的时候,总是一种有意识的活动,总是带着一定的目的性,体现着人的意图。同样道理,作家在创造文学作品时,也总是带上自己对于社会人生的情感体验和理解,并把它们传达出来。谌容写《人到中年》,就是要为中国的中年知识分子鸣不平,并提出一个重大的社会问题:兢兢业业埋头苦干的中年知识分子得不到社会应有的补偿。列夫·托尔斯泰写《战争与和平》,把城市贵族的奢侈浮华和前线将士的浴血奋战进行比较,也是要表达出自己的一种看法、一种倾向:前者的生活样式是不可取的,后者才是真正的民族脊梁。

(二) 文学以审美情境的方式来反映社会生活

文学是一种社会意识,是人类特有的精神现象,但是这种社会意识与其他社会意识有着很大的不同。确切地说,文学是一种审美的社会意识。一方面,它要突出地描写对象的感性特征,使人们获得一种类似于观赏美丽的风景那样的感性的愉快,另一方面,它又要传达出作家对于事物的情感体验和理解,使人们在情感上得到交流与撞击。我国古代的学者们经常用"借景抒情"和"托物言志"来说明文学是审美的社会意识形式。所以,文学作为社会意识采用的是以审美情境的方式,来反映社会生活,表达作家对于社会人生的体验和理解。

那么什么是审美情境呢？审美情境严格地说,应该是一种由情与境组合而成的结构。"情"是作家对于社会人生的情感体验和理解,而"境"则是对于社会人生的感性特征的具体展示,二者融为一体,构成了一种情境。

审美情境在叙事类作品中,表现为情节的结构。由于情节在实质上是人物性格的历史,是人物的性格与性格之间的差异和冲突,所以审美意象具体表现为对于由人物性格的成长、冲突和相互作用而构成的情节的安排。它既包含着作品的内容,也包含着作品的形式,既是再现,又是表现。鲁迅的《药》就将华老栓、华小栓的性格成长与夏瑜的性格成长展示出来,并用"人血馒头"把人物联结起来,使情节开展下去,从而准确地表达出自己对于中国社会人生状态的体验和理解:启蒙者为了拯救民众而献身,民众不仅毫无察觉而且用启蒙者的鲜血来做"药"的引子,这既是中国民众的悲哀,也是启蒙者们的悲哀,更是鲁迅痛定思痛后的悲愤!

审美情境在抒情作品中表现为意境,一种饱含着作家思想情感的艺术境界。它既包含对于客观事物的再现,又包含对于客观事物意义的理解,也包含着作家的感情。它同样既属于文学作品内容,又属于文学作品的形式,既有再现的成分,又有表现的成分。我们可以分析一下杜甫的那首家喻户晓、耳熟能详的《绝句》:"两个黄鹂鸣翠柳,一行白鹭上青天。窗含西岭千秋雪,门泊东吴万里船。"这首诗明显地具有再现的图像:黄鹂栖息在翠柳上面不停地鸣叫着,白鹭默默无闻朝上奋飞着,抒情主人公在屋子里透过窗户遥望远方的雪山,透过大门看见了停泊着的远行的航船。作品还表达出作家的思想感情,作家对于人生意义的理解和情感把握:"千秋雪"是终年不化的积雪,且是从南方窗口往外看的远景,这显然是一种"虚景",是杜甫内心的虚象;这种虚象意味着"永恒"。但杜甫所了悟的永恒是什么呢? 按照中国古代诗歌的写作规律,上半部写景,下半部抒情,那么"千秋雪"这一表示"永恒"的审美意象应该说是来自于写景部分。"两个黄鹂鸣翠柳,一行白鹭上青天",写的是春天的景色,事实上讴歌的是宇宙自然万事万物的勃勃生机。黄鹂栖息在翠柳上面,不停地鸣叫着,表现出旺盛的生命活力;白鹭虽然默默无闻,但依然朝上奋飞着,也同样表现出旺盛的生命活力。由此可见,宇宙自然万事万物的勃勃生机就是杜甫所了悟的永恒。解读到此,"门泊东吴万里船"的意思也就清楚了。"万里船"是可以远行的大船,且又停在门口,这显然也是一种"虚景"。联系前三句的意思,这句诗恰恰表示出杜甫内心的当下选择,"万里船"是赶快行动起来的象征。

审美情境在戏剧中则表现为境遇。不同性格的人物,按照自己的性格在行动着,但为了更为集中地展示他们之间的矛盾和冲突,作家则要把他们集中在一个特殊的境遇之中,让他们面对共同的时间和空间,来采取各自的行动。境遇中包含有再现,亦即人物的性格和行为;又包含着表现,亦即作家根据自己对于社会人生的感受和理解而设计出来的特定时间和空间以及情感态度。它同样既是文学作品的内容,又是文学作品的形式。曹禺先生的《雷雨》在这一点上表现得最为突出。该剧本把周朴园、繁漪、周萍、侍萍、四凤、鲁大海、周冲和鲁贵这些具有鲜明个性的人物,集中在周公馆这个特殊的境遇中,展示他们八个人物之间的复杂联系和特有的行动。最后以主要人物繁漪、周萍、周冲、四凤等人的毁灭,揭示出这个具有浓厚的封建主义的资产阶级家庭的必然灭亡的趋势,表达出曹禺对于当时中国社会人生的情感态度。

(三)文学用语言描述审美情境,是语言的艺术

如果说文学用审美情境来表达作家对于社会人生的体验和理解,是文学艺术区别于其他社会意识的显著标志的话,那么文学用语言描述审美情境,则是文学区别于其他艺术种类的惟一标志。

所有艺术作品都要塑造艺术形象,但是它们采用的媒介和手段则不同。由于这种不同,艺术可以分为造型艺术、表演艺术、语言艺术和综合艺术四种类型。造型艺术主要有绘画和雕塑等,它们借用色彩、线条、体积、构图等,创造出二维空间或三维空间中的可以凭借视觉或触觉直接感受到的艺术形象。在绘画和雕塑中,原来的材料都失去了本身的自然属性,而变成了艺术形象的媒介。表演艺术主要有音乐和舞蹈等,它们借用音响、旋律、人体动作等,创造出在时间中流动的可以凭借听觉或者视觉直接感受到的艺术形象。需要特别提及的是,音乐中的音响和舞蹈中的动作,绝不是生活中的自然音响和动作,它们已经构成了自己独特的表达方式,成为艺术形象的媒介。综合艺术主要有戏剧、电影和电视剧等,它们可以把所有艺术手段综合地加以利用,进而把时间和空间结合起来,塑造出全面作用于观众感觉的艺术形象。还需要提及的是,所有的艺术手段都要服从于导演的艺术构思,为演员的表演服务。

　　文学是借用人们最基本的交流工具——语言,来描述审美情境。语言既是交流工具,但也是文化符号。在文学中,语言也失去了日常生活的所指,而变成了审美的媒介,为描述审美情境服务。就拿我们在日常生活中常用的时间和空间来说吧。文学作品中的时间绝对不是我们在日常生活中的钟表时间,而是一种文化的时间、一种情感的时间。它总是表达着一种对于人生的感受和理解,具有特殊的文化和情感意义。奥地利作家茨维格的小说《一个女人一生中的二十四小时》,就强调了这二十四小时在这个女主人公一生中的意义。这二十四小时发生的所有事件,可以等同于女主人公一生几十年发生过的一切,其对于情感撞击的程度也超过了女主人公一生几十年发生过的一切。一天等于几十年这一情感时间被充分地表达出来。毛泽东诗词《西江月·重上井冈山》中有"三十八年过去,弹指一挥间",更无法将它和现实的钟表时间相联系,而只能从文化时间和情感时间上来理解,并把它体验为"时间的飞逝"。文学作品中的空间也不是自然科学中的空间,而是一种文化的空间和情感的空间。"月是故乡明","大海呀大海,是我生长的地方"等,在逻辑判断中为错误,而在情感中则被认为表达得非常到位,非常准确。

二、文学的特征

(一)审美情境的间接性

　　语言作为一种文化符号和交流工具,其本身就具有抽象性和间接性。日常生活中的事物,其他人的思想情感,都需要进入语言世界,然后才能进入我们的思维,进而为我们所理解和把握。语言作为一种文化符号和交流工具,其本身还具有规范性。每一个民族的语言都形成了自己约定俗成的规则和文化意义。所以,用语言作为描述审美情境的手段和工具,其审美情境必然是间接的。

　　不仅如此,语言还必须经过审美的转化,才能成为审美的媒介。具体地说,必须把语言的所指,由指向客观的、逻辑的意义,转化成指向主观的、情感的意义,由指向"真实"转化为指向"情感",才能成为描写审美情境的媒介。

"五岭逶迤腾细浪,乌蒙磅礴走泥丸",你就不能按照日常语言的真实逻辑来理解,而只能按照情感的体验来理解。"欲渡黄河冰塞川,将登太行雪满山",也并不是黄河已经冰封,太行大雪封山,而只是表明一种处处受阻的情感态度。由于语言在文学作品中还要经过这种审美转化,所以其审美情境就更为间接了。

审美情境的间接性使得文学作品的审美蕴涵具有宽泛的人生哲理意味,必须通过实际人生经验的补充和社会人生哲理的了悟才能实现。换句话说,与其他艺术门类相比,文学的"虚"的特点更为突出。例如《诗经·卫风·硕人》这样描写:"手如柔荑,肤如凝脂,领如蝤蛴,齿如瓠犀,螓首蛾眉,巧笑倩兮,美目盼兮。"虽然不能像绘画那样的直观,但却引发了我们许多人生经验和理解,在脑海中形成的美人的形象,也许是自己所见到的最美丽的女子。换言之,自己所见到过的女子有多么美丽、多么妩媚,这首诗中的女子也就有多么美丽、多么妩媚!还有,苏轼在《水调歌头》中写道:"人有悲欢离合,月有阴晴圆缺,此事古难全。但愿人长久,千里共婵娟。"它往往唤醒人们在现实的社会人生中对于那种人生不完满性的了悟,使得你必须调动你的人生体验来把握和领悟,进而感觉到其中包含着厚重的哲理意味。

(二) 反映生活的广泛性

文学作品用语言来描述审美情境,反映社会生活,使得它具有极大的广泛性。审美情境无论是虚幻的还是实存的,无论是过去还是现在,无论是行动还是心理,无论是瞬间感觉还是百年历史,都能在文学中得到淋漓尽致的表现。文学的这种特性,使得其他艺术门类相形见绌。

三、文学的分类

(一) 关于文学的分类

常用的分类方法有"二分法"、"三分法"和"四分法"。

"二分法"是以虚构和写实为标准,将文学作品分为两类:虚构类和写实类。虚构类主要有小说和戏曲,写实类主要有诗词和散文。[①]

"三分法"是根据文学作品反映生活、描述审美情境的不同方式,把文学作品划分为叙事类、抒情类和戏剧类三种。

"四分法"是根据文学作品审美情境、体制结构、语言运用和表现方法上的不同,把文学作品划分为诗歌、小说、散文和戏剧文学。我国习惯于采用"四分法"的分类方法。

---

① 章培恒、骆玉明先生在他们主编的《中国文学史》中,就按照"二分法"来进行分类。参阅章培恒、骆玉明主编:《中国文学史》(上),复旦大学出版社 1996 年版,第 7 页。

（二）诗歌

诗歌是表达真情实感的一种文学体裁。《诗大序》曾做过这样的解释："诗者,志之所之也;在心为志,发言为诗。情动于中而形于言;言之不足,故嗟叹之;嗟叹之不足,故永歌之;永歌之不足,不知手之舞之,足之蹈之也。"这充分说明了诗歌是在人们感情最强烈时候产生的,具有表情达意的特殊性质。

诗歌在内容上的基本特征是:

（1）具有强烈的感情和丰富的想象。无论是直抒胸臆的"有我之境"的诗词,还是移情于景物的"无我之境",都表达了诗人对于社会人生真诚的情感体验和理解。"有我之境"的诗词,如陈子昂的《登幽州台歌》:"前不见古人,后不见来者。念天地之悠悠,独怆然而涕下。"直接抒发了　种空怀抱负、有志难图的怀才不遇的感伤情感。"无我之境"的诗词,如元好问《颖亭留别》:"寒波澹澹起,白鸟悠悠飞。"尽管诗人写的是自然景物,但是我们依然可以从中体会出作者移入到"寒波"、"白鸟"中去的摆脱现实束缚、回归自然的宁静的情感。

（2）高度凝练地反映生活。由于诗歌主要是抒发诗人的情感,表达他们对于社会人生的情感体验和理解,所以诗歌对于社会生活的反映,不是照镜子般的直接描写,而是要写出经过诗人的情感过滤、已经被情感所包裹的最有特征性的生活片断。它不追求生活现象自身的连续性和真实性,而是追求情感的连续性和真实性。这样一来,表现在诗歌中的生活现象,就比叙事类作品凝练得多,且具有跳跃性。杨慎的《西江月》:"滚滚长江东逝水,浪花淘尽英雄。是非成败转头空,青山依旧在,几度夕阳红。白发渔樵江渚上,望惯了春花秋风。一壶浊酒喜相逢,古今多少事,都付笑谈中。"其中,所有的景物都是片断性的,具有跳跃性。长江——浪花——青山——夕阳——江渚——白发渔樵——春花秋风——相逢——笑谈,但是它们却丝丝紧扣着作家对于整个社会人生的情感体验:人的努力比不上自然的持久,只有融入自然、感受自然,才能享受到生存的乐趣。

诗歌在形式方面的特征是:

（1）语言洗练含蓄。由于诗歌描述的是情感化了的生活片断,所以表现在语言上就显得格外的洗练,也格外的含蓄。"孤帆远影碧空尽,唯见长江天际流"（李白）,"感时花溅泪,恨别鸟惊心。烽火连三月,家书抵万金"（杜甫）,都是典型的例证。

（2）节奏鲜明、音调和谐,具有极强的音乐性。伯格森说得好:"声音是情感的直接造型。"由于诗歌主要是抒发感情的,并要吟颂的,所以与其他的文学类型相比,它更是要求节奏鲜明、音调和谐,具有音乐性。我国的律诗、绝句和词曲,其前提就是要求押韵,现代诗歌也要求大致押韵,都表现出对于诗歌特性的理解和把握。

(三)散文

散文的发展经历了一个较为漫长的文学实践过程。在古代,人们用"散文"是指不同于讲求对偶的骈文的一种散行文章;后来,人们又用"散文"来指不同于讲求押韵的韵文的一种文章;"五四"新文化运动以后,人们用"散文"一词来指不同于诗歌的一种文学作品。我们对于散文的理解是后一种。

散文同诗歌一样,是一种表达真情实感的文学作品体裁;但是散文又与诗歌不同,是一种较少限制、更为灵活的文学作品体裁。

形散神不散,可以说是散文最显著的特征。一方面因为它内容上接近于诗歌,必须像诗歌那样表达一种真切的人生体验和强烈的感情,所以蕴涵着一种对于社会人生的真情实感、一种"神情";另一方面因为它在形式上少受限制,无论是什么样的表现方式,都可以自由地选择,无论是什么样的手法都可以灵活地运用,所以在外观上灵活多样,散漫不拘。我们在阅读曹靖华的《小米的回忆》、茅盾的《白杨礼赞》时,都可以体会到散文的这一特征。一切描写都显得那样轻松随意,信手拈来,但是其中所蕴涵的对于社会人生的真情实感,又深深地打动了我们。

(四)小说

小说是塑造人物性格、叙述故事的文学体裁。在古代"小说"的地位十分低下,被称为"道听途说者之所造"[①],随着市民的崛起,这一为正统文学所不齿的体裁形式变成了满足人们审美需要的主要文学样式。

小说的特征主要是:

(1)细致而多方面地刻画人物性格。小说是最典型的叙事类作品。小说最重要的任务是叙事。但是事件总是由人物的性格差异或冲突引起的,要想写好事件必须写好人物性格,要想使得虚构的故事具有可信性,必须让人物按照其性格的逻辑自己去推动故事的发展。鲁迅写《阿Q正传》感到"阿Q一步步地朝死路上走",就说明了必须让人物自己去推动故事的发展。这样一来,小说家们创作时,总是集中于人物性格的刻画,并力图细致而多方面地刻画人物性格。鲁迅塑造阿Q这个人物,就用了种种艺术描写手法,如肖像描写、心理描写、景物描写、对话、独白、抒情、叙事等,来刻画阿Q的丰富而复杂的性格:一方面他受尽有权势人物的压迫,另一方面他又利用可能的机会

---

① 班固:《汉书·艺文志》,见《汉书艺文志讲疏》,上海古籍出版社 2009 年版,第 172 页。

去欺负比他弱小的小尼姑;一方面他自轻自贱,承认自己"是虫豸",另一方面他又妄自尊大,总认为自己"先前阔多了";一方面他有革命的要求,另一方面其革命的动机不过是"杀仇人"、"抬回秀才娘子的宁式床"、"娶个老婆";一方面他真能做,"春米便春米,撑船便撑船",另一方面又沾染了游手好闲之徒的油滑,偷了尼姑庵的萝卜还狡辩"这萝卜是你的吗? 你能叫得出它答应吗?"阿Q这个人物让人久久难以忘怀,原因就在于他的这种多样而复杂的性格。

(2) 复杂而又完整的情节。情节是人物性格的历史。小说要细致而多方面地刻画人物性格,特别是要写出人物性格的复杂性来,所以就需要复杂而又完整的情节。列夫·托尔斯泰的《安娜·卡列尼娜》将安娜置于多重矛盾的纠葛中,如与渥伦斯基的爱情纠葛、与丈夫卡列宁的性格纠葛、与那些贵大人们的价值观念冲突等等,只有通过复杂而又完整的情节,才能完成对安娜性格的展示。

(3) 充分地展示人物生存、并驱使他们行动的环境。"人在其现实性上是社会关系的总和"[1]。人物的性格生成于具体的自然和社会环境,人物的行动也是为这种环境所驱使。小说要使人物性格可信、感人,必须充分地展示人物生存、并驱使他们行动的环境。阿Q性格的形成、他的"恋爱的悲剧"、他要"革命"的行动、直至做了"示众的材料",都植根于辛亥革命中南方小村子"未庄"这个特殊的环境。

(五) 戏剧文学

戏剧的产生与人类社会同步。在人类社会早期,原始人的文学艺术是"歌、舞、乐"三位一体的,是一种表演活动。后来在祭祀活动中,原始人"以歌舞娱鬼神",又进一步地促进了戏剧艺术的发展。古希腊的戏剧就与"酒神祭祀"的活动有渊源关系[2]。戏剧在西方文学史上从古希腊开始,就是一种非常发达的艺术样式,而在我国的文学史上,则是在元代随着市民阶层的兴起、文人与统治阶级的关系进一步疏离、剧作家们主动地与大众传播结合后,才成为一种主要的文学艺术样式。

戏剧是一种综合艺术,包括了文学、绘画、雕塑、音乐、舞蹈等艺术成分。但在这些成分中,文学是最重要的,因为它是"一剧之本",也是最具有独立性的,因为它可以被阅读。所以,在文学作品的体裁中,戏剧文学,亦即供舞台演出用的剧本,也被列为重要的一种类型。

戏剧文学由于是供舞台演出用的剧本,因此戏剧文学的特征与戏剧这种

---

① 马克思:《关于费尔巴哈的提纲》,《马克思恩格斯选集》第 1 卷,人民出版社 1972 年版,第 18 页。
② 参阅张良村:《世界文学历程》(上卷),国际文化出版公司 1997 年版,第 25 页。

具有舞台演出性的特征息息相关,并受到它的制约:

1. 分幕分场,高度集中。戏剧的审美情境表现为境遇,因此戏剧文学必须把各种不同性格的人物,集中地浓缩在一个特定的境遇之中,让他们按照各自的性格去行动、去展开冲突。老舍先生的《茶馆》尽管写了一个漫长的历史阶段,但也是设立了茶馆这个具体的场景,让茶馆在不同的时代折射出不同的时代气息,构成特殊的环境,然后再表现不同性格的人物、不同的思想情感特色和不同类型的冲突,从而让人们体会到时代的变换和历史的厚重。

2. 台词是戏剧文学塑造人物、展示情境的最主要手段。尽管戏剧文学允许有动作提示和布景说明,但根据戏剧舞台演出的需要,主要手段只能是台词。人物性格的刻画、剧情的发展、境遇的展示,都必须依靠台词来进行,通过人物与人物之间的对话来进行。恩格斯在 1859 年批评拉萨尔的剧本《弗兰茨·冯·济金根》时,就对于人物的长篇大论不满,认为该剧本不适合上演。

3. 具有尖锐的戏剧冲突。戏剧要有"戏",就是要求戏剧有尖锐的矛盾冲突。只有在冲突中,人物性格才能得到充分的展示,情节才能激动人心,戏剧情境才能引人入胜。所以人常说,"没有冲突就没有戏剧"。莎士比亚的戏剧,之所以得到了马克思恩格斯的高度评价,就在于莎士比亚特别地注意组织尖锐的戏剧冲突,从而人物性格鲜明,情节曲折生动。

第二节　中国文学的历史发展

一、中国文学的历史发展概观

中华民族是一个古老的民族。中国是具有悠久历史的东方文明古国,有大约 5 000 年的文明史。有文字的历史至少要从商代算起,那时距今也有 3 500 年。中国文学以特殊的内容、形式和风格构成了自己的特色,与世界上其他民族文学异轨同奔。中国的文学有自己的审美理想,有自己的起支配作用的思想和文化传统,有自己的理论批评体系。要想全面地了解中国文学及其发展过程,在有限的时间和篇幅里是无法做到的。我们只能析出几个关键性的问题,进行较为深入的讨论。

（一）人伦颂歌:《诗经》

在周代产生的《诗经》可以说是一部人伦颂歌,并为中国文学的发展奠定了基础。《诗经》是我国第一部诗歌总集,共收入诗歌 305 篇。其产生的时间自西周初年(公元前 11 世纪)到春秋中叶(公元前 6 世纪),大约有五百年。《诗经》的作者成分很复杂,产生的地域也很广阔,它们是如何搜集起来的呢?

学者们普遍认为周王室有专门乐官,负责整理公卿、列士和各国乐师进献的民间乐歌①。《诗经》中的乐歌主要用途是:其一,典礼上的配乐;其二,日常娱乐;其三,表达对于社会政治的看法;其四,行"诗教",使人变得温文尔雅、温柔敦厚。

春秋时期,礼崩乐坏。孔子为了自己"克己复礼"的政治目的,曾重新编定《诗经》,以恢复古乐的原状。孔子本人就曾做过这样的表白:"吾自卫返鲁,然后乐正,雅颂各得其所。"秦朝统一,焚书坑儒,包括《诗经》在内的儒家经典,也被焚毁。但由于《诗经》是大家所熟悉的典籍,所以到了汉代又有流传。传授《诗经》的共有四家:齐国的辕固生,鲁国的申培,燕国的韩婴和赵国的毛亨、毛苌,人们习惯于称为齐诗、鲁诗、韩诗和毛诗。前三家逐步失传,我们今天见到的是毛诗传本。

《诗经》既然产生在周代,就不能不受到当时社会制度的影响。周代继承了原始氏族制度的以血缘纽带为基础的亲属关系并把它扩大到整个社会,建立起"国家"。《周礼·仪礼》曾描述了这一扩大过程:"有天地然后有阴阳,有阴阳然后有男女,有男女然后有夫妻,有夫妻然后有父子,有父子然后有君臣。君君臣臣父父子子。"《诗经·大雅·下武》还将这一过程情感化:"成王之孚,下土之式。永言孝思,孝思维则。媚兹一人,应侯顺德。永言孝思,昭哉嗣服。昭兹来许,绳其祖武。於万斯年,受天之祜。"其大意是,周武王所以能得到人们的拥戴,成为人们的榜样,是因为他恪守着孝道。只有恪守着孝道的人才能给天下的人定法则。人们爱戴他,听从他,是因为他常常宣讲孝道,要人们有孝心。人们明白了孝道之理,反过来又更加顺从他。武王治国之道是如此的明确,后代若能继承下去,就会受到上天的保佑,历经万年而不败。这一由"家"到"国家"的过程,值得注意的是:其一,只有群体的秩序而无个人的自由。女子所以生存是为了繁衍,男子所以生存是为了在家尽孝、在国侍君,都是为他人而生存着。其二,人们的生存理想是人伦的和谐而非个性的自由发展。人们必须明白,有国才有家存在的意义,有国有家才有自己存在的价值,天伦之乐才是自己的快乐。

这样一来,《诗经》表达的主要是人伦情感对于个体的限制和规范,而没有个性的张扬,也没有浪漫的幻想。孔子重新编定《诗经》后曾激动地说:"《诗》三百,一言以蔽之,思无邪",可以证实《诗经》的这种情感特征。它具体表现为:(1)讴歌人间关系的和谐,如君臣相敬、父慈子孝、兄友弟恭、夫妻和睦等等。《女曰鸡鸣》就表达了夫妻和睦之情,其大意是:妻子听到鸡叫,唤醒

---

① 参阅章培恒、骆玉明:《中国文学史》(上),第82—83页。

丈夫,丈夫说天还没亮。过了一会儿,妻子又叫丈夫看天,启明星闪闪发光。丈夫告诉妻子,今天出去打猎,将带回许多野鸟。妻子告诉丈夫,她将好好地烹调,并摆上酒,共祝我们恩恩爱爱,白头偕老。人伦之情,溢于言表。(2) 即便是最具有个人情感特色的爱情,我们在《诗经》中感受到的,依然是个体对于人伦规范的服从,其情感特征是委婉与节制。《诗经·郑风·将仲子》就表达了一个女子对于爱情的态度。她以委婉与节制的口吻叹息道:"将仲子兮,无逾我里,无折我树杞!岂敢爱之,畏我父母。仲可怀也,父母之言,亦可畏也!"(3) 对于社会政治一些不合理的现象,也可以"怨",但必须有节制。为人称道的《伐檀》对于在其位而不谋其政的"君子",进行了无功而食禄的"白吃饭"的委婉批评;而《硕鼠》则对于统治者过度的压榨,提出了"逝将去汝,适彼乐土"的委婉警戒。(4) 对于美色,可以引起情感上的激动,但必须"发乎情止乎礼"。《有女同车》写一个漂亮的女人与自己同乘一辆车子,但面对这么一个具有优雅、贤惠之美的女子,男主人公抑制住自己的欲望,转而以纯审美的态度细细地欣赏着:"有女同车,颜如舜华。将翱将翔,佩玉琼琚。彼美孟姜,洵美且都。有女同行,颜如舜英。将翱将翔,佩玉将将。彼美孟姜,德音不忘。"

《诗经》为中国文学的发展奠定了基础,并被后来的文学家们一再地发扬光大。具体地说有如下几个方面:其一,奠定了中国诗歌的抒情传统;其二,奠定了中国文学关心政治与道德的传统;其三,奠定了以日常生活为素材的传统;其四,确定了"哀而不伤,怨而不怒"的文学抒情基调;其五,赋、比、兴的表现手法成为后来中国诗歌的基本表现手法。

(二) 诡谲奇丽:《楚辞》

在春秋战国,我国南方产生了迥然不同于《诗经》的《楚辞》。"楚辞"的名称其本义是泛指楚地的歌辞,以后才成为专称,指以战国时楚国屈原的创作为代表的新的诗歌体裁。西汉末,刘向辑录屈原、宋玉以及汉代人模仿这种诗体的作品,定名为《楚辞》。这是《诗经》以后,又一部具有深远影响的诗歌总集。

《诗经》和《楚辞》所生成的文化土壤是不同的。如果说,《诗经》是在中原文化的沃土中生成的劲草,那么《楚辞》则是在地处江汉的楚文化中生成的奇葩。楚文化的主要特色是:(1) 地处江汉的楚国,自然条件好,物产比较丰饶,所以没有形成像北方的国家那样严密的宗法政治制度,来控制仅够谋生的产品分配。这是一把双刃剑,一方面造成了在同北方的秦国对抗中处于弱势,另一方面则有利于个体的比较自由的发展。(2) 人伦关系相对松弛,原始巫风盛行。如果说北方的人们主要承袭了原始氏族的以血缘纽带为基础的亲属关系,并以此为基础建立起国家的宗法等级制度的话,那么楚地的人们则保留了原始氏族那种具有天人感应色彩的巫术风尚,并在此基础上发展起一种天真烂漫的野性。这同样是一把双刃剑,它一方面造成了人与人之间缺乏协同和制约,另一方面则使得楚人具有了一种创造的冲动和活力。(3)重视文学艺术的悦神娱人的功能。北方人将文学艺术的功能定为"教化",将文学艺术视作为政治和伦理服务的工具,楚人则非常注重文学艺术的审美愉悦功能。这样一来,楚国的整个审美水平就超过了北方的秦国。就连当时秦国的大臣李斯在《谏逐客书》中也指出,华丽的音乐、娇艳的美人、精美的用具等等,皆出自南方的楚国。

《楚辞》的诡谲奇丽最集中地体现在屈原的《九歌》和《招魂》中。

《九歌》有 11 篇,是一组祭神的乐歌。前 10 篇分别是:《东皇太一》,祭天帝;《云中君》,祭云神;《大司命》,祭主管寿命之神;《少司命》,祭主管子嗣之神;《东君》,祭太阳神;《湘君》,祭湘水之男神;《湘夫人》,祭湘水之女神;《河伯》,祭黄河之神;《山鬼》,祭司山之女神;《国殇》,祭战死将士之魂;《礼魂》为送神曲。屈原根据民间祭神乐歌,进行了创造性的加工。《九歌》用富丽堂皇的语言,描绘了盛大而活泼的祭礼:神灵由巫师扮演,周围的人伴随着男巫师或者女巫师唱歌跳舞。人神共处,人神相恋,既保留了南方的神话传说和巫风仪式,又表达了屈原对于人生的各种情感体验:或者会合无缘,或者追求不得,或者凄迷惆怅,或者孤独凄凉,或者追求不懈,或者一往无前,总之,把个体面对不确定现实的各种人生体验做了最富有诗意的表达。《九歌》中的许多句子,成为千古传诵的绝句。

《招魂》所显现出来的想象力更是让人叹为观止。"招魂"本是楚人的一种习俗,屈原对此进行了重大的改造。前半部分假托"巫阳"之言,极写鬼蜮世界,造成恐怖的效果;后半部分极写人的世界,铺陈楚国宫室的豪华、女子的艳丽、食物的诱人,招魂回来。阴界与阳界、鬼与人,形成鲜明的对照,形成特有的审美效果。

《楚辞》对于中国文学的影响也是极其深远的:其一,它奠定了中国文学的审美传统;其二,它是在民间文艺的基础上经过文人加工改造而产生的,开辟了文人创作之先河;其三,创造出了句式可长可短、篇幅宏大的诗歌体裁。

(三) 天汉气象:汉赋

秦虽然灭亡了楚,但是十几年后,楚地的反秦起义又灭掉了秦,并占据了中国的政治舞台的中心,建立起强大的持续了 400 多年的汉帝国。这种政治文化的变化,造成了下述一些情况,并为汉赋的兴起,创造了条件。

其一,大一统的中央集权制度,改变了人们的时空观念。人们此时所面对的不是彼此虎视眈眈互相设防的各个诸侯国,而是一个广阔而完整的世界。过去在极其狭小的范围内活动,而现在是在一个辽阔的疆域中活动,这就使得汉人视野开阔了,胸襟开朗了,思想升华了,情感奔放了,要用一种新的眼光和观念重新认识世界,"究天人之际,通古今之变,成一家之言"①。就像井底之蛙进入大海,虽然处处感到新鲜,但也必须用一种新的时间和空间的观念,来观察大海、适应大海。汉赋东西南北中全方位的铺张、渲染,《史记》上下几千年的漫游,正是这种时代气息的折光。

其二,"用楚地方言歌唱、楚地音乐伴奏的楚歌,也成为社会上、特别是宫廷中最流行的歌曲"②,原来由屈原、宋玉等人创作的楚辞,得到了复兴,并逐渐北移,影响到全国。楚辞华丽的笔调,夸张的手法,诡谲的想象,奇丽的文字,有点散文化的长句式,深深地打动着汉代文人。

以楚辞式的风格和阔大的时空观念,来看待并表现大一统社会的各种新奇事物,便形成了铺张扬厉的汉大赋,从而真正体现了天汉气象。

汉赋的代表作是枚乘的《七发》和司马相如的《子虚赋》、《上林赋》。

《七发》设立了一个虚构的故事框架。楚太子因纵欲享乐而生病卧床,"吴客"前去探望,说了七件事启发太子:一是动听的音乐,二是可口的饮食,三是名贵的车马,四是赏心悦目的宫苑、辞赋、声伎、珍禽,五是壮观的田猎,六是波澜壮阔的江涛海潮,七是聘请天下"方术之士",如庄周、魏牟、杨朱、墨翟、便蜎(yuan)、詹何、孔子、老子、孟子等,"论天下之精微,理万物之是非"。前四件事均未能引起太子的兴趣,而从第五件事情开始,太子有了兴趣,病也有了起色。到谈第六件观涛时,太子连连称善。谈到第七件请方术之士,太子"据几而起",出了一身大汗,顷刻病愈。

《七发》以虚构的故事,通过太子有疾,体现了汉人在建立大一统中央集权制后面对这如此广阔的时间和空间究竟应该如何生存所产生的困惑;同时也通过"吴人"的层层诱导和逐项排除,到"论天下之精微,理万物之是非",找到答案,治好了太子的病,来表达汉人是如何渴望着给予这广阔的世界以解答。不仅如此,《七发》把楚辞的抒情文体,转变为在虚构的简单故事中来铺张扬厉的散文体,目的不是阐明"要言妙道",而是描写众多的新鲜事物。所以从内容到形式,都打上了汉人统一天下的困惑和希望,天真与气势。这是

---

① 司马迁:《报任安书》,许嘉璐主编《二十四史全译·汉书》,汉语大词典出版社 2004 年版,第 1299 页。
② 章培恒、骆玉明:《中国文学史》(上),第 181 页。

真正的天汉气象。《七发》以后，尽管有许多人模仿，甚至于形成了"七体"①，但由于历史已经过去，仅在形式上重复，不可能发生巨大的影响。

《子虚赋》和《上林赋》完成了汉代大赋文体的确立。同《七发》一样，这两篇赋也是在虚构的故事框架中以问答的方式，来铺张扬厉，展示事物的盛况：《子虚赋》借助于楚国使臣子虚和齐国之臣乌有的对话，各自夸耀自己国家山河的宏大壮丽；《上林赋》则让代表天子的亡是公来铺陈天子上林苑的壮丽和天子游猎的壮举，表明天子胜过诸侯。但与《七发》不同的是，这两篇赋通过天子最终胜过了诸侯的表述，给予汉人生存的迷惘以确定的答案，亦即要服从天子的绝对权威。除此而外，还在形式上由《七发》的层层深入、逐项排除的铺陈转化为东西南北上下全方位的排比，也表达出了对于广阔世界的确定性把握。

（四）人和文的自觉：魏晋风度

魏晋南北朝时期，从东汉建安始到隋朝统一终，约 400 百年。这一历史时期最大的特点是分裂、动乱和战争。这不仅给普通民众带来灾难，也给许多上层人士带来祸患；不仅使汉代经过改造而作为统治思想的儒学和礼教松动并走向衰微，而且使老庄哲学开始受到重视；不仅使人们不愿意把个体看成是社会的附属品，进而重新思考着生存的意义，而且使人们更加重视个体的独立人格和自由意志；不仅使人们特别是"士人"不再把文学看作政治伦理的附庸，而且使人们认识到文学所具有的不可重复、不可替代的本质在于它的审美属性。总之，这是一个"人的自觉"和"文的自觉"的时代。

人的自觉最集中地表现为对于个体生存的重视和对于个体生存意义的思考。曹操面对"白骨露于野，千里无鸡鸣"的动荡和衰败，面对这自己未竟的事业，突然感受到个体生存的悲哀："对酒当歌，人生几何。譬如朝露，去日苦多。慨当以慷，忧思难忘。何以解忧，唯有杜康。"曹植本来胸怀大志，要"捐躯赴国难，视死忽如归"，但是当严酷的政治斗争打破了这种自信以后，他也重新思考着生存的意义："苦辛何虑思？天命信可疑。虚无求列仙，松子久吾欺。变故在斯须，百年谁能持？"②个体的一切追求都将随着时间的流逝而归于虚无。阮籍更是注意思考个体在现实中的意义究竟何在，他在其著名的《咏怀诗》中一再思考着："膏火自煎熬，多财为祸患"，财富不是人的价值所在；"千秋万岁后，荣名安所在"，名声也不是个体的生存目的；"人知交友易，交友诚独难。险路多疑惑，明珠不可干"，友情显然靠不住；"亲昵怀反侧，骨

---

① 清代平步云曾做过统计，自枚乘以后到唐代，"七"体辞赋有目可查者就有 40 多家。资料来源为章培恒、骆玉明：《中国文学史》（上），第 189 页。

② 曹植：《赠白马王彪》，赵幼文：《曹植集校注》，人民文学出版社 1984 年版，第 294 页。

肉还相仇",亲戚也更不可信。

既然现实是不确定的、虚无的,那么个体所能做的是什么呢?他们当下的选择也只能是酒、药和文章,因为饮酒可以躲避政治迫害,服药可以保持身体健康,而写文章可以证实自己还活着。曹植是"置酒高殿上",阮籍"嗜酒能啸"[①],刘伶称自己"一饮一斛,五斗解酲"[②],而嵇康"常修养性服食之事,弹琴咏诗,自足于怀"[③]。这就是鲁迅先生所命名的"魏晋风度"[④]。

随着人的自觉,文学自身的特征也逐步明确,文章越来越多地被用来表现作家个人的思想感情和审美追求。用鲁迅先生的话来说,这是一个"文学的自觉时代"。受曹操父子的影响,人们的兴趣由经学转向文学,不仅帝王如此,文人也是如此。曹丕在其著名的《典论·论文》中,就指出"诗赋欲丽",还把包括文学在内的"文章"视之为"经国之大业,不朽之盛事"。这是中国历史上第一次把文学也列入了"立功、立德、立言"的三件不朽的事情之列。陆机在《文赋》中从文学作品的角度特别强调"诗缘情而绮靡,赋体物而浏亮"的审美特征。萧绎在《金楼子·立言》中则从文学创作的角度指出"吟咏风谣,流连哀思者谓之文。……至若文者,惟须绮縠纷披,宫徵靡曼,唇吻遒会,情灵摇荡",才是文学的审美特征。

随着人和文的双重自觉,魏晋南北朝400年出现了顶级作家陶渊明。陶渊明的伟大之处在于,他一方面结合"人的自觉"愤世独立,但却不沉溺于"药与酒"中,而是从老庄哲学中吸取智慧,寻找到了一种田园牧歌式的乐趣,在与自然的亲密中,获得一种"采菊东篱下,悠然见南山。山气日夕佳,飞鸟相与还。此中有真意,欲辩已忘言"[⑤]的解脱;另一方面结合"文的自觉"开辟了文学表现的一种新的田园领域,田园中的一切日常生活,大自然中的一切景观,只要你去注意,都有一种诗意的存在,"方宅十余亩,草屋八九间。榆树荫后檐,桃立罗堂前。暖暖远人村,依依墟里烟。狗吠深巷中,鸡鸣桑树颠"[⑥]。

陶渊明文学创作的这种特色,给中国人的影响是巨大的:(1)回归田园以躲避社会矛盾,超然物外而忘怀现实,成为文人面对生存难题时的首选路

---

① 《晋书·阮籍传》,许嘉璐:《二十四史全译·晋书》,汉语大词典出版社2004年版,第1107页。

② 刘义庆:《世说新语》,上海古籍出版社1993年版,第178页。

③ 《晋书·嵇康传》,许嘉璐:《二十四史全译·晋书》,第1116页。

④ 参阅鲁迅:《魏晋风度及文章与药及酒之关系》,《鲁迅全集》第3卷,人民文学出版社2005年版。

⑤ 陶渊明:《饮酒》之五,袁行霈:《陶渊明集笺注》,中华书局2003年版,第247页。

⑥ 陶渊明:《归园田居》之一,袁行霈:《陶渊明集笺注》,第76页。

径。这样做，既获得了人格上的自我安慰，也避开了社会冲突中可能发生的种种危险。（2）引导了中国人的审美情怀，在日常生活中，从身边小事上，建立生存的乐趣，并过一种诗意的生活。

（五）放达与雅趣：唐诗宋词

从公元 618 年李渊、李世民父子建立唐朝起，中国封建社会进入了一个极其繁荣的时代。这是一个气势恢宏的多元化时代，也是一个具有高度的自信心和开放性的时代。社会上士族和平民等各个阶层的利益都被协调得很好，得到了一定程度的满足；儒家、道家和佛教，都被承认但也没有被定为一尊，整个社会并没有一种强有力的统一的意识形态；南北文化、国内各民族文化和中外文化，相互融合、相互促进，显现出巨人的活力来。也只有在这样的社会文化背景下，唐诗的繁荣才能成为可能。

唐代诗歌的总体特点是"放达"，其具体表现是：（1）在作者队伍上，同魏晋时期诗歌创作成为宫廷和士族的专利不同，唐代的诗歌创作是一种普遍的社会文化现象。帝王、官僚、士子、和尚、道士、妓女等等，只要有一定的文化修养，都热情地从事着文学创作。（2）在题材上，由于作者队伍的扩大，看待社会人生的视野也进一步地扩大，体验也更加细腻和深刻，从而造成了唐诗表现社会人生的丰富多彩。田园风光、边塞气象、宫廷生活、市井流俗、爱情婚姻、边城贬谪、宴饮乐舞、亲情友情等等，都为唐代的诗人所关注，所体验，所表达。（3）在魏晋"文的自觉"基础上，对于文学的审美特性理解得更加到位。凡是有用的文化成果，他们都敢于拿来。不仅汉魏的华丽被他们所继承，而且"某些前人不大可能承认为'美'的风格，如险怪、粗犷、诡谲等等，也诸相纷呈，各放异彩，表明唐人对美的理解更为宽广"[①]。他们充实了魏晋"风骨"概念，提出了"兴象"概念[②]，自觉地进行着文学意象的审美建构。不仅所描绘的现象要精心组织和搭配，而且所使用的语言也要认真推敲，注意到语言的形、音、义，注意到语言的各种寓意，创造出精致的审美对象。我们在前文曾分析了杜甫的《绝句》，从分析中我们就可以看到这一特色。

唐代最杰出的诗人是李白、杜甫。

对于李白的创作特色，章培恒、骆玉明先生作了这样的概括："一生不以功名显，却高以自许，以布衣之身而蔑视权贵，肆无忌惮地嘲笑以政治权力为中心的等级秩序，批判腐败的政治现象，以大胆反抗的姿态，推进了盛唐文化中的英雄主义精神。"[③]在艺术上"以气为主"，具体表现为汪洋恣肆的抒情格

① 章培恒、骆玉明：《中国文学史》（中），第 13 页。
② 殷璠《河岳英灵集》中首次提出，指诗人以情感统摄物色万象，与后代所说的意境接近。
③ 章培恒、骆玉明：《中国文学史》（中），第 88 页。

调,一方面在一波未平、一波又起的跳跃中,袒露其变化无常的情感,另一方面按照感情的变化,来调整各种现象的比例关系,进行大胆的变形处理,从而取得了强烈的艺术效果。

杜甫的创作特色是忧国忧民,"个人的命运同时代的苦难纠结在一起,富于同情心和社会责任感,常常从自身的遭遇联想到更多的人、更普遍的社会问题"①,所以特别感人肺腑。

宋代总结了唐代因藩镇割据而亡国的历史教训,从内在机制上限制了军事将领们的权利,建立了以成熟的文官制度为基础、君主专制和中央集权空前强化的王朝。君权的强大成熟,科举制度的完备,强化了知识分子对于国家政权的依赖性,也强化了国家以儒家人伦为基础建立起来的意识形态对于知识分子的控制。特别需要指出的是,宋代理学完成了儒家学说的"内转",亦即把外在的伦理纲常对人的规范,变成了知识分子内心的自觉协调和品行修养。这样一来,宋代知识分子就形成了两重人格:一方面自觉地收敛纵情任性的狂傲,变得正经规矩,研究儒家学问,另一方面他们又在日益发展起来的城市和商业文化中,寄托个人的情怀,表达自已那种难以压制的情欲。这种双重人格表现在文学创作上,就形成了两种倾向:一种是符合人伦情感的宋诗,另一种则是顺应个人情欲的宋词。

宋代诗人们在诗歌创作上,常常把自己的才学用于诗歌创作,进行过细的琢磨,力求诗歌意象平易出新、诗歌语言陌生惊奇,以至于整个诗歌显得精致深奥。例如,梅尧臣的《鲁山山行》:"霜落熊升树,林空鹿饮溪。人家在何处,云外一声鸡。"平淡有如散文句式,但其意象则很有意味。诗人是以极其平静的心态,来体会山区的寂静和空旷,但在表达上则突出"含不尽之意于言外"的技巧,表现出创造性的审美智慧来。

宋词的情况就不同了。词在唐代还属于艺人的歌曲,具有"簸弄风月"的功能。后来文人按照曲调来填词创作,但主要是利用它来吟风弄月,表现两性之间的情事。所以,统治者和封建正统知识分子一直把词视之为"艳科别体"。任何事情都有两面性。词为艳科,不能登大雅之堂,恰好给宋代的知识分子们提供了表达自己个体情欲的最好领地,并能顺利地逃过伦理准则的限制和审查。据林语堂先生的《苏轼传》研究考证,宋代的达官们经常地出入歌楼妓馆,与歌妓们建立起非常友好的关系,并从她们身上获得了创作的灵感。当朝宰相欧阳修曾为歌妓们写过"泪眼问花花不语,乱红飞过秋千去"的艳词,而柳永更是经常为歌妓们写新词,以至于柳永死后,歌妓们集资来埋葬柳

① 章培恒、骆玉明:《中国文学史》(中),第114—115页。

永。苏轼、辛弃疾二人,有意利用词的形式来表达广阔的社会内容,抒发他们的豪情满怀。这样一来,宋词就变成了一种与诗歌并驾齐驱的文学样式。

宋词的代表作家是柳永和苏轼。柳永主要生活在宋真宗和宋仁宗时代,生卒年月不详。柳永不仅有很深厚的文学功底,而且精通音乐,加之他屡次考进士都未成功,只好"忍把浮名,换了浅斟低唱"①,在社会的下层为歌妓演唱而作词。正因为如此,他能够以平等的态度对待歌妓,了解她们的思想情感,并把这种情感表现在所写的词中,如《迷仙引》写道:"才过笄年,初绾云鬟,便学歌舞。席上尊前,王孙随分相许。算等闲,酬一笑,便千金慵觑。常之恐,容易奓华偷换,光阴虚度。"他还能够与世俗的流行音乐结合,从体制、内容和风格上完善词的体裁。还能够接受市民的趣味,讴歌城市商业的繁荣,夸耀奢侈的消费,如著名的《望海潮》极写杭州的城市繁荣:"东南形胜,三吴都会,钱塘自古繁华。……市列珠玑,户盈罗绮,竞豪奢。"毫不夸张地说,柳永结合社会历史的变迁,表达了新的思想感情,也给予了市民生活一种新的文学形式,在文学创新上功不可没。

苏轼(1037—1101),号东坡。苏轼从小熟读经史,受儒家思想影响较大,可是他在仕途上很不顺利。无论旧党还是新党,都不重用苏轼。但是苏轼在文学史上因开豪放派词之先河,成为一位具有里程碑意义的著名词人。这显然与苏轼的性格有很大的关系。"他既严正又平和,既坚持了士大夫积极入世、刚正不阿、恪守信念的人格理想,又保持了士大夫追求超越世俗、追求艺术化的人生境界与心灵境界的人格理想,把两者融为一体,巧妙地解决了进取与退隐、入世与出世、社会与个人那一类在士大夫心灵上历来相互纠结缠绕的矛盾,并在其文学作品中加以充分的表现"②。苏轼词的代表作是《水调歌头·丙辰中秋》和《念奴娇·赤壁怀古》。前者揭示了人生的不完满,但却以"但愿人长久"来自慰,给人一种很复杂的苦中作乐的感觉:表面上显得乐观,深层却是无奈。其实,这是一种既无法改变现实,又必须面对现实,既生存的不完满,但又不断地追寻着完满的最为深刻的生存感喟!后者把"千古风流人物"置于一个浩渺的时间空间中,展示功名的虚幻和生命的短暂,但又以"一尊还酹江月"来作结,也给人一种复杂的生存体验:既悲观地看待个体生存,又乐观地傲视功名;既苍凉,又悲壮!

(六)走向大众:元明清戏曲小说

文学是语言的艺术,这就决定了作家必须有较为娴熟的文字写作功力;

---

① 柳永:《鹤冲天》,薛瑞生:《柳永词选》,中华书局 2005 年版,第 16 页。
② 章培恒、骆玉明:《中国文学史》(中),第 371 页。

文学又有再现和表现的功能,既要反映人类社会历史发展所造成的在社会生活方方面面掀起的漪澜,表达人们由于这种历史变化而产生的种种情感和情绪,又要表现作家对于这些历史变化的敏锐感觉和鲜明的情感态度,这就决定了作家必须与代表着历史发展趋势的市民阶层形成一致性。可以说,走向大众是文学具有历史价值的必由之路。

如果我们历史地、宏观地看待中国文学的发展,那么元代、明代和清代的社会条件也迫使作家们不得已地走上了大众之路。元代蒙古族的统治者一方面采取民族歧视政策,另一方面淡化了科举选拔制度,迫使知识分子必须通过自己的智力来谋生,走向民众。明代加强了封建专制的统治,朱元璋甚至于以莫名其妙的文字狱,来给知识分子定罪。这也迫使知识分子回到民众中去,另寻出路。清代是中国历史上版图最大的朝代,但是为了便于控制政局,统治者在思想和文化上采取的方式就是:既发扬传统文化中有利于专制制度的内容,又采取文字狱来对知识分子实行危及生命的高压政策,迫使中国的知识分子进入书斋行考据之学。

任何事物都具有两面性,任何政策也都是双刃剑。封建统治者力图维护自己的既得利益所采取的歧视压迫知识分子的政策,虽然使得中国知识分子丧失了政治前途,却使中国知识分子开始从根本上摆脱仕途经济,更加现实地看待自己的生存状态,并形成一种新的与城市市民阶层相一致的人生价值观念和思想感情方式。他们是仕途的失意者,但因走向市民和大众而成为文学创作上的大赢家。元代著名的戏剧家关汉卿就他在《不伏老》中,直接地表达了他的追求、他的选择和他的生存方式:"我是个蒸不烂、煮不熟、捶不匾、炒不爆、响铛铛一粒铜豌豆。恁子弟每,谁教你钻入他锄不断、砸不下、解不开、顿不脱、慢腾腾千层锦套头。我玩的是梁园月,饮的是东京酒,赏的是洛阳花,攀的是章台柳。我也会围棋、会蹴鞠、会打围、会插科、会歌舞、会吹弹、会咽作、会吟诗、会双陆。你便是落了我牙,歪了我嘴,瘸了我腿,折了我手,天赐于我这般儿歹症候,尚兀自不肯休。"明代的袁宏道甚至于还提出了人生的"五快活",而其中之一则是"托钵歌妓之院,分餐孤老之盘。往来乡亲,恬不知耻"[①]。而清代的曹雪芹自称无才去补天,不如借儿女情长的离合悲欢、兴衰际遇的故事,让人感到新奇别致,乐得喷饭;甚至在《红楼梦》里描写主人公贾宝玉绝望后的路子就是变作一块小小的宝玉,让一僧一道携带到"诗礼簪缨之族,花柳繁华地,温柔富贵乡,去安身乐业"。

所以,在元、明、清三代的文学中,以符合市民阶层胃口的戏曲、小说最

---

① 钱伯城:《袁宏道集笺校》,卷5,上海古籍出版社1981年版,第205页。

为发达,也最为引人瞩目。关汉卿的《窦娥冤》通过窦娥之口,直接对于儒家天地人一以贯之的生存理想样态进行了大胆地置疑,"有日月朝暮悬,有鬼神掌着生死权。天地也只合把清浊分辨,可怎生糊涂了盗跖、颜渊! 为善的受贫穷更命短,造恶的享富贵又寿延。天地也做得个怕硬欺软,却原来也这般顺水推船。地也,你不分好歹何为地! 天也,你错勘贤愚枉做天! 哎,只落得两泪涟涟"①。而王实甫的《西厢记》通过崔莺莺之口,讴歌"腿儿相挨,脸儿相偎"的两性快乐远远胜过"功名利禄"这"蜗角虚名,蝇头微利"。明代汤显祖的《牡丹亭》塑造了一个为情而生、为情而死、死而复生,终于实现了爱情的杜丽娘形象。冯梦龙通过他的"三言"(《醒世恒言》、《警世通言》和《喻世明言》),歌颂市民的欲望和感情,如何击败了封建的伦理。笑笑生的《金瓶梅》更是以通俗的写实性,描述了一个叫做西门庆的商人如何利用金钱来贿赂官僚进而纵欲的故事,既揭露了政治的腐败,也显示了欲望的力量,而这种"恶"在当时的历史条件下,应该说也起到了推动中国历史前进的作用。到了清代,蒲松龄的《聊斋志异》和曹雪芹的《红楼梦》,则以更为精细的艺术手法和文学修养,热烈地赞美痴情、善良、清纯的远离封建权利的女子,进而从性别的角度,对男权文化的封建统治者进行了激烈的批判。

元、明、清三代的作家们要通过自己走向大众的文学创作,显示一种文化精神:活着,只要真诚地活着,只要情感得到满足,只要欲望得到宣泄,哪怕自己被毁灭掉,也在所不惜。他们要拼上自己的全部能量,燃烧自己,唤醒他人,从而使艰难的生存环境有一点亮光;他们要以这近似于荒唐的行为,来反抗非人性的现实,消解掉文化上的清规戒律,进而把人性中的冲动、率真、创造的活力表达出来。

二、中国文学历史发展中的优秀传统

中国文学在其发展的历史过程中,也形成了自己特有的文学传统,其内容如下:

1. 忧患与批判

"劳者歌其争,饥者歌其食"。中国人的生存状态是艰难而困苦的,人生道路也是极不确定的。只要翻一翻历史的地方志书,就可以看到差不多每年都有洪涝干旱、地震虫灾,发展到严重地步,便有易子而食的情况发生;而人世也并非就好,"硕鼠"比比皆是,不素餐的"君子"趾高气扬,"黄钟毁弃,瓦釜雷鸣"。

面对这极其艰难的生存状态,以孔孟为核心的儒家启示人们:"天、地、人

① 关汉卿:《窦娥冤》,中州古籍出版社2003年版,第156—158页。

一以贯之"的生存理想境界,是需要"修身、齐家、治国、平天下"的现实路径来实现的,是需要在关注现实人生并身体力行来实现的,任重而道远。而从事文学活动的古代中国人,受此影响,总是直面惨淡的人生,正视淋漓的鲜血,以"生于忧患,死于安乐"的人伦理性,规范自己的情感。于是,"忧患"成为中国文学最基本的调式:对外有忧国、忧民、忧君主,对内有忧己、忧命、忧不遇。中国文学史上的著名作家及其创作,从不同的层面表达了这些忧患,也由此激励了世世代代的读者。

忧患表现为对于现存的一切都忧心如焚,因此便又生发出对于现实强烈的批判意识。所以在中国古代文学的发展中,忧患意识与批判意识几乎是相伴而行的。有忧患就有批判,两者互相补充,构成特有的复调。例如,唐代诗人白居易出于忧患,发起了"为君为臣为民为物为事而作"的"新乐府运动",而与此相伴随的是写了大量以批判为特色的讽喻诗。

2. 淡泊与超越

现实的生存既然如此艰难,而从事文学活动的作家和读者又无力回天,于是只好转向内在的心灵,以求得抚慰。

在追求心灵的抚慰中,道家智慧型的精神超越成了最基本的内在尺度,它启示人们:采用静观的态度,避开现实社会的各种矛盾,在平淡的日常生活中领悟一种乐趣,充实心灵,获得精神支撑,活出意义来。于是,淡泊成了中国文学中的又一精神基调:或淡泊功名,或淡泊利禄,或淡泊浮华,或淡泊喧嚣。值得注意的是,淡泊的指向是超越。我们可以这样理解:淡泊是途径,超越是目的;淡泊是现象,超越是本质;淡泊表现于外,超越根植于内。林语堂先生曾对此有深刻的了悟:

> 诗歌通过对于大自然的感情,医治了人们心灵的创痛;诗歌通过享受简朴生活的教育,为中国文明保持了圣洁的理想。它使人们超然于这个辛勤劳作和单调无聊的世界之上,获得一种感情的升华。……它教会他们静听雨打芭蕉的声音,欣赏村舍炊烟缕缕升起并与依恋于山腰的晚霞融为一体的景色。……我几乎认为,假如没有诗歌——生活习惯的诗和可见于文字的诗——中国人就无法幸存到今。①

3. 纵情与发达

随着都市的发展和市民阶层的兴起,随着封建专制统治进一步加强和进一步腐败,古代先哲们给人们设计的实现理想的路径,诸如儒家"修身、齐家、

---

① 林语堂:《吾土吾民》,浙江人民出版社 1988 年版,第 212 页。

治国、平天下",道家"疏离社会、回归自然"等等,也变得虚伪和荒诞。人们又重新发现了一种新的"真性情"的意义世界,也设计了纵情与发达的新的路径:"日月长,天地阔,闲快活。"[①]"且恁偎红依翠,风流事,平生畅。青春都一饷。忍把浮名,换了浅吟低唱。"[②]

由于放任了自己的真性情,从事文学活动的中国人就把自己真正地从现实功利生活中解脱出来,从玄思默想中解放出来。他们从事文学活动不再是追名逐利、为稻粱谋,而是满足情欲,悦己娱人。这样一来,他们的想象力得到了空前解放,为传统文人学士所蔑视的鬼神花妖、男女性爱的题材领域被发掘出来。他们既驰骋想象,又率性以真,把人的自由创造天性与现实规范的冲突全面地展示出来,从而使中国文学能够与时俱进,跟上了时代发展的步伐。

第三节　屈原和他的诗歌

一、屈原的生平事迹

屈原(约公元前 340—公元前 277)名平,字原,本是帝高阳氏的后裔,后来由于祖先封于屈,遂以屈为氏。屈原在年轻时很得楚怀王的信任,也得到重用,出任楚国的左徒。据司马迁《史记·屈原贾生列传》记载,屈原"入则与王图议国事,以出号令;出则接遇宾客,应对诸侯。王甚任之。"上官大夫的官职与屈原的官职高低一样,心怀嫉妒,为与屈原争宠,便在楚怀王前说屈原的坏话。一次,楚怀王让屈原起草政令,刚刚完稿,上官大夫就想拿走,屈原不给,于是上官大夫就在楚怀王前进谗言,污蔑屈原把他为怀王制定的政令都说成自己的功劳。楚怀王不辨真假,就"怒而疏屈平",免去左徒的职务,转任三闾大夫,掌管王族昭、屈、景三姓事务,负责宗庙的祭祀活动和贵族子弟的教育工作。

屈原被贬职后,楚国在外交上开始出现问题。秦国打算攻打齐国,齐国便与楚国结盟。秦惠王很担忧这件事情,就派张仪到楚国,用财物贿赂佞臣靳尚和楚怀王的宠妃郑袖,然后采用欺骗手段说,如果楚国与齐国绝交,秦愿意献上商於之地六百里。楚怀王贪地而与齐国绝交,并派使者到秦国接收地盘。不料,张仪狡辩说只答应了六里地而不是六百里。楚怀王发现上当受骗,就大举发兵攻秦。结果在丹阳和蓝田被秦军击败,还丧失了汉中。第二

---

① 蓝立蓂:《汇校详注关汉卿集》,中华书局 2006 年版,第 1658 页。
② 柳永:《鹤冲天》,薛瑞生:《柳永词选》,第 16 页。

年,秦国派人到楚国,讲愿意归还汉中而与楚国议和。楚怀王讲,不愿意要汉中,只想要张仪复仇。张仪到楚国,通过贿赂靳尚和郑袖的办法,让郑袖去给怀王说情,竟然被楚怀王放回秦国。此时,楚怀王派屈原到齐国去修复旧盟,但没有什么结果。大约在楚怀王二十五年左右,屈原被放逐到汉江北岸一带地方。

秦国后来采用连横政策,联合北方的诸侯国,攻打楚国。楚国大败。怀王三十年,秦国又诱骗怀王在武关相会。屈原极力劝阻,认为秦国是虎狼之国,绝对不能相信。但是楚怀王的小儿子子兰力主劝怀王入秦。楚怀王到武关后,即被秦国伏兵绝其后路,要挟楚国割地。楚怀王逃到赵国避难,被赵国拒绝,之后又到秦国,三年后竟死在秦国。怀王被扣留后,长子顷襄王接位,其弟弟子兰出任令尹,楚秦邦交一度断绝,但顷襄王接位的第七年,楚国居然又与秦国结为婚姻。屈原反对他们的可耻立场,并指斥子兰对怀王的屈辱而死负有责任,导致被再次放逐。

在屈原第二次被放逐的期间,楚国形势越来越恶化。顷襄王二十一年,秦将白起攻破楚国都城郢。第二年又进一步地深入。屈原见到楚国兴国无望,曾考虑离开楚国,但经过激烈的思想斗争,依然眷恋故土。据《史记》载,屈原"至于江滨,被发行吟泽畔,颜色憔悴,形容枯槁"。一渔父曾问他"举世混浊,何不随其流而扬其波?众人皆醉,何不铺其糟而啜其醨?"屈原坚定地说道:"宁赴常流,而葬乎江鱼腹中耳;又安能以皓皓之白,而蒙世之温蠖乎!"于是作《怀沙》之赋而投汨罗江自尽。

关于屈原与楚国当权者冲突的原因,我们可以这样来认识:一是政见不同。屈原的眼光远大,意识到"亡秦必楚",只有与强秦对抗到底,才能生存,所以极力主张抗击秦国,而楚怀王贪利,顷襄王畏怯,所以与屈原政见不同,激化了矛盾。二是伤害了楚国贵族的利益。屈原向往儒家传说中的圣君贤臣,主张改革内政,建立法度,打击那些贪婪的贵族,肯定会伤害贵族的既得利益,从而得罪了郑袖和靳尚那样的一批人。三是性格孤傲。屈原的理想主义性格使他不愿意与世俗同流合污。《史记·屈原贾生列传》记载,屈原"博闻强志,明于治乱,娴于辞令",正直而又自信,一旦认准的事理,就绝不回头。这就使他忽视了改革中必须具有必要的策略性,从而造成了悲剧。四是知识分子做官,缺乏在高层官场的周旋能力。上官大夫的嫉妒和诽谤,能很快地击败他,就很能说明这一点。

屈原的作品,据东汉的王逸在《楚辞章句》中所辑录为 25 篇,亦即《离骚》、《九歌》(11 篇)、《天问》、《九章》(9 篇)、《远游》、《卜居》、《渔父》。今人认为,《远游》、《卜居》、《渔父》伪托可能性较大。

二、《离骚》的文学创新

（一）《离骚》的基本内容

《离骚》是屈原的代表作，2 400多字，是中国古代最为宏伟的抒情诗篇。其写作年代目前尚有争议，有人认为写于第一次放逐，有人认为写于第二次放逐。

《离骚》的题目，司马迁解释为"离忧"，班固解释为"离，罹也"，是遭遇忧愁而作辞，王逸解释为"离，别也，骚，愁也"，是离别的忧愁。后两种解释，都可以说得通。

《离骚》的主旨，章培恒、骆玉明先生在新编《中国文学史》中认为："屈原在政治上遭受严重的挫折以后，面临个人的厄运与国家的厄运，对于过去和未来的思考，是一个崇高而痛苦的灵魂的自传。"①这种理解是准确的。

《离骚》全诗可以分为三大部分：

第一部分主要讲自己的身世，自己的品德修养，表达自己对怀王的忠贞之志和远贤臣亲小人的不满之情。他说："我是帝高阳氏的后裔，我的父亲叫屈伯庸。寅年寅月寅日，我降生于人间。父亲观天象算时日，给我起了一个好名字，大名叫屈平，字号叫灵均。我有众多美好的品质，极富才能极讲仪态，身上披着江离和辟芷等香草，还用秋兰编织成佩带。时间像流水般消逝，人生短暂时不我待。"由岁月的变化，人生的短暂，他想到楚怀王也是盛年之时，应该抓紧时间，改变自己的行径，为楚国的振兴作出努力："大禹商汤文王德行无疵，导致众多的香草聚生在一起，不仅有蕙草白芷，还有香椒与香桂；尧舜德行正大光明，遵循天道开辟通途。而夏桀商纣放纵不羁，背天道步履艰难，现在楚国的佞臣结党营私、苟且偷乐，治国之路显得艰险而昏暗。我不担忧自己受到委屈而只是担心楚怀王您的车马倾斜颠覆。我所以围着怀王您的车马奔走，只是指望着您步大禹、商汤和周文王的后尘，做一个圣贤的君主。"写到此处，屈原为自己辩解说："美人（借喻楚怀王）呀，您不理解我的良苦用心，反而听信谗言而暴跳如雷。我知道忠贞会引来祸患，想忍耐又按捺不住。我愿意让老天为我作证，这一切都是为了您的缘故。"第一部分值得注意的是，屈原划分出了"君主"和"党人"之间的界限，提出了一个君主只是缺失而党人则是万恶之根本的模式，从而既满足了忠于君主的道德原则，又能高度肯定自己的人格和理想。这一模式后来一直被中国人所继承。

第二部分，屈原描述了自己培养的人才，一遇到打击便纷纷变节，一有条件便追名逐利，他尽管处于孤立无援的处境中，但是依然重视品德修养，宁死

---

① 章培恒、骆玉明：《中国文学史》（上），第144页。

而不放弃理想,不与党人同流合污。他反复地运用象征的手法来表达自己的高洁的品德:"朝饮木兰之坠露兮,夕餐秋菊之落英";拿起树根来聚拢香芷,再给它们缀上辟荔花心,串起香桂结上香蕙,用胡绳香草连结成漂亮的佩带;用荷叶制成绿色上衣,采集莲花做个红色裤子,还要戴着高高的帽子,缀着色彩陆离的长长的玉佩,芳草含香佩饰放光,充分显示出自己与众不同的高洁人格。他一再表示自己"亦余心之所善兮,虽九死其犹未悔"。

抱怨宣泄了,忧愤表达了,剩下的问题就是何去何从。所以在第三部分,屈原以幻想的形式展示了他的内心世界的活动和对未来前途的探索。其情感历程有三个层面:(1)他先找虚拟的姐姐"女嬃"倾诉忧愁,请求她指出一条路来,可是女嬃要他与现实妥协;他觉得难以接受,便渡过沅水湘水,来到舜的墓前倾吐忧怨,把自己的追求置于历史的链条中进行深入的思考,明白了自己的选择是正确的,应该坚持下去。带着这样一种信念,他开始了上下求索。他驾玉龙乘凤凰,来到天宫,求看门人向天帝通报,可是看门人不予理睬。这象征着他想获得楚怀王的信任的道路已经被彻底阻塞。(2)他又回到地上找洛水女神宓妃,可是宓妃性格乖戾,很难接近;他转向瑶台,想见见有娀氏的女儿,可是传情的斑鸠却巧言鼓簧地欺骗他,使他无法达到目的;他突然想到有虞的两个女儿没有出嫁,便托媒人去求,可是媒人的嘴太笨,根本说不动两美女。这些又象征着社会上已经无法找到能够理解自己的知音。(3)既然现实如此,屈原只好向巫者灵氛问卦、请巫咸跳神。灵氛的卦象是要他赶快离开此地,否则就要错过机会;而巫咸跳神的结果是只要他等待下去,就会有转机。但后一种道路已经被证明没有指望,他遂决定一走了之。于是,他再次乘龙御凤,上天漫游。谁知从天河游到西天,从不周山游到西海,朝下一看,又看见了故乡,"仆夫悲余马怀兮,蜷局顾而不行",发现故土实在难离。(4)既不能改变自己的人格,又不能实现救国之理想,要走又故土难离,他只好选择投水自尽,以表明自己的忠心和高洁:"已矣哉!国无人我知兮,又何怀乎故都!既莫足与为美政兮,吾将从彭咸之所居!"

(二)《离骚》在文学艺术上的创新

1. 屈原的《离骚》把楚国的神话传说、民间习俗与中原的政治文化统一起来,从而使得中国文学真正地做到了南北的融合。屈原严格地说是一个失败的政治家,而不是一个专业诗人。他在《离骚》中,以儒家虚构的"三王"(禹、汤和周文王)之政、"尧舜之治"作为自己的政治理想,一再提到要以民为本、修明法度、举贤授能等政治主张,并以此作为改造楚国的参照,这表明了他对于中原政治文化的崇尚和向往。但是他在表达自己的追求时,则以其楚地风俗和神话传说的文化积淀,以自己的才华和学识,给我们描述了一个中原儒家文化所不具备的辉煌奇幻的想象世界。这种创造,就使得他赢得了文学创作上的成功。

2. 屈原的《离骚》细致地表达了一个具有伟大人格的人的心路历程,在挖掘人性上达到了一个了不起的高度。以《诗经》为代表的中原文化,着力地表达人伦情感,并把个体追求与人伦规范的冲突所引起的内心矛盾,基本上掩盖起来。而屈原以最执着的理想追求,以一个才华横溢的知识分子在政治失意后的反思,极其深入地袒露了自己的内心世界中的苦闷、惆怅、求索和选择,最后以宁可自杀也不愿意同流合污的不屈的人格,高扬起人文精神的大旗,并给后来者在艰难的生存中苦苦求索以巨大的鼓舞,"路漫漫其修远兮,吾将上下而求索"也成为了千古绝句。

3. 屈原在《离骚》中率性任情、恣肆汪洋的诗歌风格,不仅使人们在情感上得到巨大的震撼,也给诗歌创作贵在真情提供了一个典范,换句话说给诗歌的抒情特征建立了法则。康德曾认为,艺术是天才的艺术,主要靠天才给艺术确立创作的法则。但是,以《诗经》为代表的中原文化在表达情感上总是显得十分克制,理性色彩浓烈。而屈原在《离骚》中则冲破了一切束缚,对于"党人"和楚王,都敢于直接批评而不留情面;对于女神们的所作所为也敢于怀疑。总之,要把自己的内心中的一切都要表达出来。

4. 屈原在《离骚》中还表现出了他纯真的审美意识。对于能够引起人们赏心悦目之感的事物,他都在诗歌中进行了生动的描写,而且不惜采用华丽的词藻,来加以烘托。注重艺术的文采,可以说是从屈原开始的。

5. 屈原在《离骚》中还打破了《诗经》四字一句、简短朴素的诗歌体制,创造出了可长可短、篇幅宏大、构成复杂的"骚体诗",开拓了文学的体裁领域。

上述五个方面的创新,使屈原成为我国文学史上第一位伟大的诗人。

【思考与练习】

1. 文学的本质是什么?有何特点?

2. 在中国文学发展的历史上,你认为最具有创新性的作家是谁?作品是什么?

3. 谈谈你对于屈原作品的理解和看法。

第七章 史学的历史发展和
司马迁的《史记》

历史学是揭示人类社会发展之动态过程及其规律的一门人文科学。历史学源于人类自身的历史活动,具有比一般学科更为古老的历史。

历史学是一门万古常青的科学。它以人类的活动为特定的对象,具有广泛的社会功能、科学功能和人生启迪,在各门学科中居于特殊地位。历史学是沟通过去、现在和未来之间的桥梁。它以研究人类过去的社会为起点,而以服务于当今的时代为归宿;尽管历史不能重演,但历史却往往有惊人的相似之处,能给现实以参照和借鉴。古老的历史学是孕育各种科学的母体。它不仅孕育和带动了考古学、民族学、地理学的发展,而且对于文学艺术、哲学、法学等各门学科的发展都有很大的启迪作用,促进了诸学科的相互影响、渗透和发展。

读史使人明智。历史能教人遇事温故而知新,慎思明辨,判断是非,或法或戒,决定行止。历史对于培养人的理想、信念、道德和情操,均有不可低估的作用。本章将系统地阐述史学的性质和功能,勾勒中西史学的历史发展,并对伟大的史学家司马迁进行具体的个案分析,以启迪智慧,嘉惠未来。

第一节 史学的性质和功能

一、历史和历史学

历史和历史学,二者之间,既互相联系,又界限森然。历史是指过去发生的事件与过程,即客观历史本身;历史学是指有关过去的记录与研究,即经过人的加工而形成的主体化的历史。正如英国学者路易斯·奥·明克所言:"一方面,历史指的是事件,即人类事件的过程;另一方面,它又是指历史的事实报道,即历史学家所从事的探究和做的记事。"①历史过程,是自然形态之历史,必须有人物、时间、地点和条件。历史科学,是自觉形态之历史,必须有思

---

① 伊洛斯:《国际历史研究手册》,1980 年 1 期。

想、理论、体系和方法。

1. 历史是人类既往的客观过程

广义的历史,是指宇宙间万事万物发生、发展和灭亡的过程。人类社会与自然界是构成统一的物质世界的两大组成部分。人类社会是人们在一定的物质资料生产活动基础上形成的社会关系的总和,它是历史学以及各门人文社会科学所研究、把握的客体。自然界,广义上指一切不以人的意志为转移的客观存在,狭义上指与人类社会相区别的物质世界,是各门自然科学所研究、把握的客观自然界。自然界和人类社会,各有其发生、发展和消亡的历史。马克思和恩格斯在《德意志意识形态》中指出:"历史可以从两个方面来考察,可以把它划分为自然史和人类史。但这两方面是密切相连的;只要有人存在,自然史和人类史就彼此相互制约。自然史,即所谓自然科学,我们在这里不谈;我们所需要研究的是人类史……。"①马克思认为,广义的历史概念包括自然和人类社会发展的全部过程,而人类史则是自然史的必然发展结果,是自然史发展到一定历史阶段所演变为独立的客观过程。"广义历史学"的研究对象,应该包括人类社会和自然发展史的全部内容。目前国内外史学研究领域正在兴起的一些新的历史学分支学科,如科技史、宇宙发展史、历史灾害学、生态历史学、自然环境史、水文考古学、海洋考古学等等,都从不同侧面反映了广义历史学的丰富内容。对广义历史学的研究,过去不甚被人注意,近年来愈来愈多的受到国内外史学界的重视,表现出史学对人类环境问题的关注。相对于广义的历史而言,人类社会的发生发展史即是狭义的历史。"狭义历史学"指专门以人类社会历史的发展及其规律为研究对象的普通历史学,也就是我们通常意义上讲的历史学,国内外大学和中学的历史教科书,基本上属于狭义历史学范畴。

历史与历史学著作是两个完全不同的概念。历史,是指已经过去了的事物、现象及其发展过程,它发生于过去,而与现在有着不可分割的联系。历史具有客观实在性,绝不会因人们的否定或肯定而改变其存在。历史著作,是指历史记录者、研究者、认识者通过对客观历史的记录、描述、研究而形成的历史书籍。它是客观历史经过记录者、研究者的主体加工而形成的含有主体烙印的历史。②虽然二者之间有密切的联系,是"被加工原形"与"加工产物"的关系,但是人们在使用"历史"一词时,通常既用来指客观的历史过程,也用来指历史著作,因而极易导致"历史"一词不同意义的混用。

---

① 《马克思恩格斯选集》第 1 卷,第 21 页。
② 参阅庞卓恒主编的《史学概论》,高等教育出版社 2000 年版,第 2—3 页。

2. 历史学是一门万古常青的科学

历史学是揭示人类社会发展之动态过程及其规律的一门人文科学。历史学的研究对象是客观历史,自有人类社会,就翻开了人类历史的篇章。历史学作为对人类自身活动过程及其规律的揭示与反思,是人类文明发展的结晶,它有一个从萌芽到形成和成熟的过程。这个过程的主要内容,是史料的积累、整理和研究。各国的国史即历史记录,为历史学的形成积累了丰富的资料。历史记录,虽然尚不能算作是科学意义上的历史学,然而它是历史学的起源和萌芽。李大钊明确指出:"史学起源于历史记录。史书,只是研究历史的材料,而不是史学。"①历史学的任务,就是通过对历史现象、过程的探寻和描绘,揭示寓于其中的历史规律。正是在这个意义上,历史学具有自然科学那样的科学性。

首先,历史学的研究对象是客观存在的事物,是不以人的主观意志为转移的,与自然科学有同样的特性。历史学研究的对象是渗透着人的主观思维活动的社会历史,但它是自然界长期发展的产物和重要组成部分,同样具有客观实在性。自然科学研究的第一步即通过实验、观察得到经验事实,这与史学研究首先搜集、考证史料,弄清事实的意义是完全一样的,只是所使用的手段和方法不同罢了。其次,科学研究的共同目的是发现事物、现象间的内在因果联系,揭示客观事物、现象的运动发展规律。历史学研究的旨趣与自然科学一样,必须在确定客观历史事实的基础上,从纷繁复杂的历史表象中,抽出历史发展的潜在规律,找到社会历史发展变化的内在依据,从而使历史确立了自己的科学地位。

历史学是一门古老而又年轻的学科。说它古老,是因为无论在中国还是西方,它都经历了两千多年的发展历程;说它年轻,是因为中外史学不断地推陈出新,有着千古不衰的创新精神,特别是在 19 世纪中期,马克思和恩格斯创立了唯物史观之后,历史学才成为真正意义上的科学。

当代哲学家卡西尔提出:"艺术和历史学是我们探索人类本性的最有力的工具。"②历史学以独特的方式结合了科学和艺术的某些特征,使它在知识经济时代具有奇特的地位。

二、历史学的功能

历史学是揭示人类社会发展之动态过程及其规律的一门科学。因此,历史学的一大特点是:它以研究人类过去的社会为起点,而以服务于当今的时

---

① 《李大钊史学论集》,河北人民出版社 1984 年,第 197 页。
② 卡西尔:《人论》,上海译文出版社 1985 年版,第 261 页。

代为归宿。这就是历史学的功能。由于历史学包含的内容异常丰富，故史学的功能可分为认识功能、社会功能和科学功能等方面。

1. 认识功能

史学的认识功能，就是"历史的启示"。恩格斯指出："我们根本没有想到要怀疑或轻视'历史的启示'；历史就是人们的一切，我们比任何一个哲学学派，甚至比黑格尔，都更重视历史。"恩格斯不仅肯定了"历史的启示"这个命题，并且阐明了"历史的启示"的实质。他接着写道："我们要求把历史的内容还给历史，但我们认为历史不是神的启示，而是人的启示，并且只能是人的启示。"①恩格斯的这段论述告诉我们：人类只有正确认识自己过去，才能深刻认识并指导自己现在的活动以及这种活动对于未来的意义，从而对自身及社会的前途充满信心。历史的发展是连续的，一定的现实都是一定的历史的产物。历史发展的这种连续性，必然要在人们的实践和认识上反映出来。因此马克思和恩格斯指出："我们仅仅知道一门惟一的科学，即历史科学。"这些都证明马克思主义极为重视史学的认识功能，重视"历史的启示"对于人类认识发展的重要作用。

历史学的认识功能，首先在于它可以帮助人们认识历史发展的规律。对历史发展规律的探讨，大概自人类进入文明时代开始，直到 19 世纪，人们探讨的重心一直是人类历史发展的基本规律问题。基督教的原罪、天堂、地狱理论，经过文艺复兴时代的人文主义，启蒙运动时期的理性主义、黑格尔的绝对观念、康德的性恶论，到斯本格勒、汤因比的文化形态史观、德国哲学家雅斯贝尔斯的轴心期理论，无一不是以人类历史为考察对象，构筑的也是人类历史发展的总框架。但在所有这些理论中，没有一种能较马克思的生产力与生产关系的矛盾运动推动历史逐渐进步的理论更加深刻，更加令人信服。人们通过历史学来认识历史发展过程及其规律，目的在于更好的认识现实，把握未来。马克思主义史学把唯物史观的原理与方法运用于指导历史研究，其最大贡献是发现了社会历史发展的普遍规律。唯物史观把人类社会看作是一个有规律的从低级到高级的运动，这一运动过程中起作用的基本因素是生产力与生产关系，经济基础与上层建筑的矛盾。唯物史观把社会历史视为客观自然过程，是不以任何个人的主观意志为转移的，这就使得历史研究的对象具有了客观实在性，奠定了历史学成为科学的基本条件。唯物史观不仅发现了人类社会历史发展的基本规律，而且创立了博大精深的概念、范畴与方法论体系，为研究纷繁复杂的历史现象，揭示历史事物和现象间的本质、规律

---

① 《马克思恩格斯全集》第 1 卷，第 650 页。

提供了前所未有的理论武器,极大地强化了历史学的认识功能,确立了历史学的科学地位。

其次,史学的认识功能还表现在人们可以通过认识历史而最终认识自己。人生活在空间中,同时也生活在时间中。每个人的日常活动都是以他对自己历史的认识为根据的,根据这种认识来安排和规划他现实的活动和将来的方向。没有这种认识,他的活动就会变得漫无目标。因此,任何人都需要有关于他的历史的认识。正是作为历史主体的人才能认识历史规律,运用历史规律,自觉地进行创造历史的活动,所以马克思主义认为,"历史不过是追求着自己目的的人的活动而已"①。历史学在人类认识活动中的作用,不论是认识历史发展规律,还是认识现实、预测未来,都是为历史主体所服务、所需要的。"认识自己"是苏格拉底的名言。它不是指个别人学习了历史以后就了解了自己,而是指满足人类"知道自己"的欲望。因为,人类是一种社会化的动物,人类的生活和生产活动从一开始就是通过群体进行的。社会生活的群体性要求人们去回顾、关心和记忆群体的历史。"人类的过去越来越清楚地表明不是杂乱无章的一大堆彼此孤立的事实和事件,而是前进的运动。这一运动有其内在矛盾因而异常复杂,但毕竟是可以说明的。这就使我们能够架设一座从过去通向现在的桥梁,并且把今天看成是昨天的继续。"②一个群体的现实活动的目的性、自觉性和有效性,取决于他们对自身历史认识的正确性和深刻性。一个失去历史意识的群体犹如一个失去记忆的人,常常会缺乏一种清晰的生活目标和追求,缺乏一种应战的意识和能力,甚至会丧失掉群体的凝聚力、自尊心和自信心。这正是历史学认识功能的价值和意义之所在。

2. 社会功能

历史学的社会功能,就是对人们的社会实践活动具有指导的作用。历史学因其本身所具有的鲜明的和广泛的社会性,所以它的任务不只是向人们解释历史,而且还用不同的方式启迪人们创造历史的智慧和热情。正如意大利历史学家贝·克罗齐所说:"当生活的发展需要它们时,死历史就会复活,过去史就会再变成现在的。"③历史学的这种社会功能,在人们的历史认识和社会实践中是一种辩证统一的关系,一方面是历史认识要受到社会实践的检验而确定其是否具有真理性,另一方面是历史认识必然在人们的社会实践中发挥作用。历史学的社会功能是多方面的,主要体现在三个方面:

---

① 《马克思恩格斯选集》第 2 卷,第 118 页。
② 《马克思恩格斯选集》第 2 卷,第 119 页。
③ 傅任敢译:《历史学的理论和实际》,商务印书馆 1982 年版,第 12 页。

首先,是鉴往知今,对于国家政治及重大决策的参与。历史发展的连续性是历史学鉴往知今的哲学基础。人类从它的起源到今天,已经走过了千百年的历程,在此过程中,它一点点地积累知识,不断地走向进步。我们今天的所有成就,都是在前人的基础上取得的;我们今天遇到的各种问题,人类在不同程度上遇到过。因此,古往今来的历史著作,总是有所为而发的:希罗多德是要探讨人世间的兴亡规律;修昔底德经过研究,认为人在相似的情况下会做相似的事,人的行为是可以被预见的;波里比阿探索罗马为什么强大;汤因比试图给衰落的西方开出一道良方;孔子删《春秋》是为了让乱臣贼子惧;司马迁作《史记》是为了"通古今之变,究天人之际";唐太宗明确提出"前事不忘,后事之师";清人顾祖禹写《读史方舆纪要》是为了反清复明。可见,历史学家关注的虽是过去,基础却是现在,而把眼光投向未来。诚如马克思所说:"使死人复活是为了赞美新的斗争,而不是为了勉强模仿旧的斗争;是为了提高想像中的某一任务的意义,而不是为了回避在现实中解决这个任务。"[①]人们研究学习历史,总是在把历史和现实联系起来,以达到改造现实的目的。南宋大思想家朱熹说过:"读史当观大伦理、大机会、大治乱得失。"古今中外,正是这种"大伦理、大机会、大治乱得失"中所包含着的历史认识,参与着国家、统治者或领导者的重大决策。正像汉初陆贾所撰《新语》,反映了刘邦君臣对秦亡汉兴历史经验的认识,并由此确立了与民休息的基本国策一样;唐初魏征主编的《隋书》,反映了李世民君臣对于隋亡唐兴历史经验的认识,并由此确立了"偃武修文"的施政方针;宋神宗认为司马光主持撰写的编年史"鉴于往事,有资于治道,赐名曰《资治通鉴》"等等。在封建统治者看来,历史撰述对政治统治的关系是非常重要的,这也正是中外传统史学发达的原因。在中国封建社会里,凡是"治世"、"盛世",都与政治家、思想家、史学家自觉总结历史经验,吸取前人历史教训有密切关系。

其次,是对社会集团、社会阶层和社会群体变革现实要求的参与。对历史上相似问题的研究往往可以对解决当前的问题有某些启发,在这个意义上一切历史都是当代史,是当代人的思想在历史研究中的反映,这也是史学社会功能的一个重要方面。戊戌维新是近代中国史上的大事,康有为作《孔子改制考》、《新学伪经考》,通过阐发"公羊三世说",为维新运动提供理论武器。实际上,这种研究前代变革史,服务于当今社会变革,并不是康有为首创,而是自商鞅变法以来,中国改革者的惯用武器。这种情形,在西方历史上也是屡见不鲜的。对此,马克思有精彩的阐述:"人们自己创造自己的历史,但是

---

① 《马克思恩格斯选集》第1卷,第605页。

他们并不是随心所欲地创造,并不是在他们自己选定的条件下创造,而是在直接碰到的、既定的、从过去承继下来的条件下创造。一切已死的先辈们的传统,像梦魇一样纠缠着活人的头脑。当人们好像只是忙于改造自己和周围的事物并创造前所未闻的事物时,恰好在这种革命危机时代,他们战战兢兢地请出亡灵来给他们以帮助,借用他们的名字、战斗口号和衣服,以便穿着这种久受崇敬的服装,用这种借来的语言,演出世界历史的新局面。例如,路德换上使徒保罗的服装,1789—1814 年的革命依次穿上了罗马共和国和罗马帝国服装,而 1848 年的革命就只知道时而勉强模仿 1789 年,时而又模仿1793—1795 年的革命传统。"①由此可见,历史学的一大社会功能就是帮助人们"演出世界历史的新场面"。

再次,是对于社会教化的参与。读史使人明智。通过历史的学习、教育,可以起到陶冶人的情操、升华人的精神、启迪人的智慧的作用。历史体现着正义公正,它褒贬是非,意存训诫,有助于敦风化俗,端正人心,起到法律所不能达到的功效。要教化风俗,培养人的高尚情操,最有效的方法是进行历史教育。正如马克思主义史学先驱李大钊所论:"吾人浏览史乘,读到英雄豪杰为国家为民族舍身效命以为牺牲的地方,亦能认识出来这一班所谓英雄豪杰的人物,并非与常人有何殊异,只是他们感觉到这社会的要求敏锐些,想要满足这社会的要求的情绪热烈些,所以挺身而起为社会献身,在历史上留下了可歌可泣的悲剧、壮剧。我们后世读史者不觉对之感奋兴起,自然而然的发生一种敬仰心,引起'有为者亦若是'的情绪,愿为社会先驱的决心亦于是乎油然而起了。"②向历史学习,受历史的教育,可以洗涤人的灵魂,提炼人的品质,升华人的精神,激发人的热情。正如鲁迅所说:"我们从古以来,就有埋头苦干的人,有拼命硬干的人,有为民请命的人,有舍身求法的人……虽是等于为帝王将相作家谱的所谓'正史',也往往掩不住他们的光耀,这就是中国的脊梁。"他教导后人:历史上都写着中国的灵魂,指示着将来的命运。学习历史,不仅可以增强民族自豪感和自信心,激发爱国主义的热忱,而且可以培养人们高尚的道德情操,为国家和民族做出更大的贡献。

3. 科学功能

人类社会与自然界是构成统一的物质世界的两大组成部分。自然界和人类社会各有其产生、发展和消亡的历史。正是在这个意义上,马克思和恩格斯在《德意志意识形态》中指出:"我们仅仅知道一门惟一的科学,即历史科

---

① 《马克思恩格斯选集》第 1 卷,第 603 页。
② 《李大钊史学论集》,河北人民出版社 1984 年版,第 247 页。

学。历史可以从两方面来考察,可以把它划分为自然史和人类史。但这两个方面是密切相联的。"马克思主义把历史科学视为"惟一的科学",蕴含着自然科学和人文历史科学的统一性的思想,同时也指明了历史学在各门科学的发展过程中,具有基础性和综合性的特征,处于万流归宗的地位。

任何一门独立的学科都是建立在历史与现实两大基础之上的,记载其以往发展过程的历史是其基础知识,因而历史学为许多学科的创建和发展积累了丰富的思想资料,影响和推动了其他各门科学的发展,这正是历史学的科学功能。

首先,由于自然界和人类社会统一于世界的物质性,自然科学与历史科学也因而具有统一性。自然科学的理论、方法虽不能直接用来指导历史研究,但某些理论、方法经哲学升华后,往往具有普遍适用意义,将其用于历史研究领域,会有助于历史研究的深入。当代中西史学的繁荣,很大程度上离不开自然科学理论、方法的借鉴作用;自然科学的发生发展史是历史学的一个重要研究领域,史学与自然科学之间存在着相互促进、共同提高的关系。这不仅表现在自然科学领域内取得的成果可以直接运用于历史学领域,特别是与历史学关系密切的诸学科,如天文学、地史学、古生物学、古人类学和历史气候学等,而且自然科学的某些方法,如C14用于出土化石、文物的年代测定,精确度大为提高,数量统计方法进入史学领域,形成了"计量历史学"等等。同样,历史学也间接地推动着自然科学朝着深度、广度发展。一方面,史学具有反思特性,有助于各门自然科学总结本门学科产生、发展的历程及其规律,使自然科学的发展方向更加明确、清晰。另一方面,历史学关于人类社会研究的成果、总结的规律,得出的经验教训,必然会影响自然科学及其研究者,从而促进或制约自然科学的研究及其发展水平。

其次,历史学孕育、带动了一批历史学的辅助学科和相关学科的产生、发展。历史学家为了验明、掌握和确定历史事件,区别古代文献、文物的真伪及其价值,需要许多评判史料的依据,于是古文字学、年代学、碑铭学、钱币学、档案学与图书馆学、印章学、系谱学等学科就应运而生。历史学家对史料进行搜集、校勘、编纂和整理,以辨明史料之是非、真伪、价值、源流、作者或形成时间,这样以文字史料为研究对象,又产生了目录学、版本学、辨伪学、校勘学、辑佚学、考据学、训诂学等一批史学的辅助学科。同时,历史学的发展进步,孕育并带动了考古学、民族学和地理学的发展。

第三,历史学为各门科学提供了一种根据事物或对象的方向,作顺时态的纵向考察,以把握其演进的全过程的研究范式。研究任何过程或对象都离不开历史学的时间概念。历史学的时间概念强调,不同的时间瞬间具有不同的意义。它不仅标明人类社会在演进中是世代交替的,而且标明过去和未来的生物时间的瞬间不仅在时间次序上有区别,而且它们在对象的生命发展上具有一定的意义。自然科学史的分支学科都是以这种显明的历史感为基础的。新兴的宇宙发展史、自然环境史、生态历史学、水文考古学、海洋考古学等等,表明自然科学已经被分门别类地历史化了①。

第四,历史学具有一种广泛的包容性,它在整个人文和社会科学领域中处于一种主导的地位,具有一种粘合的作用,因而历史学推动了诸学科的相互影响、渗透和发展,促进了有关的边缘学科的形成和发展。各门人文、社会科学是以人类社会的某一侧面为研究对象的,而历史学是以整个人类社会的发展过程和规律为研究对象的。因此,历史学的研究成果对各门科学都具有广泛的借鉴作用。"在实践中政治家、新闻工作者以及其他一些社会科学家,往往惯于把历史根据作为启发自己研究的模式和反模式。历史学的研究方法蕴含着变革、转化与相互影响的因素,因而,它对于社会科学的其他分支具有十分重大而深远的意义"②。其他的人文、社会科学的发展需要一个高度发达的史学成分,历史学的理论、方法与体系会给其他人文、社会科学以很大的启迪。很难设想有脱离历史的社会学、民族学、哲学、政治学、文学、艺术、经济学、法学等等,甚至不少西方学者把历史学作为人文、社会科学的统称。随着历史学研究范围的不断扩大,历史学逐渐融入到科学整体化的潮流中,涌现出了一批新兴边缘学科,如历史人类学、历史地理学、历史生态学等。随着21世纪科学发展的综合化趋势,历史学的发展对于其他学科的影响、促进功能将会得到进一步的发挥。

第二节　史学的历史发展

一、中国史学的历史发展概观

中华民族是具有悠久历史的民族,又是具有尊史、学史和治史传统的民族,更是具有深刻的历史意识的民族。自这个民族跨进文明的门槛以来,经过封建社会漫长的发展道路,出现了众多的历史学家、丰富的历史典籍、完备的修史制度、优良的史学传统和灿烂的史学文化。

中国史学源远流长,走过辉煌灿烂的历程。文字产生以后的中国史学,

---

① 参阅姜义华:《史学导论》,陕西人民教育出版社1990年版,第78—80页。
② 〔英〕E·霍布斯鲍姆:《历史学对社会科学的贡献》,载于联合国《国际社会科学杂志》1981年第4期。

大体上可划分为古代传统史学、近代实证史学和现代马克思主义史学三大阶段。

（一）古代传统史学

史，原是以手持刻具向甲骨版作记录。东汉许慎《说文解字》："史，记事者也，从又持中。"说明文字产生后，史学的范围极为广泛。清代史学家章学诚在《文史通义》中说："盈天地间，凡涉著作之林，皆是史学。"近代大学者梁启超在《中国历史研究法》中则说："史之范围，广漠无垠"，"中国古代，史外无学，举凡人类知识之记录，无不丛纳于史。"正是由于丰厚的史学文化积淀，中国古代传统史学灿烂夺目，可划分为四个时期。

1. 中国古代史学的萌芽奠基时期

从原始社会到秦朝建立以前，是中国古代史学的奠基时期。

文字产生之前，先民对历史的记忆、认识和传播，仅仅依靠口耳相传，辅以结绳刻木，这种远古的神话传说是史学的源头。直到有了文字，史学的产生方成为可能。甲骨文是商周奴隶主贵族占卜的记录，因刻于龟甲、兽骨之上，故称甲骨文。金文因是铸在铜器上的铭辞，故有铭文、钟鼎文之称。这些记载已包含时间、地点、人物、事件等完整历史记载所必须具备的基本因素，因而可以看作历史记载的萌芽。负责记载的史官，则担当起草公文、记录时事、保管文书之责，也担任一些宗教活动，他们是最早的历史学家。继甲骨文、金文之后，《尚书》作为官方编撰的第一部史书开始出现。《尚书》一书保存了虞、夏、商、周四朝政治活动的直接文献与史事追述。当然，系统性的史书，只是到春秋战国才有。当时各国似乎都编撰史书，但现在我们所能见到的，还只是孔子依鲁史而写成的《春秋》。孔子"笔则笔，削则削"，对历史事件加以选择和评价，开创了中国传统史学的先河。《春秋》作为我国古代第一部编年史，它的出现具有划时代的意义。春秋战国时期的历史著作主要有两类：一是记事为主而以年代为顺序的编年体史书，如《春秋》、《左传》、《世本》、《竹书纪年》等；一是记言为主而以地区为中心的记言体史书，如《国语》、《战国策》等。但这一时期的史学尚缺乏自觉的意识，在学术上也缺乏独立地位。因而，这一时期只能说是古代史学的奠基时期。

2. 中国古代史学的自觉确立时期

秦汉魏晋时期进入了史学的自觉确立时期。这一时期的史学开始逐渐从经学中分化出来，取得了自己独立的学术地位，其显著特点是规模宏富的纪传体通史和断代史的出现，而且私家修史之风盛行，史书门类广泛，显示出史学多途发展的盎然生机。中国史学基础的真正奠定是在西汉。其奠基人是司马迁及其所著的《史记》。《史记》的"成一家之言"，标志着史学已卓然成为一家(我们将在第三节作详细的个案分析)。继《史记》之后的《汉书》是中国古代史学的又一基石之作。班固因《史记》而撰《汉书》,断代为史。《史记》是通史的典范,《汉书》则是断代史的开山。二者发凡起例,开创纪传一体,后世奉为圭臬。它们在世界史学发展史上也占有重要地位,超乎以希腊、罗马为代表的西方古典史著之上。此外,荀悦的《汉纪》又创编年体断代先例。刘向、刘歆父子的《别录》、《七略》,是中国目录学的开端。汉以后的魏晋南北朝时期,史学门类日广,史著数量急增,《后汉书》、《三国志》等名著,就是在这一时期成书的。史学摆脱了经学的附庸,取得了独立的地位。

3. 中国古代史学的发展繁荣时期

隋唐宋元时期是中国古代史学发展繁荣时期。这一时期史学发达,堪称盛世,名家辈出,群星灿烂,史籍如林,相映争辉。统治阶级重视修史,史馆修史制度得以正式确立,官修史书成绩斐然,二十四部正史有十五部成书于此时。总结性著作的出现,是此期史学发展的又一特点。刘知几的《史通》,是中国第一部史学通论,是中国古代史家对史学工作所做的第一次自觉的总结反省;杜佑的《通典》和马端临的《文献通考》,是典制体通史,是关于典章制度发展史的巨著,开辟了历史研究的新领域;郑樵的《通志》,是总结纪传体史书成就的通史著作,其中的"二十略"尤为精彩;司马光的《资治通鉴》,是编年体史书成就的代表巨著,是我国古代最大的一部编年体通史,是中国古代史学发展史上的一个标志;袁枢的《通鉴记事本末》,不仅开创了新的史书体裁——纪事本末体,而且在历史编纂学发展过程中与编年、纪传二体鼎足三分,形成了颇为壮观的纪事本末史书之林。此外,官修实录、国史、会要等书大量出现,全国性地理总志、方志、杂史等也蔚为壮观,史籍的体裁日趋多样化。

4. 中国古代史学发展嬗变时期

明清时期是中国古代史学的发展嬗变时期。这个时期,史学上因循保守的传统还居于统治地位,但对旧时代的揭露和批判的优秀著作已不断问世,特别是以黄宗羲为首的浙东学派,将史学提高成为与经学同等地位的历史哲学,"六经皆史"的观点不同凡响。明代方志撰述的兴盛和稗史的空前增多,经济史撰述的繁富,以及史学的通俗化和历史教育的广泛展开,显示出明代史学进一步走向社会深层的趋势和特点。明代中后期李贽的《藏书》、《续藏书》和《焚书》、《续焚书》,明末清初王夫之的《读通鉴论》和《宋论》,黄宗羲的《明夷待访录》和《明儒学案》,顾炎武的《天下郡国利病书》和《日知录》等,开拓了史学的新格局,以"济世启民"的态度,批判封建社会和君主专制,努力将传统的鉴戒史学推向近代的理性史学,具有鲜明的启蒙思想特征。清代学风,以考据学为盛,乾嘉时期是其黄金时代。乾嘉学者对中国有史以来的全部学术文化进行了一次最大规模的清理与总结,反映在史学方面,著述甚多,学者如林。章学诚的《文史通义》和《校雠通义》,广泛地讨论了历史哲学、历史文献学、历史编纂学、历史文学和史家修养方面的理论问题,是《史通》之后中国古代史家对史学工作的又一次自觉的反省。而崔述《考信录》中的怀疑思想,则包含着理性主义的光芒。这一时期,从历史文献学上对传统史学作总结性评判的著作,也取得了重大的成绩,如赵翼的《廿二史札记》、钱大昕的《廿二史考异》、王鸣盛的《十七史商榷》,以及顾祖禹的《读史方舆纪要》等,都是乾嘉考据之学在史学方面的几部代表性著作。这是一个新旧杂糅,在传统史学笼罩下已偶有理性史学之光闪烁的时期。

(二) 近代实证史学

曾经产生过司马迁等一大批杰出史学家并拥有浩瀚史籍的中国传统史学,到19世纪末期已经出现了严重的危机。传统史学的这种危机,是与日益深重的社会危机和民族危机交织在一起的。清代考据学是传统史学发展的最后一个高峰,但这种考证往往流于繁琐,且有意逃避社会现实,在救亡图存的社会背景下,自然要受到越来越多的有识之士的厌弃。传统史学的危机不仅表现在它严重脱离实际的学风上,还表现在理论和方法都已远远落后于时代的步伐。19世纪后期,西学开始在中国传播。达尔文的进化论,以及西方近代社会学、政治学、经济学和一些外国史的著作,都陆续介绍到中国来。人们的眼界开阔了,突然发现传统史学的一些历史观念和治史方法是显得如此陈旧和缺乏活力,如果不加以改革,史学也就不可能再有所发展了。时代呼唤着新的史学,要求传统史学迅速向近代史学转变。

中国近代史学以1919年爆发的五四运动为分界线,可分为前后两个阶段。1840年到1919年,是近代史学的形成发展时期;1919年到1949年,是近代史学分化、马克思主义史学产生发展的时期。

中国近代史学走过了两个特色鲜明的阶段。五四运动以前,从1840年鸦片战争到1895年甲午海战,是中国史学从封建旧史学中脱胎出来,开始睁眼看世界的时期。甲午以后,经过戊戌变法,到1902年梁启超发表著名论著《新史学》,是资产阶级新史学正式产生的时期。从1902年到1919年五四运动,中国经过了辛亥革命、新文化运动,是资产阶级新史学继续发展并开始分化的时期。五四运动以后,经过新文化的洗礼,在20年代诞生了马克思主义史学,以实证主义史学为代表的新型资产阶级史学取代晚清时期以梁启超为代表的"新史学",疑古思潮盛极一时。到30年代,发生了热烈的中国社会史大论战,马克思主义理论得到广泛宣传,有了实质性的发展。40年代,马克思主义史学更加壮大,成为史学发展的主流。总之,走出封建主义,经过实证史学、理性史学的大浪淘沙,走向马克思主义,就是中国近代史学的基本线索和方向。

1840 年以后,中国经受着有史以来最大的巨劫奇变。历史学家们已经不可能像他们的前辈那样,坐在书斋中神游于历史的书海丛编之中了。他们必须面对现实,考虑国家民族命运,迎接外来世界的挑战,苦心探索历史,寻求救国的道路。近代历史学随着中华民族的苦难和崛起而诞生成长,具有鲜明的爱国主义风格。

戊戌(1898 年)以后,中国的危机更加深重,社会思潮日益激昂,史学革命的口号随后提出。史学革命思潮与当时的今文经学革命思潮、诗界革命等相配合,汇合成晚清思想解放与启蒙运动的巨大潮流,为变革现实政治提供了强大的思想武器。梁启超对推动传统史学向近代史学转变贡献最大。他1901 年发表《中国史叙论》,1902 年发表《新史学》,批评传统史学"不过记述人间一二有权力者兴亡隆替之事,虽名为史,实不过一人一家之谱牒。近世史家必探察人间全体之运动进步,即国民全部之经历,及其相互之关系"[1]。他猛烈地批判传统史学,指责其有四大弊端,大声疾呼:"史界革命不起,则吾国遂不可救。悠悠万事,惟此为大。"[2]梁启超关于建设"新史学"的主张,不但在当时学术界起了振聋发聩的作用,即使在今天也仍然有其不可抹煞的理论价值。因此,有学者认为将 1902 年定为中国"新史学"正式产生的年份,梁启超、章太炎、夏曾佑、刘师培、王国维等,就是与新史学紧密相连的响亮的名字。

五四运动以后,马克思主义史学和各派资产阶级唯心主义史学的交锋,成为史学发展的主要景观,其中又有各个史学流派内部的争论和交锋,颇为活跃。随着国内政治形势的变化,马克思主义史学越来越强大,最终成为史学的主干。五四运动后最著名的史学家,有"马列五老",即郭沫若、吕振羽、范文澜、翦伯赞、侯外庐;有"史林二陈",即陈寅恪、陈垣;有考信大师王国维,方法论者胡适,疑古主将顾颉刚,通史圣手吕思勉,考古先锋李济,还有古史专家钱穆,宗教史家汤用彤,文化史家柳诒徵,学科带头人傅斯年等等。五四前后至 20 世纪 30—40 年代,是近代实证史学取得重大建树的时期。近代实证史学由梁启超开其端,王国维奠其基,胡适、陈垣、陈寅恪、顾颉刚、傅斯年等继其后。王国维继承了乾嘉考据学的优良传统,吸收了近代西方历史学方

---

① 梁启超:《中国史叙论》,见《梁启超全集》,北京出版社 1999 年版,第 448 页。
② 梁启超:《新史学》,见《梁启超全集》,北京出版社 1999 年版,第 739 页。

法,开创了"二重证据法",奠定了用实证方法研究历史的基础。而胡适则提倡用近代科学方法整理国故,对中国近代史学的发展起过重大推动作用。从1929 年郭沫若《中国古代社会研究》问世,至中华人民共和国成立前,为马克思主义史学崛起时期,李大钊开其端,郭沫若奠其基,范文澜、翦伯赞、吕振羽、侯外庐等继其后。与上述实证史学获得建树在时间上交叉,形成双线前进。他们虽然史学观不同,但他们都是中国近代史学的泰山北斗,甚至在史学之外的一些领域也造诣非凡,所以在中国近代史和学术史上均占有重要地位。

(三)现代马克思主义史学

马克思主义历史学主导地位的确立,是 50 余年来新中国历史学最重大的成就。它标志着在历史研究中坚持以马克思主义为指导,以历史唯物论为理论基础已为广大历史学工作者所认同,成为历史研究的主流意识。这是新中国历史学发展的基本线索。

新中国历史学 50 余年与新中国的历史发展息息相关。如果说 1978 年党的十一届三中全会召开是新中国历史的伟大转折,它开创了我国社会主义现代化建设的历史时期;那么,新中国历史学 50 年也应以此为界,划分为前30 年和后 20 年两个时期。根据具体历史进程,前 30 年又可分为:建国后 17年,"文化大革命"及文革后的 13 年两个阶段;后 20 年又可分为 80 年代和 90年代两个阶段。建国后 17 年是马克思主义历史学主导地位确立的时期,"文化大革命"10 年是新中国历史学遭受挫折的时期,文革后的 3 年是马克思主义历史学主导地位恢复的时期,80 年代是新中国历史学结构性调整的时期,90 年代是新中国历史学全面发展的时期。

1. 新中国历史学的前 30 年

新中国历史学前 30 年最重要的成就,是确立了马克思主义历史学的主导地位。

1949 年中华人民共和国成立,中国历史学掀开了新的一页。广大的史学工作者在党的领导下,为确立马克思主义历史学的主导地位开展了一系列工作,取得了许多重要成就。特别是经过建国初期大力宣传历史唯物论,批判了资产阶级唯心论,为确立马克思主义历史学的主导地位奠定了思想基础。1950 年,70 高龄的陈垣先生在给朋友的信中热切表示:"一切从头学起。年老体衰,时感不足,为可恨事。"①陈垣的话表达了许多史学家要求学习马克思主义的真诚愿望。通过学习,大多数史学工作者的理论水平得

---

① 引自白寿彝《要继承这份遗产》,载于《励耘书屋问学记》代序,三联书店 1982 年版。

到提高,对以下一些基本历史观点取得了共识:人类历史是按照客观规律发展的过程演进的,而生产方式的变革则是社会制度和思想观念变化的基础;中华民族自古以来就是多民族的国家,它从原始公社崩溃以后经过奴隶社会与封建社会;中国封建社会的主要矛盾是农民阶级和地主阶级的矛盾,农民的阶级斗争和农民的起义是历史发展的真正动力;中国封建社会内部商品经济的发展孕育了资本主义萌芽,如果没有外国资本主义的入侵,中国也将缓慢地发展到资本主义社会;鸦片战争以后,中国从此沦为半殖民地半封建社会,从此帝国主义和中华民族的矛盾、封建主义和人民大众的矛盾成为近代中国社会的主要矛盾。正是在上述这些基本观点获得共识的基础上,马克思主义史学在新中国成立之后很快确立了它的主导地位。

2. 新中国历史学的后 20 年

改革开放的 20 年是新中国历史学全面发展的新时期。20 年来,在党的"解放思想,实事求是"思想路线指引下,历史学界重新确立并加强马克思主义历史学的主导地位,开创新中国历史学全面发展的新局面。

新时期历史学的发展呈现了这样几个显著特点:对马克思主义的理解和运用逐渐摆脱了简单化和公式化的毛病,强调研究工作要从历史事实出发而不是从概念和原则出发;研究领域多方面拓宽,研究课题更加贴近现实和注重学科的生长点,建立了具有自己研究特色的新的分支学科;重视中外历史的比较研究,借鉴西方近现代的史学理论和方法;深化了对一些重大理论问题和历史问题的讨论,对不少历史人物和历史事件提出重新评价;涌现了一批很有潜力和发展前途的中青年史学工作者,历史学的结构调整全面深化,为中国历史学迎接 21 世纪挑战奠定了良好的基础。

综上所述,中国历史学的发展经历了三个阶段。中国传统史学是以封建正统史学占主导地位为基本特征,近代史学是以实证史学占主导地位为基本特征,新中国史学是以马克思主义史学占主导地位为基本特征。回顾中国历史学的发展历程,我们对 21 世纪的中国历史学充满自信:马克思主义历史学将仍然是中国历史学的主流,并将获得全面的发展;而随着研究结构的进一步调整,研究领域的进一步拓宽,研究方法的进一步完善以及研究手段的进一步更新,21 世纪的中国历史学将创造比过去更加辉煌的成就。

二、西方史学的历史发展概观

西方史学兴起于古希腊,源远流长,异彩纷呈。在古希腊神话中,历史女神克丽奥是司掌文艺的九位女神之一。历史(historia)一词的原意是通过调查、研究得来的知识,因此从一开始,西方史学就确立了求真与求实的传统。

西方史学的发展大体经过了古代史学、近代史学和现代史学三大阶段。

（一）西方古代史学

古代史学在西方指的是从古希腊罗马的史学到文艺复兴以前的史学，即从公元前5世纪到公元13世纪，约1 800年间的史学。它包括三个部分：即古代希腊的史学、古罗马的史学、5至13世纪的西欧史学。

西方史学发源于古代希腊。古代希腊人的历史意识最早萌发于希腊神话中。著名的《荷马史诗》，反映了公元前12至前9世纪希腊人社会概况，其历史意识和史料价值比希腊神话前进了一步。

希腊最著名的史学家是被称为西方"历史之父"的希罗多德（约前483年—约前424年）。他的《历史》主要是记述希波战争的经过。希腊另一位伟大的史学家是修昔底德（约前460年—约前400年），他以亲身经历和实地调查的结果，写成八卷本的《伯罗奔尼撒战争史》。希腊第二位著名历史学家是色诺芬（约前430年—约前355年），写了《万人远征记》和《希腊史》。

古代罗马也出现了不少著名的史学家。老加图（前234年—前149年），被称为罗马史学的鼻祖，他的《起源论》（已佚）一书使拉丁史学出现了革命性变化。萨鲁斯特（前86年—前34年），著有《喀提林阴谋》、《朱古达战争》。恺撒（前100年—前44年）著有《高卢战记》。李维（前59年—前17年）撰成巨著《罗马史》。塔西佗（55年—120年）有《阿格里古拉传》、《日耳曼尼亚志》和《罗马史》等著作。

希腊和罗马的史学是西方史学的源头，对后来的西方史学产生了深远的影响。其主要特征是：非常重视历史的垂训作用，在希罗多德和修昔底德的著作中表现得特别突出；追求方法上的正确与严谨，重视第一手资料；形成了古代西方史学两种不同的传统（希罗多德的《历史》"是一部堪称百科全书式的世界史著作"，修昔底德的《伯罗奔尼撒战争史》，"实际上只是一部政治军事史著作"）。中世纪和文艺复兴时期的历史学家继承了修昔底德的治史模式，纪年方法相当混乱，所记仍超不出个人耳闻目睹的范围，不如同时期中国史著《春秋》、《左传》谨严。

公元5世纪以后的800年间，西方的历史写作被基督教作家（传教士们）所把持，开始了基督教史学。教士们编纂教会史或各种圣徒传，是为了宣扬宗教的德行，教育和启发忠实的信徒们。在这种神权政治的统治下，史学的发展极其缓慢，从公元5世纪至14世纪的1 000年间，西方竟未产生过值得称颂的大史学家和史学名著。

（二）西方近代史学

14至16世纪在意大利文艺复兴运动的影响下，产生了人文主义史学。人文主义史学主张面向世俗、面向人间，把历史视为人的行为的记录，把挣脱了宗教桎梏的有自我意识的人视为创造历史的力量。启蒙运动时代这种以人文主义、理性主义为主要旗帜的史学,到了 19 世纪发展成为实证主义史学。

近代以来兴起的民族国家与民族主义,到 19 世纪因争夺殖民霸权而日益深入人心。西方列强一方面凭实力各显神通,另一方面又都从历史上寻找自己可立足于列强之林的根据,因而对本国、本民族历史的研究极为重视。西欧大大小小的国家,纷纷在大学建立历史系,组织研究机构,投入大批人力、物力从事历史资料的搜集、整理与研究工作,促进了历史学的大发展,催生了实证史学。

始终处于分裂状态的德国,更需要寻求文化上的认同感,对历史研究也更为重视,因而成为实证史学诞生的故乡。早在 19 世纪初,普鲁士历史学家尼布尔(1776 年—1831 年)在他的《罗马史》第一版(1811 年)的序言中主张:"努力消除虚构与伪造,并扩大我们的视野以便去认识在所有这些外壳下的真理。"因此他主张以"科学态度"和"科学方法"来批判古籍,重视原始的史料证据。后来的兰克(1795 年—1886 年)继承和发展了尼布尔的精神和方法。兰克在他的早期著作《拉丁和条顿民族史》(1824 年)的序言中说:"人们以为史家的任务是要评论过去,为了将来的利益而训示现在。对于这样崇高的任务,本书是不敢企望的。本书的目的仅仅说明事实发生的真相而已。"在他看来,严谨的事实陈述,就是历史编纂学的最高准则。兰克不仅写出大量史料翔实可靠的历史著作,而且形成一套考证史料的方法,同时他又在长期主持柏林大学的历史讲座中培养了大批历史学家。于是兰克及其门徒形成了兰克学派,在 20 世纪 50 年代末期之前的大半个世纪占据了西方史坛的统治地位。实证史学破天荒头一次建立了一套史学所独有的理论和方法规范,这是不可磨灭的成就。它承认历史真实的客观存在以及认为史学属于科学等观点是十分可贵的。但实证史学所关注的国别史,在 20 世纪国际联系日益紧密时,有过分狭隘之嫌;在内容上对政治、军事的关注,使人们过分注重历史上的帝王将相,对社会、对普通人较少或根本没有注意;在方法上的自我封闭,以及在认识论上对于客观历史真实的特殊性的欠缺考虑和对于研究者主观因素忽视等;这些都是它的致命弱点,以致使它很快便遭遇了接连不断的挑战和打击。进入 20 世纪后,人们对它的批判更加猛烈,斯本格勒和汤因比的文化形态史观风靡一时,是在实践上对传统民族国家政治史的重大突破。史学内容的扩大自然要求拓展资料的范围,使得原来档案资料考证的一套方法不敷应用。同时,与其他社会科学学科方法的比照,也使得传统的直观方法显得十分粗陋,因此产生了借鉴其他学科来革新史学方法的要求,于是新史学便应运而生。

(三) 西方现代史学

西方现代史学流派纷呈,景象万千,但以新史学和马克思主义史学最为引人注目。

1. 西方新史学

西方新史学由萌芽到取代传统史学的统治地位并非一朝一夕的事情,而是持续了半个世纪的漫长过程,大约始自 20 世纪 20 年代至 60 年代方才完成。所谓新史学并不是一个统一的史学派别,而是包含了西方各国各种各样的史学新流派。1929 年,新型史学杂志《经济、社会史年鉴》在法国创刊,宣告了西方新史学的典型代表年鉴学派的诞生。年鉴学派的创始人布洛赫和费弗尔采用这个杂志名称绝不是偶然的,他们正是为了立起与传统史学不同的新史学的旗帜。他们强调经济史和社会史的重要性,以区别于传统史学只注重政治史、军事史、外交史和伟人传记的传统。同时,杂志的名称也反映出新史学的跨学科特色,而经济史和社会史正是新史学最早与之融合并已取得了不少进展的两个学科。杂志编辑部的十位编委中,除布洛赫和费弗尔外,有四位历史学家,一位经济学家,一位社会学家,一位地理学家和一位政治学家。《年鉴》这些特征,充分体现了新史学的特点,即:在内容上反对传统的局限于民族国家范围内的狭隘政治史,而主张尽量扩大史学研究的范围;在方法论方面借鉴其他人文与社会科学学科的理论、方法和概念,采用跨学科研究的方法;在认识论方面反对传统史学幼稚的客观主义,公开承认史学家在研究实践中无法做到完全超脱和中立,而必然受到某些既有见解等主观因素的影响,实际上是看到了史学研究及其成果的相对性,这是新史学比传统史学更为成熟的表现。

就总体而论,新史学在批判传统史学的基础上几乎全面革新了史学面貌,将西方史学推上了一个新阶段。它的主要成就是:

首先,新史学在以下四个方面扩大了史学研究的范围。第一,它突破了传统政治史的局限,将研究扩大到了经济、社会等各个方面。第二,摆脱了精英史观的束缚,将焦点移向平民百姓,重视研究全社会各阶层人民的历史经历。第三,打破传统民族国家史的局限,扩大空间视野,对人类各种不同文化做跨越国家界线的历史考察,或在一国之内探究某个问题的历史发展。第四,由于史学新内容的需要和跨学科方法提供的可能,史料来源也空前扩大了。由于新史学如此全面地扩大了史学的范围,它便提高了史学的客观性和科学性,展现了丰富多彩的人类历史画卷。

其次,新史学提高了史学阐释的精确性。一方面,计量方法以明确的数量化概念代替了某些传统的文字描述,消除了后者的模糊性;另一方面,新史学借助其他人文、社会科学学科的帮助,解决了一些常用概念(如"封建主义"、"中产阶级"、"官僚政治"等等)规范化的问题,从而解决或避免了不必要的争论,也提高了阐释的准确性。

再次,新史学大大推进了史学研究的深刻化。主要表现在不仅关注历史文献记载的重大政治、军事事件,而且更注意挖掘不为前人注意的"潜在的"历史因素。如历史上的人口状况、儿童、妇女和家庭的状况等等,将史学研究的视角对准了社会的深层。

这些进步使西方 20 世纪史学较之 19 世纪史学具有了许多新的面貌,推动着历史学不断向"科学的历史学"或"历史科学"迈进。但新史学仍是唯心史观占主导地位,强调历史偶然性,否定历史的客观规律性和历史必然性;在承认历史认识主体的作用和影响的同时,陷入历史相对主义和历史怀疑论;在大力吸收借鉴其他社会科学和自然科学的方法,使史学科学化的同时,又往往陷入机械搬用或模仿自然科学和其他社会科学方法的倾向,使历史学的"科学化"徒有其表。

2. 马克思主义史学

19 世纪中叶,随着马克思主义诞生,开始了历史学发展的一个更高的阶段,即历史学走向科学化的阶段。以历史唯物主义为理论基础的马克思主义史学形成于 19 世纪 40 年代。马克思和恩格斯根据他们自己的唯物史观写过一些历史专著,如关于 19 世纪中叶的德、法政治斗争史,16 世纪的德国农民战争史,而《资本论》也可以视为英国经济、社会史。

马克思主义史学在 19 世纪末 20 世纪初得到了初步发展。这时,在欧美国家涌现出一批优秀的马克思主义史学家。

20 世纪 30 年代,即资本主义世界性的经济危机和社会危机爆发之后,西方马克思主义史学的影响迅速扩大,正如英国史学家 G·巴勒克拉夫所指出的那样:到 1955 年,即使在马克思主义的反对者中,也很少有历史学家会怀疑聪明睿智的马克思主义历史研究方法的积极作用。在欧美各国中,英国马克思主义史学所取得的成就最大。霍布斯鲍姆和汤普森等创立了"新社会史学派",强调研究总体的"社会的历史",提出"从底层向上看的历史"等主张,对西方史学的发展产生了重要的影响。他们的一些作品在国际史坛上享有盛誉,如汤普森的《英国工人阶级的形成》(1963 年)是研究工业革命时期英国工人阶级状况的奠基性著作之一。在法国,马克思主义史学也占有举足轻重的地位。1953 年,法共组织"马克思主义与历史"学术研讨会,1979 年成立马克思主义研究所,有力地推动了马克思主义史学的发展。如索布尔对法国大革命的研究做出了重要贡献,其代表作是《文化与法国革命》(3卷,1970—1983年)。

三、东西方史学研究的比较

东西方史学有许多相同之处,有大体相同的发展历程和发展规律。

历史学是随着社会历史进程本身的发展而发展的,作为社会文化和社会意识的一个组成部分,它的发展水平取决于社会物质经济基础的发展水平。这是历史学发展的一条根本性规律。直观地看,历史学的发展水平取决于历史研究者对历史的认识和研究水平的高低,但研究者对历史的认识和研究水平的高低,又在很大程度上取决于他参与和感受现实的社会历史运动的深度和广度,客观上则取决于他们所处的时代的整个经济和文化的发展水平。从古代史学到近代史学和当代史学,历史学不断从初级形态向高级形态发展:历史观从天命神学史观演进到人性、理性史观,再发展到马克思主义的唯物史观;历史研究的重心从帝王将相、精英人物转移到普通民众;研究范围从政治史扩展到包括经济、社会、政治、文化等全部人类活动领域的整体的历史;历史研究的目的和历史学的社会功能从记事记言记行以提供历史教训发展到探寻历史发展规律、启迪人们顺应历史发展规律自觉地创造新的历史;其间每一步的进展都是在社会历史进程本身发展的推动下实现的。认识到历史的这一发展规律,使我们确信,历史学从单纯的记事记言记行可以提供历史教训的一门学问,发展成为真正的科学,乃是历史的必然。历史研究的实践表明,马克思主义的唯物史观是指引研究者对历史学的本体论、认识论和方法论达到科学认识的指南[①]。

东西方史学也有明显的差异。从史学的发展进程看,中国古代史学辉煌灿烂,史籍繁富而且有突出的连续性,史学取得了独立地位,形成了独特的史学文化;西方古代史学的成就远不如中国,不仅史学始终未能取得相对独立的学科地位,而且西欧上古到中古的史学发展出现过明显的中断,到中世纪史学沦为神学的侍婢,对史学发展造成更大的伤害,是一个退步;文艺复兴的光焰划破了欧洲中世纪的黑暗,为西方近代史学的发展照亮了前进的大道,使西方近代史学后来居上,光芒万丈,成就辉煌;中国近代史学是在西方近代资产阶级史学的影响下产生和发展的,中国资产阶级史学不仅产生迟缓,发展时间短暂,而且成果也远不如西方近代资产阶级史学丰富。

我们伟大的祖国历史悠久,具有源远流长的治史和修史传统。在史家治学传统上,中国古代史家提出"述往思来"、"以史为鉴",提倡经世致用;在历

---

① 参阅庞卓恒:《史学概论》,高等教育出版社1995年版,第96页。

史责任感上,把史学作为名山事业,提倡秉笔直书;在史家修养上提出才、学、识和史德的要求。从历史编纂学的传统说,有完整的修史制度,有明确的修史原则,史书体例多样化、规范化,历史叙述文约义本,文史结合,强调成一家之言。从史学方法论传统说,强调通变、通识,重视历史的宏观考察;主张辨章学术、考镜源流;提倡考信求实,考证辨伪,注重目录校雠之学。从史学与社会生活的关系看,中国史学与社会生活的关系密切,主要表现在它在政治上的"鉴戒"作用,在社会上的教育作用,在民族关系发展中的凝聚作用。中国古代长期维持了官修史书的传统,历代封建王朝设馆修史,对于史学的发展、史书数量和史书体例、种类的增多起了重大的推动作用。我国古代历史上涌现了一大批杰出的历史学家,司马迁、班固、刘知几、杜佑、司马光、郑樵、马端临、章学诚等史家及其著作,代表了不同时期中国史学发展的最高水平,在古代世界史坛上都是出类拔萃,鲜有匹敌的。

不同于古代中国,西欧上古、中古时期史学始终未能取得相对独立的学科地位。在古代希腊、罗马,史学往往被归于修辞学之下,被看作文学的一种。古希腊和罗马虽然缺乏中国那样官修史书的传统,史学研究比较自由,追求创新和多样性个性成为一种时尚,有利于史学的创新和进步,但片面追求辞藻和文采的倾向常常损害史学的健康发展。不同于保持着连续发展态势的古代中国史学,西欧上古到中古的史学发展出现过明显的中断。在中世纪西欧的基督教史学中,古代希腊、罗马史学求真求知的优良传统被中断,古代史家坚持的人本主义史观为基督教神本主义史观所取代。从总体上看,基督教史学较之古代世俗史学,是一个倒退。

由于中国和西方自16世纪以后历史发展进程的迥异,近代资产阶级理性史学之光首先在西欧升起。在近代西方,资产阶级史学得到了长足的发展。在数个世纪中,西方史坛上流派纷呈,史学思想日益深化,研究方法不断更新,历史学在追求科学化的方向上不断发展。在近代时期,西方的史学由后进变先进,并成为此后世界各国资产阶级史学发展的原型,产生了广泛的影响。

东西方史学的差异还表现在历史观的不同。中国传统史学在历史观上虽未完全摆脱"天命"羁绊,封建正统史观是以天命为本、以历史循环为形式、以帝王英雄为中心的史观,但这并不意味着完全缺乏与之对立的合理的历史思想。中国传统史学的基本精神是记述人在历史活动中的重要地位,它积极鼓励人们入世,按照一定的伦理道德规范去建功立业,不遗余力地表彰大智大勇,无情地斥责昏君、佞臣和种种奸邪之人,即所谓"彰善瘅恶"。在中国古代史上,一些进步史学家大都力求淡化,甚至反对天命史观,提出了许多合理的思想内容。司马迁、刘知几、王夫之、章学诚等杰出史学家都对天命观进行.

了不同程度的批判。刘知几批判"天人感应"论时指出，"夫论成败者，固当以人事为主，推命而言，则其理悖矣！"中国古代史学家在其著作中表现出的唯物史观、进化史观，就其历史认识的深刻性、合理性、理论阐述的系统性而言，在上古、中古时期的世界史坛上都是无与伦比的。这是中国古代史学的人本主义传统。西方的上古史学也有人本主义精神，但它在中世纪完全沦为神学的附庸，与中国传统史学相比则大相径庭。由于这种明显的差别，故西方理性史学兴起时以批判神权、申张人权为特色，而中国理性史学萌生时则以批判君权、申张民权为特色。

近代以来的西方史学虽然取得了惊人的成就，但并非是科学的历史学，唯心史观在西方史坛占主导地位。近代西方史学是建立在人性、理性史观基础之上的，用人性、理性史观取代了封建的宗教神学史观，在人类历史进程的认识上有了深化，在正确的方向上迈进了一大步。然而，人性、理性史观并非科学的历史观，它把资产阶级的经济、政治要求看作天经地义、决定历史面貌的因素，是资本主义生产关系渗透到人际关系的产物。因此，虽然他们努力去探索历史规律，但他们所提示的历史规律并非客观历史的真正规律，自然不可能得到历史的验证。

随着马克思主义的诞生，开始了历史学发展的一个更高的阶段，即历史学走向科学化的阶段。

第三节　司马迁的《史记》

一、司马迁其人其书

司马迁是我国古代最有创造天才和人格魅力的历史学家、文学家。他有着伟大的理想、坚强的毅力和卓越的史才，集文、史、哲、经于一身，是与孔子、屈原相媲美的世界级文化名人。他在两千多年前就写出了一部具有世界史性质的中国古代纪传体通史巨著——《史记》。这是一部体系完整、规模宏大、气魄恢弘、见识超群，在当时世界上无与伦比的史学名著、文化宝典。"在中国传统文化国学精品中，惟有《史记》是无与伦比的'百科全书'，它有取之不尽的思想源泉，养育着一代又一代人的成长，这一特殊的历史价值与地位，使《史记》成为中国学人的根柢书。司马迁的思想、精神、人格对中国知识阶层，对中华民族产生了不可估量的影响，以至于不研究司马迁和《史记》，就有中国文化研究从何谈起之感"①。《史记》问世两千多年来，有不可胜计的中外

---

① 张大可：《史记文献研究》，民族出版社1999年版，第9页。

学者阅读和研究,形成了颇有影响的专门学术体系——"史记学",因而《史记》早已走向世界,成为全人类的文化遗产。《史记》全本在朝鲜、日本已流传一千四五百年,它的部分传记在 20 世纪翻译成俄、英、德、法等文。前苏联及美、英、德、法等国的汉学家均展开了《史记》的研究。在海外,日本的《史记》研究发展最快,历代累计名家学者一百余人。西汉迄今的中国文史名家,无不阅读和研究《史记》。司马迁给中华民族带来了光荣,给炎黄子孙和人类文化宝库留下了一份最珍贵的文化遗产。

司马迁,字子长,西汉左冯翊夏阳(今陕西韩城南)人。根据王国维《太史公行年考》的推断,司马迁生于汉景帝中元五年(公元前 145 年),卒于汉昭帝初年(约公元前 86 年)。司马迁的一生大体上与西汉极盛的汉武帝刘彻统治的时代相始终,这是中国封建社会第一个黄金时代。司马迁生逢盛世,作为时代之子,他深深地感受到了一种蓬勃向上的时代力量。司马迁诞生的关中地区,不仅是中华文明最重要的发祥地之一,而且西周、秦汉定都关中,五方杂处,又是多种文化汇融之地。在司马迁成长的文化背景中,除了周人的伦理情感,秦人的功业追求,又增加了楚人的自由精神。这种独特的文化土壤,使得司马迁的思想比其他文化巨子,有较大的突破的可能。

汉武帝时代是一个雄视阔步的时代。司马迁的一生都与这个时代息息相关。经过汉初文景时期 70 余年的休养生息,西汉在政治、经济、军事和文化诸方面都进入了繁荣发展的鼎盛时期。丰厚的物质条件,给汉武帝提供了施展其雄才大略的社会基础,西汉帝国重新审视世界的雄心也随之诞生了。这是中华民族有史以来至为骄傲至为自豪的时代,她激励着司马迁,造就了司马迁,愿为这个时代建功立业。在汉帝国征服世界的雄大气势和声威中,文人们也显示出了开阔的胸襟和昂扬的精神。正如著名学者李长之所论:"汉武帝在许多点上,似乎是司马迁的敌人,抑且是司马迁所瞧不起,而玩弄于狡猾的笔墨之上的人;然而在另一方面,他们有许多相似之处,而且太相似了! 汉武帝之征服天下的雄心,司马迁表现在学术上。'天人之际','古今之变','一家之言',这同样是囊括一切的,征服一切的力量。武帝是亚历山大,司马迁就是亚里士多德。这同是一种时代精神的表现而已。驰骋,冲决,豪气,追求无限,苦闷,深情,这是那一个时代的共同情调,而作为其焦点,又留下了一个永远不朽的记录的,那就是司马迁的著作!"①

司马迁的成功不仅由于时代的伟大,也得益于史学世家的家教和"读万卷书,行万里路"的壮美人生。司马迁的父亲司马谈是一个博学多才的天文

---

① 李长之:《司马迁的人格与风格》,三联书店 1984 年版,第 18—19 页。

学家和史学家,他对司马迁人格与风格的形成产生了直接影响,起了关键作用。他还立志要写一部通史,虽未能如愿,但其学术思想及著史志向对司马迁有深刻影响。在父亲的指点下,司马迁读书非常用功,10岁诵古文,后来阅读了皇家图书馆的图书档案资料,曾向今文大师董仲舒学《春秋》,向古文大师孔安国学《古文尚书》,与当时学者名流有广泛联系。司马迁不但博览群书,而且勤于思考,"好学深思,心知其意",经过十余年的苦读,20岁以前的司马迁以学识渊博的少年才子而名动京师。

"读万卷书",奠定了司马迁坚实广博的学问基础,眼界大开的他不再满足于独处书斋,而产生了一种对世界进行更广阔视听把握的强烈追求。于是,司马迁在父亲的支持下,从20岁始,用了大约10年的时间游历考察了大半个中国,这在中国历史上是空前的。司马迁在《太史公自序》中对自己第一次壮游作了如下的记述:"二十而南游江、淮,上会稽,探禹穴,窥九疑,浮于沅、湘,北涉汶、泗,讲业齐、鲁之都,观孔子之遗风,乡射邹、峄,厄困鄱、薛、彭城,过梁、楚以归。"这次壮游是对黄河、长江文化的一次巡礼;是一次对自我精神的检阅,是一次生命意识的胜利凯旋,充分显示了司马迁胸怀天下的人格本色。这次考查也使得司马迁对祖国山川风土的壮美、优美有了更深刻的体验,得"江山之助"而成《史记》之"雄深雅健"。

司马迁38岁继任太史令,开始整理父稿,在确定发凡起例、编列纲目的同时,继续阅读搜集史料。42岁主持了《太初历》的改制工作,同时开始写作《史记》。48岁(公元前98年)因为李陵兵败匈奴辩解,触怒武帝,被逮捕下狱,遭受腐刑(割去生殖器)。经此奇耻大辱和生死考验,他为了完成《史记》,终于从极大的悲愤和耻辱中解脱了出来,决心忍辱负重,"述往事,思来者"。由于经历了封建专制政治的摧残,对社会的黑暗、世态炎凉有了痛切的感受,增强了他追求真理、直面人生、顽强斗争的精神,将一腔郁结之气和悲剧意识,全部倾注在自己的历史著作之中。50岁出狱,任中书令,把全部精力集中在撰著《史记》上。56岁《史记》完成,绝唱千古。司马迁著《史记》从元封三年(前108年)至征和三年(前90年),共十八年。而《史记》从司马谈发凡起例到最后完成,凝结了两代人的心血,总计前后30—40年。大约在汉昭帝始元元年(前86年),60岁的司马迁离开了人世。死后魂归故乡,其墓在今陕西韩城县南二十二里芝川镇南岭上,岿然矗立,与山河永存。

《史记》是中国历史上第一部通史性纪传体著作。《史记》是后人对它的称呼,司马迁自称为《太史公书》。《史记》记载着上自传说中的黄帝,下到汉武帝时期近3 000年的历史。全书分为十二本纪,十表,八书,三十世家,七十列传,共一百三十篇,五十二万六千五百字。所谓纪,是指本纪,是以朝代或帝王为主,按年月记其大事,为全书的总纲,是用编年体的方法记事的。所谓传,是王侯卿相和其他历史人物的传记,有单传、合传、类传。所谓世家,是专记诸侯世系活动的。春秋战国时期,各诸侯国先后称霸称雄,盛极一时,为了反映这一时期的历史,用世家这种体裁来记载诸侯国的情况,是十分妥贴的。秦以后,历代多为封建中央集权国家,世家这种体裁也就用不着了。表是把重要的历史大事或历史人物,按年代或时期用表格的方式表示出来,以简驭繁,一目了然,便于查检。如春秋、战国时期,列国林立,头绪纷繁,有了《二十二诸侯年表》和《六国年表》,非常便于查阅,以了解各国之间的关系。书是专记典章制度方面的兴废沿革的,《汉书》改称为《志》,以后的史书多用《志》这个名称。《史记》中的八书,记载典章制度各个方面虽还不够十分完备,但首创之功是难能可贵的。这样,司马迁通过本纪、世家、列传、表、书等方面,系统、全面地反映了中国社会的变迁,向人们展示了广阔的历史画卷。

二、《史记》的主要史学观点

《史记》的精髓就在于它体现了中华民族在结束分裂重新走向统一的历史过程中所形成的那种特有的刚健笃实、自强不息的精神,它澎湃着一种强烈的建功立业的激情,它像黄钟大吕一样发出一种阳刚之美,它是中华民族的英雄传奇,是华夏几千年的英雄史诗。从春秋战国到秦汉之际是中华民族文化创造、选择、整合、定型的阶段,中华民族的仁人志士围绕着"重建统一天下"这一政治主题而前仆后继艰苦求索,形成了中华民族生生不息的文化灵魂,因此,《史记》既是历史著作,又是自有历史以来的一切文化的总汇。

其一,进行文化总结,成一家之言。司马迁作《史记》的主要目的,是要上继孔子,效法《春秋》,写出一部"究天人之际,通古今之变,成一家之言"的著作,为完善、巩固和发展封建社会形态提供理论指导。司马迁在《太史公自序》这篇总结性文字中,画龙点睛式地揭示出其著述意图,即为"继《春秋》而作";"述往事,思来者";"成一家之言"。说明他作《史记》的旨趣、目的是以《春秋》作为历史哲学方面的指导,提出自己的思想体系和社会学说体系。司马迁正是要继承孔子作《春秋》的精神,协和六经异传,整齐百家杂语,用深切著名的历史事实阐明《春秋》大义,建立一套能适应历史周期变化,指导封建国家政治生活,影响人心道德的理论体系以拨乱世反之正。他在《史记·平准书》中指出:"《书》道唐虞之际,《诗》述殷周之世,安宁则长庠序,先本绌末,以礼仪防于利。事变多故而亦仅是。是以物盛则衰,时极而转,一质一文,终始之变也。"这段颇富哲理的话,反映了司马迁对社会发展规律的认识,西汉王朝虽处于极盛的顶峰,但却也可能是转衰的起点。虽不像孔子所处的时代那样礼崩乐坏,但发展下去却可能导致封建社会秩序的破坏。揭露是为了挽救危机,司马迁希望《史记》中所载的历代治乱得失的事实,能够引起统治者的重视,按照儒家政治理想调整统治政策。这也正是司马迁为自己著书所确定的根本目的。正是在这一目的支配下,司马迁建立了以儒家思想为基调的历史系统,并从正统论、循环论、道德决定论等方面论证了历史的发展,形成了自己的理论构架和思想体系,充分体现了我国古代史学家强烈的社会责任感和参与意识。因此,我们不能把《史记》局限于通常史书来认识,正如梁启超在《饮冰室文集》中所论:"故仅以近世'史'的观点读《史记》,非能知《史记》者也"。

其二,《史记》体现了华夏各族同祖同宗的民族史观。战国秦汉时期是我国多民族国家形成的重要时代,生活在这一时代中的司马迁以他的"旷世之识,高视千载",形成了代表时代潮流的民族史观。中华民族历史悠久,源远流长,寻其根底,始于炎黄,这是司马迁的民族史观。他说:"自黄帝至舜禹,皆同姓而异其国号,以章明德"。从武帝时代至西周,虽然朝代交替,政治屡变,但有一点是可以肯定的。无论是传说中的五帝,还是大禹治水的夏朝,无论是商还是周,他们的祖先只有一个,那就是黄帝。他说:"帝喾高辛者,黄帝曾孙也。"商人始祖"殷契,母曰简狄,有戎氏之女,为帝喾次妃。"周人始祖"后稷名弃,其母有台氏女,曰姜原。姜原为帝喾元妃。"春秋战国时期,天下分崩离析,诸侯称雄,兼并天下,不论是姬姓诸侯,还是异姓诸侯,虽然姓氏不同,但都是炎黄的后代。司马迁写道:"秦之先,帝颛顼之苗裔";"楚之先,出自帝颛顼高阳"等等。司马迁对异姓诸侯的祖先考述尤详。秦汉时期匈奴强大与中原王朝势同水火,但司马迁能够打破民族偏见,确认"匈奴其先祖夏后氏之苗裔也。"至于其他少数民族,在《史记》的《东越王传》、《西南夷列传》、《大宛传》中都有记述,他们有的是炎黄后裔,有的与其有某种血缘关系。司马迁以他独到的史识阐述了华夏各族同祖同宗的历史观,为中华民族的形成和统一提供了理论根据。

其三,《史记》体现了维护统一、反对分裂的"大一统"观。纵观中华民族的五千年历史,时而分裂,时而统一,但总的趋势是全民族的"大一统",这在今天看来是再也明白不过的,可是在司马迁的时代却很难看清楚,况且司马迁生活在短命秦朝覆亡后刚刚诞生不久的汉王朝,许多问题还有待于历史作进一步的验证。司马迁高瞻远瞩,热情讴歌"大一统",维护祖国统一。司马迁的大一统思想与他生活的时代有关。《史记》起于黄帝,其旨就在于宣传大一统。夏、商、周三代之君,秦汉帝王,春秋以来列国世家,无一不是黄帝后代。中华民族皆黄帝子孙,这一民族观念就奠基于《史记》。正如梁启超在《要籍题解及其读法》中指出:"从前的史,或属于一件事的关系文书——如

《尚书》;或属于各地方的记载——如《国语》、《战国策》;或属于一时代的记载——如《春秋》及《左传》。《史记》则举其时所及知之人类全体自有文化以来数千年之总活动冶为一炉。自此始认识历史为整个浑一的,为永久相续的。"从大一统史观出发,司马迁在《史记》中不仅对统一祖国做出了贡献的明君圣主如五帝、商汤、周武王等人给予赞扬,而且对道德不彰的秦始皇、汉高祖也给予极高的评价和充分肯定。司马迁还从大一统历史观出发,认为四方夷狄皆兄弟之国,在《史记》中第一次为少数民族立传,以历史的形式确定蛮、夷、戎、狄为华夏民族大家庭中的一员,开我国正史中为少数民族立传的先河。后来魏收作《魏书》云:"黄帝以土德王,北俗谓土为托,谓后为跋,故以为氏。"统一北方的鲜卑族附会托跋为炎黄子孙,为入主中原制造正统的舆论。由此可见,司马迁的大一统历史观,在历史上起了巨大的进步作用。

其四,《史记》注重社会经济生活,体现了敢于"言利"的财富观。经济是社会发展的基础,没有发达的经济,就不可能有繁荣的政治。司马迁以前的史学家都认为"言利"是不光彩的,即所谓"君子喻于义,小人喻于利"。司马迁敢于超越儒家的樊篱,敢于"言利"。他认为人类对于物质生活的要求推动了社会的发展,并且注重从人们社会经济生活中去寻找历史的发展线索。在中国古代史上,司马迁第一个系统地考察了商品经济的特征,还考察了经济与政治、经济与道德民俗的关系,提出了一整套发展生产、扩大交换、富国富民的经济理论,闪耀着朴素唯物史观的思想光辉。《史记》首创经济史传,"农、工、商、虞"并重。《货殖列传》和《平准书》是司马迁创立的专记社会经济变化的篇章。开创了我国历史记载生产活动的先例,提供了大量的经济史料,成为中国史学的优秀传统。司马迁还鼓励人们自由致富,主张大力发展工商业,并为商人立传,把著名的工商业者视为社会上值得重视的人物。他认为追求财富是人们生下来就具有的欲望,"富者,人之情性,所不学而俱欲者也","天下熙熙,皆为利来,天下攘攘,皆为利往。夫千乘之王,万家之侯,百室之君,尚犹患贫,而况匹夫编户之民乎"!正是从这一财富观出发,他"序货殖,则轻仁义而羞贫贱"。司马迁的远见卓识,在他死后的近两千年的封建社会中一直遭到人们的非议,这与他敢于言利的财富观有密切关系。

其五,《史记》具有拥抱全民族文化的胸怀,体现了兼收并蓄的文化观。秦皇汉武都以推行文化专制主义,加强中央集权著称,但生活在这个时代的司马迁表现出与众不同的文化观。司马迁与汉武帝、董仲舒罢黜百家的思想相对立,对百家学说广泛的容纳和吸收,承认他们的历史地位,显示出他具有拥抱全民族文化的广阔胸怀。司马迁受时代的影响,确实尊崇儒学,主张大一统,在《史记》中体现了儒家思想的主导地位。尤其是,《孔子世家》在详载孔子一生事迹的基础上,在赞语中引《诗》云:"高山仰之,景行行止,"并称"自天子王侯,中国言六艺者折中于夫子,可谓至圣矣!"表达了对孔子的无比崇敬。然而,司马迁的崇儒与汉武帝、董仲舒不同,他们独尊儒术,要废灭百家之学,而司马迁尊崇当时处于上升趋势的儒学与容纳各家学说并包俱存,各采其长,这正是司马迁文化观点的卓越之处。因此,《史记》将中华民族的历史都写进书中,将各家各派的学术思想都囊括其中,把各具智慧和光彩的历史人物都载入史册。就汉以前的历史说,《史记》反映了儒学地位的上升,学派的繁盛,又写了儒家以外的思想家老子、韩非、庄周、申不害、邹衍、管仲、商鞅、吕不韦和文学家屈原等,同时还写了春秋战国时期众多的军事家、政治家、纵横家等,还有反映其他社会阶层的刺客、医生、游侠、龟策、货殖等传记,展现了我国封建社会确立时期万紫千红的社会文化风貌。所以,梁启超推崇司马迁是古代思想文化的集大成者。他在《论中国学术思想变迁之大势》一文中指出:"其于孔子之学,独得力于《春秋》,西南学派(老庄)、北东学派(管仲齐派)、北西学派(申、商、韩)之精华,皆能咀嚼而融化之。又世在史官,承胚胎时期种种旧思想,磅礴郁积,以入于一百三十篇之中,虽谓史公为上古学术思想之集大成者可也。"著名学者郑振铎在《插图本中国文学史》中也认为司马迁的伟大贡献在于系统的整理古代学术文化,"他排比、整理古代一切杂乱无章的史料,而使之就范于一个囊括一切前代知识及文化的创作定型之中。"在这进步文化观的指导下,《史记》在反映我国古代社会文化生活方面取得巨大成功,其中蕴含着丰富多彩的思想文化养料,进一步确立了我国人文主义的优秀文化传统,滋育了人类社会的成长,所以才被公认为民族文化的奇葩、世界文化的瑰宝。

其六,《史记》以人物纪传为中心,重视人的价值和作用,唱出了历史、社会和人生的赞歌。司马迁创立以人物为中心的述史体例,认为历史是人创造的,文献资料都是记载人的活动,人是通过其主体认识能力与选择能力作用于历史的,而人在历史实践活动中的选择,最后决定着人的固有价值和他人对这一固有价值的承认,这是司马迁首创以人物纪传为中心的史学著作体例的思想基础。《史记》在取材叙事中,更以生动的事例说明"成事在人"的道理。战国马陵一战,孙膑用计打败了庞涓,魏国从此一落千丈;秦国偏僻落后,但重用人才而国富兵强,统一天下;秦始皇酷虐百姓,陈胜振臂一呼,天下响应,秦政权顷刻瓦解;项羽叱咤风云,有谋士范增而不用,终不免乌江自刎;刘邦善待天下,启用三杰,广招贤士,最后当了皇帝。司马迁将此类事一一写来,并以史论做点睛之笔:"安危在出令,存亡在所任。"揭示了事物成败的关键归于人为的力量、人才的作用、人心的向背,摈弃了先秦史学中对神意的崇敬,将历史著作变为研究人的学说,与同时代董仲舒的"天人感应"、"君权神授"思想大异其趣,表现了进步的历史观。同时,由于司马迁个人的不幸遭遇,《史记》又集中体现了其悲剧心态和悲剧意识。《史记》中写的最富有激情、最有思想艺术价值的都是那些历史上的悲剧人物的传记,被司马迁破格提升的人物也都具有浓郁的悲剧特色。《项羽本纪》、《孔子世家》、《陈涉世家》、《淮阴侯列传》、《刺客列传》、《游侠列传》等,都是为历代所传诵不倦的名篇佳作,读者会不自觉地为作者的情感所牵引,为主人公的悲剧命运而激愤、感叹。正是这些悲剧人物的呼喊和行动,使得全部《史记》有着永不枯竭的生命,表现了作者对于真、善、美的肯定和对人类百折不挠的斗争精神的礼赞,构成了一曲曲社会和人生的赞歌。没有挫折,就没有司马迁的千古绝唱。

三、司马迁《史记》对于史学研究的贡献

在中国传统文化国学精品中,惟有《史记》是无与伦比的"百科全书"。它有四大特点:一是《史记》体大精深,是民族文化的浓缩;二是《史记》蕴含的思想,是民族共同心理的历史哲学;三是《史记》所创造的历史与文学的成就,遗泽后世;四是司马迁崇高的人格、创新的精神,激励人生奋发有为。所以,《史记》不仅对中国史学文化产生了巨大贡献和深远影响,而且是中国传统文化形成和发展过程中的重要文本,对中华民族产生了不可估量的影响。

第一,司马迁《史记》综合古今典籍成一书,创造了中国第一部规模庞大、组织完备的纪传体通史,成为历代正史的专用体例。这是中国史学发展史上一次伟大的综合创新,从此奠定了史学的独立地位。在司马迁以前,史学只是经学的附庸。《春秋》、《左传》、《国语》和《战国策》等历史典籍,都不是体大思精的史学著作。《史记》第一次综合古今典籍成一书,汇总百科知识成一体,是一部真正体大思精的历史著作。所谓体大,是指它的五体形式;思精,是指它内容的全面性和系统性。《史记》五体本纪、表、书、世家、列传,分开来看又各自成为一个独立的系统,各有侧重,首尾完备,贯通历史发展的线索。五体合起来看又是组织严密互相交融的一部著作,自成一家之言,为后世史学著作树立了楷模。正如清代史学家赵翼在《廿二史札记》中所说:"司马迁参酌古今,发凡起例,创为全史。本纪以序帝王,世家以记侯国,十表以系时事,八书以详制度,列传以志人物……自此例一定,历代作史者遂不能出其范围。"

第二,《史记》具有百科全书的性质,前所未有地开拓了历史研究的新领域,推动了史学的发展。《史记》内容有许多首创。首创纪传体,形象地反映了封建社会的等级序列;首创贯通古今的通史,建立了历史发展断限理论的年代学;首创"太史公曰"的史论形式,提出了系统的史学理论;首创经济史传,发展了古代朴素的唯物史观,意识到经济发展状况对社会历史起决定的作用;首创军事史传,系统总结了古代的战争理论和叙述了战史的内容;首创学术史传,辨章学术源流;首创民族史传,提出了"民族大一统"的思想;首创各色人物的类传,全面地反映社会生活;首创语译古文,使艰深古奥的语言通俗化;首创历史文学,把历史人物的实录塑造成为典型形象;首创礼、乐、历卜、天官、河渠等各种专题的文化史传,不仅扩大了历史记叙的范围,而且开文化史先河;首创《大宛列传》,记载外国史事等等①。司马迁《史记》创造性地实现了"网罗天下放失旧闻"的撰著宗旨,构建了一个包罗万有的历史体系,使《史记》具有百科全书的内容,全面地多层次地展示了中国封建社会初期的社会历史风貌。

第三,《史记》在历史编撰学方面,以实录著史、取材广泛、略占详今、史论结合、叙述生动等方式,对中国史学有多方面的杰出贡献。首先,《史记》成为以实录著史的榜样。司马迁以信以传信、疑以传疑的审慎态度完成了《史记》的写作,经过历代史家研读,《史记》被公认为信史,使以实录著史成为后世史家的著史原则。其次,《史记》创立了序、论、赞的史论形式。《史记》有篇前之序,篇后之赞,有篇中加叙夹议等论传形式,多以"太史公曰"的方式出现,最具理论色彩,使历史编撰成为真正的史学论著。再次,《史记》取材广泛,司马迁充分利用了当时社会上流传的《诗》、《书》、《左传》、《国语》等诸子百家的文化典籍和国家的文书档案。此外,还实地调查,增广见闻。司马迁不仅广泛地搜集材料,而且对材料进行认真的分析和选择,淘汰一些无稽之谈。还有,《史记》确定了略古而详今的编撰原则。全书130篇,专记汉代历史的62篇,兼记秦汉的11篇,3 000年历史,近现代篇章的数量超过一半。这一详近略远的原则,来自"法后王"的思想,更具有现实借鉴参考意义,成为史学的优良传统之一。最后,《史记》写人叙事都极其生动,创造了历史和文学统一的范例。司马迁善于通过细节刻画人物的个性特征,如完璧归赵的蔺相如、西刺秦王的荆轲、叱咤风云的项羽、不拘小节的刘邦等,在作者笔下都栩栩如生。司马迁创造了写人艺术的方法,既熔文史于一炉,又更深刻地反映复杂的社会生活及其本质,使《史记》成为一部文史并重的名著。

第四,《史记》在史学观念上创新了"大一统"的国家观和民族观,将中华民族的精神哲理化、道德化、诗化。《史记》创新了"大一统"的思想,主要包括两层意思:中国是个统一的国家;中华各族都是炎黄子孙,中华民族是个

① 张大可:《史记文献研究》,第272页。

整体。这就是"大一统"的国家观和民族观。"大一统"一词出于《春秋公羊传》隐公元年:"何言乎王正月?大一统也。"司马迁肯定、颂扬大一统。《史记·秦始皇本记》:秦平定天下,"海内为郡县,法令由一统,自上古以来未尝有,五帝所不及"。司马迁第一个把生活在中华大地上的各族的祖先都归为黄帝,认为中华儿女都是炎黄子孙。这对中国统一的观念深入人心和中华民族的团结产生了深远的影响。《史记》所记载的人物和所叙的故事,包含了丰富的哲理,反映了中华民族重人事轻天道的思想倾向,给后世人们以智慧的启迪;《史记》中所构建的民族精神含有道德化色彩,一方面受《春秋》的影响,推崇君臣父子,另一方面又有超越前人的义利观、道德观,敢于为商人、游侠、刺客立传,赞美他们身上体现的义利统一的道德观,给后人以优秀道德品质的熏陶;《史记》不仅保存了古代史诗材料,而且通过其高超的文史结合形式,在"史诗"之"史"和文学的"诗"化语言、艺术特征的创新追求方面,都达到了前所未有的境界,将民族精神通过丰富多彩、千姿百态的事件、人物表现出来,使人百读不厌,给人以美的享受,无愧于"史家之绝唱,无韵之离骚"的赞誉。

　　第五,《史记》在史学方法上也有重大的开拓。《史记》是"通古今之变"的通史,是将政治、经济、文化、艺术、生产、生活、宗教、自然融为一体的以人物活动为中心的历史,俯仰古今,纵横万里,这是《史记》使史学终于"成一家之言"的基础。因此,《史记》在史学方法方面有一系列开拓创新:历史是人类活动的直接结果,因此必须通过对尽可能多地各种各样的人物活动的叙述才能反映历史的本来面目;历史在人类共同活动的过程中是不断演变的,传统内容反映了历史,也体现着一代又一代人的认识与创造,因此必须以发展的眼光来看待历史;人类活动是丰富多彩的,将受到自然、人事、传统各方面的制约,因此应联系地看待历史事实,不能仅将历史看成是政治变迁史,也不能轻视影响政治活动的各种因素;历史在发展过程,有其积极内容,也有其消极内容,史学家要爱憎分明,抑恶扬善,不能仅是资料汇编;叙述历史要"摆事实,讲道理",主要通过对历史事实的叙述,启发读者对历史规律的认识,对历史人物的评价,不能用先验的结论代替对历史问题的探求;为了达到全面、准确、客观、真实反映历史的要求,史学著作应当是一个完整的体系。我们根据司马迁通过《史记》所表现出来的这些史家的研究方法,可以说,它不仅在史学观上为后世史学奠定了基础,而且在史学方法论上也为中国史学家奠定了基础①。

----

① 　参阅黄新亚:《司马迁评传》,光明日报出版社1991年版,第199—200页。

司马迁的《史记》对中国史学的影响远不止以上几点，仅择其要者陈述之。当然，《史记》也有许多消极方面，比如歌功颂德，为汉政权树立丰碑；尊孔尊儒倾向为儒家独尊做了舆论宣传；在解释历史发展规律时，不能完全摆脱循环论观点；"大一统"的国家观、民族观成了封建正统论和集权政治的法宝等等。

总之，《史记》堪称是一部具有久远价值的不朽著作。封建社会许多著名学者把它视为著述的楷模；近代新史学的开拓者梁启超称书中"常有国民意识"；近代中国文化革命的主将鲁迅誉之为"史家之绝唱"；直到改革开放的今天，人们仍可从司马迁的经济思想中得到启迪，从《史记》中得到人文精神的熏陶，这正是千百年来《史记》人文价值之所在。

【思考与练习】

1. 谈谈历史与历史学著作、史学与史书的联系与区别。
2. 中西史学研究有何不同？请简述各自的特点。
3. 简述司马迁的《史记》在史学研究上的创新。

第八章 法学的历史发展和 唐代的《唐律疏议》

法学是人文科学中一门历史悠久的独立学科。它以法作为自己的研究对象,着重研究法的本质、形式和功能,揭示法产生和发展及制定、运用的基本规律。法的产生,是和社会发展的一定阶段相联系的。阶级社会产生以后,法历来是统治阶级的意志的体现。中外历代法学的发展,为人类文化发展积累了丰富的历史资料,特别是中国唐代的《唐律疏议》,为中国乃至世界法学的发展奠定了基础,在法学发展史上产生了巨大影响。但只有马克思主义法学产生后,法学才真正走向了科学。社会主义法律是工人阶级和广大劳动人民的意志的体现,它反映和代表着工人阶级和广大劳动人民的利益和要求。在我国,坚持依法治国,建设有中国特色的社会主义法制国家,是我们面临的伟大任务。

第一节 法学的性质和功能

一、法的概念

在中国语言中,法与法律是通用的,它指一种社会规范,是国家为维持其正常秩序和发展,以国家的强制力为保障,使全体社会成员为实现统治阶级的意志而必须遵守的行为规则。

在我国,"法"和"律"两个字最初是分开使用的,后来才发展为"法律"一词。汉代文字学家许慎所撰写的我国第一部字书《说文解字》中对"法"字的古体字"灋"的解释是:"灋,刑也。平之如水,从水;廌,所以触不直者去之,从去。"据说:廌是一种独角神兽,"似山牛,一角。古者决讼,令触不直"。这种神兽性中正,辨真伪,明是非,闻人论则咋不正,见人斗则触不直。它是正直的化身,用以判定是非曲直。儒家经典之一《尚书》把"刑"与"法"通用①,表明法就是刑。"律"字在《说文解字》中被解释为"均布","均布"是古代人调音

---

① 《尚书·吕刑》:"蚩尤惟始作乱,延及平民。……苗民弗用灵,制以刑,惟作五虐之刑曰法。"

律的工具。清代学者段玉裁在《说文解字注》中说:"律者,所以范天下之不一而归于一,故曰均布也。"可见,把"律"解释为"均布",有示范扶正,纠偏驱邪,规范行动,以求统一之意。在后来的文献记载中,"律"和"法"也是相同的。现代汉语中,"法律"一词专指国家立法机关所制定的特定或具体意义上的规范性文件。从广义说,还指国家其他机关制定并强制执行的一切行为规范的总称,在此意义上,与"法"通用。

在西方语言中,英文"Law"一词同汉语中"法律"一词的含义是对应的。欧洲大陆许多国家大都把"法"、"法律"解释为一种社会规则,同时兼有"权利"、"公平"、"正义"等含义。这可能与欧洲一些奴隶制国家比较发达的商品生产和交换有关。那时由工商业奴隶主掌权,要求以法来公平、公正地保护私有财产权利,规范人们的行为,维持社会的秩序。

通过对法的词源、词义的简单考察,可以初略了解法的含义。但作为一门科学,单了解这些是远远不够的。严格地说,马克思主义产生以前的思想家、政治家,尽管对法提出了不少真知灼见,积累了丰富的历史资料,但总体上看是不科学的。马克思主义从历史唯物主义出发,在不同意义上对法的概念作了不少表述,从而深刻揭示了法的本质和特征,扫除了剥削阶级在法的概念上的混乱,带来了法学上的革命。

马克思恩格斯早在《德意志意识形态》中,就明确指出:"占统治地位的个人除了必须以国家的形式组织自己的力量外,他们还必须给予他们自己的由这些特定关系所决定的意志,以国家意志即法律的一般表现形式。"又说:"由他们的共同利益所决定的这种意志的表现,就是法律。"[1]在《共产党宣言》一书中,马克思恩格斯在剖析资产阶级意识形态时指出:"你们的观念本身是资产阶级的生产关系和所有制关系的产物,正像你们的法不过是被奉为法律的你们这个阶级的意志一样,而这种意志的内容是由你们这个阶级的物质生活条件来决定的。"[2]在这里,马克思恩格斯虽然是针对资产阶级意识形态而言的,并不是给法律下定义,但却深刻揭示了法的概念的本质内涵,为认识和研究法的概念和本质特征提供了科学的方法论。后来,马克思在《〈政治经济学批判〉序言》中又指出:"法的关系正像国家的形式一样,即不能从它们的本身来理解,也不能从所谓的人类精神的一般发展来理解,相反,它们根源于物质的生活关系。"[3]

根据马克思主义关于法的论述,吸取学术界法学研究的成果,可以给法

---

[1] 《马克思恩格斯全集》第3卷,人民出版社1960年版,第378页。
[2] 《马克思恩格斯选集》第1卷,第268页。
[3] 《马克思恩格斯选集》第2卷,第82页。

作如下定义:法是由国家制定或认可并依靠国家强制力保证实施的,以权利和义务为调整机制,以人的行为及行为关系为调整对象,反映由特定物质生活条件所决定的统治阶级的意志,以确认、保护和发展统治阶级所要求的社会关系及价值目标的行为规范体系。把握这个定义,应着重理解以下几点:首先,法是以维护统治阶级利益为出发点,以实现统治阶级立法为目标来规范人们的行为、调整阶级关系的。其次,国家在法的制定或认可后,以其强大强制力量来保障法的实施,因而具有很大的权威性、统一性,对保障人们权利和义务的实现有很大的约束力。第三,对法的本源只有在社会物质生活条件中去理解,而不能在任何权利意志或精神领域去寻找。第四,法是一个调整人们社会关系和价值目标的行为规范体系,作为一个"规范体系",它不仅包括拥有立法权的国家机关,按照法定程序制定的法律文件,而且包括法律、有法律效力的解释及其行政机关为执行法律而制定的各类规范性规章、法规性文件。

二、法的基本特征

第一,法是调整社会关系的行为规范,因而具有规范性。

行为规范,就是人们的行为所遵循的规则、标准。它包括两种类型,一是人们在征服自然过程中形成的调整人与自然界之间关系的技术性规范,它是人们在运用自然力、劳动工具和劳动对象从事某种活动时所应遵循的规则、标准。二是在社会生活领域里调整人与人之间社会关系的行为规范,它是人们在社会生活及从事社会活动中所应遵循的规范。要特别指出的是,社会的行为规范表现在诸多方面,如政党、政策、道德、宗教、风俗、礼仪规范等等,而作为法律的行为规范,是国家调整人们社会关系的基本的、定型的行为规范。这表明,法律不是通过对人们思想的调整来调整社会关系的,而是通过对人们行为的调整来调整社会关系。

法律具有规范性。法律为人们的行为提供了一个模式和准则,它以确定的方式向人们宣布和明示,什么行为是正确的、可行的,人们必须做到的;什么行为是错误的、禁止的,人们不能去做的,同时指明做了以后的法律后果。作为社会的行为规范,不是为某个特定人单独设立的,它是向所有人所指明的共同性模式或准则,因而具有普遍性、排他性和反复适用性。法律规范一般分为三种类型:凡是允许或授权人们可以这样行为的法律规范属于授权性规范;凡是要求人们必须这样行为的法律规范属于命令性规范;凡是禁止人们如此行为的法律规范属于禁止性规范。这种分类,只是为人们正确理解和应用法律规范,从法律内容的逻辑上区分的,但在具体的法律条文中则具有相对的意义。

第二,法律是由国家制定、认可和解释的,具有国家意志性。

制定、认可、解释是法律创制的基本方式。和其他诸如道德规范、宗教规范、风俗礼仪等社会规范不同,法是由国家制定或认可的,也是由国家来解释的,它所体现的是国家意志。

制定是指国家机关按照一定的程序,创立制定具有不同法律效力的行为规范。国家制定的法律一般是指成文法。一定社会的政治制度不同,法律制定的方式也有所不同。封建君主专制下的法律是由君主钦定;资产阶级民主制度下的法律通常由议会制定,行政法规由行政机关制定。我国的法律则由全国人民代表大会制定,行政法规由国务院制定。所谓认可,就是国家机关通过一定的程序,对于某些已经存在并起着作用的行为规范赋予法律效力,使其成为现行的法律规范。国家认可的法律通常指习惯法和不成文法。赋予现已存在的社会规范如习俗、礼仪、道德、宗教等以法律效力,是认可的最常见、最基本的形式。除此之外,还有通过加入国际组织,承认或签订国际条约等方式,认可国际法律规范;国家机关从具体案件的审理中进行提炼和概括,形成的规则或遵循的原则,并赋予这些规范或原则的法律效力。通过制定或认可形成的法律,在司法实践中还有一个再创造的过程,这就是法律的解释。

法律是国家制定或认可的,它体现统治阶级的意志,是一种"表面上驾于社会之上的力量"[①]。具有国家意志性。法律的制定和颁布是以国家名义来进行的,只有经过国家制定或认可的统治阶级意志才是国家的意志。和以血缘关系为适用范围的原始习惯相区别,法律的适用范围是以国家主权为界域的。法律的国家意志性这一重要特征,决定了法律的统一性或普遍性。一般说来,全国只有一个统一的法律体系,法律在一国所有地域内对一切人和组织发生普遍效力。但是,法律的统一与国家的政治稳定是紧密联系的。任何国家如果处于分裂状态或政治上不安定,法律的实施在空间、时间和对人及组织的效力上就很难统一。

第三,法律的内容以权利和义务双向规定为调整机制,并以此来调整社会关系,维护社会秩序。

法律的内容规定了人们的权利和义务。在一个国家里,统治阶级正是通过法律规定的权利和义务来体现和实现自己的意志。什么是法律上的权利和义务呢?所谓权利,是指法律所赋予人们的某种权能,义务则是指法律所规定的人们必须履行的某种责任。从法律规范的三种类型来看,授权性法律规范,赋予了人们应当有的法律权利,而命令性和禁止性法律规范,则规定了人们应负的法律责任。这种权利和义务关系通过具体的法律条文告诉人们,应该怎么做、必须怎么做,不应该、不允许怎么做。人们正是根据法律来估计自己行为的后果,调整自己与他人之间的行为关系。

法律上的权利和义务是由国家确认并以国家的强制力量来保障的,当权利享有者在法律上的权利受到威胁和侵害时,或者法律规定的义务承担者拒不履行法定义务时,相应的国家机关可以以特有的强制力量,采取强制措施,来保证权利享有者的合法权利和义务承担者履行自己的义务。

第四,法律依靠国家强制力量,通过一定程序保证实施。

一切社会规范都具有某种强制力,但各种社会规范实施的方式是不同的。如道德规范是以社会舆论、人们内心的信念及良心、传统力量来维持的;社会团体的章程是靠该组织的纪律来实施的。而法律则是依靠国家的强制力来保证实施的,这是法律和其他社会规范的重要区别。如果没有强制性,法律就会变得苍白无力,毫无意义,违反法律的行为得不到惩罚,法律体现的统治阶级的意志也就无法保障。国家强制力通过"特殊的武装队伍"来体现,它是由军队、警察、法庭、监狱等组成的。

需要指出的是,法律的实施虽然以国家强制力来保证,但它是由专门的国家机关依据法定的程序和制裁措施来执行的。其中,法定的时间和法定空间上的步骤和方式,是法的程序性的重要内容。

三、法学体系和法律体系

(一) 法学体系

1. 法学体系的划分

法学体系就是法学研究的范围和分科,是法学的各个分支学科根据法自身的内在结构而形成的有机联系的整体。法学体系的建立,是一个由简单到复杂,由低级到高级,由笼统到清晰的过程。法学原本是法的注释学,它是对某一时期产生的法进行注释,以直接支持和服务于法的实施。随着社会的发展和社会生活的复杂性,法律也逐渐增多。不同的法适用于不同的领域,这时出现了法的不同部门,于是产生了不同的部门法学。在西方国家,最早有公法和私法,与此相适应的也就有了公法学和私法学。中国古代的法主要是刑法,以致形成了"法"、"刑"同义的局面,法学也就主要指刑法学。后来的法家在坚持以刑治世的过程中形成了一整套政治学说体系,其中包含了大量而丰富的法学思想成果。到国民党统治时期,中国已经有了宪法、刑法、刑事诉讼法、民法、民事诉讼法和商法等法,与此相适应,也有了这些部门的法学。法学体系是在法的体系基础上建立起来的。但是,如何划分法学的分科,按照什么标准来分科,在国内外还没有明确一致的观点。在各个国家,法学分科相当复杂和广泛,名称也很多。我们把各种不同分法归纳一下,可以做这样的划分:

(1) 按照不同类别的法律,法学可以划分为理论法学和应用法学两大类。据此,又可具体分为不同部门。在西方国家,理论法学一般叫做"法哲学"或"法理学",主要研究法律的基本概念、理论原理和法的发展规律等。在中国,理论法学通常称为"法学基础理论",主要研究法的起源、本质、特征、法与其他学科的关系,以及法的发展规律等基本理论。应用法学通常指社会生活中实际应用的法学分科,它包括国际法和国内法及这些法律的制定、解释和实施。一般来说,应用法学是直接服务于法律实践的,但在实际上,法律都是为实践服务的,理论和实践的划分只具有相对的意义,并且互为条件、互相作用。法的理论从历史和现实的各部门法学中概括出来,反过来他又指导各分支部门法学;部门法学在法的普遍原理指导下,来具体充实、完善法的原理。

(2) 按法律的不同类别,可以把法学划分为四类:第一类是国内法学,包括宪法、民法、刑法等各部门法。第二类是国际法,包括国际公法、国际私法和国际经济法等。第三类是法律史学,包括法制史和法制思想史以及由此派生的通史、断代史和专门史。第四类是法哲学、比较法学等。

(3) 从法律的制定和实施的过程来划分,法学可分为三类。一是立法学,主要研究立法基本原则、立法的规划及立法体制、立法程序、法律形式的规范化及立法的评价体系等等。二是法律注释学,亦即历史上早就存在的注释法学。三是法律社会学,主要是研究已制定的法律的实施以及法律的社会作用和效益评价等。

(4) 根据现代科学发展的新情况,从法学和其他学科的关系上来划分,法学又可分为法学本科和边缘学科。法学本科是法的最主要最基本的内容。随着现代科学一体化发展趋势,各门学科之间互相交叉、互相融通的现象越来越普遍,出现了许多边缘学科,如法医学、犯罪心理学、法律史学、法律社会学、法律化学、法律统计学、法律教育学等等。

2. 法学和其他学科的关系

法律作为调整人们行为规范的科学,它和其他学科有着不可分割的联系。现代社会发展和法律实践越来越证明,法律已经渗透到社会生活的各个方面,许多法律现象已经涉及到法学和其他学科的交叉和融通,法学和其他学科的联系更为密切。

法学和哲学

黑格尔曾说:"法学是哲学的一个部门。"这充分表明法学同哲学的关系是十分密切的。在人类知识体系中,哲学始终处于最高层次,是自然知识、社会知识和思维知识的概括和总结。但在认识史上,哲学和包括法学在内的其他学科的相互关系有一个历史的发展过程。起初,哲学和其他学科之间没有明确的界限和严格的区分,他们浑然一体地掺杂在人类认识的总体系中,哲学成为一个包罗万象的知识体系。随着实践水平的提高,许多专门的知识不断积累和发展起来,哲学和其他学科开始发生分化。到19世纪中期以后,法学也从哲学中分化出来,成为一门独立的学科。然而法律的独立并不意味着与哲学发展脱离,而只表明近代科学发展的一种趋势。实际上,法学和其他学科一样,始终受着哲学的巨大影响。首先,从理论形态上看,法学和哲学的紧密结合形成的法理学(法哲学),就是用哲学理论和方法对法律的一般问题进行研究和分析而形成的知识体系,它是哲学和法学有机结合的结晶,在法学学科中占有重要的地位。其次,从法学的发展历史来看,哲学的每一次变革和发展,都会引起法学的方法论和法学价值取向的更新,从而促进法学的发展。再次,马克思主义产生后形成的马克思主义法学,是法学发展进入一个崭新的阶段。他以马克思主义哲学为基础,从中吸取科学的世界观和方法论,同时法学又为马克思主义哲学发展提供丰富的材料,促进马克思主义哲学的发展。需要指出的是,哲学对法学提供的世界观和方法论的指导,他并不能代替法学的基本理论和法学本身的方法论。

法学和经济学

经济学是研究人的经济关系和经济活动的规律及其应用的科学。法学和经济学是紧密联系的。首先,经济制度是法的基础和依据。法所表现的统治阶级的意志以及法所规定的人们的权利和义务及其界限,归根结底是由统治阶级的物质生活条件决定的。没有不以人的意志为转移的经济基础,就没有代表这种经济关系的统治阶级的政权和作为这种政权意志的反映的法。认识这一点对认清法的本质至关重要。其次,法对社会经济又起着能动的反作用,这种反作用集中表现在法为经济基础的服务上。一般说来,法对经济的服务表现在以下几方面:第一,维护社会的正常秩序,为统治阶级所掌握的经济活动保驾护航。第二,法对一定历史阶段的经济体制的改革起保证作用。经济体制改革需要一个良好的社会秩序和环境,特别是改革涉及到个人利益时,社会的不法分子就会起来煽风点火,伺机破坏;尤其是在新旧体制转换过程中,少数国家机关工作人员以权谋私、贪污受贿;一些不法分子钻改革的空子,扰乱正常的经济秩序等等。这一切,都必须依靠法律,对那些贪官污吏、不法之徒绳之以法,以保护人民的法定权利,保障社会正常的经济秩序。

第三,法通过维护人的正常的经济活动和婚姻家庭生活,来为经济服务。

法学和政治学

政治学是研究政治现象及其发展规律的一门学科,它研究的范围相当广泛。因为法在政治活动和政治目标实现过程中起着非常重要的作用,因而它与政治具有内在的必然的关系。在历史上,政治学和法学在很长时期内是紧密结合在一起的。最初,政治学和法学是融为一体的。柏拉图和亚里士多德在他们的著作中,都是把政治和法放在一起论述的。到欧洲中世纪时期,天主教会处于统治地位,哲学、政治学、法学等都成了神学的附庸,直到17—18世纪资产阶级洪流使神学受到极大冲击,这些学科才逐步摆脱神学的统治。但在那时,政治学和法学仍然混为一体,法学家同时又是政治学家;政治学著作和法学著作没有明显的区别。洛克的《政府论》、卢梭的《社会契约论》、孟德斯鸠的《论法的精神》等著作,都是具有政治学和法学两重性质的著作。到了19世纪,法学和政治学才逐渐分离,各自独立开来,但在具体的政治和法律实践中,法学和政治学之间仍然保持着密切的关系。这种联系在于,他们都是阶级斗争的产物和统治阶级进行统治的工具,都代表和体现统治阶级的意志,都产生于一定的经济基础并为其服务。不仅如此,法学和政治学又是相互渗透的。作为重要的政治组织形式的国家是法律产生的前提;法律是体现国家意志的主要形式。国家机构的组成及运转要以法律为依据;而法律效力的发挥要以国家的强制力量来保证。这些充分表明,法学和政治学是互相配合,紧密联系的。

法学和社会学

社会学是一门综合性的社会科学,它的研究对象是整个社会。然而,随着政治、经济、教育、法律等社会科学的逐步形成,社会学就成为研究社会结构和社会关系、社会制度、社会规范、社会运动和变迁、社会冲突与控制等问题的一门综合性学科了。这种情况,决定着法学和社会学之间更为密切的联系。法学研究的是社会中的法,社会学通过法这种社会现象来研究社会。法学和社会学这种结合和相互交错的关系最突出的表现在法律社会学这一新兴学科上,它是界于法学和社会学之间的一个边缘学科。这门学科中社会学家综合各种社会因素来研究法律问题,法学家着重研究社会问题中的法律方面。法律社会学的产生和发展,是20世纪法学领域的一个重大成就,它对促进法制建设和法律文化等社会问题的现代化,具有重要意义。

除此以外,法学和历史学、伦理学、语言学、逻辑学等也有密切的联系。

(二) 法律体系

法律体系通常是指由一个国家现行的全部法律规范按不同法律部门分

类组合形成的有机联系的统一整体。它是由一个主权国家的全部现行法律构成的。作为法律体系,它必须是一个体系化的、互相联系的有机整体,门类齐全、结构严密和内在协调是其重要的特征之一。

对于法的部门的划分,早在罗马时期就有了。罗马人把法分为公法和私法,这种划分的影响是很深远的,以致现今一些国家仍然沿用。随着法的实践和法的部门分工的发展,到了资产阶级手里,法的部门分工变为具体化,通常把始终由国家机关代表国家参与的如宪法、行政法、刑法等划为公法,把公民之间可以按照自己意志涉足的如民法、婚姻法等归为私法。在中国古代,法的形式虽然有律、令、格、式之分,但法的主要部门是刑法,其他法规诸如民法、婚姻法、诉讼法等则散见于刑事法规及具有法的作用的一些礼教之中。直到半殖民地半封建的旧中国才接受了资本主义国家法的部门划分,并形成了部门法典。

我国进入社会主义时期后,在法律体系中取消了剥削阶级国家那种公法和私法的划分,形成了新的法律体系。特别是党的十一届三中全会后,总结我国社会主义法制建设的实践经验,借鉴发达国家先进的立法经验,基本建立了具有中国特色的社会主义法律体系。

1. 宪法。宪法是国家的根本大法,是国家一切活动的总章程,它规定着社会政治和经济制度的基本原则,及社会各阶级乃至每个公民在政治和经济上的法定权利及义务。我国成立初期,全国人民政治协商会议制定的《共同纲领》在当时起了宪法的作用,1954 年,在地方各级人民代表大会召开的基础上,第一届全国人民代表大会第一次会议制定了中华人民共和国宪法,这是中华人民共和国第一部正式宪法。实践证明,是一部较好的宪法。我国现行宪法是 1982 年 12 月 4 日第五届全国人民代表大会第五次会议通过公布的。在宪法总章程下,又产生了一些宪法法律部门,如各级人民代表大会和政府组织法及人民法院、人民检察院组织法、各级人民代表大会代表法、选举法、国籍法、国旗法、集会游行示威法及香港、澳门特别行政区基本法,等等,使宪法更加完善。

2. 行政法。行政法是国家行政管理活动的法律规范的总称,它规定着担负国家组织活动的行为机关的组成、任务、职权、内部关系和在行使行政权利中同公民的关系等,表现着与行政工作相关的法定权利义务的体系。行政法一般包括行政机关的组织和活动规则、行政作用、行政救济等等。从大的方面看,行政法律又分为一般行政法和特别行政法两大类。凡属国家行政管理的基本原则,如立法政策、国家行政决策、行政裁决及有关国家公职人员的任免、考核、奖罚等等,都属于一般行政法。凡属民政、公安、文化、卫生、城建、工商、司法行政管理、海关、边防、军事行政管理等法律性文件,则属于特别行政法。

3. 经济法。经济法作为一个法的部门是资本主义发展的产物。在我国是改革开放后发展起来的一个新的法律部门。所谓经济法,就是国家对经济实行宏观调控的各种法律规范的总和,它是行政法和民法的边缘学科。经济法包括的内容很广泛,从预算法、计划法、财政法、税法、银行法、投资法、信贷法、外汇管理法、基本建设法等,到各类企业管理的法律规范如全民所有制工业企业法、私营企业暂行条例、各类外资企业法等;从有关规范市场行为、维护市场秩序的各类法律规范如物资管理法、产品质量法、消费者权益保护法、反不正当竞争法等到有关外经、外贸、海关、商检等涉外经济法规以及电力、交通、邮电、城建、农业、水利发展法规等,都属于经济法范畴。

4. 民法。民法是调整平等主体的公民之间、法人之间、公民和法人之间的财产关系和人身关系的法律规范的总称。它是我国法律体系中一个重要的基本法律部门。我国民法基本原则包括当事人法律地位平等的原则、自愿、公平、等价有偿和诚信的原则、合法民事权益受法律保护的原则、民事活动必须遵守法律及国家政策的原则以及民事活动要遵循社会公德、不得损害社会公共利益、破坏国家各种经济计划、扰乱社会秩序的原则。此外,还包括民事关系的主体、民事法律行为和代理、财产所有权、债权、知识产权、人身权、婚姻家庭、财产继承、民事责任等制度。

5. 刑法。刑法是统治阶级为了维护其阶级利益和统治秩序,以国家的名义制定的有关什么行为是犯罪和对犯罪使用何种刑罚的法律规范的总称。它鲜明地反映统治阶级的意志,是统治阶级实现阶级专政的重要体现。我国的刑法反映工人阶级和广大人民的意志,是国家用来惩治犯罪、保卫国家安全、保护社会主义制度和人民根本利益,维护社会秩序、经济秩序,保障社会主义现代化建设和改革开放顺利进行的强大武器。我国刑法的基本原则是罪行法定原则、法律面前人人平等原则、罪刑相适应原则。

6. 诉讼法。诉讼法是有关诉讼活动的法律规范的总称。诉讼法有刑事诉讼法和民事诉讼法。刑事诉讼法规定着刑事诉讼的原则、程序、规定着审判机关、检察机关和侦察机关的职权范围、活动秩序和相关关系,规定着参加刑事诉讼的当事人的权利和义务等等。民事诉讼法规定着法院审理民事案件的原则、制度和活动秩序,以及民事诉讼当事人的权利义务等等。除此之外,在我国,还有行政诉讼法和仲裁法等,以保证行政法等法规的有效实施。

7. 劳动法。劳动法是调整劳动关系以及与劳动密切相关的其他关系的法律规范的总称。它涉及到用工制度、劳动合同的设立与解除、工作休息与劳动报酬、劳动纪律和奖励、劳动安全、卫生、保险、福利、劳动争议的仲裁、社会保障制度、工会组织的建立及活动等等。劳动法对于调动劳动者的积极性与创造性,提高劳动效率,保护劳动者合法权益,发展生产建设具有重要的作用,在我国改革开放和社会主义建设时期劳动法具有重要意义。

在国内各部门法律中,除了以上法律部门外,还有环境保护法律部门、科教文化法律部门和军事法律部门等。

8. 国际法。国际法是通过国家间的协议形成的调整国家之间关系的有拘束力的原则、规则和制度等行为规范的总称。和国内法相比,国际法的基本特征是:国际法的主体主要是国家,他调整的主要是国家与国家之间的关系;国际法机关是经由国家之间协议形成的,协议面的同意和国际社会的"公认"是国际法发生效力的根据;国际法的实施主要是依靠国家自身行动,而不是依靠集中的有组织的暴力机关。现代国际法的基本原则是和平共处五项原则,即互相尊重主权和领土完整、互不侵犯、互不干涉内政、平等互利、和平共处。这五项原则是中国、印度、缅甸于1954年首倡,得到世界各国政府和人民的支持,并在许多国际文件中得到承认,成为指导当代国际关系、制定国际法规的基本准则。

四、法学的功能

法学作为一门学科,具有重要的理论和实践功能。

首先,作为一种理论体系,法学的产生丰富了人文科学的知识宝库。自从法产生后,有关法的概念、命题构成了法学的基本范畴,并由此形成了有关的法律原则和理论体系,制定法律条文从而构成了法学学科的基本框架。法学的产生是人类文明、社会进步的结晶。

其次,作为调整人们行为的社会规范,法学具有传播文明、促进社会进步的社会功能。法学是对法律及其意义的深刻领悟,对各种法律的范畴和理论及立法的原则、理论、技术、法律解释及各种影响法律发展的因素进行全面、深刻的阐释。法学通过对各种法理要义的研究,逐步创新和发展法律的理论和方法。并通过它的理论和方法,不仅完善和推动着法律自身的发展,而且引导人们树立法制意识,掌握应有的法律知识,懂得法律是我们社会生活和人际交往的重要行动准则。在推进人类进步和社会发展中,法学是一把传承文明的火炬,把正义、自由、公正等法的精神和原则代代相传。它对于在社会生活中伸张正义、打击邪恶,追求真、善、美,树立现代法制观念,具有十分重要的意义与作用。

再次,法学具有教育的性质与功能。法学除了培养造就法律专门人才,培训精干高效的法律队伍外,它还有一个重要的功能,就是塑造高素质的公民人格。所谓公民人格是由主体意识、权利意识、平等意识、参与意识、宽容意识、义务、责任意识、法制观念、理性精神等组成的。这些内容共同构建一个高素质公民应具有的基本品格。而上述意识的树立、精神的造就,都需要用法学知识来培养。

第二节　法学的历史发展

一、法的产生及其本质

法作为一种社会历史现象,不是从来就有的,而是人类社会历史发展到一定阶段的产物,它的产生同私有制和阶级的出现有着直接的联系。

人类在进入阶级社会之前,生产力极端低下,劳动产品非常匮乏,除了勉强维持人们生存起码的必需外,没有剩余产品。在这种情况下,没有私有制、剥削和阶级的划分,因而也不会有作为阶级统治的国家和法。但这并不是说,原始社会没有自己的社会组织和行为调控规则。任何社会的存在,都有一定的社会调控机制,这种调控机制有两种基本的形式,这就是社会组织和行为规范。社会组织就是社会内部的稳定的关系,通过调节人们之间的利益关系来制止分裂、联合行动,以维持社会的稳定和统一。行为规范的职能主要是规定人们的行为方式,并通过对行为允许和禁止来抵制和改变某种危害社会的社会关系,以维持和保护促进社会发展的社会关系。

在漫长的原始社会时期,社会组织的基本单位是氏族。氏族是按血缘关系组成的人类最初的社会生活形式。那时候,一切生产资料及简单的生产工具都是大家的共同财产,氏族成员之间都是平等的,一切重要事情都由氏族成员集体决定。氏族首领由氏族成员大会选举产生,一般由那些德高望重的长者来担任,他们不脱离生产劳动,也没有任何特权。他们的权威不是依靠暴力,而是依靠他们的勇敢、勤劳、智慧和对氏族成员的友爱和平等。那时候,调整社会关系和氏族成员的行为是依靠习惯。习惯是氏族成员共同遵守的行为准则,它是人们在长期的共同劳动和生活中逐渐地、自发地形成、演变并世代相传的。这些行为习惯存在于氏族成员的意识和日常生活行动中,它调整着氏族成员之间的相互关系,维护着氏族社会的秩序。

到了原始社会末期,由于生产工具的改进,生产效率的提高,创造了更多的产品,于是出现了剩余产品。剩余产品的出现,为人剥削人的现象提供了可能。随着生产和交换的发展,少数人利用公务和手中掌握的权利,把一部分剩余产品据为己有。随着生产力的发展,社会分工和交换发展起来,这就进一步促进了私有制的产生。特别是人类历史上发生的几次社会大分工,个体劳动也成为可能。一夫一妻制个体家庭的成立和财产继承的父权制的产生,使财富逐步积累于家庭之中。促进了劳动生产率的大大提高,为社会提供更多的剩余产品,为吸收和扩大新的劳动力提供了条件。因此,以往要被杀掉甚至被吃掉的战俘不再被杀,而被当作奴隶保留下来,让他们从事生产劳动成了有利可图的事情。这时候,社会开始分裂为主人和奴隶,人类历史发展中的第一个阶级社会——奴隶制社会就产生了。奴隶制的产生,使人们的社会关系发生了根本的改变,以往那种平等友好的关系被剥削与被剥削、压迫与被压迫的关系所取代,过去那种纯粹血缘关系为基础的社会组织被地域统治关系的社会组织所取代,过去那种共同劳动、平等消费的生活秩序被打破了,奴隶主阶级和奴隶阶级在物质利益上的根本对立越来越尖锐,不可调和的矛盾必然导致奴隶的强烈反抗。

在这种情况下,社会自身再也无力解决这种对立和冲突了。为了不使社会和互相冲突的阶级在无谓的斗争中同归于尽,就需要一个凌驾于社会之上的力量,把这种阶级冲突控制在一定范围内。为了适应这种社会结构和历史条件,一种新的社会组织系统和权威系统就产生了。奴隶主阶级为了镇压奴隶的反抗,确保自己的经济地位,建立了一套特殊的暴力机构,并凭借他取得政治上的统治权。这种特殊的暴力机构就是国家。随着奴隶主和奴隶之间对抗的加剧,就需要有一种反映奴隶主阶级意志和利益的行为规范,并以国家强制力迫使社会成员共同遵守、以维护有利于奴隶主阶级的社会秩序。这种行为规范就是法。

由此可见,法不是从来就有的,它的产生伴随着阶级和国家的产生而产生,是社会生产力和生产关系基本矛盾发展的必然结果,是阶级矛盾不可调和的产物和表现。

法产生以后,与原始的氏族习惯有着根本区别。从体现自己的意志上看,氏族习惯反映着氏族全体成员的共同意志,而法则以国家意志的形式体现着统治阶级的意志。从产生的形式上看,氏族习惯是自发地形成和演变的,法则是统治阶级在行使权利过程中有意识的对原始习惯的选择、确立和根据实际需要创立的。从适用的范围看,氏族习惯适用的是以血缘亲属关系为基础的同族或部落成员,而法则适用于国家权利所辖地域内的一切居民。在实施方式上,氏族习惯依靠人的自觉性及氏族首领的崇高威望来保障实施,而法的实施则在当事人的守法意识基础上,还要靠国家强制力(警察、监狱、法庭及各种强制机关)来保障。从实现的目的看,氏族习惯以维系社会成员间的平等互助关系和共同利益为目的,而法则是以实现统治阶级的根本利益、维护有利于统治阶级统治的社会关系和社会秩序为目的。

　　自从法产生后,关于法的本质的争论和论述浩如烟海,但答案却众说纷纭,莫衷一是。马克思主义产生以后,法的本质问题才有了一个科学的说明。早在《共产党宣言》一书中,马克思、恩格斯针对资产阶级意识形态指出:"你们的观念本身是资产阶级的生产关系和所有制关系的产物,正像你们的法不过是被奉为法律的你们这个阶级的意志一样,而这种意志的内容是由你们这个阶级的物质生活条件来决定的。"①后来,列宁更加明确地指出:"法律就是取得胜利、掌握国家政权的阶级的意志的表现。"②

　　法是统治阶级意志的表现,但不是统治阶级中少数人或个别人意志的体现。法体现的是统治阶级的共同的、根本的利益,马克思说:统治阶级的"共同利益所决定的这种意志的表现,就是法律"。③法作为一种社会意识形态,虽然是统治阶级意志的表现,但决不是统治阶级随心所欲的,而是由统治阶级物质生活条件所决定的。这是历史唯物主义法律观的基本观点,也是同唯心主义法律观相区别的根本标志。

　　根据法所赖以存在的经济基础及所体现的国家意志的不同性质而对各种社会的法律制度所进行的分类叫法的历史类型,这对我们进一步深刻认识法的本质和法的发展规律是非常重要的。划分法的历史类型,是以其所处的社会经济基础和其代表的阶级本质为标准的。凡是建立在相同经济基础之上,反映同一阶级意志的法,就属于同一历史类型的法,它们有共同的经济基础,代表相同的阶级本质。按照这种原则和标准,历史上先后产生过四种类型的法律制度,这就是奴隶制国家的法、封建制国家的法、资本主义国家的法和社会主义国家的法。这四种不同类型的法依次更替,体现着由低级到高级的发展过程。

　　在历史上,奴隶制国家的法和封建制国家的法,都属于古代的法律制度。奴隶制国家的法是世界上最早产生的法,它随着私有制、阶级和国家的出现而产生。它们所反映的国家意志的属性虽然不同,但所体现的自然经济关系和专制政治制度的共同规律是一致的。奴隶制国家的法,肆意践踏奴隶的法律人格,公开确认对奴隶的人身占有关系,对违法的处罚方式极为野蛮、残酷,同时,在自由民内部进行等级划分。自由民的等级地位不同,对法律的权利和义务也不同,等级高的特权多义务少,等级低的特权少义务多。封建制国家的法,反映着封建地主阶级的意志,它确立了人身的依附关系,设立壁垒森严的封建等级,直接为专制王权服务。在刑罚方式上,也是极为严酷、野蛮

---

① 《马克思恩格斯选集》第1卷,人民出版社1972年版,第268页。
② 《列宁全集》第13卷,人民出版社1959年版,第304页。
③ 《马克思恩格斯全集》第3卷,人民出版社1960年版,第378页。

的。到了近代,资产阶级革命最终确立了资本主义法律制度。资本主义法律制度规定:"私有财产神圣不可侵犯和法律面前人人平等"的原则,在这些原则下,资产阶级以"法治国家"的稳定状态来维持着整个资产阶级的共同利益。社会主义国家的法建立在生产资料公有制基础之上,体现着工人阶级和广大人民的意志,它是由社会主义国家制定或认可,并由社会主义国家强制力保证其实施的行为规则。法的发展历史表明,不同类型法依次更替,是社会基本矛盾运动发展的必然结果,这反映着法产生和发展的客观规律性。

二、中西方法学的历史发展

(一)中国法学的历史发展

中国文明历史悠久,博大精深,拥有丰富的法律文化遗产。从历史发展的过程来看,中国历史上的法学大体可分为四个阶段,即夏、商、西周时期的法学思想;春秋战国时期的法学;西汉到清代中期的法学以及清到中华民国时期的法学。

据史料记载,夏、商、西周时期已有了以天命和宗法制度为核心的法律思想。特别是中国奴隶制社会的神权法思想,把奴隶主的统治神化,把体现他们意志的法律说成是神意的体现,并以神圣不可侵犯的绝对权威统治着广大奴隶和平民。夏、商的"天命"、"天罚"思想,西周"以德配天"的君权神授说、"明德慎刑"的施政方针,在相当长的时间内成为支配后世封建法学和封建统治的主导思想。夏、商、西周时代与神权思想并行的另一维护奴隶主统治的精神支柱,是以"宗法"为核心的"礼治"。"宗法"就是以血缘为纽带调整家族内部关系,维护家长、族长的统治地位和世袭特权的行为规范。封建统治集团掌握国家政权后,就把宗法关系和国家组织直接结合起来,逐级任命和分封自己的亲属担任各级官吏并世袭下去,从而形成了以国王为最高统治者的宗法等级制,并利用族权来巩固政权。奴隶主贵族为了巩固和加强他们的统治,便在宗法传统习惯基础上制定了一整套以维护宗法等级制为中心的行为规范及相应的礼仪形式和典章制度,这就是礼或国礼。与此相适应,西周在政治法律思想上实行了以"亲亲"、"尊尊"、"长长"与"男女有别"为基本原则的"礼治"。由此可见,礼一开始就和神权、族权紧密联系着,并含有行为规范的意义。那时,一切必须以礼为准绳。"亲亲"、"尊尊"即是国礼的基本原则,也是西周立法的指导,由此派生出来立法、司法的另一条原则,即"礼不下庶人"、"刑不上大夫",它成为西周"礼治"的一个基本特征。由于历史条件的限制,以上这些思想还没有成为复杂广泛的整体,因而不可能有真正的法律体系。

春秋战国时期的几百年间是中国古代法学兴起和蓬勃发展的时期。那时各种思想异常活跃,出现了百家争鸣、百花齐放的繁荣局面。在这种情况下,法学得到了前所未有的大发展,不少思想家开始对法的起源、本质、作用及法与政治、经济、国家政权、伦理道德、风俗习惯关系等基本问题,提出了一些具有一定合理因素的新见解,从而大大丰富了中国乃至整个世界的古代法学。这其中,儒、法、墨、道四家都对法学的兴起做出了突出贡献。儒家坚持人性善的哲学观,强调圣君、贤相个人的统治力量,重视道德礼教,维护"礼治",提倡德治,主张德主刑辅,综合为治,并从哲学上对这些思想观点进行论证。墨家则宣称"天必欲人之相爱相利,而不欲人之相恶相贼",主张以天为法,循法而行。他们从"天下之人皆相爱"的理想社会观点出发,提出以"兼相爱、交相利"为核心的法律观。在刑法上极力主张"赏当贤,罚当暴,不杀不辜,不失有罚",立足于节用、节葬、非乐、利民及发展生产、反对浪费的经济立法思想,对后来法的发展影响较大。道家在中国法学史上第一个提出"道法自然"的自然法观点,鄙薄"有为"的人定法,崇尚"无为"的自然法,抨击"礼治"、"法治"。到战国中期,庄子则主张绝对"无为",否定法律、道德和一切文化,追求不受任何约束的绝对自由。这种主张一切顺乎自然,"无为而治"的法律虚无主义,在法学发展中起了消极作用。法家代表战国时期新兴地主阶级利益,他们的代表人物大都是政治活动家,极力推崇法治,主张"以法治国",并把它作为立国和治国之本。在中国法学的历史发展中,法家的贡献尤为突出。他们极力主张实行法治,并发动了一系列变法革新运动,许多代表人物在法学理论研究方面提出了颇有见地和影响的思想。在法的本质问题上,法家认为法律应该是公平正直的,因而如同量长度的尺寸、正曲直的绳墨、称轻重的衡石,是衡量人们行为的公平、正直的客观准则。在法的起源问题上,法家认为法同国家一样,都是历史发展到需要"立禁"、"止争"时才产生的。在法的作用上,认为法律首要的作用是"定分止争",其次是"兴功惧暴"。管仲把以上作用概括为:"法者,所以兴功惧暴也;律者,所以定分止争也;令者,所以令人知事也。法律政令者,吏民规矩绳墨也。"[①]在此基础上,法家极力推行法治反对"礼治"、"德治"、"人治"。李悝的"著书定律"、吴起的"明法审令"、商鞅的变法维新、管仲对法学理论的系统化,以及法家思想集大成者韩非的"不务德而务法"的"法治"理论和"以法为本"基础上的法、势、术三结合的"法治"方法体系等,对后来法学发展产生了较大的推动作用。

到了汉代,汉武帝采纳董仲舒"罢黜百家,独尊儒术"的主张。这时,儒学统治着所有领域,法学开始成为儒学的附庸。汉以后的封建正统思想,在

---

① 《管子·七臣七主》,黎翔凤:《管子校注》,中华书局2004年版,第981页。

中国古代法学发展史上占有重要地位。以儒学为主的儒法合流、礼法统一，成为封建正统法学思想的重要组成部分。在这种思想指导下，以"三纲"为核心的封建礼教作为指导立法、司法活动的基本原则，在儒学传统基础上的"德主刑辅"或"明德慎罚"则被奉为统治人民的主要方法。到后来，尽管封建正统法律思想内容不断变化，但重德轻刑、重义轻利、德主刑辅这一封建社会正统法律思想的实质并没有变。从汉代起，在法学领域里出现了"律学"，它是根据儒学原则对以律为主的成文法进行讲习、诠释的法学，出现了一批传习法令、收徒教法的学者。东晋以后，对法的官方诠释逐步取代了私人诠释，《唐律疏议》就是这种官方诠释的范本。它对唐代以前的法学思想进行了集中概括，引述儒家经义对律文进行疏解。《唐律疏议》是中国乃至世界历史上最系统、保存最完整的注释法学著作，对中国后世及亚洲一些国家的封建法律制度产生了重大影响。此后，到宋、明、清各代也都有了类似的著述。律博士官制度是三国魏明帝时代设立的，一直延续到宋代。这种制度专门传授法学，从而在一定范围内带来了法学兴旺的局面。宋代王安石锐意变法，推行律学，但受到保守势力的抵制，改革变法不但未被推行，反而使法学陷入困境。从中国封建社会的整个历程看，律学虽然是正统的法学，是法学的代表，但不是惟一的法学。除此以外，不同价值取向的法学思想和各种风格不同的法学研究方法及明末以后的各种法学思想对律学都产生了强大的冲击和影响。

鸦片战争以后，中国沦为半封建半殖民地社会。法学思想也由长期以来的儒家思想演变为封建主义和资本主义相交织的混合形态。面对帝国主义侵略，许多爱国志士仁人都有强烈的变法图强要求。执掌政权的洋务派主张中学为本，西学为用。康有为、梁启超等在主张君主立宪制基础上，发动了戊戌变法运动。后来，孙中山等人又主张民主共和制，反对君主制。这些爱国人士对中西法学思想和法律制度进行过比较深入系统的研究，提出了把中西法律制度融为一体的改革方案。这些使当时的中国人民耳目一新，起了巨大的启蒙作用。那时，许多官员和学生被派出学习和考察西方法律。1901年京师大学堂设立法科，1906年成立法律学堂，这时，法学在中国已成为一门独立的学科。法科师生大力传播西方法学思想，宣传资产阶级民主法制，抵制封建正统法律思想和制度方面，发挥了积极作用，极大地促进了清末到民国初期法律思想发展和法律制度的改革。后来，在国民党统治时期，官方的法学实际上是封建地主阶级的法学思想和资产阶级法学思想的大杂烩。同时，进步法学冲击反动势力的压制，高举科学、民主、人权大旗，积极投入到反对封建法律制度和国民党反动政权的伟大斗争中去，直到中国共产党领导下的新民主主义革命,才结束了封建反动法学在中国的统治,确立了马克思主义法学的地位。

(二)西方法学的历史发展

西方法学的发展,分为三个阶段,即古希腊、罗马奴隶制社会的法学,西欧封建社会的法学以及近现代西方资本主义的法学。

西方法学的源头在古希腊。以雅典为代表的古希腊城邦国家还没有健全的专职的法学家和专门的法律机构,更不可能有独立的法学思想体系。但那时的习惯法有了较大的发展,社会生活的各个方面已渗透了法律。与此同时,古希腊繁荣的哲学极大地启发了自由民的认识能力和对事物评判的水平,使政治、伦理、文学和美学等文化知识大大发展起来,其中涉及到许多法学问题,如法与人、神、自然、法与权、法治与人治、法与利益等等。在法学史上,苏格拉底、柏拉图、亚里士多德等人,是这一时期最有影响的代表。古罗马的法律把古代西方法律制度推向最高峰,在繁荣昌盛的罗马法学中,许多法学家引入希腊自然法概念来论证罗马法的神圣性、广泛适用性,并对立法、执法、司法的技术和方法进行了系统的论述。罗马帝国前期,随着简单的商品经济和生产关系的发展,法律的内容越来越复杂,于是专门从事法学研究和法律事务的专家应运而生,职业法学家团体、法律学校和各种法学流派相随出现。从此,法学有了相对独立的地位,并成为罗马法的一个重要渊源。罗马法在后来西方法学史上产生了重大影响。

西欧封建社会的法学经历了漫长的历程。在中世纪,神学统治着一切领域,法学和其他学科一样,成为神学的一个科目,再没有以前那种独立的地位和作用了。但真正的法学挣脱神学的禁锢却仍然在发展着。如托马斯·阿奎那在保存和发展古希腊罗马法学方面,做出了突出的表现。到中世纪后期,出现了以复兴罗马法为主要任务的法学教育和法学研究,职业法学家团体和法学流派又发展起来,其中注释法学派具有重要的代表性。该学派的活动中心在意大利北部的伦比亚大学,所以又叫"伦比亚学派"。注释法学派分为前注释法学派和后注释法学派。前注释法学派着重对罗马法文献进行注释和引证,以精确其含义。后注释法学派则致力于使罗马法与城市法规、日耳曼习惯法、教会法等的融合,把罗马法改造成为意大利法,为现实生活服务。到文艺复兴和宗教改革时期,西方法学变革的一个显著特点是朝着世俗化方向发展,法学又从天国回到了人间,其中人文主义法学派是这一时期法学发展的主要标志。人文主义学派提倡把罗马法作为整个古典文化的组成部分来看待,用哲学方法和历史方法来研究罗马法,以利于罗马法的复兴。在封建社会法学的发展中,注释法学派和人文法学派为法学的理论和技术方法上的创造性发展奠定了基础。这些学派的法学家是把古代法学传递到近代的使者。

到了近代,17、18世纪的资产阶级革命使封建主义受到极大的冲击。资产阶级民主法制和蓬勃发展的商品经济,对法学和法律的要求越来越迫切。此时,法学教育和法学研究大大发展起来,许多法律学校和法律流派又重新出现。近代资产阶级法律观的核心是主张自由、平等、人权、法治,其中自然法学派的"社会契约论"和"天赋人权论"是典型的表现形式。自然法学派的这些思想对西方乃至世界法学发展产生了巨大影响,同时也为美、英、法等近代资产阶级民主法制奠定了坚实的理论基础。资产阶级法学家、政治家们提出并创立了权利平等、契约自由、罪行法定等新的法制原则和宪法、国际法等具有代表性的法典,对以后法学的发展起了重要的推动作用。

18世纪末19世纪初,广泛的立法运动在西方国家陆续展开,资产阶级国家的两大法系——英美法系和大陆法系在这一时期形成。随着资产阶级法律制度的建立和日益完备,欧洲大陆逐步出现了19世纪三大法学派别,即历史法学派、分析法学派和德国古典唯心主义法哲学思想。特别是分析法学派的出现,标志着作为独立学科的法学地位的进一步确立。

西方社会进入帝国主义阶段后,各种社会矛盾愈演愈烈。为了调整与缓和各种矛盾,有关劳资福利、教育、经济、环境保护等立法陆续产生。这时的西方法学学派不断涌现,其中影响较大的是社会法学派、分析实证主义法学派、新自然法学派及新康德主义、新黑格尔主义法学派等四大学派。这些学派尽管表现不一,但有一个共同特征就是都强调法的社会化。二战以后,法学的注意力逐步转向经济和其他社会问题上。但由于战时各国政府对言论及学术研究的限制和控制,法学仍处在"休眠状态"。从50年代中期,西方法学有了进一步发展,又重新出现了西方法学史上前所未有的繁荣局面,各种法学学派以新的面目出现。进入70年代以后,反映现代资本主义经济、政治要求的法学学派和经济分析法学派、新马克思主义法学派异军突起,它们不仅推动了法学在现代的发展,而且对调整、维护和巩固现代资本主义制度起了重要作用。

三、马克思主义法学的产生

马克思主义以前的旧法学,对法的创立和发展做出了重要贡献,但从性质上看,都是剥削阶级法学。剥削阶级的法学,尽管形式多种多样,学派林立,在有关法律的基本理论、技术、形式及法的运行等方面甚至达到相当完善的程度,但由于受剥削阶级偏见,唯心主义世界观和形而上学方法论的局限,它们都没有揭示出甚至掩盖法的本质,违背法的规律,因此,从总体上来说是不科学的。

19 世纪 40 年代,马克思主义在欧洲产生了。马克思主义的产生带来了整个社会科学的革命,使之成了同自然科学一样的真正的科学。但马克思主义只开辟了认识真理的道路,提供了认识真理的方法论,他们在对旧世界的批判中接触到许多法的问题,在许多著作中深刻论述了法的问题,提出了许多原理和结论,为法学的科学研究提供了锐利的思想武器,成为整个马克思主义法学体系的重要组成部分。从此,法学领域发生了根本变革。随着无产阶级革命斗争深入发展,特别是社会主义国家的法学研究和法制实践,使马克思主义法学不断丰富和完善。马克思主义法学用科学的世界观和方法论,深刻揭示了法的本质和规律,从而使法学成为一门真正的科学。

马克思恩格斯为马克思主义法学奠定了科学的理论基础,提供了正确的方法论。早在《德意志意识形态》一书中,马克思、恩格斯就深刻揭示了法的本质与规律,如法根源于社会物质生活条件,根源于利益的冲突,法随着社会经济条件的发展而发展,法与阶级、国家之间必然联系等一系列马克思主义法学的基本原理。《共产党宣言》的发表,标志着马克思主义的诞生。马克思恩格斯在后来的许多著作中如《论住宅问题》、《哥达纲领批判》、《家庭、私有制和国家起源》、《资本论》、《法学家的社会主义》等著作中,进一步丰富和发展了他们的法学理论,从而引起了法学领域里的一场伟大变革。对近代以后的世界法学,特别是对社会主义国家法学和法制建设产生了前所未有的影响。马克思恩格斯去世后,列宁创造性地发展了马克思主义法学,他在《新工厂法》、《国家与革命》、《关于司法人民委员会在新经济政策条件下的任务》、《论"双重"领导和法制》等著作中,进一步发挥和丰富了马克思主义关于法的基本理论,并结合俄国革命的实际,提出和解决了一系列新的法学问题,形成了社会主义时期法制建设的新学说。这些思想,如无产阶级政权建立以后必须依靠法律、善于运用法律;社会主义宪法的实质是承认和保护人民的权利;加强法律监控,维护宪法和法律的权威等;都对马克思主义法学的传播和发展做出了突出贡献。十月革命的炮声给中国送来了马克思主义,以毛泽东为代表的中国共产党人结合中国革命实践,丰富了马克思主义法学宝库。由于中国革命的任务是以夺取政权为中心的,全面的系统的法制建设尚未进行,因而毛泽东等老一辈无产阶级革命家还不可能有系统的法律方面的论著,但关于法制的思想理论却大量散见于毛泽东等党和国家领导人的著作、讲话中。他们以马克思列宁主义法学理论为基础,从中国实际出发,对民主和社会主义的立法原则,原则性和灵活性相结合的立法观念,以及"有法可依、有法必依、执法必严、违法必究"的法制原则和以事实为根据、以法律为准绳的诉讼思想,大大丰富和发展了马克思主义法学理论。中国社会主义建设进入了改革开放时期,邓小平提出的建设有中国特色的社会主义理论,在新时期发展了马克思主义法学。十一届三中全会以后,邓小平以巨大的政治胆略和理论勇气,把马克思列宁主义、毛泽东思想的基本理论与当代中国的实际和时代特征结合起来,在我国社会主义建设和改革开放伟大实践中,正确地总结中国社会主义建设和其他社会主义国家兴衰成败的历史经验,科学地提出了社会主义本质的理论,创立了具有中国特色的社会主义理论。其中包括有中国特色的社会主义民主法制理论。这些思想中,最为突出的是民主法制建设的战略意义、民主与法制的关系、民主法制立国的思想、依法治国的理论等等,对社会主义法学和社会主义法制建设具有重要的历史意义。进入 90 年代以后,以江泽民同志为核心的新的领导集体,紧密结合建立社会主义市场经济体制,深化改革扩大开放,保持稳定,加快发展的需要,更加明确提出了依法治国,建设社会主义法制国家、依法治国的本质和内容、党与法制的关系、法制与文明的关系、经济社会发展与民主法制建设的关系以及立法、司法、法制监督等重要理论,极大推进了社会主义民主法制建设的进程。

马克思主义法学的产生是法学发展史上一次深刻的革命,它和旧法学具有本质的区别。首先,从理论基础上看,旧法学以唯心史观为基础,而马克思主义法学则认为法是以历史唯物主义为理论基础的。其次,从法的本质看,以往的法学以不同形式否认法的阶级性,或者把法看成是超阶级的,而马克思主义法学是由掌握政权的阶级制定,体现统治阶级的意志,为统治阶级服务的,具有鲜明的阶级性。第三,从法的产生和消亡看,以往的法学大都把法看成是超历史的、永恒存在的,而马克思主义法学认为法是人类社会发展到一定阶段的产物,它随着私有制、阶级和国家的出现而出现,随着政权性质的变化而变化,最终也将随着经济的发展、国家的消亡而消亡。

四、依法治国与建设社会主义法制国家

依法治国作为建设社会主义国家的基本方略,是中国共产党和全国人民在民主法制建设的认识和实践中逐步形成的。法治是与人治相对的一个概念,是两种不同的治国原则和方略。法治强调的是法律对治理国家的作用,人治则是强调人在治理国家中的作用。在中国古代的春秋战国时期,儒家维护"礼治",重视人治,孔丘纳"仁"入"礼"的法律思想,孟轲的"仁政"等都是人治的典型表现。而中国历史上的法家,则极力主张和推行"法治",强调"以法为本"。到先秦法家中,《管子》明确提出"以法治国"的口号,认为只要国君集中权利,实行"法治",就可轻而易举地治理好国家。《管子·明法》提出:"威不两措,政不二门,以法治国,则举措而已。"因为,君主有了"法",也就有了行赏施罚的客观标准。早在古希腊思想家中,柏拉图和亚里士多德就有关于人治和法治的争论。在那里,人治既指道德高尚的人以道德感化来治理国家,也指君主或少数寡头的统治。法治不仅指依靠法律来治理国家,而且指通过一般性的规则来规范人们的行为。后来的资产阶级思想家所讲的法制,主要与资产阶级民主制度相联系,而人治主要指君主专制、等级特权。在我国社会主义建设时期,法治主要指法律至上的权威和严格依法办事的原则,从而达到依法有效保障人民的权利,保持良好的社会秩序的一种治国方略。江泽民同志在党的十五大报告中对依法治国的内涵进行了高度的概括,这就是:"依法治国,就是广大人民群众在党的领导下,依照宪法和法律规定,通过各种途径和形式,管理国家事务,管理经济文化事业,管理社会事务,保证国家各项工作都依法进行,逐步实现社会主义民主法制化,使这种制度和法律不以领导人的改变而改变,不因领导人的看法和注意力的改变而改变。"从这一论述看,依法治国的主体是中国共产党领导下的广大人民群众,客体则是国家事务、经济文化和社会事业。依法治国的依据是宪法和法律。它的根本目标是实现人的全面发展和彻底解放,促进和发展生产力,在中国共产党的领导下,尽可能地把人民的愿望和要求、党的主张和国家意志统一于法律之中,建设高度民主、高度文明的富强的社会主义国家 。

社会主义国家是法制国家。我国社会主义民主需要用依法治国的形式来实现,社会主义市场经济和国家的稳定安全,必须用法治来保障。法治化是社会主义建设目标的一个重要标志。在我国,坚持依法治国,建设社会主义法制国家的伟大战略,是几十年法治历程和实践经验的总结和概括。党的十五大提出实行依法治国,建设社会主义法制国家,九届人大会议又把依法治国载入宪法,这些都充分表明我们党和国家坚定实行法治,摒弃人治的意志和决心。依法治国,建设社会主义法制国家既是现实的实践,又是一个长期的历史过程,它的基本目标和任务是:通过多种努力,逐步形成有中国特色的社会主义法律体系;维护宪法和法律的尊严,消除特权,保障公民权,建立执法责任制;推进司法改革,追求司法公正,确保审判权和检察权的独立行使,建立司法责任制度;加强执法、司法队伍建设,提高法律工作者的政治业务素质,实现权利能力与行为能力的统一;增强全民法律意识,努力提高领导干部的法律观念和依法办事的能力。

江泽民同志指出:"我们在建设有中国特色的社会主义,发展社会主义市场经济的过程中,要坚持不懈地加强社会主义法制建设,依法治国,同时也要坚持不懈地加强道德建设,以德治国。对于一个国家的治理来说,法治与德治,从来都是相辅相成、相互促进的,二者缺一不可,也不可偏废。法治属于政治建设,属于政治文明,德治属于思想建设、属于精神文明。二者范畴不同,但其地位和功能都是非常重要的。我们应始终把法制建设与道德建设紧密结合起来,把依法治国与以德治国紧密结合起来。"①在这里,江泽民同志提出了以德治国的重要范畴,并对依法治国与以德治国的相互关系做了透彻的说明。这是对古今中外治国经验的精辟概括,是建设有中国特色的社会主义的重要内容。坚持这一治国方略,对建立和完善社会主义市场经济秩序下的思想道德建设,正确把握以德治国与依法治国的关系,促进社会主义法制和道德建设,推动社会主义精神文明建设具有极为重要的意义。

第三节 中国古代的《唐律疏议》

一、《唐律疏议》的产生和历史渊源

在中国,关于刑法的解释历史悠久,源远流长。早在战国时期,"吏民欲知法令者,皆问法官"②那时的法官就有解释法律的职责。西汉用儒家经义解释法律、审判案件,对促进东汉"经义解律"的盛行起了重要推动作用。西晋人张斐、杜预着力对法律进行注解,得到皇帝认可,于是历史上就有了"张杜解律"、"张杜律法"。唐律作为对中国古代疏解律文的集大成者,主要是借鉴和继承了"张杜解律"的经验和传统,而《唐律疏议》基本上包括了对唐律的各种注释。

《唐律疏议》产生的最初动因是为满足法律科举考试的需要,它的制订不是一次"立法"活动,而是一次法律的解释活动,法律解释在当时的直接目的,是为了对当时的法律专业考生的考试答案有一个评判的标准。据史书记载,那时"律学未有定疏,每年所举明法,遂无凭准,宜广召解律人,修义疏奏闻,仍使中书门下鉴定"③。在这种情况下,就有专人参撰《律疏》。同时撰写《律疏》也是司法实践的需要。在当时法律实践中,存在着"刑宪之间执行殊异"的情况,比如对同一案犯,"大理当其死坐,刑部处以流刑;一州断徒年,一县将为杖罚"。如果对法律没有一个统一的解释标准,就会导致重案轻罚或轻案重判,达不到法律伸张正义,打击邪恶的目的。于是就需要对法律进行统一解释,以"譬权衡之知轻令,若规矩之得方圆",有利于在司法统治中"同符画一"。由此可见,对法律条文制定一个基本一致的解释标准,是为了克服中

---

① 江泽民:《在 2001 年全国宣传部长会议上的讲话》,《江泽民文选》第 3 卷,人民出版社 2006 年版,第 196—202 页。
② 《商君书·定分》,高亨:《商君书注译》,中华书局 1974 年版,第 188 页。
③ 王钦若:《宋本册府元龟》卷 612,中华书局 1989 年版,第 1897 页。

央刑部与大理寺之间及地方州、县之间因认识分歧而执行不一的弊端。在法律解释中，由于疏文写在律文与经文的文句之间或之后，同律合为一体，被司法遵照引用，因而有了法律本身的意义。

《唐律疏议》是由唐律演化而来的。在中国法律史上，唐律有广义和狭义两种概念。广义的唐律是指唐朝的所有法律制度，包括以律、令、格、式为主体的，包括敕与例等各种形式的法律法规体系。而狭义的唐律则单指唐代的刑律法典，这里所指的唐律主要是从狭义上说的。唐高祖起兵后，即宣布废除隋朝旧律，制定了《武德律》。而后来唐太宗制定的《贞观律》则奠定了唐律的基础，逐步建立起唐律的基本框架。唐高宗李治即位后，诏长孙无忌等以《武德律》、《贞观律》为基础，制定了《永徽律》，这是现今保存卜米最完整、最完善的唐朝法典。永徽三年，唐高宗诏令疏解律义。次年11月，颁新律疏于天下，时称《永徽律疏》。随着社会形势的变化，为了使法律尽可能地满足现实需要，刊修《永徽律疏》成为十分必要的了。开元六年（公元718年），唐玄宗敕令吏部侍郎兼侍中宋璟等九人"删定律令格式"，随后在开元22年（公元734年）到开元25年（公元737年），又经中书令李林甫等刊定，使《开元律疏》得以产生并行用天下。经过开元年间对《永徽律疏》的刊定，使唐律及疏议更加完善，其后又经唐末、五代、两宋至元朝，最后定名为《唐律疏议》。"疏议"实际上就是法律注解，与律文具有同样的法律效力。《唐律疏议》是唐代立法的杰出成果，它的产生与前代法律有着密切联系。

《唐律疏议》的历史渊源可以追溯到《法经》。在中国历史上，《法经》的基本内容和编撰形式，一直为各朝封建法典所沿袭。据《唐六典·法》："商鞅传《法经》，改法为律，以相秦。"他把《法经》改为秦六律，即盗律、贼律、囚律、捕律、杂律、具律。到汉代初，萧何在秦律基础上增加三篇成为《九章律》。汉武帝时，各种律令都不过是《法经》的增事踵华。三国时代，陈群、刘劭等将汉代的律令进行增改，制定《魏新律》。到晋时，尽管南北朝在《晋律》基础上制定了不同的法典，但总体上都是沿袭《汉律》。后来《隋律》直接取北朝的《北齐律》，并折衷于魏、晋成法，对其加以精简。由于唐代继承了隋代的经济、政治制度，因而《唐律疏议》便以隋律为蓝本并经过长期多次改进而成。

从《法经》到《唐律疏议》，在形式上由于各个朝代的具体历史条件，使其法律呈现出不同特点，法律也经历了千余年增、减、分、合，但在律文内容上仍停留在封建生产关系上，体现着封建统治阶级的意志。《唐律疏议》作为唐代律法的杰出成果，虽与前代各朝法律具有密切联系，但它并不是简单地照搬以前各朝法律，而是从当时社会经济政治实际出发，在新的历史条件下对以前的法律进行总结改进，以更适合当时统治阶级的需要，维护封建剥削制度和封建社会秩序。

二、《唐律疏议》的结构和内容

（一）《唐律疏议》的结构

《唐律疏议》的结构严整而富有特色。它的内容共 12 篇,即名例律、卫禁律、职制律、户婚律、厩库律、擅兴律、贼盗律、斗讼律、诈伪律、杂律、捕亡律、断狱律,律文共分 30 卷,502 条。《唐律疏议》的篇目设置和体例安排,都有较严密的内在联系,12 个篇目可分为四个部分:《名例律》为第一部分,相当于现代刑法总则,主要规定了《唐律疏议》中通用的刑名和法例,如五刑刑名和等级、十恶的罪名和罚则、各类身份人犯罪的处罚特例、老、小及疾病者的责任能力、刑法适用的原则、流移的执行和赃物的征没、法律条文的适用范围和解释及法律用语的定义等。第二部分包括卫禁、职制、户婚、厩库、擅兴五律,主要规定了违犯各种行政制度的罚则,在传统法律分类中属于"事例"部分。第三部分包括贼盗、斗讼、诈伪、杂律、捕亡五律,主要定了各种刑事犯罪的处罚,在传统法律分类中属于"罪罚"部分。第四部分为"断狱律",主要规定了司法审判制定及相关的罚则,是"决断之法",称为专则。下面分别介绍十二篇的基本内容:

第一篇　名例律

《唐律疏议》把《名例律》置于律文之首,起到了唐律的总则作用。本篇律文共 57 条,具体规定了各篇通用的刑名以及刑法适用的共同原则。《唐律疏议》开篇即在疏文中解释了"名例"的含义:"名者,五刑之罪名;例者,五刑之体例。名训为命,例训为比;命诸篇之刑名,比诸篇之体例。但名因罪立,事由犯生,比例即事表,故以《名例》为篇首。"这就开宗明义地表明了《唐律疏议》是一部确定犯罪名及适用刑罚原则的刑法律典。

第二篇　卫禁律

"卫者,言警卫之法;禁者,以关禁为名"。这是违犯国家有关警卫和关禁制度的处罚,是关于皇帝宫殿、庙舍、陵苑的警卫及州镇、城戍、关津、要塞、边防保卫方面犯罪的处罚规定,具体包括违犯宫廷禁制、警卫制度、关津禁制以及边防戍卫制度的处罚。从内容来看,既有维护皇权神圣不可侵犯的一面,也有守土卫国防止外来侵袭及治安警备等方面的内容。

第三篇　职制律

"职司法制,备在此篇。"这是关于官吏的设置、选任、失职、渎职、贪赃枉法以及有关行政效率和交通邮传管理方面犯罪的处罚规定。在唐代,已经有了较完备的行政法律制度,从机构设置、官吏职责,到行政程序、公文传送等,都有明确的法规。《职制篇》包括对官吏失职行为、违纪行为、擅权行为、背礼行为以及贪污行为的处罚。对于违犯行政法律制度的官吏,轻者予以行政处罚,重者以刑罚制裁,以达到吏治清明,提高统治效率,实现长治久安的目标。《职制律》的内容,充分体现了唐代依法治吏的立法思想。

第四篇　户婚篇

此篇规定了违犯国家有关户口婚姻制度的处罚,包括违犯户籍管理制度、土地管理制度、赋役管理制度、继承管理制度以及婚姻管理制度的处罚。立法的目的是为了保证国家赋役及税收的来源,维护封建纲常名教在婚姻家庭关系中的统治地位。

第五篇　厩库律

"厩者,鸠集也,马牛之所聚;库者,舍也,兵甲财帛之所藏。"厩库律是对违犯国家有关畜牧和仓库制度的处罚。在古代农业社会中,马牛等牲畜既是生产工具,又是交通运输工具。因此,故杀官私马牛、乘官畜损伤或载私物以及违犯仓库管理规定损败仓库物品者,都要承担相应的刑事责任。

第六篇　擅兴律

"擅"指擅自发兵,"兴"为兴造。此篇是对擅自征调军队,违犯军法以及非法擅自兴造工程及工程建筑法式等行为的处罚。擅自调兵,关系到军队的控制与指挥,事关政权的巩固与社会的稳定;而擅自兴造,则关系到整个社会人、财、物的消耗,涉及到国家财政等经济事务的统一管理,违者皆受到惩罚。

第七篇　贼盗律

贼盗律是对直接危害国家政权和皇权统治,侵犯他人人身权利和财产权利的犯罪进行惩罚的规定。贼盗律明确规定了对颠覆国家、煽动叛乱、蛊毒厌魅、杀人放火、盗窃抢劫、掘墓残尸、拐卖人口、侵犯住宅等犯罚行为刑事处罚,它反映了唐代刑事镇压的矛头指向,在中国古代法律中具有十分重要的地位。

第八篇　斗讼律

斗讼律是对"斗殴"和"告讼"两类刑事犯罪的惩罚规定。内容包括斗殴、杀伤、诬告、越告、教唆词讼、投匿名书等犯罪行为。在这些犯罪处罚中,十分注重当事人和社会身份及社会地位,同一犯罪行为,当事人身份地位不同,定罪和量刑截然不同。

第九篇　诈伪律

诈伪律是惩治诈骗和伪造刑事犯罪的规定。诸如伪造皇帝御玺及各级官印、伪造发兵符、各类文书、公文凭证、奏事上书不实、许假官、作伪证、欺诈官私财物、非正嫡诈承袭、诈称官捕人等等,都给予严厉惩处。

第十篇　杂律

杂律所包括的内容较多,它是在其他各篇外"拾遗补阙,错综成文"因而

"班杂不同"。杂律涉及范围广泛,包括对国忌作乐、坐赃、奸诈、失火、赌博、私造度量衡、私铸钱币以及违犯市场管理、借贷、雇佣契约、医疗事故、城市交通、卫生、水运、堤防等行政法纪的犯罪进行惩处的规定。

第十一篇 捕亡律

捕亡律是关于官吏和人们捕捉逃犯和其他逃亡者的规定。内容包括两个方面,一是受命追捕逃犯及其他逃亡人的将吏、临时差人及道路行人等,都有责任捕捉在逃犯,如果贪生怕死,逗留不进,或泄漏追逃秘密,或"行人力能助而不助者";二是出征在营的兵士,服役的丁夫杂匠逃亡、越狱、弃户逃亡及无故私逃的各级行政官员。以上行为都要追究刑事责任,予以惩处。

第十二篇 断狱律

这是主要针对司法官吏、审判人员、监狱管理人员的专则,包括审判原则、法官职责、刑讯囚犯、执行刑罚和监狱管理等方面的内容。如果不按法律程序讯囚、断案、关押递解囚徒,造成断罪引律不准、定罪不当、守监人导令囚翻异或决罚不如法、拷囚逾限等,都要受到刑事处罚。

由上可见,《唐律疏议》是一部内容丰富、体例恰当、结构严谨、自成系统的综合性法典,它充分反映出唐代立法技术已达到相当的水平。全律篇目、条文编排合理,具有内在的逻辑性。《名例律》作为总则,其余 11 篇作为分则,按照犯罪行为所侵犯的客体进行归类,确定篇目名称。特别是它将律文与疏议有机结合起来,创造了一种新的法典编撰方法,更显其立法特色。

(二)《唐律疏议》的基本内容

恩格斯曾指出:"在社会进一步发展的进程中,法律便发展成或多或少广泛的立法。"①《唐律疏议》充分反映出中国封建社会的发展,表明中国古代法律在唐代已达到了相当完备的程度。

1. "五刑"及其刑罚制度

五刑,即笞、杖、徒、流、死五种法定刑罚。笞刑是五刑中最轻的一中。唐代的笞刑不仅是用荆条击打犯人腿、臀部以示惩戒,而且带有耻辱、教育与刑罚结合的含义。正如《唐律疏议》所说:"笞者,击也,又训为耻。言人有小愆,法须惩诫,故加捶挞以耻之。"杖刑是用三尺五寸长的竹杖击打犯人的背、腿、臀部。杖刑由杖 50 到杖 100 分为五等,刑差为 10。徒刑是在一定期限内强制罪犯带束钳或枷服劳役,分为一年、一年半、二年、二年半、三年五等。流刑是仅次于死刑的重刑,流刑罪犯被押送到边远地区,强制其戴枷或束钳服苦役,分为 2 000 里、2 500 里、3 000 里三等,服役同为一年。稍后又有死刑改

---

① 《马克思恩格斯选集》第 2 卷,第 539 页。

判为流刑服役三年的"加役流"。死刑分为绞和斩两种。在唐代犯了以上五刑的,除十恶大罪以外,还准许以铜赎罪,赎金根据刑罚轻重而定,从笞刑10到斩刑,分别赎铜1斤到120斤不等。

以"五刑"为主要内容的封建刑罚制度,充分反映了中国古代社会政治经济的发展和文明进步的程度,它不仅对当时的社会稳定和发展起了重要的保障作用,而且对后世王朝产生了较大影响。但到了唐代后期,出现了"以宽仁治天下"的状况,自上而下地不依法定五刑,却使早在隋朝已经废除了的如腰斩、车裂、枭首、族诛等酷刑死灰复燃。在这种情况下,把本是各自独立的五刑刑种,随意以笞杖作为徒流刑的附加刑,这些作法一直影响到五代及宋代。五刑中规定死刑仅为斩、绞,但后来在执行中却有用"重杖一顿处死,以代极法"的处刑方式,"杖杀"代替了绞、斩刑,严重离开了死刑的法定程序和处刑方式。中唐以后,有明文规定的决杖为罚,死刑则以"决杀"、"决痛杖一顿处死"的处决,对于本不欲处死的,仅敕写"痛杖一顿"等书令,且无杖数。这种情况下,执法人行罚就可轻可重,因缘为市,这又充分反映了中国封建社会专制统治下的"人治"本质。

2. "十恶"及其犯罪种类

《唐律疏议》所规定的犯罪种类,涉及政治、经济、行政、军事、司法及婚姻家庭多方面,凡是侵犯皇权统治、破坏封建统治秩序和伦理纲常的一切行为,都在犯罪之列,予以刑事处罚。在这些犯罪中,最为严重的是"十恶";此外,还有其他犯罪种类。

《唐律疏议》的刑法适用原则有三类。第一类是对十恶的重惩原则,第二类是对皇亲、官僚减免刑罚原则,第三类是其他刑罚原则。十恶就是直接危害封建统治的最严重的十种犯罪行为,它因袭隋律,把它作为刑事重惩的首要目标。正如《唐律疏议·名例篇》曰:"五刑之中,十恶尤切,亏损名教,毁裂冠冕,特标篇首,以为明诫。其数甚恶者,事类有十,故称'十恶'。"十恶的基本内容是:一谋反,"乃敢包藏凶匿,将起逆心,规反天常,悖逆人理,故曰"谋反"。可见谋反是"谋危社稷",即以各种手段图谋推翻现行君主政权。二谋大逆,"谓谋毁宗庙、山陵及宫阙",指图谋毁坏皇帝祖庙、皇陵和皇宫、宫门。三谋叛,"谓背国从伪",指企图叛国、投降伪政权。四恶逆,指殴及谋杀祖父母、父母,杀伯叔父母、姑、兄姊、外祖父母、夫、夫之祖父母、父母。五不道,指"杀一家非死罪三人,支解人,造畜蛊毒、厌魅",即用凶暴手段致人死亡,或畜养毒虫、使用巫术害人者。六大不敬,指盗窃御用物品、盗取皇帝或伪造皇帝印玺,给皇帝配药不按本方、做饭犯食禁等致皇帝的人身安全受到威胁,以及指责皇帝、诽谤朝政,对皇帝、钦差大臣无礼等犯罪行为。七不孝,"恶逆"是殴打、谋杀尊长亲属,"不孝"则是指控诅骂或告发直系尊亲;或直系尊亲在而另立门户、分割财产、供养有缺,或在为父母服丧期间,不穿孝服,却谈婚论嫁,寻欢作乐;或闻知直系尊亲丧,匿不举哀,隐瞒不办丧事;以及谎称直系尊亲丧等行为。八不睦,是指谋杀及卖缌麻以上亲,诬告夫及大功以上尊长、小功尊属①。九不义,指杀本属府主、刺史、县令、受业老师;或吏卒杀本部五品以上官长;或闻夫丧而匿不举哀,若作乐,释服从吉及改嫁。十内乱,就是亲属间的乱伦行为。"谓奸小功以上亲、父祖妾及与和者"。"和"指通奸。

以上"十恶"之罪可以分为三类:谋反、谋大逆、谋叛和大不敬四恶为一类,是严重威胁损害皇权危及封建国家政治统治的犯罪,这是"十恶"的核心内容,因而镇压异常残酷。这类刑罚充分反映了唐代法律极力维护封建君主专制的本质和特征。"不道"是严重危害封建社会秩序的恶性犯罪,为第二类。"恶逆"、"不孝"、"不睦"、"不义"、"内乱"五恶是破坏封建伦常关系的重罪,为第三类。这类刑罚,反映出唐律礼、刑合一的明显特点。

归纳起来,唐朝法律规定的犯罪种类主要有:

侵犯皇权、危害国家罪。这类犯罪在"十恶"中已很明确。由于封建专制下皇帝就是国家的象征,侵害皇帝的权力和人身安全及尊严就是危害国家。这种犯罪是最为严重的,必须严惩。从《唐律疏议》看,此种罪行可分为三类,即直接危害国家政权和皇帝权力、有可能对皇帝人身安全造成危害及有损或冒犯皇帝尊严的犯罪行为。

违犯纲常名教罪。中国封建社会等级森严,官民之间具有不同的法律地位。因而唐代法律在维护宗法制度方面,把打击重点集中放在违反礼教行为上,以确保父权、夫权在宗法家族中的统治地位。

侵犯人身安全罪。包括杀人、伤害、诬告、强奸等危害人身安全和侵犯人身权利的犯罪。唐律根据行为人的主观动机将杀人罪分为谋杀、故杀、斗杀、戏杀、误杀及过失杀六种,谓"六杀"。根据犯罪行为人的动机差异来定罪处刑,说明唐代刑事立法技术已达到相当发达的水平。伤害罪大多是由斗殴所造成的。法律根据情节及伤害程度,参考犯罪人的身份分别处罚,最高刑为流 3 000 里,如果伤害致死人命者,以"杀人论"。为了准确区别伤害罪和伤害致死人命的杀人罪,唐律还规定了"保辜"制度,即在伤害行为发生后由官府查验伤的轻重,确定一定的观察期限,待期满后视其被害人的死伤情况,决定行为人应承担的刑事责任。唐律也十分重视对诬告行为的惩处,惩罚的基本

---

① 缌麻、小功、大功是中国古代根据服制确定的亲属范围。缌麻是古时丧事服名,五服中最轻的一种,其服用细麻布制成,服期三个月。缌麻亲指男性同一高祖父母之下的亲属,小功亲指同一曾祖父母之下的亲属,大功亲指同一祖父母之下的亲属。

原则是"反坐",即按所诬他人罪的性质与情节轻重,反坐诬告者罪。对强奸罪的定罪,以行为人和被害人的身份而定。亲属间的强奸行为,奴婢强奸主人,贱民强奸良人,被列入"十恶"重惩,而主人强奸自己的奴婢或其妻女,则不判罪。

侵犯公私财产罪。《唐律疏议·贼盗律》将盗罪分为强盗罪和盗窃罪,"强盗"是以威力而取其财,用暴力手段公开非法取得他人财物。窃盗则是以隐密手段非法取人财物。因强盗危害更大,故处罚更为严厉。在盗罪中,还有一类是掌管国家财物的官员,利用自己的职务之便,盗取自己掌管的财物的犯罪行为,对这种监临主守的自盗行为,处罚更重。

官吏的职务犯罪。唐代统治者注重以法治吏,设置了惩治官吏犯罪的条规。对那些擅权、失职、违规违纪、贪赃枉法的犯罪予以惩罚。各级官吏如不恪尽职守,则治之以刑。官吏履行职责时,不严格遵守各种行政法规,举荐不合格的人才、上书奏事有误、有事应奏不奏等都要问罪。特别是对官吏贪赃枉法以严刑峻法,首次将强盗、窃盗、枉法、不枉法、受所监临财物、坐赃六种非法攫取公共财物的行为归纳为一起,称为"六赃",这在中国古代政治史上具有重要意义,也充分显示出唐代法律对以法治吏的高度重视。

破坏家庭罪。唐代法律极力维护封建父权和夫权在家庭生活中的特殊地位和权力。对于子孙不服从祖父母、父母的教令、不供养祖父母、父母,祖父母、父母辞世不辞官回家服丧尽孝的,都要以"违反教令"、"供养有阙"、"匿丧"等罪名予以惩罚。不允许子孙在和祖父母、父母名讳相同的官府任职,否则以"冒荣居官"罪处之。为了保护家庭秩序,对家庭、家族内部的乱伦行为予以严惩,亲属关系越近,处刑越重,最终的可处以绞刑。

危害公共安全、妨害管理秩序罪。《唐律疏议》规定,禁止在城内街道、巷道及人群中奔驰车马,禁止向城内有人的地方和官私住宅射击、投弹、投石,甚至在人多众广的地方散布谣言、惊扰民众也要受处罚。对在庄稼生长或收获季节的田地里放火,或见火灾不救,或以自家利益而盗决堤防及官吏不及时修筑堤坝等都要定罪处罚。同时,对各种扰乱和妨害国家机关管理社会秩序的行为,也要追究刑事责任。

3. 以"八议"为代表的特权原则

"八议"是指八种享有特权的人犯罪减免处罚的规定。《唐律疏议》曰:"此谓重亲贤,敦故旧,尊宾贵,尚功能也。以此八议之人犯死罪,皆先奏请,议其所犯,故曰'八议'。""八议"的内容是:一曰"议亲",指皇帝的亲戚;二曰"议故",指皇帝的故旧;三曰"议贤",指有大德行,品行达到封建伦理道德最高境界的人;四曰"议能"即具有大才艺的人;五曰"议功",即对国家功勋卓著的人;六曰"议贵",即封建大贵族、官僚阶层,具体指职事官三品以上,散官二品以上及爵一品者;七曰"议勤",指那些"夙夜在公,若远使绝域,经涉险难"的对国家有突出贡献者;八曰"议宾",专指前朝皇室后代被尊为国宾者。按唐代法律,以上八种人犯罪如是死罪,必须先奏明皇帝,议其所犯,由皇帝裁决。一般情况下,死罪可降为流罪,流刑以下不必议,自然减刑一等。但对犯"十恶"者,则不必"议",直接处决。

除了"八议",唐代法律也依法设立了"请"、"减"、"赎"、"官当"、"免官"等多种对贵族官僚的刑法特权。"请"低于"八议"一等,主要适用于"皇太子妃大功以上亲",即官爵在五品以上者,若犯死罪,官吏可以"上请",由皇帝发落;流刑以下自然减刑一等。"请"有许多限制条件,除"十恶"外,对于"反逆缘坐,杀人,监守内奸,盗,略人,受财枉法者",不适用"请"。"减"又比"请"低一等,它的适用范围是在七品以上官及应请者的亲属。如犯流罪,自然减刑一等。"赎"的规格比"减"低,适用于九品以上官及应"减"的亲属。这类人犯流刑以下罪,可以铜赎刑。由于这类人官品较低,人数多,因而限制条件更严。对犯流以上罪的不得减、赎,为官的要除名,配流者,依法执行。"官当"就是以官品或爵位折抵徒、流两种刑法。规定官吏犯私罪,五品以上者,一官当徒两年,九品以上者,一官当徒一年;如果犯公罪,可比犯私罪抵当得多,即五品以上者,一官当徒三年,九品以上者,一官当徒二年。以官当徒仍有余刑未尽者,可再以铜赎刑。若因官当而失掉官职者,一年后可比原官职降低一等重新任用。以上特权制度的系统化,充分说明了唐代法律维护封建统治阶级利益的本质。这套前所未有的、系统、完整的特权保障体系,不仅对于皇帝贵族及官僚的恣意妄为,而且为皇帝行使最高司法权力起了极为重要的作用。

4. 刑法适用的基本原则

为了充分发挥封建刑法的镇压职能,《唐律疏议》在总结以往立法经验的基础上,更加完善了刑法适用原则。这些原则归纳起来,可分为三类:

第一类,十恶重惩原则。表现在凡预谋者,被视为"真反",即构成犯罪;犯罪本人一律重刑;株连亲属和知情不告或知情不追者,犯"十恶"罪不得宽免,死刑必须立即执行。

第二类,皇亲贵族、官僚减免刑罚原则。

第三类,其他各种刑罚原则。这些原则主要包括:(1) 刑事责任年龄及矜老怜幼和残疾的原则。在唐以前,就有老幼、残疾人犯罪减免处罚的原则,唐律对此的规定则更加具体规范。它把处理老、少、残疾人犯罪分为三种情况,区别对待。对 70 岁以上、15 岁以下及残疾人,犯流罪以下者,可收赎;80

岁以上、10 岁以下及笃疾、犯反、逆、杀人应死者,上请皇帝裁决,盗及伤人者,可赎,其他勿论;90 岁以上、7 岁以下虽犯死罪,不加刑,即完全不承担刑事责任。这一原则实际上规定了犯罪的责任年龄问题,即 15 至 70 岁之间为法定刑事责任年龄,必须承担全部刑事责任;15 岁以下至 7 岁之间、70 岁以上至 90 岁以下承担部分刑事责任;7 岁以下 90 岁以上不承担刑事责任。(2) 自首减免原则。对自首的法定条件、自首的方式、自首减罪必须如数退还赃物、自首不实不尽者视情节予以惩处,及某些后果无法挽回的犯罪不能适用自首减免等,都做了详细的规定。(3) 累犯重罚原则。对经官府判决后又重新犯罪,或当犯罪事实已被揭发而又犯新罪的加重处罚。(4) 共同犯罪区分首从的原则。规定二人以上为共同犯罪,但造意主谋者为首,随从者减一等;家人共犯,不论何人造意主谋,以尊长为首,卑幼不坐;外人与主管的官员共同犯罪,即使外人造意主谋,仍以主管官员为首犯,其余按从犯处理。(5) 区分故意与过失的原则。重处故意犯罪,轻罚过失犯罪,并对区分故意与过失的界限做了明确规定。(6) 划分公罪与私罪,官吏犯罪"私罪"从重"公罪"从轻的原则。公罪是指官吏在执行公务时由于行为过失而触犯法律的犯罪。私罪,则是指官吏因私利、私情而构成的犯罪。法律规定,官吏犯罪"私罪"从重,"公罪"从轻。这一原则目的是为了提高国家行政效力,整饬吏治防止贪赃枉法。(7) 同居相隐不为罪的原则。唐律不仅继承儒家"父为子隐,子为父隐"的宗法传统,而且将相隐的范围更加扩大了。四世亲属皆可相隐,部曲、奴婢也可为主人隐,都不为罪。即使无服的"同财共居"者,也可相隐。唐代法律不仅对有罪不告者不予追究,而且对向有罪的亲属通风报信,使其得以逃亡,也不问罪。但对谋反、谋大逆与谋叛者,不得相为隐。(8) 类推原则。对于一些犯罪行为错综复杂而又无条律的量刑定罪者,采用比附类推的办法来作为定罪量刑的标准。其方法一是"出罪",即按照"举重以明轻"的原则予以免罪;二是"入罪",即以"举轻以明重"的原则加罪。(9) 数罪并罚原则。对犯有两种以上罪同时被告发受理者,以最重者量刑;各罪相等,取一罪定罚;对一罪先发,且已判决,而后又发现余罪的,如余罪轻或相等,维持原判,重则按最重者改判,除去已服刑期,即为应加判的刑期。(10) 涉外案件的处理原则。据《唐律疏议·名例律》,同属一国的侨民之间犯罪,由唐代按其本国法律判处,不同国籍的侨民相犯,或外国人与中国人相犯,按唐律判处。这一原则把属人与属地结合起来,在当时世界上还不多见,既是对各国法律习惯的尊重,又维护了中国法律的主权,对后来国际法的形成具有很重要的价值。

三、《唐律疏议》的历史地位和影响

《唐律疏议》是中国历史上迄今保存下来的最完整、最具社会影响的封建

法典,它集封建法律之大成,成为中华法系的代表,在中国法律史上具有重要意义,而且对东南亚各国的法律建立和完善产生了深远影响。

在中国法制史上,《唐律疏议》起着承前启后的重要作用。它承袭了各代立法的优秀成果,又有所发展和创新,使其成为完备的封建法律形态。由于它对周边封建国家法律的影响,形成了区域性的法律系统,从而使以其为标志的中华法系与世界四大法系并称世界五大法系。

由于《唐律疏议》结构严谨,文字简明,注疏准确,内容完备,使以后各朝沿用不废,成为修法立制的范本。五代各国的立法基本上取于唐,然而由于唐末阶级斗争的急剧发展和五代政权的递嬗,使统治集团内火并猛袭。为了维持混乱的政局,统治者便法外用刑,多以苛法酷刑来镇压人民。虽然统治者无视法律,但五代除后汉外,还是进行了建制立法工作,其主要法典则完全承袭了唐律。到了宋代,仍以唐律、令、格、式作为立法依据。宋时的《刑统》除了刑制和量刑有所变更外,基本上与《唐律疏议》雷同,甚至篇目完全和《唐律疏议》一样。辽、金、元各代统治者,先后都修订了法律,但无不以《唐律疏议》为模本。辽代的成文法典如《重熙新定条例》和《咸雍重修条例》,基本上沿用了《唐律疏议》。金灭辽和北宋后,多次修订法典,但均未超越《唐律疏议》,有些法律如《泰和律义》十二篇,其篇目与《唐律疏议》相同。元朝存下来的《大元圣政国朝典章》和《大元通制》等法典,其内容遵循《唐律疏议》,以至在元人看来,《唐律疏议》已是相当完善的了。元朝人柳贯在《唐律疏议序》中说:"乘之(指唐律)则过,除之即不及,过与不及,其失均矣。"意思是说对唐律随意乘除增删不是有过就是不及,任何修改都是画蛇添足,将影响其严密性和完备性。明朝朱元璋很留意《唐律疏议》,主张"明礼以导民,定律以绳顽",遂命李善长、刘基等人编撰法律。洪武元年令大臣和刑官讲解《唐律疏议》,日进 20 条,作为修订明律的参考。到洪武 30 年(1397年),正式颁布《大明律》。《大明律》作为明朝的基本法典,仍以《唐律疏议》为楷模,但在结构和内容上已有了较大的发展和创新。清朝在顺治二年开始系统创制法律,次年编成清朝第一部成文法典——《大清律集解附例》,内容却几乎袭用了《大明律》。后来康熙九年(1670 年)编订的《现行则例》、雍正三年编制的《大清律集解》、乾隆五年(1740 年)颁行的《大清律例》及宣统二年(1910 年)颁布的《大清新刑律》,都以《大明律》为蓝本,而《大明律》则是以《唐律疏议》为远宗。以上简要回顾,足见《唐律疏议》对五代到清代法律的深远影响。

《唐律疏议》不仅影响到唐以后历代法律,而且播及海外,对亚洲各国封建法律产生较大影响,成为东南亚各国立法的历史渊源。日本文武天皇大宝

元年(701 年)颁布的在日本古代史上具有划时代意义的《大宝律令》,其篇
目、顺序与《唐律疏议》基本一致,只是把"八议"改为"六议",把"十恶"改为
"八虐"。朝鲜古代的《高丽律》,也基本沿袭了《唐律疏议》。越南古代的《刑
书》等法典,究其根源,也是遵用唐宋之制。《唐律疏议》对中外封建社会立法
的广泛影响,充分表明它是具有世界意义的成文法典,是封建社会法律的
典范。

【思考练习】

1. 简述法与法学的关系。

2. 怎样理解依法治国是建设社会主义国家的基本方略?

3. 你是如何理解《唐律疏议》中所包含的文化精神的?

第九章 宗教学的本质及
世界三大宗教

宗教学是研究人类宗教活动的人文学科。宗教虽然是一种人的本质被颠倒了的神的世界,但在人类的历史发展中,宗教仍是一种普遍存在的文化现象,是世界文明的一个组成部分。几乎每个民族在不同的历史时期都不同程度地信仰各种不同的宗教。即使在当今社会,无论作为文化的一种表现形式,或是作为伦理道德的某些规范,宗教在世界人民的日常生活中依然起着不可忽视的作用。同时,也由于人们信仰不同的宗教而使其价值取向和政治态度受到影响,因此,宗教在当今国际社会中既是一个普遍的社会现象,也是一股重要的精神力量和社会力量。本章将对于宗教的本质特征、宗教的形成和在人类历史长河中形成的重要的宗教,进行系统介绍。

第一节 宗教的起源及其本质

一、宗教的起源

宗教是怎样产生的? 这是宗教学领域中至关重要的问题。人们从不同的角度触及到宗教形成的不同原因,并对之做出相应的解释,这些探索深化了我们对宗教起源的认识,为我们了解复杂的宗教现象之多层结构提供了有力帮助。在宗教学研究中,关于宗教起源的理论,最有影响的大致有以下几种:

(一)万物有灵论

1872 年,英国著名的人类学家和宗教学家泰勒在其《原始文化》一书中,提出了宗教起源于万物有灵论的学说。他在此提出灵魂的观念乃是人类宗教意识的萌芽,并认为这一观念标志着人类宗教发展漫长之途的第一步,作为宗教内核的神性观念正是灵魂观念进化发展的结果。

泰勒认为在祖先崇拜、实物崇拜和自然崇拜之前,已有万物有灵的崇拜。因此,万物有灵崇拜乃是一切宗教的源泉。他认为,原始人根据对睡眠、出神、疾恶、死亡、梦幻等生理心理现象的观察,推论出与身体不同的灵魂观念,然后把灵魂观念应用于万物,产生了万物有灵论;应用于死去的祖先,产生了祖先崇拜与纯粹神灵观念；应用于非生命的自然物，产生了自然神和自然崇拜；以后发展为种类崇拜和多神教，至上神崇拜和一神教。

泰勒的万物有灵论以丰富的民族学资料为基础，体系宏大而井然有序，说理深透而简明精确，立即在宗教学领域赢得了巨大的声誉。虽然进入 20世纪之后，受到其他各种宗教起源论的挑战，但是泰勒理论仍继续保持其强大的影响。百余年宗教学、人类学、民族学的新发现对万物有灵信仰是否先于图腾崇拜、祖先崇拜和自然崇拜而可确定为人类宗教的最初形态，提出了值得注意的质疑，但却无可怀疑地证实了灵魂观念乃是人类最早的宗教观念，而这一观点正是泰勒万物有灵论的基石和出发点。

（二）自然神话论

自然神话论是近代宗教学关于宗教起源问题的一种学说，发端丁德国学者对于印度日耳曼系的语言学与民族学的比较研究。这一学说认为宗教的来源及其最早的形式为自然神话，尤其是星辰神话。在他们看来，神话与宗教中的神，都是自然物的人格化，尤其是较大的星辰的人格化；除此之外，有些神则是某些自然力和自然现象（如狂风暴雨、雷霆闪电）的人格化。这一学说的学者们的具体主张也不完全一致。麦克斯·缪勒（早期）与布雷尔认为一切神话都是太阳神话，其惟一的题材即是太阳的出没及其作用；普洛伊克斯认为神话的主要题材是天空的各种形式；阿达尔伯特·昆主张神话的主题是风雨雷电之类；雷格洛德和雷尼尔则主张印度日耳曼神话的主要题材是火，等等。

这些主张在印度日耳曼语系诸民族的宗教神话中，确有自己的根据。但后来的研究证明印度日耳曼的宗教并不纯粹是一种把自然力人格化的神话宗教，而且印度—日耳曼人种共住未分之时，其社会与文化又有相当的发展（如已进入牧畜经济，并已有最初步的农业知识），因此不能把印欧语系的宗教神话视为人类最原始的宗教。

（三）图腾论

1885 年，罗伯特逊·史密斯在其研究阿拉伯人和闪族人的宗教的著作中主张图腾是一切宗教的起点。弗洛伊德在心理分析的基础上发展了图腾论，他不仅认为图腾崇拜是一切宗教的起源，而且认为是一切文化、道德和社会组织的起源。杜尔凯姆在《宗教生活的基本形式》一书中进一步发展了这一理论。但是他又把图腾崇拜与巫术结合起来，把这二者的混合物视为人类宗教的起源。

弗洛伊德通过对神经病患者的观察研究及精神分析，对原始人的敬拜加以联想和推断，其名著《图腾与禁忌》即以"野蛮民族与神经症患者在精神生

活上的相同点"为副标题。按其心理分析,个人在精神发展上曾经历过三个
"里比多"(性欲)阶段,即以灵性经验为特征的自我陶醉、人依赖父母为特征
的对象发现,以及人之思维成熟的阶段。弗洛伊德指出,个人精神历程上的
这三个"里比多"阶段又相应于人类理智发展上的"法术"、"宗教"和"科学"三
阶段。个人幼年时的"自我陶醉"乃揭示出一种以幻想来克服困难的心态,即
通过以思想取代行动而达到某种程度的补充或满足。这种心理条件与原始
时代的法术实行者相仿,都以过分估计思想之力、依赖精神胜利为特色。弗
洛伊德在解释"对象发现"时运用"奥狄浦斯情结"(恋母情结)或"厄勒克特拉
情结"(恋父情结)来说明对父母的依赖,并认为原始时代的宗教也产生于与
这种父母情结相关联的负罪感。为此,他宣称原始人崇拜的"神"实质上是
"形象高大的父亲"。神的形象反映出原始人"对父亲的渴慕"。他进而强调,
这种以"父"之形象来塑造"神"的行为如同人在童年时对父亲的依赖,反映出
人本身在精神上的软弱和畏惧。

宗教不仅来自人的内在需求,同样也来自人之社会共存的外在必需。对
此,现代学者从社会学层面来解释宗教的起源,认为宗教来自人之社会共在
的需求,宗教具有整合社会、维系社会结构之稳定的重要功能。社会学意义
上的宗教起源论实际上是要说明,宗教中的"图腾"崇拜或"神明"崇拜,在根
本上是指人之生存所依赖的"社会"本身,即对"社会"的神圣化或神明化。

图腾论有广泛的民族学资料作为论证的基础,在宗教学中有重要影响。
有些持不同意见者并不反对图腾崇拜是一种最古老的社会现象,但却否认它
是一种宗教和宗教的来源,而只是把它视为一种社会制度。其实,宗教作为
上层建筑的一个重要组成部分,既是社会意识形式,也构成社会制度的一部
分,在人类社会的原始时代,宗教作为无所不包的上层建筑,也就是社会制
度。图腾是不同婚姻集团和氏族的标志。民族学的大量资料有力地证明,图
腾崇拜是最原始的制度性的宗教崇拜活动。

(四) 实物崇拜说

早在 18 世纪,法国的布罗斯就在《实物神崇拜》一书中把实物崇拜和自
然崇拜作为一切民族宗教的原始状态(希伯来人除外)。孔德发展了这一理
论,认为在整个人类历史的"神学时期",实物崇拜是最早的阶段,以后发展为
多神教和一神教。孔德把日月星辰也包括在广义的"实物"之中。他认为实
物崇拜是崇拜一切自然物体的宗教。直到多神教阶段,这些实物才被人格化
或神灵化。由于欧洲殖民主义对非洲、大洋洲和美洲的征服和商业交往,欧
洲人也接触到了当地人的宗教,发现了未开化民族对实物的崇拜。拉布克在
此基础上发展了孔德关于宗教起源于实物崇拜的理论。这种理论直到现在

仍在俄国的一些宗教学者中颇有影响,他们把拜物教视为人类最早的宗教形式。

实物崇拜(Fetish-worship)一词源出于葡萄牙文 Fetico 和拉丁文 Factitius,意指邪法、妖术、符咒,即法术与护生符之意。葡萄牙人在西非洲的黑人中发现他们崇拜某些非生命的实物,如牙、爪、尾、角、羽毛、甲壳、铁片、衣物之类,黑人向这些东西祈祷、祭祀和敬礼,以期获得所需要的保护与帮助。但进一步的调查研究却证明黑人并不是崇拜这些物体本身,而是把它们视为祖先神或其他神灵的代表或象征。因此,如果要说明实物崇拜者何以把实物作为神灵的象征,就得进一步说明神灵观念的源泉。同时,在有这种宗教崇拜形式的民族(例如西非洲)中,实物崇拜并不是其主要部分,这些民族在人类学上也不是最原始的。

上面各种宗教起源论,虽然在某一局部和方面也不无一些有价值的东西,但在总体上确是唯心史观的产物。它们都有一定的合理成分,特别是当我们研究原始宗教的认知和心理根源时,它们能够给我们提供许多材料,但这些宗教起源论都存在着严重的缺陷,脱离社会经济基础,最多只能从心理学上、语言学上进行分析,所以对许多事实无法说明原委。

历史唯物主义为我们研究原始时代的自然宗教的起源提供了正确的方法论,指导我们首先要到社会物质生活即社会经济基础中去寻找宗教起源的根源。马克思在《资本论》中指出:"甚至所有抽掉这个物质基础的宗教史,都是非批判的。事实上,通过分析来寻找宗教幻想的世俗核心,比反过来从当时的现时生活关系中引出它的天国形式要容易得多。后面这种方法是惟一的唯物主义的方法,因而也是惟一科学的方法。"[①]

宗教是人类在一定的物质生活条件下受自然界沉重的压迫,把自然力和自然物神化的结果。在从猿转变到人的过程中,当社会生产力发展到氏族社会后期,即到了采集和狩猎经济的阶段,生产范围逐渐扩大,经过生产斗争实践的千锤百炼,人类的抽象思维能力有了一定的提高,逐步认识到了许多自然现象与人类经济生活的联系,从而对这些自然现象抱有某种希望和控制它们的要求时,才会对这些自然现象作"异化"的反映,把这些自然现象"神化"。自然力对原始人来说,是威力无比、超越一切、不可理解、不可战胜的东西,原始人进而对它产生依赖感、恐怖感、神秘感,对它虔诚崇拜,最终"用人格化的方法来同化自然力","到处创造了许多神"[②]。马克思认为这主要是因狭隘的

---

① 《马克思恩格斯全集》第 23 卷,人民出版社 1972 年版,第 410 页。
② 《马克思恩格斯全集》第 20 卷,人民出版社 1971 年版,第 632 页。

生产关系和低下的生产力所致。

历史唯物主义认为原始社会的自然宗教是古代狭隘的生产关系和低下的生产力的反映,是一种最初以自然崇拜为核心的宗教,是受自然压迫的人的产物,体现了人以一种"纯粹动物式的意识"屈从于自然的统治,即自然力始终是自然宗教的基础,自然宗教所崇拜的只是被人格化的自然,人们受着自然力和自然物的奴役和压迫,把自己的想像力和自己的本质附着于其上。这就是宗教产生的最重要的根源,即自然根源。

宗教经历了一个从自然宗教到人为宗教的过程。原始的自然宗教的产生开始仅仅根源于人所受的自然力压迫,但自然宗教在其发展过程中却逐渐加进了社会属性,人们受到了与自然力量本身一样的异己的社会力量的压迫。恩格斯在《反杜林论》一书中说:"但是除了自然力量外,不久社会力量也起了作用,这种力量和自然力量本身一样,对人来说是异己的,最初也是不能解释的,它以同样的表面上的自然必然性支配着人。最初仅仅反映自然界的神秘力量的幻想,现在又获得了社会的属性。"①这就是说,由原始社会人同自然的关系的歪曲反映,在阶级社会中又增加了人同人的关系的歪曲反映——他们把自然宗教到人为宗教的发展变化归结于社会生产力和社会关系的变化所致,这就是阶级对抗和社会压迫。另外,原始自然宗教发展到阶级社会的人为宗教,人为宗教所反映的对人的支配主宰力量的实际内容虽然变化了,已经由自然力的异己力量重心转到社会关系的异己力量。但是,宗教作为某种对人实行统治的异己力量的歪曲反映的形式、职能和基础却仍旧存在。自然异己力量的压迫是自然宗教产生的基础,社会异己力量的压迫是人为宗教产生的基础,社会异己力量和自然异己力量一样,宗教的反映过程和宗教反映本身都继续存在着。因此,社会异己力量也同样应是宗教产生的重要根源,这种社会异己力量是人为宗教形成的社会基础。

马克思、恩格斯把原始人不能正确认识精神活动和机体活动的关系以及不能正确认识生与死的区别归结为宗教产生的认识论根源之一。恩格斯就原始人关于"灵魂不死的观念"分析道:"在远古时代,人们还完全不知道自己身体的构造,并且受梦中景象的影响,于是就产生了一种观念;他们的思维和感觉不是他们身体的活动,而是一种独特的、寓于这个身体之中而在人死亡时就离开身体的灵魂的活动。从这个时候起,人们不得不思考这种灵魂对外部世界的关系,既然灵魂在人死时离开肉体而继续活着,那么就没

---

① 《马克思恩格斯选集》第3卷,人民出版社1972年版,第355页。

有任何理由去设想它本身还会死亡;这样就产生了灵魂不死的观念。"①恩格斯认为,这种观念在那个发展阶段上是一种不可抗拒的命运,是由认识上的普遍局限性所产生的不知道已经被认为存在的灵魂在肉体死后究竟怎样了的一种困境,在这种困境中就产生了灵魂世界的宗教观念。他还认为,原始人没有把生与死联系起来考虑,免不了会死守灵魂不死的宗教观念。同样,混淆并存于自然界的必然和偶然的关系,抹煞偶然而把某些自然现象都归之于必然,这是宗教的认识论根源之一。

总之,宗教不是从来就有的,而是社会生产力发展到一定阶段的产物。并且随着生产力发展和社会的进化,人类宗教也不断地发生着演变。

二、宗教的本质

"宗教"一词,英文为 Religion,源于拉丁文 Religio,意为有限者(指人)与无限者(指神)的结合。虽经历史的历练,对宗教的理解仍存在较大分歧。宗教学的创始人麦克斯·缪勒说,宗教是人类对于伟大造物主的承认。本世纪著名的学者泰勒认为,宗教是人对神的关怀,是人们精神上的信仰。普列汉诺夫也曾说过,宗教是观念、情绪和活动相当严密的体系。

宗教的本质究竟是什么?为了准确把握它的含义,我们可以避开历史上各种宗教学派对这个问题的具体看法,从不同的角度来剖析和探讨宗教的本质。

(一)从神人关系看宗教的本质

不管在哪一种宗教中,神与人的关系都是最核心的问题,因此搞清楚神人关系,对于我们理解宗教的本质是十分必要和有益的。

历史上的宗教是多种多样的,但就神人关系说,基本上都是这样的:神是万能的,人是神创造的,人应该服从神和崇拜神。这是一个神学的三段论:因为神是万能的,因此神创造人,所以被神创造出来的人就应该服从万能之神。尽管各种不同的宗教在神和人的关系上都有不同的具体说法,关于神是如何的万能,人是怎样被神创造出来的,人应该如何崇拜神这方面的具体描述,在各种不同的宗教中也是极不相同的。应该怎样看待这种现象呢?——在这个问题上,人本学无神论者费尔巴哈可以说是一个权威,先听听他是怎么说的。

费尔巴哈的名著《基督教的本质》几乎都是在论述人与基督教、上帝与人的关系。在费尔巴哈看来,"信仰者对上帝的关系其实就是对他自己的本质

---

① 《马克思恩格斯选集》第 4 卷,人民出版社 1972 年版,第 219—220 页。

的关系"①。这个回答既简练，又明确。也就是说，人与神的关系，实际上就是人与自身本质的关系。费尔巴哈认为，所谓上帝——这个基督教的崇拜对象，它原不是任何别的东西，而是人自身的本质，人把自身的本质异化、对象化，结果创造了上帝，因此，所谓"上帝之质或规定性，不外就是人本身之本质之重要的质"②。"人把他自己的本质对象化，然后，又使自己成为这个对象化了的、转化成为主体、人格的本质的对象，这就是宗教的秘密"③。基于这个认识，费尔巴哈进一步指出，当人还是单纯的自然人时，他的上帝也是单纯的自然神；人住到房子里去，他也就将他的上帝搬进教堂里去；假如上帝是鸟的对象，那么，他就只能把他看作是一个长着翅膀的存在者。总之，人怎样思维，怎样主张，他的上帝也就怎样思维和主张，人有多大的价值，他的上帝也就有多么大的价值，决不会再多一些。在费尔巴哈那里，宗教中被颠倒了的神人关系被颠倒过来了，亦即不是神创造人，相反是人创造了神，人把自身的本质对象化、异化为神，然后再对这个异化物顶礼膜拜，通过它来统治人自身。

宗教之所以能通过神来统治人和压迫人，从认识论的原因来说，就是因为神是一种不可捉摸的神秘力量。一切能被人感知的现象，是不可能长久地保持其"神秘性"的，最终是要被人们所认识的。神是不存在的，这种不存在的东西是永远无法被人们所认识的，这样就可以永远保持神的神秘性和神秘的力量。当然，对神的完全的不可知，最终也会被人们所抛弃，因为永远不可知的东西对人们是完全不可及的，永远不可及的东西对人是毫无意义的，最终是要被人们遗忘的。宗教为了挽救这一点，就通过圣职人员和各种宗教仪礼来沟通人与神之间的关系，使人与神之间保持着可及而又不可及的距离，使人们对神永远怀着一个神秘性的感受，以葆宗教之青春长在，这就是宗教所以能长久地存在于人类历史上的重要秘密之一。

费尔巴哈把上帝从天国拉回到人间，把宗教的本质还原为人的本质，马克思对此评价说："只有费尔巴哈才是从黑格尔的观点出发而结束批判了黑格尔哲学。费尔巴哈把形而上学的绝对精神归结为以自然为基础的现实的人，从而完成了对宗教的批判。"④当然，这不能说人类对宗教的批判认识就此结束。正如马克思在《关于费尔巴哈的提纲》中所指出的：费尔巴哈"致力于把宗教世界归结于它的世俗基础。他没有注意到，在做完这一工作之后，主

---

① 《基督教的本质》，商务印书馆 1984 年版，第 57 页。
② 《基督教的本质》，商务印书馆 1984 年版，第 51 页。
③ 《基督教的本质》，商务印书馆 1984 年版，第 63 页。
④ 《马克思恩格斯全集》第 2 卷，人民出版社 1957 年版，第 177 页。

要事情还没有做哪"①。马克思这里所说的"主要事情",是指进一步揭示宗教异化的世俗根据,即从社会经济关系和生产方式等时代的历史条件方面去寻找宗教的起源和本质。马克思认为,要真正认识宗教的本质,仅仅把它归结于人的本质还不够,重要的是必须进一步指出人的本质是一切社会关系的总和,因此,必须到时代的社会关系中去寻找宗教的本质。

总之,任何宗教都是特定的时代历史条件的产物。人们根据他们所生存的社会环境、物质条件、生产关系及生活方式创造出神、上帝以及各种各样的宗教。这些神、上帝以及宗教本身既无内容,又无本质,它们的本质即是创造它们的人的本质,而人的本质归根到底是一切社会关系的总和,因此,所谓宗教的本质,在一定意义上可以说,即是特定的社会关系的总和。

(二)从主、客观的相互关系看宗教的本质

当我们说宗教的本质是作为特定的社会关系的总和的人的本质时,应该说,我们只是从一定的角度,说出了宗教的某一方面的本质属性,因为宗教之成其为宗教,从某种意义上说,不仅在于它反映了人的本质,而且在于它是人的本质的虚幻的反映。正如恩格斯所指出的:"'神'只是人本身的相当模糊和歪曲了的反映。"②神是人自身本质的异化、对象化,但人在创造了这个对象物之后,却向它顶礼膜拜,受它的统治和摆布,这个过程本身就是一个虚幻的过程、颠倒的过程。本来作为创造者的人,在宗教里成为被创造者,本来是人自身本质的对象物的神,却反过来对人发号施令,为所欲为,成为至高无上的统治者。用哲学的语言说,本来是本原的第一性的人及其本质,在宗教中反成为第二性的神及其本质的派生物,正是在这个意义上,马克思主义经典作家称宗教为颠倒的世界观。

当然,从唯物主义认识论的角度说,人类的任何认识和反映都能在客观世界中找到它的最终的客观物质根据。虚幻和谬误也不例外。如果用历史唯物主义的观点看问题,那么,人们就不应当单纯从主观方面去寻找这种歪曲反映的根源。用马克思的话说:"国家、社会产生了宗教,即颠倒了的世界观,因为它们本身是颠倒了的世界。"③

(三)从人与人的相互关系看宗教的本质

在人与人的本质关系上,宗教把人的本质异化了。不论是自然力的神化,还是社会力量的神化,都是属于人们自己的本质加之于自然和社会的,这时人们就把自己的本质升华为脱离现实人类的一种抽象的虚幻的人。这种

---

①《马克思恩格斯选集》第1卷,第17页。
②《马克思恩格斯全集》第1卷,人民出版社1956年版,第651页。
③《马克思恩格斯选集》第1卷,第2页。

虚幻的人的本质同自然力和社会力量结合在一起,这就成为超自然和超人间的神秘力量,即万能之神。它创造宇宙的一切,它主宰宇宙的一切。这种万能之神被创造出来后,反过来迫使人们对它敬畏和崇拜,但人们并没有意识到。

宗教作为人的本质的歪曲反映,在很大程度上是包括人与人相互关系在内的一切社会关系总和的虚幻反映。而神与人的对立,神对人的统治,在人为宗教中,其实是社会阶级对立和阶级统治的虚幻反映。正因为这样,在阶级社会中,宗教常常作为阶级统治的工具而发挥它的社会职能,常常以麻醉剂的形式给被压迫者以虚幻的幸福。

首先,在阶级社会中,宗教常常为人剥削人、人压迫人的社会制度论证和辩护。马克思在论及基督教的社会原则时指出:"基督教的社会原则曾为古代奴隶制进行过辩护,也曾把中世纪的农奴制吹得天花乱坠,必要的时候,虽然装出几分怜悯的表情,也还可以为无产阶级遭受压迫进行辩解。基督教的社会原则宣扬阶级(统治阶级和被统治阶级)存在的必要性,它们对被压迫阶级只有一个虔诚的愿望,希望他们得到统治阶级的恩典。基督教的社会原则把国教顾问答应对一切已使受害的弊端的补偿搬到天上,从而为这些弊端的继续在地上存在进行辩护。"①实际上,这个原则不仅适合于基督教,而且适合于一切人为宗教。

其次,宗教虽然是现实苦难的产物,但它却能给人以"幻想的"幸福。人总是向往幸福的,但是,自然与社会的双重压迫,使绝大多数被压迫者所向往的幸福成为泡影,他们只好把幸福寄托到来世或天堂,宗教正好为他们提供了这样一种精神慰藉。从这种意义上来说,宗教既是现实苦难的表现,又是对这种苦难的抗议,既是被压迫生灵的叹息,又是人民头上的"虚幻的花朵","宗教是人民的鸦片"②,"是一种在精神上的劣质酒"③。总之,由于宗教具有两种社会职能,人们往往既把宗教看成是一种社会意识形态,又把宗教看成是一种社会力量。当然,特定的社会关系产生特定的宗教,而特定的社会关系的总和的虚幻反映则构成宗教的本质。

三、马克思主义关于宗教消亡的基本观点

宗教作为一种历史现象,在它的历史发展过程中,最终不可避免地要走向消亡,这是一个不以任何人的主观意愿为转移的客观规律。

当然,说宗教最终将归于消亡,并不是说人们在任何时候、任何情况下,

---

① 《马克思恩格斯全集》第4卷,人民出版社1958年版,第218页。
② 《马克思恩格斯选集》第1卷,人民出版社1972年版,第2页。
③ 《列宁全集》第10卷,人民出版社1972年版,第62页。

都可以随便消灭宗教。相反,由于宗教自身的许多特点,任何企图人为消灭宗教的做法都是十分愚蠢和错误的。如同宗教的产生是一定历史条件的产物一样,宗教的消亡也是一定历史条件的结果,因此,要探讨宗教的消亡,首先得弄清楚宗教消亡的条件。

马克思曾经指出:"随着以宗教为理论的被歪曲了的现实的消亡,宗教也将自行消亡。"①恩格斯在《反杜林论》中也说过:"当社会通过占有和有计划地使用全部生产资料而使自己和一切社会成员摆脱奴役状态的时候(现在,人们正被这些由他们自己所生产的,但作为不可抗拒的异己力量而同自己相对立的生产资料所奴役),当谋事在人,成事也在人的时候,现在还在宗教中反映出来的最后的异己力量才会消灭。"②在这里,马克思和恩格斯把消灭产生宗教的现实基础,把废除私有制,作为宗教消亡的先决条件。应该说,这是抓住了问题的关键所在。因为在阶级社会中,生产资料的私人占有制,乃是一切社会苦难的总根源。只有废除私有制,人类社会才有可能逐渐从苦难中解脱出来;只有废除私有制,社会生产力才有可能得到进一步的解放,社会经济才有可能得到进一步的发展,从而创造更多的社会物质财富,使人们摆脱作为宗教产生根源的贫困和落后。只有到了这个时候,人们才有可能做到不靠天,不靠地,不靠神仙与上帝,而全靠自己救自己,亦即"谋事在人,成事也在人"。

其次,马克思在《资本论》中还指出:"只有当实际日常生活的关系,在人们面前表现为人与人之间极明白而合理的关系的时候,现实世界的宗教反映才会消失。"③这里主要指人与人关系的正常化、合理化,亦即消灭人剥削人、人压迫人的现象。这个条件与上面所说的废除私有制是紧密联系在一起的。只有废除了私有制,人与人的相互关系才有合理化的基础,但私有制的废除,并不意味着人与人的关系马上就会正常化、合理化,其中还需要经过长期的、多方面的艰苦奋斗,比如反对官僚主义、长官意志,消灭人们在政治、经济、文化地位上的一切差别,建立共产主义平等原则的人与人之间的相互关系,等等。

最后,科学技术的高度发达、人类文化水平的空前提高,也是宗教消亡的一个重要条件。当人们对于自然和社会还存在着种种疑问时,宗教的恐惧感和神秘感就很难彻底消除;当人们对于许多天灾人祸还束手无策、无能为力时,对超自然力量的敬畏感和依赖感就很难避免;当人们思想意识中的某些

① 《马克思恩格斯全集》第 27 卷,人民出版社 1972 年版,第 436 页。
② 《马克思恩格斯选集》第 3 卷,人民出版社 1972 年版,第 356 页。
③ 《马克思恩格斯全集》第 23 卷,人民出版社 1972 年版,第 96—97 页。

传统观念还根深蒂固时,宗教偏见就很难根除。例如,"一个物理学家可以得出有关原子结构的新理论,而同时他又牢牢地坚持他十岁就已接受的宗教观念;他甚至可以进行精微的哲学思考,而同时又为五十年前最庸俗的人们的旧习惯,做最热烈的辩护"①。凡此种种都充分说明,科学技术的高度发达,人们思想文化水平的极大提高,乃是宗教消亡的不可或缺的重要条件。

宗教消亡的根本条件在于消除支配着人们的自然异己力量,使人们可以完全把握自己的命运,成为自由的人。而要真正消除这些异己力量,就必须大力发展社会生产力,发展科学文化事业,使人类从必然王国进入自由王国;同时还必须改革不合理的社会关系,大力发展社会主义民主,使每一个社会主义国家的公民真正成为社会的主人,得到全面的发展,可以完全掌握自己的命运。

现在看来,要真正实现上述条件,是一个长期而艰苦的过程,需要经过持久的努力。正如马克思所设想的那样:"这需要有一定的社会物质基础或一系列物质生存条件,而这些条件本身又是长期的、痛苦的历史发展的自然产物。"②

第二节 宗教的类型、特征和功能

一、原始宗教的形式和特征

(一) 原始宗教的形式

宗教在原始社会一定阶段上产生以后,经历了长期的历史发展,不断地变换其形式。马克思和恩格斯把阶级社会产生以前的宗教称为"原始宗教"(或自发宗教、自然宗教),而把阶级社会产生以后的宗教称为"人为宗教"。

原始宗教是人类文明史以前的宗教形态,有一个较长的起源和发展变化的过程。随着人类对于认识自然和改造自然能力的提高,原始宗教也有一个由低级到高级的发展历史过程。随之,原始宗教也会在不同的发展阶段上,出现种种不同的宗教形式。概括起来,原始宗教大致有这样几种主要形式:自然崇拜、动植物崇拜、鬼魂崇拜、祖先崇拜、图腾崇拜、灵物崇拜、偶像崇拜。这些原始宗教形式归纳起来又可以分为两大类:一类是对自然力和自然物的直接崇拜,把直接可以为感官所感觉到的自然物和自然力当作崇拜对象;另一类是精灵和鬼魂的崇拜,其崇拜对象不是由感官所感觉的某种力量,纯属

---

① 《国外百科辞书条目选译》,中共中央党校科学社会主义教研室编译:《文明和文化》,求实出版社 1982 年版,第 29 页。
② 《马克思恩格斯全集》第 23 卷,人民出版社 1972 年版,第 96—97 页。

属于幻想出来的某种神秘自然力量的精灵、鬼魂等，但是它并没有把精灵、鬼魂同自然物自然力断然分开，而仍然把自然力当作精灵的力量的表现。因此原始宗教的崇拜对象没有超出自然物的范围。

1. 自然崇拜

自然崇拜是原始时代的一种普遍现象，是原始人群最初的宗教形式之一。原始人群是把直接关系到自己生存的自然物和自然力进行神化。原始宗教的这一崇拜形式，实际上是当时人类社会发展水平的产物。

人类刚从动物界分离出来的时候，在许多方面都带有动物的深刻印痕，他们虽然不像动物那样混同于自然界，完全受自然界的支配，而已经有了初步的自我意识。最初的人类，由于生产力和智力水平的极端低下，他们把各种自然现象和自然力当作与人们相对立的异己力量，屈服于它并对它崇拜，由此产生了以大自然为崇拜对象的自然宗教。

但原始人群并不是崇拜大自然的一切。正如《国语·鲁语》中所指出的："……加之以社稷山川之神，皆有功烈于民者也；及前哲令德之人，所以为明质；及天之三辰，民所以瞻仰也；及地之五行，所以生殖也；及九州名山川泽，所以出财用也。非是，不在祀典。"可见，人们对于大自然的崇拜，实质上就是对大自然的依赖。原始人对于大自然的依赖也分为两大类：一类是对于"顺己力量"的依赖，另一类是对于"异己力量"的依赖。这两种力量都不是人们能随意支配的，所以总的来说，在大自然崇拜中，人们所崇拜的都是与人们相对立的异己的自然力量。从社会意识的发展史来讲，这种自然宗教是一种动物式的意识，是人类对自然界的异己力量完全处于屈服状态下产生的一种意识形态。马克思和恩格斯在《德意志意识形态》一书中指出："自然界起初是一种完全异己的、有无限威力的和不可制服的力量与人们对立的，人们同它的关系完全像动物同它的关系一样，人们就像牲畜一样服从它的权力，因而，这是对自然界的一种纯粹动物式的意识（自然宗教）。"[1]当然，由于原始人所依赖生存的地理环境不同，因此造成具体的崇拜对象也各不相同。所谓"山居祭山，海居祭海，城居祭城隍，乡居祭土地"就是这种由不同的生活环境造成不同崇拜对象的写照。但是，天空、日、月、星辰、土地等，不论在什么地方都是共有的，这些对象被崇拜的程度之高低，是由这些对象在人们生产和生活中的重要性来决定的。在大自然中，为原始人群普遍崇拜的对象有：天体、土地、山峰、岩石、河流、水、火等。

天体的神化与崇拜，在原始部落中是一种极为普遍的现象。天体的变

---

① 《马克思恩格斯选集》第 1 卷，人民出版社 1995 年，第 35 页。

化,对于原始人来说,完全是变幻莫测、不可捉摸的,因此给人类莫大的神秘感,而且任何地区的人们都毫无例外地感受到它,不受地理环境的限制,特别是由于日、月、星辰和天空中发生的云、雾、雷、电、风、雨、雪等现象,严重地影响着人们的生存和生活,因此,天体崇拜在原始人中是极为普遍的,不过只是到原始社会后期即农牧业生产时期,才是天体崇拜的极盛时期。在农业上,至今还没有完全摆脱"靠天"的局限性,在原始社会就更不用说了。

在天体崇拜中,由于原始部落所处的生活环境和历史条件不同,对于天体崇拜对象的态度也有所不同。对太阳的崇拜是极为普遍的,因为太阳为人们带来光明和热,是人类不能离开的生存和生活的前提。有的原始部落就因此而把太阳作为本部族的来源,流传着关于太阳的种种神话。

在原始人的天体崇拜中,对月亮、星辰的崇拜也较普遍,印度洋安达曼群岛上的矮小黑人崇拜月亮和星辰,认为月亮是太阳的妻子,而星辰则是它们众多的子女;在一些地处旱热带的原始部落,太阳被视为可畏的恶魔,而崇拜作为清爽温柔的化身的月亮;星星的作用虽不如日月大,但一到夜晚,星光闪烁,时隐时现,变化莫测,给人以无尽的遐想,加之,各种星辰排成各种图像,流星、彗星的出现,银河的移动,陨石的坠落,都极易使人产生神秘感,进而把它神化并加以崇拜。

对于岩石的崇拜是由两个主要原因造成的:首先,岩石的异常形状是原始人崇拜岩石的起因之一。岩石体积巨大,形状奇异,特别是位置异常以及人们对它们来历的难解,都易于幻想出神灵来。人们对海水和风化了的各种人和动物形状的石头会产生极大的神秘感。其次,岩石在原始人的生活、生产上的巨大效用,是原始人崇拜岩石的重要原因。

河、水崇拜也是大自然崇拜较为普遍的表现形式之一。水是任何生物所必需的,万物生长不能离开水。水在不同温度下有液态、气态、固态三种变化,雨水、河水不仅能促使植物生长和扑灭草原森林的火灾,也能泛滥成灾而破坏地面万物,这些不可理解的变化只能被原始人群视为神灵威力的显示,在思维能力不发达的原始人中,还没有一般的水神,而只有具体的河神、雨神、湖神、井神等等。每一处的河、湖、井都有一个神专司管理,司管着水流的动静急缓,神灵愤怒时水就干枯或暴涨。在人们向水神供奉后,水就会缓缓地源源而来,甚至会成为圣水,可用来治疾、去邪、洗礼。特别是水源不多的山区,人们对水的崇拜就更甚了。

对于火的崇拜也是大自然崇拜中最普遍的现象之一。火是原始人赖以生存和生活的极端重要能源。利用火是人类最初摆脱动物界的一个重要标志。人类由最初惧怕火,经过利用自然火,一直发展到人工生火,经过了漫长的实践过程,在人们能够自己生火以前,火的那种燃烧的奇异性能及其对人们生活的影响,已使原始人形成了对火的崇拜的浓厚宗教观念。火是一种威力,火既能把大地动物草木烧为灰烬,也能被原始人用来熟食、取暖和防御猛兽。所以原始人对火产生了既敬仰又惧怕的心理,特别是由于不懂自然起火的原因,对火产生了极为神秘的观念,认为就像日、月、星辰、山川、河流一样,火是由神灵所司管的神物,并予以崇拜。

2. 图腾崇拜

图腾崇拜是随氏族—部落的形成而产生的宗教形式。它是原始社会后期产生的,是自然崇拜、动物崇拜和鬼魂崇拜、祖先崇拜互相结合起来的一种宗教形式,其流行范围具有世界的普遍性。"图腾"(Totem)一词源于美洲印第安人鄂吉布瓦人的方言,意为"他的族类"、"他的亲属"或"他的氏族标记"。

原始社会的基本社会结构是氏族制度,最基本的社会单位是氏族集团。以血缘为纽带的各个氏族集团在追溯自己的远祖时,往往把他们想象为某一类动物和植物(其中动物占绝大多数)。这些动植物就是他们的图腾。原始人常常把图腾作为本氏族的标记,认为它的盛衰象征着本氏族的盛衰,因此要保护图腾,崇拜图腾。

图腾崇拜的对象,不管是动物还是植物,都不是指某一个别的个体,而是指该类的全体,就这一点说,其崇拜对象具有综合性质。图腾崇拜对象发展到了具有动植物类概念的综合性,也反映了氏族特殊关系的个性。图腾崇拜的动植物对象,已非指某一具体的个体,而是指该类的全体,这种观念上的综合能力是人类抽象思维能力有所发展的反映。另外,图腾崇拜的对象一般与本部族或氏族有特殊联系,该部族所崇拜的在另一部落则不一定崇拜,反之亦然,具有浓厚的个性色彩。如澳洲伊里安人把崇拜对象作为本部落的祖先,美洲印第安人把崇拜对象作为本部落的守护神。

图腾崇拜的表现形式是多种多样的。在澳洲,图腾崇拜主要表现在对图腾对象的种种禁忌,以及对于画有图腾的灵物即"珠灵卡"的信仰和崇拜。"珠灵卡"被当作祖先遗留给子孙的标记,或被认为其中住着祖先的灵魂,他们挥动系在灵物上的绳索进行各种礼拜仪式。美洲印第安人的图腾崇拜,主要表现在对图腾标记的崇拜和禁忌,每村立有高达五十米的雕有图腾形象的图腾柱,每家将画有图腾对象的动物皮盖在屋顶上。

古代埃及各氏族的护符,多采用狮、狒狒、羚羊、兔、牡牛、犬、鹰、鹭、蜂、蝎等图腾标记。他们禁止杀害图腾动物,有的还供奉图腾动物,死亡时要举行葬礼。希腊的阿喀亭人以熊为其族名,阿菲欧琴人自命为蛇之人。古代雅典少女在举行熊礼拜时要披熊皮并自称为熊等。所有这些都可看作是古希腊图腾崇拜的痕迹。

图腾崇拜是原始社会采集、狩猎、农耕经济在宗教意识形态上的反映,同时它又对当时的文化艺术以很大的影响。

3. 祖先崇拜

祖先崇拜的基础是相信人死之后灵魂不灭,并相信死者的灵魂继续与活在世上的人有这样或那样的联系。祖先崇拜的对象多为氏族—部落、家族的前辈亲属。人们对亲属的亡灵既尊敬又畏惧,既祈望祖先神灵能帮助活着的亲属,又害怕他们得不到抚慰而加害于后人。因此人们定期地或不定期地举行祭祀仪式。祖先崇拜产生于氏族—部落社会,进入文明时代后,在各传统文化中存留长久。祖先崇拜在文明时代继续存留的根据,在于血缘关系的社会作用。血缘关系在社会结构中的地位和作用越重要,祖先崇拜越发达;相反,在以核心家庭为主、成年人之间的经济支援和情感调节不再主要依靠亲属的社会环境里,祖先崇拜能否存在就成了问题。无论原始社会还是阶级社会,祖先崇拜都与社会结构密切相关。

但是,祖先崇拜在原始宗教中占有很重要的地位,在不少地区,祖先崇拜常常是原始宗教中最主要的表现形式。祖先崇拜的规模或范围与群体的规模或社会地位有关。一般说来,社会群体的规模较大,人们崇拜的祖先往往是远祖;而社会群体的规模较小,人们崇拜的祖先往往是近祖。不同群体的社会地位不同,不同群体的祖先的“政治”地位也不相同。一般地说,祖先崇拜具有鲜明的血缘性。祖先神一般被认为是善神,它能保护本部落、本民族人丁兴旺,事业成功。

原始祖先的崇拜,最初是氏族团体的共同祖先的崇拜,然后才产生了氏族联合体(部族)的共同祖先的崇拜。随着一个个家庭的产生,家庭的祖先崇拜也发展起来了。

在有些原始部族中,举行“人肉盛餐礼”,以虔诚之心来分享死者肉,或者将死者脂肪涂在活人身上,以便使活人同祖灵保持联系,使活人受到祖灵的保佑。祖灵崇拜一般都被当作善灵来崇拜的,而一般的鬼魂大多是被当作恶灵或不可捉摸的对象来崇拜的,所以在崇拜的动机和祭礼上常显出很大的不同。正因为这样,鬼魂崇拜需要的具体对象大多是不固定的和暂时的,并且只是在认为受其作祟需要加以抚慰时才祭祀。与之相反,祖先崇拜的鬼魂是固定的、长期的,一般定期举行且比较隆重。

由于祖先崇拜的对象是善灵,又与崇拜者有血缘相连的密切关系,所以祖灵常被转化为地方守护神而受崇拜。西双版纳的傣族,把村寨称为“曼”,他们有村寨的守护神“丢拉曼”,有共同血缘关系或历史关系的地区有守护神

"丢拉勐"。"丢拉曼"一般是建寨时做出贡献的祖先、著名人物，或历史上为保卫本寨而献身的英雄。开始只是氏族的祖灵，后来随着氏族公社过渡到村社，就变成了村寨共同的守护神。因此一个村寨往往有好几个守护神，如景洪县曼播寨就有三男三女的六个"丢拉曼"，而且各有司职，有司谷物的，有司财产的，有司平安的，等等。"丢拉勐"是由地区中心寨的"丢拉曼"扩大而形成的。这就突破了原来祖先崇拜的那种纯粹的血缘观念。

4. 偶像崇拜

偶像崇拜是原始宗教中一种较高的宗教形式。这是原始人同自然的关系上和人与人之间的关系上较之以前有着更为广泛的种种联系，在原始宗教上的反映，也是原始人类抽象思维能力进一步发展的具体表现。这都是原始社会生产力和生产关系进一步发展的必然结果，绝不是偶然出现的。

偶像崇拜是在灵物崇拜的基础上发展起来的，所以他们具有许多相似之处。只不过偶像的对象是经过人为加工，把神灵形象化了，若有像人或动物的村落灵物，经人工稍加修饰，涂上色彩，勾画出五官，灵物就转化为偶像了，更增加了人们对神灵威力的信心作用。偶像若面目凶恶，使人相信其有驱除恶灵的能力；偶像若长有三头六臂，则使人信其有超人的能力；若在偶像身上安上翅膀，就信其有空间飞翔的超人能力。偶像崇拜的进一步发展，就出现了同僧侣结合的偶像。例如有一种巨大而中空的偶像，人们在向它供奉祈祷时，藏在偶像里的僧侣代替偶像对供奉者提出的要求作答。所有这些做法都是为了增强人们对神灵的信仰。这些现象说明，宗教要维持其存在，若不发展自己，就难于长期地维持其信徒对它的信仰。

在原始偶像崇拜中，偶像若不能满足崇拜者的希望，偶像就要遭到惩罚，或受到鞭打，或被丢弃，或遭烧毁。例如奥斯第亚人，在出猎不获时，就要责打偶像。

偶像崇拜是原始宗教较为后期发展起来的信仰形式。所以在澳大利亚的较为原始的部族里没有偶像崇拜，而在加罗林群岛较为发达的原始部族里，偶像崇拜则相当普遍。偶像崇拜的信仰形式，有赖于神话故事和雕刻、绘画、塑造等艺术的发展。偶像的形象往往是根据一定的神话故事塑造的。

（二）原始宗教的特征

原始宗教是原始社会的产物，有其产生、发展和消亡的过程。作为时代的特征来说，社会历史发展到了今天，原始宗教已经消亡。原始宗教随着文明社会和阶级的产生而消亡了，被后来发展起来的人为宗教（又称古典宗教，即神学宗教或制度宗教）所代替了。从原始宗教的产生、发展、消亡的过程以及其多种形式来看，原始宗教有以下几个主要的特征：

1. 万物有灵观念的神秘性和直观性

由于原始社会的生产力极其低下,物质生活极其贫乏,思维能力很低,因此不可能了解到世界万物存在的原因,但又企图对这种原因做出种种解释,这就只能用幻想的联系来代替真实的联系,用歪曲现象的神秘观念来解释一切,把人类具有初步自我意识的"灵性"赋予万物,用万物有灵的观念来解释一切现象的存在和变化,并把万物的"灵"作为一种异己的神秘力量来加以崇拜。在原始社会,不存在阶级的异己力量,却存在着自然力压迫人类的异己力量,迫使人们去依赖于自然力,并直接地对自然力采取盲目崇拜的态度。另外,不同地区崇拜的对象是不同的,他们大多直接根据自己赖以生存的生产对象来确定其崇拜对象,这充分反映了崇拜对象的直观性。

2. 原始宗教崇拜对象的自发性和功利性

原始崇拜是在全体氏族成员间自然形成的,"并没有欺骗成分",并不是某个人或集团出于某种目的有计划地创造出来的,在共同斗争中形成的宗教信仰是集体思维的产物。因此这种宗教又称为"自发宗教"。原始宗教的崇拜对象,往往与原始人的日常生活有密切的联系,出于对崇拜对象的依赖,进而把它神化,祈求得到它的恩赐与帮助,带有非常强烈的功利性。

3. 神灵作用的个别性、多样性和宗教形式、崇拜形式的多样性

原始宗教神灵的个别性和多样性,是同原始人类思维能力不发达直接相联系的。在原始时代,由于人们改造自然能力的低下,人们不可能有高度的抽象思维能力,只有具体概念而无抽象概念,不可能形成万能的高级神灵的概念。因此,神灵只能具有十分狭隘的个性,还不能满足原始人对于许多同其生活有关的种种自然物和自然力的崇拜要求。在万物有灵观念的支配下,对于各种不同的自然物和自然力幻想出许许多多的神灵来,这就形成了原始宗教的多神性。随着神灵的众多,祈求神灵的内容和形式也就随之增多,这就是原始宗教形式和崇拜形式具有多样性的原因所在。

4. 原始宗教具有整体性和排他行

氏族—部落以血缘为纽带,是一个整体。这种整体性表现在强调内部的认同和本氏族与其他氏族的区别,这是维系群体生存和延续这个根本大事的两个方面。氏族部落的凝聚力和排他性是通过一系列的宗教象征来实现的。在氏族部落中没有整体与个体之分,只有两个世界之分,即神圣世界和氏族部落(俗界)。个人是从祖先那里来的,死后亦回到祖先那里去。氏族部落整体作用于神圣界,神圣界亦作用于整个氏族部落。所以个人得罪了神灵,招致的不是对个人的惩罚,而是神圣世界降灾于整个氏族部落。

5. 原始有神论的神秘观念没有至高无上的神圣性

因为原始宗教是以原始人类社会生活同自然力的矛盾为基础的,是直接对自然力的崇拜,神灵的作用也是极为直接和狭隘的,神灵的神秘力量是自然力本身的直接反映,还不可能产生超自然的万能的统一的高级神灵观念。所以,神灵在原始人眼里并不具有至高无上的神圣性,当原始人认为某一神灵不能满足要求的时候可以污辱、鞭挞和抛弃它。因此,神灵在原始宗教中是不固定的,崇拜的对象有很大的不确定性,不确定的神灵是不能获得至高无上的神圣性的。

二、人为宗教的形成和特征

(一)人为宗教的形成

氏族社会后期,随着社会生产力的不断发展,阶级、社会分工和人类抽象思维能力的发展,由此导致了整个社会制度的根本性变革,与之相应,以氏族制度为社会基础的整个原始宗教也逐步走向衰微,代之而起的是以私有制和阶级社会为依托的"人为宗教"。所谓"人为宗教",是相对于原始社会的"自然宗教"而言,是指借助于有意识的人为力量而发展起来的宗教。人为宗教是由自然宗教演变而来的,这是一个长期的缓慢的演变过程。

1. 阶级的出现是自然宗教演变为人为宗教的第一个决定性因素。在原始社会解体的过程中,奴隶主阶级是人类历史上第一个出现的剥削阶级。奴隶主在掌握政治、经济统治权的同时,也掌握了思想统治权即神权,使自然宗教逐渐失去了集体性和全民性,变成了为奴隶主阶级利益服务的宗教,成为奴隶主阶级实行思想统治的最强有力的工具。

原始社会的平等、民主的集体经济生活的性质,决定了原始宗教活动的民主性和神权的集体性。但是,随着生产力的发展而出现了私有财产,原来的族长、军事首领、祭司利用其职权而成为剥削者即奴隶主,由公仆变成了压迫者。奴隶主为了统治奴隶不仅需要政治上的和经济上的统治权,而且还必须运用神权。在人们对异己力量——"神"的盲目崇拜和恐怖的情况下,运用神权来统治人民是最为有利的,正因为这样,所以奴隶主垄断神权成为世界各国和各民族的一种普遍的历史现象,这是通过阶级在经济上的不平等和阶级在政治上的不平等来实现的。

原始社会末期产生的阶级差别,阶级分化这一客观的社会存在,也必然会在宗教观念上得到反映,使自然宗教的诸神也发生了分化,有的神升级为高于众神的大神,有的变成大神的下属神,有的被遗弃。当人间发生了阶级分化和政治权力的争夺,人们也把这一过程移入神灵世界,神灵也有了权威和职权的兼并,出现了多能和万能的神,这就为最高神的产生作了准备。最高神的出现以及一整套神阶和教阶的规定,表明原始宗教诸神灵分化、演变过程已经完成。"人为宗教"就诞生了。

2. 社会分工的出现是自然宗教向人为宗教演变的第二个决定性的因素。在社会分工的变化过程中,有一种穿特殊服装的教阶僧侣集团从中分化出来而固定下来,成为一种专司宗教事务的专职人员,这对宗教神学的系统化、理论化和宗教活动的程序化、规范化,以及宗教组织的严密化和教阶化,都起到了极其重大的作用。

由于生产力的发展,当祭司、巫师成为奴隶主以后,他们为了使宗教变成维护奴隶制的工具,故意使宗教观念和仪式严密的程序化起来,一般平民如果不通过族长、祭司的中介,就不可能接近重要神灵。特别是祭司、巫师变成世袭专司的职业以后,为了通过加强他们在宗教活动中的地位和作用来扩大势力,人为地增加了更多的神秘主义成分,原来可以由个人进行的许多宗教仪式和巫术,也变成无效,非经过他们不可了。就这样,个人拥有的神权大部分被剥夺了,祭司和巫师成了半神半人,神灵的权威和作用转移到了他们身上,自然界神灵的意志,不再表现在自然现象中,而是体现在祭司、巫师的判断和预言里面。

专司宗教活动的祭司和巫师的出现,这对于人为宗教的建立起到极其重要的作用。没有一支专业的宗教队伍,人为宗教是不可能建立起来的,神学宗教之所以被称为"人为宗教",就是因为有了专业的宗教人员,他们使宗教增加了更多的人为因素。宗教现象的出现当然不是人为的现象,而是必然的历史现象。但人的意识的力量对宗教的产生和发展又具有不可忽视的影响,而专业宗教人员的产生又强化了这种影响。

3. 人类思维能力的发展是自然宗教演变为人为宗教的第三个决定性因素。人类思维能力的发展,是宗教思想理论化的基本前提。人的思维能力是以人对客观世界改造能力为基础,是随着人类改造自然能力的发展而发展的。随着生产力的发展,人类的思维能力也发生了一次质的飞跃,由原来运用直观的具体概念的思维能力发展到能以一般的抽象概念来思考问题。这反映在宗教观念上,使宗教观念的幻想能远远地脱离现实生活的局限性,使神学理论抽象化和神的一元化、万能化成为可能。这正如恩格斯所指出的:"通过自然力的人格化,产生了最初的神。随着各种宗教的进一步发展,这些神越来越具有了超世界的形象,直到最后,通过智力发展中自然发生的抽象化过程——几乎可以说是蒸馏过程,在人们的头脑中,从或多或少有限的和互相限制的许多神中产生了一神教的惟一的神的观念。"①从原始宗教发展到

---

① 《马克思恩格斯选集》第4卷,人民出版社1996年版,第224页。

人为宗教的过程中,首先要经过一个自然崇拜中诸神灵职能的兼并过程。在这个兼并过程中,人类思维能力的发展起了重要的作用。这就是说,只有人类具备了抽象的概括能力,在认识上才能把自然现象之间的联系,概括为某个神灵威力的扩大。

从自然宗教发展到人为宗教的过程,就是要把自然崇拜的神灵人化和社会化,其最明显的表现是神灵体的人化。由于人类思维发展到具有抽象概括的能力,人们的思想就能远离具体的现实,而把现实的客观因素进行重新组合,产生自己所需要的种种幻想的形象。这反映在神的形象上也是如此,把自然属性的客观因素同自己人的客观因素组合起来,创造了一个人化的神。

在自然崇拜神灵实现人化以后,就要把人化了的多神演化为一元化的万能的最高之神,即上帝。在人的思维能力的作用下,就像社会权力集中于国王一样,人们把新的社会职能附加给本来就具有最大权威和信徒众多的一个神灵,结果这个就成了无所不在、无所不能的上帝了。这个上帝只有一个模糊不清的人格,就是人的智慧、人的能力、人的真善美品格的抽象,成为全智全能的完美无缺的上帝。有了这样抽象化的上帝,就可以把创造世界和支配世界的一切权威都交给它了。

综上所述,人为宗教的产生和建立,是阶级的出现、社会分工的发展和人类思维能力进一步发展的必然结果,绝不是完全人为力量偶然创造出来的。也正因为是这样,所以世界各国和各个民族的宗教发展,都经过了由原始的自然宗教发展到人为宗教的这一必然的历史过程。

(二)人为宗教的基本特征

1. 人为宗教具有鲜明的阶级性

与原始宗教的全民性质相比,人为宗教具有阶级性。首先,由于生产力的发展,社会生活资料有了剩余,这为私有财产的产生提供了条件。原始社会的族长、军事首领和祭司利用手中的职权,侵吞部分公有财产,逐渐成为人类历史上的第一个剥削阶级——奴隶主。奴隶主阶级为了维护他们既得的经济和政治利益,必然要采取各种手段以维护和巩固他们的特权。在人们对超自然的神灵盲目崇拜和普遍信仰的情况下,运用神权无疑是最具有影响力的一个办法,因此,奴隶主阶级自然要千方百计地控制并垄断神权。其次,随着私有制的出现,财产的差别逐渐反映到宗教观念上,神权的护佑与否同祭品的多寡厚薄联系起来了。这就把那些经济贫穷的平民与奴隶逐出了神灵的保护伞之外,神灵成为能够提供丰厚祭品的奴隶主阶级的保护神。最后,阶级和国家的出现使得宗教中的诸神有了高低、大小之分,某些至上神成为最高统治者的崇拜和祭祀对象,一般平民只能崇拜和祭祀自家的"门神"与

"灶神"。这样,广大的平民与奴隶在很大的范围内被剥夺崇拜与祭祀的权利,而统治者阶级成为重要神灵的代表与化身。至此,宗教成为统治阶级手中的工具而与平民百姓了无相关。从以上几个方面看,随着人为宗教的产生,宗教渐渐失去了其全民的性质而逐步向阶级的宗教转变。

2. 人为宗教具有鲜明的社会性

与原始宗教主要是自然压迫的产物不同,人为宗教主要是社会压迫的产物。随着生产工具的改进和技术的进步,社会生产力有了很大的发展。这时,自然界的压力在逐渐减少。与之相应,人们对自然界的依赖感在逐渐减弱。但是,生产力的发展对于广大平民百姓,不完全是一种福音,相反,生产力发展所造成的私有制和阶级的出现,使广大平民百姓刚从自然压迫下稍获喘息的机会,马上又被掷进社会的重压之下。统治者为了满足他们的需要,把社会产品搜刮殆尽。被压迫者从事非常繁重、艰苦的劳动,而又无法维持他们最基本的生存的需要。被压迫者的反抗又被镇压。他们在走投无路的情况下,只好把社会力量作为一种异己的超自然力量来崇拜。因此,人为宗教的产生,虽然不无自然的压力,但主要的根源是来自社会的压迫。

3. 人为宗教造就了一批专门从事宗教事务的神职人员

在原始宗教中,祭司、巫师是经过民主推选而产生的,有的是临时的,有的是兼职的。但是随着阶级和社会分工的出现,祭司、巫师便逐步走上了世袭化和职业化的道路,并随着社会的发展,产生出了一个由专门从事宗教事务的神职人员组成的僧侣社会集团。

专业神职人员作为神与人的中介人的特殊身份出现在社会上。在人为宗教中,宗教的天国与世俗社会是两个根本不同的世界。生活在世俗社会的凡夫俗子是无法同天国的神灵直接联系的,只有通过神职人员这个中介人,才能实现沟通起来。随着神职人员的出现,神权完全被集中到这些人的身上,普通人的神权自然就被剥夺了。从此,平民百姓不仅在政治上经济上处于受压迫受剥削的地位,而且思想上也被那些专业神职人员所掌握。

4. 人为宗教的崇拜对象变成了一个独立的精神实体且日益一元化

与原始宗教的自然崇拜不同,人为宗教的崇拜对象多是脱离了具体事物的独立的精神实体。崇拜对象的这种转变与人类思维能力的提高有着密切的联系。由于人类思维能力发展到具有抽象概括的能力,因此,人们的思想能够远离具体事物,而对现实的各种客观因素进行抽象和重新组合,产生出自己所需要的种种幻想形象。人为宗教的神灵,就是这种远离现实的幻想形象。

既然人的思维能力已经能够离开具体的事物而抽象出某种幻想实体,加上现实世界中统一君主的出现,以及自然、社会各种现象的相互联系的统一性的被认识,宗教崇拜对象也就逐渐由分散走向集中,由多神走向一神。最后,至上神和绝对惟一神终于取代了原始宗教的分散的众神,人为宗教的崇拜对象因此趋向一元化。

三、宗教的功能

宗教作为人类文明史上一种最普遍的社会现象,自它产生以来便对人类社会文化的各个层面起着不可忽视的作用。就宗教本身来说,它具有明显的社会性。宗教产生的根本原因是人们对来自自然与社会的压迫不理解,又不能战胜而求助于超自然力量的一种心理需要。社会的人要反抗自然和社会的压迫,都必须首先协调自己与社会的关系,因此,宗教的信仰与实践都毫无例外地反映了复杂的社会关系,归根到底是一种社会的信仰与实践。

宗教不仅是历史的产物,代表了古代人们的愿望与实现这种愿望的言行规范,而且随时代与环境不同而变化,代表了在不同时代、不同环境下人们的愿望与实现这种愿望的言行规范。宗教从来不是生活在真空中,它总是在自觉或不自觉中和特定的社会、特定的文化形成互动。在这种互动中,宗教对社会的政治、经济、文化产生这样或那样的作用。但是,这种作用在不同的社会、不同的历史时期不是等值的。这中间既有程度的差别,也有价值上的区分。美国社会学家奥戴(Thomas F. O Dea,？—1947)特别强调了后者:宗教的功能既有正面的价值,也有负面的效果。换句话说,宗教是通过人们对彼岸世界问题的关注与追求来干预世俗的社会生活的,有时也会在神灵的名义下直接干预世俗社会的生活。这种干预体现为两种不同的作用:一方面,它可以体现人们一种美好的愿望,并为这种美好愿望维护必要的公共道德与公共秩序,平和人们内心的情绪,促进文化的交流,甚至表现出改革社会的取向;另一方面,也可以为人们的无知、褊狭戴上神圣的桂冠,变得固执、狂热,成为人类文明进步的壁障。具体来说,宗教主要有以下几个功能:

(一)认同功能

宗教表面上反映了人与神的关系,实质上反映了人与人、人与社会,或者说个体与社会整体间的关系。个体通过接受到的宗教价值观而形成个人的世界观,从而认识到自身在社会群体中的地位及与他人的关系,通过宗教的价值观念去理解个人的命运与社会的变迁,因此形成对自我的认定。这就是宗教的认同功能。

在变幻莫测的历史潮流中,宗教的认同作用最终对稳定社会有巨大的影响力。宗教教义所宣扬的天命论和宿命论,在一般教徒的内心都曾打下深深的烙印,使每个教徒认为在宗教那里找到了一种既定的归宿感,无论个人的命运受到多大的挫折,社会形势有多大的变革,或者发生了多严重的自然灾害,人们都会认为这一切都是神灵安排好的,要甘心接受现世所遇到的一切祸福与甘苦。

个人通过接受包含在宗教观念中的价值观念和关于人类本质命运的观念,而在一些重要的方面形成了对自己的理解和认定。此外,在社会发生迅速变迁和大规模变动的时候,宗教对认同的促进作用会大大提高。但是,局限于对旧的认同的忠诚,就会阻碍新的认同的发展。因为,宗教在强化认同的同时,也就抑制了个体的主观能动性,使人们面对不公正的社会不敢起来反抗,阻碍了社会的变革,助长了社会的偏见。此外,宗教对社会规范和价值观念的神化作用,也容易使人们在已经变化的社会环境里,仍将旧的价值体系绝对化,顽固而形而上学地坚持,结果导致与现行社会发生各种冲突,加剧社会的矛盾。宗教认同的根基就在于人们对超自然、超社会、超人间力量的认同。这种超越一切的神圣力量,既是自然宇宙的创造者,又是人类命运的支配者,使之成为宗教信仰者共同崇拜和信仰的认同感,并以此来追求其信仰的价值趋向,把追求上帝和神的永恒之爱以及天国的永远幸福作为人生的最终理想目的。这种神圣化的认同感一旦被人们所接受,就会成为一种具有凝聚力的宗教社会力量,并具有其特定的控制社会的能力。

(二) 群体整合功能

宗教的群体整合功能,就是使社会的不同个人、群体或使社会势力、集团凝聚成为一个统一、一致的整体的作用,并且能促进其内部的团结。其根源就在于社会群体的共同愿望及共同利益,宗教的功能能够把这种群体的共同愿望与共同利益神圣化,而且通过教会组织的组织协调,运用宗教信仰上的共同性、宗教领袖的权威、宗教礼仪戒律加以约束和强化,因此加深了凝聚作用,使之巩固、持续下去。这种功能,只能发生于信奉同一宗教的个人、群体和社会集团之中;信奉不同宗教的个人、群体和社会集团,不仅常常难于整合,而且极易造成对立,即使这些个人、群体和社会集团属于同一民族或国家。美国著名社会学家 L·布鲁姆指出:"在社会化过程中,人们需要他们可能得到的一切帮助,尤其是当他们被要求约束自己、避免放纵或者在等待自己的努力得到报偿的时候。宗教通过给予对人类价值观的神圣的赏罚来支持社会规范,并创造一个精神上的共同体。该共同体的成员,由一种对超越可以观察到的现实的存在的信仰团结在一起。"①在当今世界,有一些民族或社会阶层,往往把某一共同的宗教作为他们维系民族内部或社会阶层团结一

---

① [美]L·布鲁姆:《社会学》,四川人民出版社1991年版,第607页。

致对外的一种重要手段,对内通过共同的宗教信仰,加深相互的感情联系和维持内部的秩序,对外统一步调。特别是在抵抗外来压迫与干涉,维护本群体共同利益时,这种共同的宗教信仰就会成为一种强大的心理因素和精神力量,进而发展成一股不容忽视的物质力量。

(三) 协调社会关系的功能

维护社会的统一,是宗教最重要的功能。社会是一个由各种组织机构、社会团体、社会势力网络及其各种制度组成的动态的平衡系统。人们在这一系统中,遵循着共同认可的社会规范,组成各种的社会关系,并在互相依存中维持着社会的和谐与平衡。宗教也是一种制度化的社会实体,它与其他社会组织和制度共同构成社会这个大系统,一起维持着这个整体的平衡,起到了稳定社会的作用。这主要通过以下途径:第一,通过用超自然的神化了的手段,将宗教教义打上神启的印记,也使现行的社会规范和价值观念神圣化。在世界历史发展中,一些人类共同创造的美好道德规范,如爱心、尊老、不偷、勤俭等,都被许多宗教所吸取,并加以神化,作为神对人的戒律与言行要求,使这些伦理原则更具权威性。在当今世界,由于种种历史原因,常以某一宗教作为其维持社会秩序、协调社会生活的主要精神支柱。另一方面,由于宗教又让人相信预定说、宿命论,宣传一切都是神安排好的,要求人们安于现状。因此,美国人类学家塞雷纳·南达说:"宗教信仰实际就是以超自然的神秘方式实现社会控制。"[1]这指出了宗教协调社会关系的关键所在。第二,通过对礼仪崇拜方式的神圣化,促成一种人与神之间的超自然关系,与世俗的伦理规范一起维持现存的社会秩序,协调各种社会关系。

(四) 调节情感的功能

宗教可以给人们提供调节情感、平衡心理、发挥慰藉的功能。在变化无常的社会环境之中,每当人们与社会舆论和道德规范发生矛盾的时候,就会产生挫折感,心理上产生诸如安全、归属、自尊、满足等各种情感上的需要,而宗教往往可以通过某些教义或宗教伦理道德上的观念来宽解人们内心的不平衡,以使他们的内心得到较高的满足。宗教以超自然、超人间的形式,解答了世界的起源、宇宙的秩序、生命和人的产生、自然和社会的历史、人与世界的关系,以及人性、道德、生与死、灵与肉、今生与来世等涉及世界观和人生观的根本问题。它为处于生活变化无常、历史动荡不安的人们提供安全感和终极意义的解释。这就是宗教的牧师功能。一般来说,人们情感心理的需要也是由于其物质及精神的基本需要所决定的,人们的生活环境受自然力的影响

---

① 陈麟书:《宗教的基本功能》,载《世界宗教研究》,1990 年第 3 期。

与文明程度成反比,同样,宗教情感的调节功能也与文明程度成反比。文明程度越高,受自然力影响就越小,宗教的情感调节功能就越小;反之,文明程度越差,受自然力影响就越大,人们对宗教的情感调节功能的需求就越大。

宗教的情感调节功能是指通过特定的宗教信念把人们原来心态上的不平衡调节到相对平衡的心理状态,并由此使人们在精神上、行为上和生理上达到有益的适度状态。"由于世界是危险的和不可预言的,人们总是处于恐惧与焦虑之中。焦虑产生于对自然力的恐惧以及人们的软弱及依赖感。社会环境也可能是残酷的和不可预测的,离别与死亡的痛苦也是不可避免的。"①这样,宗教就变成了为一部分人提供安抚心灵痛苦的镇静剂和镇痛剂。这正如美国学者玛丽·梅多和理查德·卡霍在其所著的《宗教心理学》一书所指出的:宗教就像一个"避风港"。

(五)文化功能

从广义上讲,宗教也属于一种文化现象。一切文化现象都是一定社会的政治、经济的反映,影响和作用于一定的政治、经济。

宗教对文化有巨大的影响。因为宗教也代表了一种世界观,它对人的价值观、人生观具有巨大的影响力,所以宗教观念对文学家、艺术家们的世界观、价值标准、道德准则等一系列的心理因素都会起到不可忽视的作用,进而影响到了艺术的意境及形式,对一般信徒的审美情趣及欣赏水平也产生了潜移默化的作用。此外,宗教的经典、神话传说、宗教建筑、绘画等本身就是宝贵的文化艺术的遗产。同时宗教是人们生活中一个十分普遍的现象,在历史上曾长期主导着很多人的精神生活。

宗教还通过对民族性格的改变来实现它对文化的影响。由于历史发展的原因,一种宗教的世界观往往成为某个民族心理价值取向的标准,而有的宗教礼仪更演变为民族的风尚,成为民族精神的象征。

第三节　世界三大宗教

世界性宗教的出现,是人类宗教发展史上的一个新阶段。基督教、伊斯兰教和佛教是三大世界性宗教。它们能突破民族、国家和地区的限制进行传教布道,并能为世界各民族、国家和各地区的人们所能接受,因而成为世界性宗教。世界宗教影响的范围很广,对人们的思想、文化和政治等各个方面都有很大影响。下面我们就分别对世界三大宗教作简略概述。

---

① ［美］L·布鲁姆:《社会学》,四川人民出版社 1991 年版,第 606 页。

一、佛教

佛教起源于公元前 6 至 5 世纪的古代印度。其创始人为乔达摩·悉达多，佛教一般称之为"佛"或"佛陀"，意为觉悟者，达到觉悟的人。相传他生于公元前 565 年，卒于公元前 485 年。释迦牟尼是佛教徒对他的尊称，意思是释迦族的"圣人"。相传他是释迦族净饭王的太子，生于现在尼泊尔境内的迦毗罗卫。据说他曾受婆罗门教传统教育，29 岁出家，经过 6 年苦行，在菩提树下沉思而成道，于 35 岁时创立佛教，广收门徒，在印度恒河流域进行传教活动。释迦牟尼的创教传道活动相当成功，生前就有大量的信徒，其中有一些国君、刹帝利贵族和富商大贾，也有奴隶、乞丐和妓女之类下层群众。他于 80 岁时逝世。他要求弟子把他所传示的"法"视为指路的灯光，向世人进行教化，弘扬他所开创的宗教。

释迦牟尼所传"佛法"或基本教义，主要包括"四圣谛"、"八正道"、"十二因缘"、"三法印"。

"四圣谛"是释迦牟尼所创教理的集中体现，也是他最早证悟向信众宣讲的道理。谛（Satya）是"实在"和"真理"的意思。"四圣谛"即是释迦牟尼发现的四条根本道理。"四圣谛"亦称为"四真理之说"，即讲苦、集、灭、道之真谛。"苦谛"是讲现实存在的种种苦难，用于说明世界一切皆苦，人生无事不苦。一切有生灭，故一切皆苦。人生从始到终充满了苦，共有八种：生、老、病、死、怨憎会（互相仇恨，但却必须生活在一起）、爱别离（相爱的人却要分离）、求不得（想要的得不到）、五阴炽盛（欲望太盛）。"集谛"是讲造成人生诸般痛苦的各种原因或根据。释迦牟尼认为苦之原因有两种：一是业，是致苦的正因，人的一言一行皆是作业。有业是因为人有五欲：色（视觉引起的欲望）、声（听觉引起的欲望）、香（嗅觉引起的欲望）、味（味觉引起的欲望）、触（触觉引起的欲望）。另一种是烦恼，是致苦的助因。因为有了各种欲望就会产生诸多的烦恼。"道谛"是讲灭苦的道路和达到涅槃境界的方法。释迦牟尼把这些方法归结为八种，是为"八正道"。他说，如果按照这八种修行之法行事，就可以进入涅槃之境。

"八正道"的具体内容是：(1) 正见：正确的见解，即释迦牟尼的教训。(2) 正思维：正确的意念，即对正见的内容深思熟虑，坚持不懈。此为"意业"的实践。(3) 正语：这是根据正确的思维，表达于"口业"的实践。也就是不妄言、不绮语、不两舌、不恶口；而且还应善言爱语，隐恶扬善，随喜赞叹。(4) 正业：这是根据正确的思维，表达于"身业"的实践。也就是不造作杀生、偷盗、邪淫等恶业；同时应行放生、布施、清净、智慧等善业。(5) 正命：这是使用正当的谋生方法，过正当的生活。如能做到，也就是身口语三业清净。

三业若能绝对清净,即是解脱境界。(6)正精进:即正确的努力。因一般人不能一下子做到三业绝对清净,故需力求上进。(7)正念:正确的思想,即使思想合于"正见"。(8)正定:定即禅定,通过禅定修持,保持精神的统一,达到空如的实在,这也就是进入涅槃境界。

"十二因缘",也就是将现象世界的存在分为十二个彼此互为条件或因果联系的环节。概言之,人的无知(无明)引起了意志(行),意志引起了精神统一体的识(意识),由识引起了精神之"名"和肉体之"色",由名色导致"六入"(即眼、耳、鼻、舌、身、意——心)这六种感官,由感官而引起了与外界的接触(触),触则引起了感受(受),感受引起了贪爱(爱),贪爱导致了对外界事物的追求取着(取),由取引起了生存的环境"有",有"有"则有"生",在"生"也就有"老死",这就是所谓"无明、行、识、名色、六处、触、受、爱、取、有、生、老死"十二因缘。其中心思想是讲人生的痛苦由无明即愚昧无知而引起,因而只有消除无明,才能获得解脱,"回头是岸"。

在此之外,佛教还讲"因果报应"、"生死轮回"和"三世"(即前世、今世和来世),故有过去佛、现在佛和未来佛之说。佛教认为"轮回"有下述六路:天、人、阿修罗(魔鬼)、畜生、饿鬼、地狱,并进而指出人的今生行为若达到佛教之"法",来世就能有理想的转生,否则就会每况愈下、堕入地狱。这就是佛教所强调的"佛法之威"。

佛教把其基本思想概括为"三法印"("印"是标准之意)。一是"诸行无常",讲世界万事生灭变化、不属永恒。二是"诸法无我",即客体世界决不存有一个主宰者(法无我),主体之人也不存在一个起主宰作用的灵魂(人无我),这就是不少人认为佛教乃无神之宗教的原因。三是"涅槃寂静",讲人生的目的乃追求一种绝对寂静、神秘莫测的精神状态(涅槃),借此摆脱外在之物和主观之感。于是,这些思想因素便构成其一切皆空、绝对之无的说教,正如大乘最初宗派空宗之言"色即是空,空即是色",红尘应看破,现实应离弃,虚幻、空无乃是主、客体世界的本质。

到公元 1 世纪前后,佛教出现了大乘、小乘两派。"乘"是"乘载"、"道路"之意,后期的佛教自称为"大乘",即"大道"、"众载",认为本派能普渡众生、救赎他人,而把前期佛教贬称为"小乘",认为它只能自我解脱而无力顾及他人。所谓小乘则自称为"上座部佛教",并不接受"小乘"之称。公元 7 世纪以来,大乘佛教有些派别与印度传统宗教婆罗门教相混合而形成佛教密教。佛教传入亚洲各国,形成了东方的世界性宗教。传入中国汉族地区和朝鲜、日本、越南的大乘佛教,称为北传佛教;传入南亚地区(包括缅甸、泰国、老挝、柬埔寨、斯里兰卡和中国傣族地区)的为小乘佛教,也称为南传佛教。北传佛教中传入中国西藏、内蒙古等地的称为藏传佛教,俗称喇嘛教。佛教在中国与儒道思想结合,有了新的发展,兴起了具有中国特色的佛教宗派,如天台宗、律宗、净土宗、法相宗、华严宗、禅宗和密宗等,从而又对日本、朝鲜等国的佛教发展产生了决定性影响。

佛教经典主要收集在《大藏经》中,它卷帙浩繁,搜罗宏富,是研究古代东方各民族语言、历史、信仰、哲学、文学、音乐、美术、建筑、天文、历法、医药和习俗的重要文献。

佛教的主要节日有佛诞节、涅槃节、成道节和孟兰盆会。佛诞节又称浴佛节、泼水节或花节,纪念释迦牟尼的诞生。根据"佛生时龙喷香雨浴佛身"的神话传说,佛教在佛诞节时一般要举行法会,以香水濯洗佛像,施舍众僧,拜佛祭祖,赛龙舟,相互泼水祝福等活动。佛诞节的日期,汉族为夏历四月初八,日本为公历 4 月 8 日,藏、蒙为 4 月 15 日,傣族等少数民族为清明节后十天。涅槃节是纪念释迦牟尼的逝世,佛教寺院一般要举行涅槃法会,诵读《遗教经》。这一节日时间在佛教各派中不尽一致。成道节是纪念释迦牟尼在菩提树下冥思苦想,于 12 月 8 日终于"成道"。孟兰盆会在中国和日本等都于阴历 7 月 15 日举行。节期寺院常举行诵经法会,举办水陆道场以普渡众鬼,还有放焰口之对饿鬼施食、念经咒追荐死者,以及放灯等宗教活动。

据 1996 年统计,全世界目前约有佛教徒 3.26 亿人,占世界总人口的 6%,分布在世界 86 个国家和地区,其中约 3 亿佛教徒生活在东亚和东南亚地区。在佛教中,汉传佛教占 56%,主要分布在中国、日本和朝鲜半岛等地;巴利语系佛教占 38%,主要分布在斯里兰卡及东南亚等地;藏传佛教占 6%,主要分布在中国、蒙古和俄罗斯远东地区等。

二、基督教

基督教与佛教、伊斯兰教并称世界三大宗教。基督教是世界上拥有信徒最多的第一大宗教,它于公元 1 世纪初产生于罗马帝国时期的巴勒斯坦地区,最初是从古代犹太教发展而来,在犹太下层人民中流传,一般认为其创始人是耶稣。后流传于罗马帝国全境,4 世纪时得到罗马皇帝君士坦丁的支持,遂取得了其罗马帝国国教地位。从此,基督教就成了西方世界两千多年来的文化的根本特征,并流传到世界广大地区。

基督教的信仰中心就是耶稣基督。"基督"一词源于希腊文 Christos,即希伯来文弥赛亚(Mashiah)——上帝派遣的救世主之意,因此耶稣基督的原意就是耶稣是救世主。

基督教分为天主教、新教与东正教这三大派系。其中天主教又称罗马公教,以梵蒂冈为中心,拥教皇为首领。东正教独成一体开始于 1054 年,即东西罗马帝国分裂后东、西教会大分裂的产物,西边以罗马为中心的教会形成天主教,东边以君士坦丁堡为中心的教会则形成东正教。东正教后来又分为俄罗斯正教和希腊正教等多元系统,形成西亚、东欧等地区的宗教特色。新教又称抗议宗(或"抗罗宗"),即16世纪德国马丁·路德宗教改革运动中从西欧天主教分裂出来的一些新宗派,故称新教,在中国又习称基督教或耶稣教,它后来发展为上百个宗派。新教中还包括英国国教会(即"英格兰圣教会"),其首脑为坎特伯雷大主教。基督教是当今世界第一大宗教,其信徒人数最多,传播范围最广,社会影响也最大。据统计,基督教已遍及世界上251个国家和地区,大部分在西方社会。根据《大英百科》(1990年版)认为基督教徒约35亿,占世界60亿人口中的半数以上。中国基督教徒约有1 400多万人,其中天主教徒400多万人,新教徒1 000多万人,还有少量的东正教徒。

基督教的基本教义包括:(1)十诫。除了我(上帝)以外你不可有别的神;不可为自己雕刻和敬拜偶像;不可妄称耶和华你上帝的名;当守安息日为圣日;当孝敬父母;不可杀人;不可奸淫;不可偷盗;不可作假陷害人;不可贪恋别人妻子和财物。(2)三位一体。这是基督教的基本信条之一。相信上帝惟一,但有三个"位格",即圣父——天地万物的创造者和主宰;圣子——耶稣基督,上帝之子,受上帝之谴,通过童贞女玛利亚降生为人,道成肉身,并"受死"、"复活"、"升天",为全人类作了救赎,必将再来,审判世人;圣灵——上帝圣灵。三者是一个本体,却有三个不同的位格。(3)信原罪。这是基督伦理道德观的基础,认为人类的祖先亚当和夏娃因偷食禁果犯的罪传给了后代子孙,成为人类一切罪恶的根源。人生来就有这种原罪,此外还有违背上帝意志而犯下的种种"本罪",人不能自我拯救,而要靠耶稣基督的救赎。因而,原罪说以后逐渐发展为西方的"罪感文化",对欧美人的心理及价值观念影响深远。(4)信救赎。人类因有原罪和本罪而无法自救,要靠上帝派遣其独生子耶稣基督降世为人做牺牲,成为"赎阶",作了人类偿还上帝的债项,从而拯救了全人类。(5)因信称义。人类凭借信仰就可救赎,而且这是在上帝面前成为义人的必要条件。(6)信天国和永生。人的生命是有限的,但人的灵魂会因信仰而重生,并可得上帝的拯救而获永生,在上帝的国——天国里得永福。(7)信地狱和永罚。人若不信或不思悔改,就会受到上帝的永罚,要在地狱里受煎熬。(8)信末世。相信在世界末日之时,人类包括死去的人都将在上帝面前接受最后的审判,无罪的人将进入天堂,而有罪的人将下地狱。

此外,基督教的基本教义还要通过各种宗教仪式表现出来。因此,传统上基督教的礼仪乃有"七圣事"之规。一是洗礼,为教徒的入教仪式,象征着进入信仰;二是坚振,指教徒对其信仰的确认,象征着信仰上的成熟;三是告解,即教徒把自己的"罪行"、"罪感"和内心的各种秘密向神职人员告祷,表示悔改,并渴求帮助,为此天主教堂两侧一般都设有这种告解室,但神职人员在此作为神之代表一定要为教徒的告解内容保密;四是圣体,即弥撒或圣餐礼仪;五是终傅,指教徒临死前有神职人员祝祷、赦罪之举;六是神品,即天主教会按立神职人员的仪式;七是婚配,指教堂为教徒举行的宗教性结婚仪式。另外,新教一般只主张洗礼和圣餐两种圣事。有少数教派甚至不主张举行任何仪式。

基督教尊《圣经》为基本经典,分为《旧约圣经》和《新约圣经》两大部分。从犹太教继承下来的经典为《旧约圣经》。犹太人把自己的经典称为上帝与人所立的"契约",说上帝最早与义人挪亚及其后裔以"虹"立约,后则与选民犹太人祖先亚伯拉罕立约,最后又与犹太民族英雄摩西订立"十诫",让犹太人永守其"约"。后来,基督教继承了犹太教"立约"之说,认为耶稣降世是上帝与人重新立了"新约",从而把与犹太人所立之约称为"旧约"。这就是《圣经》中"新"、"旧"之"约"说法的来历。《圣经》从上帝创世、亚当犯罪,一直讲到耶稣的门徒在罗马帝国各地传教布道、宣扬神启,经文中有古代神话传说、宗教信仰和社会生活等各方面的丰富内容,充满了人生哲理、醒世格言、抒情诗歌、文学故事和成语典故,在西方乃至世界文化传统中深入人心、久传不衰;而了解《圣经》的知识和掌故,也就成为西方人文化修养中的一个非常重要的组成部分。

基督教的节日主要有圣诞节、复活节和圣灵降临节等。此外,天主教习俗中流行有狂欢节,而北美新教的感恩节影响也较大。

基督教作为信徒人数最多、地域影响最广的世界宗教,在人类文明进程和社会发展中起着越来越重要的作用。

三、伊斯兰教

伊斯兰教同基督教、佛教并称世界三大宗教。与基督教、佛教相比,伊斯兰教产生较晚。伊斯兰教是公元 7 世纪中期穆罕默德(约公元 570—632 年)在阿拉伯半岛创传的一种宗教。后来,它发展成为世界性宗教。

伊斯兰教又称回教、天方教或清真教。"伊斯兰"是阿拉伯语音译,本意为"顺服"。从宗教意义上讲,"伊斯兰"是指一种顺服惟一主宰安拉旨意和戒律的宗教。这一宗教的信仰者称为"穆斯林",意为顺服安拉的人。伊斯兰教是比较彻底的惟一神论的宗教。它刚产生的时候,主要流行于亚、非两洲,现在也已逐渐传入西方各国。在亚、非许多国家中,伊斯兰教都被定为国教。目前全世界信仰伊斯兰教者约有 11.26 亿,占世界总人口的 18% 左右,分布在世界 172 个国家和地区,以亚洲和非洲为主。世界伊斯兰教中 83％为逊尼派,16％为什叶派,1％为其他教派。目前在我国亦有 1 800 多万穆斯林,大多分布在西北地区的回、维吾尔等十个少数民族之中。

伊斯兰教本为阿拉伯世界的民族宗教,所信奉的是惟一真主"安拉",信徒们称其教主穆罕默德为安拉的使者。7 世纪初,穆罕默德创立了伊斯兰教并借此统一了阿拉伯半岛。穆罕默德死后,他的门徒和亲友艾卜·伯克尔、欧麦尔、奥斯曼和阿里相继担任统一国家政、教、军的首领,号称"哈里发"(阿拉伯语意为"继任者"),史称"四大哈里发"时期。此时,伊斯兰教的势力开始向外扩张。到 8 世纪初已发展成为地跨欧、亚、非三洲的世界性宗教。从此,伊斯兰教的影响便远远超出阿拉伯世界,波及到波斯、巴基斯坦、印度、中国等国。伊斯兰教在唐、宋之际从陆、海两路传入中国。穆罕默德死后不久,伊斯兰教分裂成为"逊尼"(Sunni)和"什叶"(Shi'ah)两派。逊尼派自称正统派,为伊斯兰教中人数最多的一个教派,中国穆斯林一般也属于此派。"逊尼"在阿拉伯语意为"遵守逊奈者",逊奈即"圣训",是穆罕默德的言行及其所默认的门徒言行的总称。"什叶"原意为"追随者"或"同党",与逊尼派对立,最初由穆罕默德的堂弟和女婿阿里为反对奥斯曼的统治而创立。什叶派把自己的领袖称为伊玛目,并以阿里为第一代伊玛目。1502 年,伊朗由国王伊斯玛仪定什叶派为其国教,延续至今。

伊斯兰教的根本经典为《古兰经》(亦译《可兰经》),认为是"安拉的言语",是安拉通过天使降示给穆罕默德而成的"最后一部天启经典"。《古兰经》是经第一任哈里发阿布·伯克尔的命令开始整理的,直到第三任哈里发奥斯曼时期,编成"奥斯曼定本",流传至今。伊斯兰教也承认基督教的《圣经》,但认为只有《古兰经》才是最完善的经典。《古兰经》全书共 30 卷、114章、6 200 余节,分"麦加篇章"(约占 2/3)和"麦地那篇章"(约占 1/3)两大部分。"古兰"为阿拉伯语的音译,原意为"诵读"或"读本"。伊斯兰教将它视为安拉降示给穆罕默德的"天启"经典,其内容主要为穆罕默德有关宗教和社会主张的言论,大致包括如下四个方面:一为穆罕默德生平及其传教活动;二为伊斯兰教的教义说教;三为伊斯兰教的宗教制度和社会主张;四为历史故事、寓言和神话。从历史研究和版本对照的结果来看,《古兰经》在形成过程中曾受到当时地中海世界流行的犹太教和基督教的影响,其中许多内容和人物都与《圣经》相似。次于《古兰经》的经典还有《圣训》,其阿拉伯语名称是"哈底斯"(意为"言语")和"逊奈"(意指"行为"、"道路"等)。《圣训》与《古兰经》一样都记载着穆罕默德的言论,但没有像《古兰经》那样采用"安拉"的名义。

　　伊斯兰教的基本教义有：基本信条为"万物非主，惟有真主；穆罕默德是主的使者"。这在我国穆斯林中视其为"清真言"，突出了伊斯兰教信仰的核心内容。具体而言又有六大信仰之说：(1) 信安拉。要相信除安拉之外别无神灵，安拉是宇宙间至高无上的主宰者。据《古兰经》记载，安拉有 99 个美名和 99 种德性，是独一无二、永生永存、无所不知、无所不在、创造一切、主宰所有人的命运的无上权威。信仰安拉是伊斯兰教信仰的核心。(2) 信天使。认为天使是安拉用"光"创造的无形妙体，受安拉的差遣管理天国和地狱，并向人间传达安拉的旨意，记录人间的功过。(3) 信经典。认为《古兰经》是安拉启示的一部天经，教徒必须信仰和遵奉，不得诋毁和篡改。(4) 信使者。"使者"是安拉的"钦差"，受安拉之命，向世人传播教义。穆罕默德是安拉的使者和先知，他是最伟大的先知，也是至圣的使者，他是安拉"封印"的使者，负有传布"安拉之道"的重大使命，信安拉的人应服从他的使者。(5) 信后世。认为在今世和后世之间有一个世界末日，在世界末日来临之际，现世要毁灭，真主将做"末日审判"。届时，所有的死人都要复活接受审判，罪人将下地狱，而义人将升天堂。(6) 信前定。认为世间的一切都是由安拉预先安排好的，任何人都不能变更，惟有顺从和忍耐才符合真主的意愿。其礼仪包括念、礼、斋、课、朝五项功修，在中国简称为"五功"。"念"是让教徒经常念经祈祷，认识真主，即出声诵读"清真言"，承认安拉的独一无二，穆罕默德为安拉的使者。"礼"即礼拜，要教徒面向麦加"克尔白"礼拜，每次礼拜要完成一套端立、诵经、鞠躬、叩头、跪坐等动作。而且，礼拜包括有每日五次拜：晨礼（在破晓后）、晌礼（在午后）、晡礼（在日偏西后）、昏礼（在黄昏）和霄礼（在夜晚）；每周星期五的午后称为"主麻"拜的一次聚礼；每年两次会礼，在开斋节和宰牲节举行；以及斋月每个夜晚的礼拜。"斋"为斋戒，指教徒必须在斋月（伊斯兰教历 9 月）封斋一个月，即每天从黎明到日落戒除一切饮食和房事，静心守戒，以求"善功"。"课"为纳天课，即伊斯兰教征收的一种课税。"朝"是朝觐，伊斯兰教规定穆斯林男女凡有条件、身体健康者一生之内应去"圣地"麦加朝觐"克尔白"一次。朝觐活动在每年伊斯兰教历 12 月上旬举行，最后一天为宰牲节（10 日），主要内容为巡游克尔白、亲吻黑石。麦加、麦地那和耶路撒冷是伊斯兰教的三大圣地。

　　伊斯兰教的主要节日是开斋节和宰牲节。每年伊斯兰教历 10 月 1 日为开斋节，我国新疆地区称为"肉孜节"(Roza)，系波斯语，意为"斋戒"，即斋月期满 29 日时寻看"新月"（月牙），见月即行开斋，次日即为开斋节。宰牲节在每年伊斯兰教历 12 月 10 日，我国新疆地区称为"古尔邦节"(Qurban)，系阿拉伯语，意为"献牲"。相传先知易卜拉欣受安拉的启示，要他宰杀自己的儿子易司马仪,以考验他对安拉的虔信。当他将要宰杀儿子时,安拉派遣天使送羊一只,作为代替,故有宰牲节之庆。其他节日还包括伊斯兰教历 3 月 12 日纪念穆罕默德诞辰的圣纪、伊斯兰教历 1 月 10 日的阿术拉节、伊斯兰教历 6 月 15 日的法蒂玛节、伊斯兰教历 7 月 27 日的登宵节、伊斯兰教历 8 月 15 日的白拉台夜和伊斯兰教历 9 月 27 日的盖德尔夜等。另外,伊斯兰教禁食猪肉,禁止饮酒,教徒死后要用水洗和白布裹尸,实行土葬。在中国,穆斯林聚礼的拜场所称为"清真寺",在清真寺内主持教务的人员一般称为"阿訇"。

在当今世界的政治舞台上,伊斯兰是一股强大的力量,也是一个不可忽视的对话伙伴。

【思考与练习】

1. 宗教是怎样产生的？宗教的本质是什么？
2. 原始宗教与人为宗教的相同点和不同点是什么？
3. 简述人为宗教与社会生产力发展的关系。
4. 简述世界三大宗教的基本教义对人类社会发展的意义。

第十章　中西文化的交流与会通

　　文化,是我们这颗星球上人类独特的创造物。它伴随着人类的诞生而诞生,并随着人类社会的发展而发展。人创造了文化,文化反过来作用于人,造就了人。没有人,文化既不存在也没有意义;没有文化,人也不成其为人。人类文化的起源是多元的。生活于不同地域的人类群体,由于受各自生存的自然地理环境和生产生活方式等因素的制约和影响,创造出了各具特征的单位文化。随着人类社会的发展和演进,这些多元的文化,由于各种原因,不可避免地发生碰撞与交流,进而融合成更大规模的具有各自的主导趋向或基本精神的文化体系。这些不同的文化体系,在人类社会历史进程中,又经历了不同的命运与变迁。有的文化传统中断了,其文化湮没在岁月的尘封中;有的发生了变异,融入了更多的外来文化的因素,其文化品格或基本精神发生了较大的变化。人类文化正是在不同的文化体系相互碰撞、吸收、融合的过程中不断地向前发展,取得了越来越辉煌的成就。时至今日,由于人类社会生产力水平的迅猛提高和科学技术的飞速发展,人类正在迈入“地球村”时代,世界各国各民族文化的相互交流正变得越来越频繁,相互依赖的关系正日益加强,各种文化的撞击与融合也空前加快,全世界的人正以一种前所未有的密切状态联系在一起,人类文化正在逐步走向整合,“全球一体化”已成为历史发展的必然趋势。

第一节　人类文化发展的一般规律

一、人类文化发展概略

　　一般认为,大约距今 400 万年左右,原始人类出现在非洲东部和南部的热带草原上。大约在 50 万年前,人类的祖先站立了起来,并学会了打制石器和使用火。火的使用,增强了人类祖先的体质,使原始人类能够离开温暖的非洲大草原,分散到全球各地。大约 5 万年前,人类已分布到了世界五大洲,并且出现了肤色、发型、面型各异的人种差别。在距今 300 万到 1 万年之间的旧石器时代,原始人类同其他动物一样,主要靠四处寻找、采集食物为生。在公元前 10 000 年至公元前 4 000 年的新石器时代,人类已进化成了现代意义的人,已经能够运用语言进行交流。而语言则是人类文化的重要载体和传播工具。在新石器时代中期,人类有了原始的畜牧业和农业,它们是由原始的狩猎和采集活动发展而来的。公元前 4 000 年,人类进入青铜器时代,并创造出了能记事的文字。早期的文字基本都是象形文字。人类 6 000 年的文明发展史由此拉开了序幕,丰富多彩的文明节目开始上演。

水滋育了世界万物,也滋育了人类,自然也滋育了人类的古老文明。人类早春的几朵文明之花最先绽放在东方的几大河流域。大约在公元前 4 000 年到公元前 3 000 年之间,在西亚的两河流域(底格里斯河和幼发拉底河)和北非的尼罗河流域,形成了原始的奴隶制城邦王国,几乎同时产生了世界上最早的文明——两河文明和尼罗河文明。两河文明又称美索不达米亚文明。"美索不达米亚"意思是指两河之间的地方。尼罗河文明又称古埃及文明。大约在公元前3 000年到公元前 2 500 年之间,在东亚的黄河流域和南亚的印度河流域,先后诞生了黄河文明和印度河文明。黄河文明又可称为华夏文明,它同南方的长江流域文明汇合之后形成了更为辉煌灿烂的中华文明。印度河文明又称哈拉巴文明,这是因考古发掘的古城哈拉巴而得名的。哈拉巴文明可能因自然灾害的原因于公元前 17 世纪左右衰落了,代之而起的是于公元前 1 500 年由来自东欧与中亚之间草原地带的古代雅利安人,他们侵入印度河流域之后,在吸收印度河文明的某些文化因子的基础上,向东扩展而创造出更为丰富多样的恒河流域的文明。现在人们熟知的古印度文明主要是指恒河文明。两河文明、尼罗河文明、黄河文明、印度河文明是人类历史上著名的四大古老文明。它们的产生大都与这几大河流域因河水泛滥而形成的肥沃土壤和较为便利的水利灌溉等有利于农业生产的自然条件有关。

除了上述四大古老文明之外,在世界范围内较早产生的具有广泛影响的人类古代文化还有希伯来文化和希腊文化等。希伯来人的祖先闪米特族在公元前 3 000 年左右,就开始从事农牧业活动,游牧于幼发拉底河流域,并在公元前 18 世纪创建了迦南文化。属于希腊文化系统的克里特文明又称米诺斯文明,其文明曙光出现于公元前 3 000 年,到公元前 1 600 年,克里特文明达到了极盛时期。大约在公元前 1 400 年,克里特文明突然衰落了,代之而起的是希腊本土的迈锡尼文明。公元前 1 125 年左右,迈锡尼文明又被一支南下的野蛮民族摧毁了,400 年后希腊文化才又焕发出了夺目的光彩。在人类文明历史发展的长河中,曾经出现和依然存在的文明灿若群星。英国著名的历史学家汤因比曾在其巨著《历史研究》中将人类六千年的文明史划分为.26个文明,它们分别是西方基督教文明、拜占庭东正教文明、俄罗斯东正教文明、伊朗文明、阿拉伯文明、印度文明、中国文明、朝鲜与日本文明、希腊文明、叙利亚文明、古代印度文明、古代中国文明、米诺斯文明、苏美尔文明、赫梯文明、巴比伦文明、埃及文明、安第斯文明、于加丹文明、玛雅文明、玻里尼西亚文明、爱斯基摩文明、游牧文明、斯巴达文明和奥斯曼文明。将汤因比提及的26种文明中同一类属或同一地域的文明归纳合并,其文明类属亦有21种。这些文明如闪耀的群星共同装点着人类文明的夜空。这些文明的产生有早有晚,并随着历史的发展而经历了不同的变迁。有的文明发扬光大,流播四海,对人类文明产生了巨大而深远的影响;有的文明则在兴盛了一段时间之后衰落了,仅留下了一些供后人凭吊的遗迹或遗物;有的文明则融入了较多的外来文明的因素而发生了质的变异。随着社会的不断进步,人类文明由多元而融贯合一将是历史的必然。当今的人类文明便是地球居民共同创造的文明成果,是人类集体智慧和生产劳动的结晶。

　　在本节中较多地涉及到了"文明"这一概念,对于它与"文化"之间的关系,有必要略加解说。一般认为,从文化学的观点出发,文明与文化在概念上有着大面积的重合,在多数情况下二者可以换用。然而,文明在一定意义上又不同于文化。从时间观念上看,文明是指人类文化发展的特定阶段,而文化则是人类社会精神生活与物质生活全部历史积淀的总称。因此,文化是范畴更大的总体概念,而文明只是这一总体中的亚文化概念。在文化的坐标总体系中,文明只占有时间轴上的部分线段。人类在到达文明水准之前,早已创造出了原始文化,然而只有当人类进入文明社会之后,高级的文化才可称为文明。从空间观念上看,文明是某一人类群体在某个区域的分布及其生活方式的总和。汤因比区分人类文明的划分标准即是如此。中国著名学者季羡林先生则更为宏观,他将人类文明或文化概括划分为四个源远流长、稳固统一且特色鲜明的文化体系,即中国文化体系、印度文化体系、波斯—阿拉伯伊斯兰文化体系、欧洲文化体系。这里所用的"文化"一词即可视为与"文明"同义。从形态学的观点出发,文明又被用以特指物质形态化了的文化,即与精神文化相对而言的物质文化。当然,物质文化中无疑也渗透着精神文化的因素。本节所要探讨的人类文化发展的一般规律,主要是指人类进入文明社会之后的文化发展规律。

二、人类文化发展的一般规律

　　人类文化的发展源远流长,气象万千。不仅文化的起源具有多元性,而且在其发展过程中,不同人类群体文化之间的碰撞与交流经常发生。随着时代的发展,其规模不断扩大,其程度日益加深。此外,不同文化之间的交流方式更是复杂多样。或者是通过和平友好的相互交往而进行,或者是伴随血雨腥风的征战杀伐而展开,或者是借助宗教传播的方式,或者是通过商业贸易的途径。对于人类文化发展的历史概况,限于本章的主旨和篇幅,无法也无意进行即使是最为简略的介绍,而只能就其发展的一般规律作一点简要的概括。

其一,不同的人类群体文化具有抽象的同一性和具体的差异性。所谓抽象的同一性,一是指不同的人类群体文化大都经历了大体一致的发展过程,都是由低级形态的文化不断地向高级形态的文化发展;二是指不同的人类群体文化都具有基本相同的结构和功能。不同的人类群体文化都是由物质生产文化、制度行为文化和精神心理文化几部分构成,都具有记录功能、认知功能、传播功能、教化功能、凝聚功能和调控功能。所谓具体的差异性,主要是指产生于不同地域的人类群体文化都具有各不相同的地域特色。这种差异既有物质生产层面的,也有制度行为层面的,还有精神心理层面的。如在物质生产层面上,不同地域的人其吃、穿、住、行有诸多重大差异,其生产方式也各有不同,或以农业为主,或以渔业为重。在制度行为层面上,不同地域人类群体的社会制度、礼仪规范、风俗习惯等都存在某些根本性的差异,如希腊奴隶制社会就不同于中国商、周奴隶制社会。在精神心理层面上,不同地域的人类群体文化,在思维方式、价值取向、伦理观念、道德情操、宗教情感、审美情趣等方面的差异更为明显、更为强烈。这一层面上的差异正是一种文化区别于另一种文化的根本所在,也是不同文化之间发生激烈冲突的深层原因。

其二,不同的人类群体文化都具有历史的传承性和时代的变异性。凡是自成体系的文化都经历了一个漫长的发展演变过程。在这个漫长的发展演变过程中,属于某种文化的主导趋向或基本精神总是被该文化群体的成员继承发扬,一代一代地传承下去,形成了较为悠久的文化传统。这就是所谓的传承性。然而,文化同其他事物一样,稳定是相对的,变化是绝对的。在漫长的历史发展过程中,任何一种文化,由于多种原因,不可避免地同他种文化相接触,受他种文化影响而发生程度不等的变异,融入了一定的外来文化的因素。即使在相对封闭的地域环境里独立发展起来的文化,也会因时代的变化,一些旧有的文化因子逐渐消失了,产生一些新的文化因素。这就是所谓的变异性。一种文化要创新、发展,必须有纵向上的文化传统继承和横向上的与他种文化的交流、碰撞与融合,不断地吸纳异质文化的新鲜血液,才能保持旺盛的生命活力。

其三,不同的人类群体文化总是在不断相互交流、碰撞的过程中,优胜劣汰,最终趋向整合。任何一种文化,如果固步自封,拒绝吸收外来文化的先进成分,最终必将归于衰落。同生物界的进化一样,人类文化的发展也遵循着优胜劣汰的规律。所谓优劣,主要是指不同的人类群体的文化都不可能是十足完备、尽善尽美的,必然有各自的长处或优势、短处或劣势。在文化交流过程中,不同的人类群体文化之间相互取长补短,从而促进了人类文化的共同繁荣。文化是为了满足人的生存需要和优化人的生存环境而被创造出来的。能最大程度地满足人的生存需要和优化人的生存环境的文化就是进步的或优势的文化。越是进步、优势或先进、发达的文化,越容易为人类优先选择,越容易得到传播和扩散。正是基于以上原因,人类文化必将趋向整合。在全球一体化的过程中,我们要克服民族本位主义,以博大的心胸,吸纳异质文化的优秀成分,为人类文化的进一步繁荣做出积极贡献。

第二节　中西文化的碰撞与融合

一、中华文化同外来文化的接触与联系

　　中国是世界四大文明古国之一,也是人类发祥地之一。中国文化源远流长,绵延不绝,具有顽强的再生能力。在数千年的漫长历史发展过程中,中华民族的祖先经过长时间的创造积累,创造出了丰富多彩、博大精深,且具有鲜明民族特色的中华文化。中华文化虽历尽沧桑,却从未出现过中断,其重要原因在于它能勇敢地接受、吸收并改造外来文化因素,与外来文化进行多方位、多层次的交流,不断地更新自己,永葆其旺盛的生命力。

　　早在秦汉时期,中华文化已开始了同外来文化的接触与联系。早在先秦时期,中原华夏文化已有了同周边草原文化的早期接触,例如《竹书纪年》和《史记》中都记载有周穆王西征的故事。他曾西击犬戎,俘虏五王,并将部分犬戎迁到今甘肃镇原一带。但在中西文化交流史上立下开创之功、对后世影响深远的当推汉武帝时期著名的外交家和探险家张骞。汉中城固人张骞,曾于公元前138年至公元前115年期间三次通西域,到达过今天的阿富汗境内。张骞通西域将中国的丝绸、铁器和养蚕及农业方面的先进技术传到了所到之地,又把西域的土产如葡萄、石榴、苜蓿、大蒜、西瓜、胡桃、蚕豆、良马,以及音乐、舞蹈等文化艺术带回中原地区,打通了中西交通要道,为"丝绸之路"奠定了基础。此后西域文化和中原文化便开始连绵不断的颇具规模的交流和传播。自汉代开始,以佛教为代表的印度文化同中国文化的交流一直绵延不绝。西汉时期,佛教已传入了中国西部边远地区。东汉永平年间(公元58—75年),佛教传入中原地区。汉明帝刘庄曾派蔡愔、秦景等18人到大月氏,获得佛画像和佛典。蔡愔等于公元68年和中天竺沙门摄摩腾、竺法兰一同返回洛阳,建立了中原地区的第一座佛寺白马寺。自摄摩腾、竺法兰起,来华的僧人和汉族的沙门、清信士合作,从事梵典的转译。自此开始,迄于唐

宋,佛经翻译成为中国古代最伟大的翻译事业。而佛教文化的传播则对其后中国文化的发展与流变产生了颇为深远的影响。

二、中华文化同外来文化大规模的交流与传播

随着佛教传入中国,中外文化之间开始了大规模的交流与传播。这种交流与传播大体可以分为两个主要阶段:第一阶段是指从晋宋开始直到晚清,以印度佛教文化为中心的中亚、南亚文化艺术的传入;第二阶段是指始于明清、盛于五四前后、一直延续至今,西方文化的大量涌进。西方文化的引进和传播使中国的传统文化,乃至中国的社会政治、经济生活等方面都发生了深刻的变革。

在第一阶段中印文化的交流与传播过程中,不少僧人担当起了文化使者的重任。他们为寻求、弘扬佛法,不辞艰辛往返于大漠荒野之途,搭起了中印文化交流与传播的桥梁。其中最著名的有法显、玄奘、义净等人。

晋代高僧法显是第一个历尽艰辛到印度巡礼,又取得大批佛教经律原本返回的求法僧、旅行家。法显(约337—422年)俗姓龚,今山西襄垣县人。3岁出家,20岁受大戒。他在长安时,因感经律残缺,于是决心到印度寻求中国佛教迫切需要的戒律。东晋隆安三年(399)他与慧景等4人西行,渡流沙河,翻山越岭,进入北印度,后历西、中、东印度,巡礼佛教故迹,得梵本佛经多部。晋安帝义熙八年(412)经过两度与风浪搏斗,历时将近一年由海路回到青州长广郡牢山(今山东青岛崂山)。此番印度巡礼,前后共历时13年有余,游34国。次年(413)抵达建康(今江苏南京),于道场寺同佛陀跋陀罗等人共译取回的梵文佛经。他还将其出国途中的所见所闻写成《佛国记》一书,为研究古代中亚、南亚诸国的历史和中外交通史提供了重要史料。

玄奘留学印度15年,学成载誉而归,致力于印度经典翻译,成为中印文化合作的象征。玄奘(596—664年)本姓陈,名祎,今河南省偃师县缑氏镇人。少时随二兄长捷法师住寺院,13岁时正式出家,21岁受具足戒。他曾游历长安、成都等地,遍访名师,饱学佛教大、小乘经论及各家学说。感到各师所说不一,各种经典也不尽相同,决心西行求法,以释所惑。贞观三年(629年),玄奘从长安出发,冒着偷渡的危险,开始了艰苦的求法之行。他经今甘肃武威出敦煌,再经今新疆和中亚等地,历尽千难万险,终于到达中印度摩揭陀国王舍城。入当时的印度佛学中心、已有700多年历史的那烂陀寺,跟随年已90多岁的印度佛学权威戒贤学习《瑜伽师地论》等经典,兼习婆罗门教经典和梵书,前后历时5年。后又用4年时间游历印度东部、南部、西部、北部数十国。回到那烂陀寺后,应戒贤之嘱,主持讲座,著述立说,声誉日隆。642年,中印度戒日王在曲女城为玄奘设无遮大会,到会者有18国国王、各教

派僧众数千人。玄奘以精辟的议论慑服各派信徒,历时 18 天,竟无一人对其见解提出异议。后戒日王遣使和唐太宗通好。643 年,玄奘谢绝印度朝野的一再恳留,不辞辛苦,动身回国。645 年回到长安。归国后一面创教,一面译经。法相宗,又称唯识宗,便是玄奘所创。自 645 年开始到其 664 年辞世,20 年间共译出佛教经论 75 部 1 335 卷,1 300 余万言,对中国古代翻译事业做出了历史性的特殊贡献。同时他还将《老子》和在印度已失传的《大乘起信论》译成梵文送往印度,推动了中印文化交流事业的发展。由玄奘口述、辩机整理而成的《大唐西域记》则记述了玄奘西行的所见所闻,具有重要的史料价值。玄奘无愧为中印文化交流史上最杰出的使者。

　　义净是继玄奘之后又一位赴印求法的高僧。义净(635—713 年)俗姓张,字义明,一说今山东历城人,一说今北京人,15 岁时便有志西行求法。唐高宗咸亨二年(671)有机会从扬州到广州,经南海赴印度求法。他先后巡礼灵鹫峰、鸡足山、鹿野苑、祇林精舍等释迦牟尼行迹之后,到那烂陀寺学习大小乘佛教。他历时 25 年,游历 30 余国,带回梵本经、律、论四百余部到洛阳,受到了武则天的迎接。其后从事译经,一生共译佛典 61 部、239 卷,是中国佛教四大译经家之一。他还写有《南海寄归内法传》等著作,记录了东南亚和印度的佛教、地理、民间习俗及医方。其书成为唐代了解南海各国的指南。

　　在中印文化交流中,除了僧侣往来,还有官方使节和民间贸易等。如唐代,就有官方使节王玄策三次出使印度。中印文化的交流是多方面的、相互的,但总体说来中国是受惠者。佛教文化的传入,丰富了中国的文化传统,促进了中国文化的发展和中国文学的繁荣及文学风格、流派、文艺思潮的多样化。中国文化具有强大的兼容性,印度的佛教文化传入中国后,在与中国文化的碰撞、交融过程中,逐渐被中国强大的文化传统"化"为了自身的有机组成部分。佛教是有人格神的纯粹宗教,是有神论。而中国传统文化,无论北儒南道,都非纯宗教。印度佛教要在中国站稳脚跟,必须向中国文化妥协,寻找与中国文化的接触点。魏晋时期,佛家的出世思想与"南派"潮流中道家推崇的少思寡欲、清静无为的思想相沟通,于是佛学就依托中国传统中的道家,采用"格义"之法,用老庄诠释佛典,将佛学思想比附中国传统概念来说教。隋唐时期,印度佛教被改造成了中国化的佛教——禅宗,将"彼岸世界"与"此岸世界"改造为"梵我合一"。禅宗的六代祖师慧能(又作惠能)曾有一著名偈语:"菩提本无树,明镜亦非台,本来无一物,何处惹尘埃",提出"我心即我佛","西方在眼前",将"出世"的佛教导引回归到中国传统的现世观念上来。中国佛教发展史上的天台宗、华严宗、禅宗、净土宗便是具有纯粹中国特色的佛教宗派。宋明时期,理学家引佛道入儒学,儒、道、佛三教合流,形成了儒、道、佛三教的理论统一。总之,进入中国的外域文化,凡对中国文化有补阙作用,与中国文化有亲和力的因子都被吸收,被加以消化、改造,成为中国文化的有机组成部分;不适合中国文化特性的文化因子则终将被淘汰。

佛教文化的传入和影响,还促使中国文学创作与文艺理论发生了新的变化与演进。当佛教的哲学思想进入文学领域后,使中国的传统文学有了新的内容与变化,也使中国的古代文学出现了众多的流派及主张。如在诗歌方面,不少诗人以禅喻诗或以禅入诗,写出了很多充满禅趣或禅理的好诗。与之相应的诗学理论,也先后出现了以佛理说诗的"顿悟说"、"言语道断说"、"神韵说",以及因明学论诗说、佛家经论诗评说、借禅喻诗说等等。中国第一部文论巨著——刘勰的《文心雕龙》亦割不断同佛学的联系。至于中国古代文论和诗评中常用的"境"、"境界",乃至王国维《人间词话》所标举的境界说,也都源自于佛经的一些概念。在小说、戏曲、弹词等文学样式中,也不乏佛教教义及佛教文学影响的明显踪迹。佛经还对中国文学的形式、体裁、技巧与语言等产生了深刻的影响。如随着梵语佛藏的翻译,中国兴起了音韵学,出现了四声说,其后又规定了诗歌格律上的八病说(即平头、上尾、蜂腰、鹤膝、大韵、小韵、旁纽、正纽八种病态),从而使诗歌的形式由传统的古体诗逐步走向格律化。至于形式方面,文人的词、曲,俗文学的变文、小说、鼓子词、诸宫调、宝卷、弹词、鼓词等的出现,莫不与佛经的影响有关。在文学技巧方面,如小说的散文与韵文的结合,人物形象描写的变化,也都带有佛教文化、文学影响的痕迹。如佛典译文多用散文说理、叙事及描写,用韵偈结尾来概括大意;中国古典小说中则不乏"词曰"或"诗曰"一类的成分。在语言方面,佛典的翻译丰富了汉语的词汇,增多了汉语的倒装句法与提挈句法,减少了古汉语文言虚词语助词的使用,文章中加解释语,多字联缀成名词等等。总之,佛教文化和文学对中国古代文学的影响是十分广泛而深刻的。

第二阶段中外文化的大规模交流主要是指西方文化的涌入。虽然早在东晋穆帝和哀帝年间(公元345—363年)罗马帝国和中国便有了外交往来,但毕竟未形成气候。中外文化交流在元代虽也曾一度出现过空前开畅的局面,但此时的中外文化交流和影响只是在"物质"层而非"思想"层上展开。元帝国对欧亚大陆的征服,使中国西部和北部的边界实际上处于一种开放状态,阿拉伯、波斯和中亚的穆斯林大规模往中国迁徙,造成了"回回遍天下"的态势。随着回回民族的形成,伊斯兰教在中国也有了较大规模的发展。同佛教一样,在伊斯兰教日渐深入中国社会的过程中,其自身也发生了中国化的改造。在宗教建筑上,中国许多著名的清真寺基本上摆脱了阿拉伯和中亚的建筑模式,而采纳了中国传统的四合院建筑样式。在宗教习俗上,中国穆斯林也增加了一些具有中国文化特色的成分,显示出中国传统文化对伦理亲情的注重。在教理上,中国穆斯林学者"会同东西",创立了以儒家思想阐发伊斯兰教教义的宗教哲学。在宗教体制上,中国穆斯林推出教坊制。这种体制是伊斯兰教同中国封建制度相结合的产物。伊斯兰教的中国化,使它在中华土壤上落地生根,不仅对中国同回民族的形成与发展,而且对一些其他少数民族的政治、经济文化产生了广泛的影响。

元代中西交通的开辟,也为基督教入华创造了有利的气候和土壤。元时入华的基督教主要有两大派别:一是曾流行于唐代的景教,一是罗马天主教。这两大派别先后都在中国取得了较大发展且威极一时,但却与中国社会、中国文化处于一种游离状态。基督教自入中国本土,便与传统的儒、道、释三教发生冲突。基督教对于中国本土成熟而又强大的儒学及释、道二教,既无法战而胜之,又不像先行的佛教和后来的伊斯兰教那样实行根本性的中国化改造,而只是凭借官方的支持才得以在元代思想意识系统中占据了次要的补充的地位。随着元帝国的灭亡,基督教又一次绝迹于中原,退出了中国封建文化舞台。

亚欧大陆的沟通,为东方和西方旅行家们的远游提供了极大的方便。通过旅行家们的相互往来,传递信息,使东方和西方的相互了解有不同于以往任何时代的新发展。在众多东方和西方的旅行家中,特别值得一提的是马可·波罗。这位来自威尼斯的伟大旅行家跟随他的父亲和叔父取道波斯,沿着丝绸之路东行,翻越帕米尔高原,穿过河西走廊,经宁夏,过内蒙,于1275年抵达上都(今内蒙古多伦县西北),完成了横贯欧亚大陆的旅行。在大都(今北京)受到忽必烈的接见。因马可·波罗年轻聪明,深得忽必烈信任,被留在宫廷服务达17年之久,其足迹几乎遍及中国。1291年初,马可·波罗跟随阔阔真公主下嫁伊利汗阿鲁浑的使团,从泉州经海道到达波斯的霍尔木兹。1295年,马可·波罗回到威尼斯。1298年,由马可·波罗口述,小说家鲁思梯切诺笔录的不朽名著《马可·波罗游记》写成。书中盛道东方之富庶,文物之昌明。随着此书的广为传诵,引发了16世纪欧洲航海家对东方世界的寻觅。

元代对外部世界的大规模开放,使异邦的先进科技,特别是当时文化发达水平与中国并驾齐驱的阿拉伯科学得以流入中国。传入中国的先进科技包括阿拉伯发达的天文学、数学和医学。在天文学方面,波斯人札马鲁丁精心编制了回回历——《万年历》,还在北京建立了观象台,制造了7种创制于阿拉伯的天文、地理仪器。元代中国天文学家郭守敬所制作的《授时历》、编制的星表、设计的天文仪器,都是在发展中国传统天文学的基础上充分汲取阿拉伯天文学的精华而完成的。欧几里得的《几何原理》经阿拉伯算学著作介绍,成了元代数学书中的命题和解题理论。阿拉伯的医学在中国也十分流行。元政府曾于1292—1322年间在太医院下专设回回药方院和回回药物局两个阿拉伯式的药学管理机构,专管大都和上都的宫廷医药。

在外域文化输入中国的同时,由于蒙古人的西征,中国文化也大大加快了向西传播的速度。中国四大发明之一的火药,以蒙古军和阿拉伯人的战争为中介,传入阿拉伯,再传入欧洲,对欧洲社会变革起了巨大的推动作用。指南针传入欧洲,则推动了欧洲航海事业的发展,成为哥伦布等航海家"地理大发现"的必要技术手段。中国印刷术也是在元代经由蒙古人统治下的波斯以及突厥统治下的埃及传入欧洲。借印刷术之力,西欧的文化教育得到了空前的发展。此外,中国的历法、数学、瓷器、茶叶、丝绸、绘画、算盘等也都通过不同途径西传,进入俄罗斯、阿拉伯和欧洲。总之,由于这一时期的中外文化交流使得世界文化的总体面貌更加绚丽多彩。

在第二阶段中外文化的大规模交流中,真正对中国传统文化产生深刻影响,促使中国社会政治经济文化发生巨大变革的是以欧洲文化为主体的西方文化。这次大规模的中西文化交流与传播,可以说始自明清之际,一直延续到现在。其间虽有中断但却不绝如缕。自鸦片战争后日益呈现广泛、深入、强盛之势。

明世宗嘉靖三十年(1552),欧洲耶稣会士方济各由印度到广州,其后耶稣会士竞相来华者将近百人之多,但大多未能有所建树。最先在中国打开局面的是在中国居留达28年之久,最后病死于北京的利马窦。利马窦(1552—1610年)于1582年奉耶稣会远东巡阅使范礼安之命到澳门学习中文,次年随另一意大利耶稣会士罗明坚到达中国肇庆定居,在内地建立了第一个传教会所。1584年他自绘的《山海舆地全图》印行。这幅图使中国学者第一次接触到了五大洲的观念。在绘制此图时,为了迎合中国文人的心理,他把中国画在图的中央,并按中国古书上已有的地名来作各国的名字。在传教方面,他谨慎从事,采取了某些迎合中国传统的做法,并能适应中国的社会习俗。初入华时,着和尚袈裟,到南京后,听从士人建议,改服儒士长衫,蓄发留须。为借助中国传统的语言文字和思想宣传天主教教义,他潜心研读中国典籍,还曾将《四书》译为拉丁文。在进行传教活动时,他能根据不同对象采取不同手法:"对于下等社会,则以浅易演说,讲明基督教之福音;对于士人社会,利用流畅醇雅之汉文,从科学上立论,渐次说及基督教之精神,使之自然感化。"(稻叶君山《清朝全史》)为使被中国人视作"旁门左道"的天主教真正植根于中国土地,他采用了学术传教的策略,以学术为媒介,借助西洋科学、哲学、艺术,以引起士大夫的注意和敬重。他在学有专长的中国人协助下,展开了大规模的西洋学术译介工作。《几何原理》、《同文算指》等著作就是他同徐光启、李之藻等人合作翻译的成果。利马窦在华期间写成的著作还有《交友论》、《天主实义》等。这些著作和译作在中国产生了很大的影响。

自利马窦开始,明清之际欧洲来华的传教士们与中国学人合作,大力介绍西方的学术与艺术,翻译出版了一大批哲学、宗教、逻辑学、语言学、艺术、自然科学与文学等各方面的著作。从而使中国传统的学术文化思想发生了新的变化,兴起了一阵学习西洋文化的热潮。当然,需要指出的是,由于耶稣会士世界观的局限性,他们来华的目的主要是传教,所传播的也并非最先进的科学文化成就;对于文艺复兴以来最富于革命性的文化成就,他们或讳莫如深,或加以歪曲。但是,即便如此,他们所传入的异域文化仍对中国传统文化产生了冲击与震荡,开阔了中国人的文化视野。

文化的交流与传播历来都是双向的和相互的。在欧洲传教士将西方文化传入中国的同时或稍后,中国文化也经由东印度公司的贸易活动和欧洲来华传教士的返欧这两条主要途径持续不断地传入了欧洲。通过前一种途径输入欧洲的中国商品有茶、丝、棉织品、丝织品、陶瓷与各种工艺品、装饰品等。通过后一种途径,不少来华的传教士返回欧洲时不仅带回了大量的中国文艺书籍,而且还热衷于译介中国典籍。如传教士柏应理 1682 年回到欧洲后,一次献给教皇的有关中国的译著就有 400 册。18 世纪的欧洲,从物质到精神,从百姓到皇族,兴起了一股"中国趣味热"。到 18 世纪末,仅译介到法国的中国古籍就有《论语》、《大学》、《中庸》、《易经》、《书经》、《诗经》、《老子》、《庄子》、《淮南子》、《礼记》、《赵氏孤儿》、《好述传》,以及诗歌上百种。这些源自中国的典籍,广泛地影响了启蒙时代的思想家、文学家与评论家。如伏尔泰、歌德等人都在接受了中国文化及其思想的影响下,在文学创作、文学批评和文学理论方面有了新的突破与发展。伏尔泰曾将中国的元杂剧《赵氏孤儿》改编为《中国孤儿》在欧洲演出。歌德自称模仿中国诗风写成了《中德晨昏四时歌》抒情诗 14 首。他还在同爱克曼的谈话中亦曾盛赞过中国文学。中国文学题材中的道德主题被欧洲的启蒙思想家们理解成"理性"内容。它们既成了欧洲启蒙运动的一部分,又成了影响欧洲文学发展与变化的一股动力。

然而,作为第二次外来文化思潮真正大规模影响中国,促使中国由相对封闭的封建社会向逐渐开放的近代社会过渡,则是在 19 世纪中叶。1840 年,英帝国主义的洋枪洋炮轰开了古老而腐朽的封建中国的大门。仅仅半个世纪,一次次的败北,一个个的不平等条约的签订,一块块的国土沦丧,使好端端的中国面临被瓜分要亡国的危险。在民族危亡的严重关头,中国各阶级各阶层进步的知识分子不得不认真思考共同的主题——救中国。

随着国门的洞开,西方资本主义文化汹涌而来,侵蚀、冲刷、撞击着中华传统文化的堤岸。其速度之快、力度之烈、势头之猛、影响之巨,在中华文化对外交往史上,都是空前的。与明末清初因传教士来华而兴起的首次"西学东渐"相比,这一时期传入中国的西学,内容更广泛,层次更丰富。如近代西方的工程技术(声光电化、坚船利炮)、科学理论(生物进化、血液循环)、民主思想(天赋人权、社会契约)、政治制度(君主立宪、三权分立)、社会风俗(有父子之平权、无男女之大防)、宗教信仰(原罪救赎、末日审判)……总之,近代西方资本主义文明不仅展示在中国人面前,而且从物质文化——制度文化——心态文化的不同层面全面地冲击着中国传统文化的物质外壳与精神内核。

面对汹涌而来的西方资本主义文化的冲击和殖民强盗的虎视眈眈,清道光、咸丰年间以龚自珍、魏源、包世臣为代表的一代地主阶级知识分子惊觉起来,致力于经世实学,怀着匡扶天下、拯救危亡的崇高社会责任感去议政、论世、探学,将学术导向干预政治、革故鼎新的轨道。他们讥切时政,诋排专制,倡言变法;研讨漕运、盐法、河工、农事等利国利民之策;探究边疆史地以筹边防,搜集海外国情以谋御外;学术研究变一味考辨古史为纂修当代史。魏源还提出了"师夷长技以制夷"的口号。

经世学派一扫"儒者不言利"的迂说,高张"兴利"、"致富强"的旗帜,为洋务派"求强"、"求富"事业开辟了道路。19世纪60至90年代,清廷内一部分封疆大吏出于御外夷、平内患的双重目的,发动了以引入西方科技,"求强"、"求富"为主要内容的洋务运动。这一运动的发起者奕䜣、曾国藩、左宗棠、李鸿章等人,是封建制度的卫道者。他们发起"洋务"事业的初衷,在于援西洋之长,以扶封建统治大厦之将倾。然而,结果却和洋务派的期望相反。不论洋务派出于何种目的,洋务运动在客观上揭开了中国近代生产方式的序幕,初步奠定了近代文化的物质基础;传播了近代科技知识,培养了中国第一批近代科技人才;促成了社会风气的转变,引发了思想、文化领域内的轩然大波,使国人对于中西文化相互关系的认识大大深入了一步。在洋务运动过程中,国人围绕中西体用展开了辩论。洋务派主张"中体西用",即中学为体,西学为用。中学为体,就是坚持形而上的中国孔孟之道;西学为用,就是采纳形而下的西方科技之器。"中体西用"作为一代社会思潮,既反映了中国文化走向世界的时代要求,又反映了当时国人普遍具有的民族本位意识,带有明显的保守性与落后性。由于"体""用"不一致,"中体"限制了"西用",到头来只落得个"西用"失效,"中体"蒙难的可悲结局。

随同北洋水师被黄海的波涛吞没,洋务运动宣告失败。甲午海战北洋舰队的惨败使朝野震惊,国人的文化意识发生明显转变,意识到仅靠"师夷长技",并不能解决日益严重的危机。要发展近代工业,就要有近代经济制度及与之相适应的政治制度。于是一些进步的思想家主张学习西方的政治制度,从"体"上变革中国的文化结构。康有为托古改制的变法维新理论体系便应运而生。1891 年,康有为刊行了《新学伪经考》与《孔子改制考》二书,以考据学为武器,试图通过对文化传统的重新解释,寻求变法维新的历史依据,借阐发孔子托古改制的微言大义,开通其政治变革的道路。同时,他又提出了一系列具体的改革主张和措施,要求开放政权,用立宪制代替封建君主专制制度,自上而下地进行资产阶级民主改革,促成并推进变法。在维新变法思潮中,还有一些思想家,如严复、谭嗣同,他们以进化论、民权说为武器,对封建专制主义进行了猛烈的批判,批判的锋芒直指封建君主专制和纲常名教。

谭嗣同饮恨菜市口,戊戌维新变法运动夭折了。继之而起的辛亥革命则以新的精神风貌和战斗姿态,展开了对封建专制主义更猛烈的批判,广泛地传播民主共和思想,并最终推翻了两千多年的封建专制制度。但由于辛亥革命的不彻底性,虽然打倒了皇帝,却没有也不愿连根刨除封建专制的经济基础,旧的上层建筑也没有发生大的改变。然而,辛亥革命的风暴毕竟对神州大地进行了一场狂飙式的洗礼。它不仅使民主共和思想深入人心,猛烈冲击了封建意识形态,而且深刻影响了中华民族日常生活的方方面面,使社会时尚和社会习俗发生了显著变化。关于中华文化的发展,旧民主主义革命的先行者孙中山提出了"发扬吾固有文化,且吸收世界之文化而光大之"的方向。孙中山贡献给中华民族的最宝贵的文化财富,是他提出的"三民主义"的民主革命理论纲领,即民族主义、民权主义、民生主义。在这个凝结了他毕生心血的思想结晶中,孙中山自觉地贯彻了取中西文化之精华而"融贯之"的宗旨。

以五四运动为开端,中国文化进入了新民主主义的新阶段。此时,人们认识到,要想将专制制度彻底打倒,就要革除旧的价值观念和道德观念。于是,以陈独秀、李大钊、胡适等为代表的一批知识分子,掀起了一场改造国民性的新文化运动。1915 年 9 月陈独秀在上海创办《青年》杂志(后改名《新青年》),标志着这场运动的兴起。新文化运动以民主和科学为两面旗帜,反对旧道德,提倡新道德;反对文言文,提倡白话文。新文化运动所倡导的民主,一方面是指民主政治,反对专制政治;另一方面是指个人要获得政治上经济上的民主,人格独立,个性解放。新文化运动的倡导者对封建统治者利用孔子进行专制统治以及儒家封建伦理道德进行了猛烈的批判,进而喊出了"打倒孔家店"的口号。新文化运动所倡导的科学是指自然科学、社会科学以及对待事物的科学态度、认识事物的科学法则,包含着反对封建蒙昧主义的积极意义。新文化运动的另一个内容是文学革命。1917 年 1 月胡适在《新青年》上发表《文学改良刍议》,提出以白话文代替文言文的主张。鲁迅写出了中国现代小说史上第一篇白话小说《狂人日记》。陈独秀在《文学革命论》中更明确提出了以资产阶级新文学代替封建主义旧文学的主张。此后,鲁迅等人进一步将反封建的新思想同白话这一新形式结合起来,创作了大量的优秀小说和杂文,开创了中国文学史上的一个新时期。由于缺乏充分的理论准备,五四新文化运动的倡导者试图从伦理层面上改变旧文化的同时,过分看重了传统文化的消极方面,因此表现出十分激烈的反传统情绪。这种情绪的蔓延,便引发了"全盘西化"论的产生。"全盘西化"论者由中国落后的现实而导致民族文化的虚无主义,从而对民族文化采取完全否定的态度,对西方文化采取全盘吸收的立场,这在理论上是错误的,在实践上也是极为有害的。但"全盘西化"论的提出,正逢 20 世纪 20 至 30 年代"东方文化"派和"中国本位文化"派等文化保守主义派别的兴起之时,因而,在当时它或多或少具有一些反对封建复古主义、反对国民党文化专制主义的积极意义。

自五四新文化运动之后,西方的各种文化思潮便如破闸之水,源源不断地涌入中国。"十月革命一声炮响,给我们送来了马克思列宁主义"(毛泽东语)。中国先进知识分子中的一部分从此把视线由西方转向俄国,由欣赏西方进化论等思潮转向学习和宣传唯物史观,由激进的民主主义者转变为具有初步共产主义思想的知识分子。从 1917 年 11 月 10 日俄国十月革命的消息传入中国,到五四运动前夕,这是马克思主义在中国传播的开始时期,当时系统地宣传十月革命和马克思主义的杰出代表是李大钊。他于此时发表了《我的马克思主义观》等一系列重要文章,全面、系统地介绍了马克思主义的唯物史观、阶级竞争说和经济论。还在北京大学组织一批进步青年成立了"马克思主义研究会"。稍后,与李大钊齐名的新文化运动的领袖人物陈独秀,也转向了马克思主义,为马克思主义在中国的传播做出了重大贡献。在五四运动以后一年多的时间里,宣传新文化、传播新思想的刊物和社团如雨后春笋般地涌现。随着马克思主义在中国的广泛传播,促进了马克思主义和中国工人运动的结合,推动了中国共产党的诞生。中国共产党从小到大,由弱到强,在以毛泽东、邓小平、江泽民为核心的三代党中央领导集体的领导下,团结带领全党和全国人民经过不懈的探索和奋斗,经历了革命战争的严峻考验,建设道路的艰辛探索,改革开放的创新实践,开创了中华民族亘古未有的宏图伟业,写下了彪炳千秋的光辉诗篇。之所以能取得如此成就,就是必须始终坚持马克思主义的基本原理同中国具体实际相结合,坚持科学理论的指导,坚定不移地走自己的路。

　　纵观中华文化五千年的发展史,既有对传统文化的继承与发展,又有对外来文化的吸收与改造。21世纪的中国文化要走向世界、走向未来,仍然要以坚持社会主义方向为前提,以继承和发扬民族优秀传统文化为基础,吸收世界的优秀文化成果并且进行综合创新。只有这样,中华文化才能永葆旺盛的生命力。

第三节　贯通古今融会中西的杰出人物 王国维、鲁迅、毛泽东

一、多元文化孕育的学术大师王国维

　　王国维(1877—1927)初名国桢,字静安,一字伯隅,初号礼堂,晚号观堂,亦号永观、人间等。他于1877年12月3日(光绪三年十月廿九日)出生在浙江海宁县盐官镇,1927年6月2日(农历五月初三)自沉于北京颐和园昆明湖。王国维是中国近代的著名学者。他学贯中西,兼通古今,在哲学研究、文学研究、史学研究、古文字和音韵学研究等领域取得了重要的学术成就,在文艺界和史学界都 颇有影响。

　　王国维出生之时,西方的教会文化和资本主义文化已随着西方传教士的涌入和殖民主义列强的入侵,在中国日益广泛而又深入地传播,对中国的军事、经济、政治、思想等各个层面都产生了重大影响。1840年鸦片战争以后,欧美资本主义列强依据与清政府签订的一系列不平等条约,开始在中国的通商口岸设商行,建租界,继则办教堂,办学校,办工厂,并逐步深入到内地,进而还在中国的领土上派兵驻军。大量来华的西方传教士出于文化侵略的目的,不仅在中国各地兴办教会学校,以训练和培养中国未来的教师和传教士,以此向未来的中国施加最强有力的影响。此外,他们还以"广西国之学于中国"的名义,在中国大量出版、发行各类图书、报刊。传教士在中国翻译出版的著作涉及到了哲学、宗教、逻辑学、语言学、艺术、自然科学与文学等各个方面。教会在中国创办的报刊种类繁多,既有英文报刊,还有中文报刊。仅耶稣会主办的报刊自1860年至1890年就有70多种。这些书籍报刊,不仅介绍了西方教义,还介绍了西方的各种思想文化知识。

　　面对西方文化浪潮的全方位冲击,一些先进、开明的中国士人丢弃了夜郎自大的包袱,开始承认现实,承认西方文化的先进,提出了"师夷长技以制夷"的口号,主张制洋器、采西学、改科举、公黜陟。19世纪60至90年代的洋务运动就是对这类口号和主张的具体实践。1862年京师同文馆开办,即为

中国自办新式学堂之始。其后,一些工科学校、军事学校亦陆续开设。与此同时,中国人自己也翻译、出版西学书籍,创办报刊宣传、介绍西方资本主义文化。例如,由洋务派创办的江南制造局于同治六年(1867)设立翻译馆后,翻译介绍了很多西方著作,数量达 180 种左右。其中除了军事、军工方面的很多书籍外,还有历史、政治、法制、商业、农业、医学、物理、化学等方面的书籍。中国人还自己编著西学书籍,撰写西学文章。随着中国资产阶级的诞生,中国资产阶级改良派精英们创办的报刊也纷纷问世,其中较有影响的有《中外新报》、《循环日报》、《中外纪闻》、《强学报》、《时务报》、《国闻报》、《湘报》、《知新报》等。所有这些都表明,一部分中国人已开始自觉地宣传西方文化。

在新时局、新时潮的逼迫下,清政府于 1872 年起开始派遣留学生赴欧美学习。甲午战争惨败之后,中国人开始承认日本人学西方卓有成效,中国可以向日本学习取经,于是自 1896 年起中国开始向日本派出留学生,其后留日学生人数日益增多。这些留学西洋、东洋的青年人沐浴着欧风美雨,学习西学。他们不仅从书本上,更从实践上了解了资本主义文化。这些资产阶级、小资产阶级知识分子是社会中最敏感的成分,其中的大部分都成了资产阶级改良主义者,或资产阶级革命者。他们在历次运动中起着先锋的作用。中国近代史上的一批著名人物,如铁路工程师詹天佑、启蒙思想家严复、在甲午海战中英勇作战以身殉国的邓世昌、林泰曾,以及陈天华、邹容、秋瑾、宋教仁、黄兴等人,都曾是留学生。这批接受了正规资本主义教育的近代知识分子,在接受、传播资产阶级新文化方面,发挥了重要作用。此外,自 19 世纪 60 年代起,清政府开始派官员出洋考察,自 1876 年起开始对外派驻使节。这些出使、考察的官员也将其所见所闻带回了中国。考察、留学形成的出国热,也极大地推动了资本主义文化在中国的传播。

与此同时,中国封建文化的影响仍然深厚广大。中国封建文化以小农经济为基础,以儒家思想为核心,组合成一种伦理道德型的文化体系。伦理纲常、四维八德统治着整个社会,制约着社会各阶层的人。这种文化有过和外来文化交锋的历史,因其根基坚实,多将外来文化兼容改造,战而胜之。自西方资本主义文化大规模传入中国时起,中西文化的争锋、论战始终持续不断。中国封建文化绝不肯轻易退出历史舞台。例如,对于推行变法的戊戌维新运动,封建顽固派就采取了武力镇压的高压政策,致使其夭折。然而历史总是要向前发展,落后、保守的封建文化终究要被先进、充满活力的新文化所取代。无论是主动还是被动,情愿还是不情愿,也不论经受多少屈辱、忧伤和困惑,中华文化终将从全然封闭的僵壳中部分地解脱出来,面对着广阔的世界呼吸吞吐、吸收接纳西方资本主义文化的新鲜养料,调节、完善自己的再生机制。王国维就是在这样一种时代、社会、文化的大背景下,在中西文化激烈碰撞、广泛交流的过程中孕育、诞生的杰出人物。他受到了多元文化的影响,参与了多元文化的冲突;既承封建文化之末,又开资本主义文化之先;既具有深厚的中国传统文化的根底,又具有广博的西方文化的学识,将二者融会贯通,成为了中国近代文化史上一位颇具影响力的学术大师。

王国维能在诸多学术领域取得重要成就,除了时代、社会、文化大背景的因素外,与其家庭文化背景和自身的人生际遇亦不无关系。王国维的出生地——浙江海宁县盐官镇,距杭州只有 60 多公里,离上海也不过 125 公里,是一个开化甚早,较早接受资本主义文化影响的地方。此外,还是观钱塘江潮的胜地,每临观潮时节,四方人士聚集,带来了各地的文化信息,无疑开阔了少年王国维的眼界。其父王乃誉(1847—1906)是鸦片战争以后诞生的一代人。从小既受过传统文化的浸染,又受过西方文化的影响。到过上海,游历过长江南北,可谓见多识广。曾经过商,还担任过县令幕僚。他不但具有传统文化的素养,又较为开放,乐于接受新文化、新思想。在这样一个习儒经商的家庭环境中,王国维自小就受到了多元文化的熏陶。

王国维 7 岁时入私塾开始接受中国传统文化的系统教育。11 岁时在由父亲授学的同时,又从师于京师同文馆的毕业生,这似乎预示着王国维将要走同文馆的路,学习西方新文化。王国维天资聪颖,15 岁时便考中秀才,得以入州学。但因其不喜欢帖括时文,故其后四次应乡试均落榜。大约在 18 岁时,王国维开始学习西方的自然科学知识及英语,欲进新式学堂或出洋留学。然这一愿望当时未能实现。19 岁时结婚成家,此后两年为生活计做过"童子师",即他人的家庭塾师。22 岁时,王国维的求学之事有了转机,得到了一个到上海的《时务报》馆任职的机会。自此他走上了离乡背井的求职求学之路,结束了海宁文化的熏陶,开始受到上海文化,以及世界文化的浸润。王国维的国学根基和西学功底都源自于在海宁所受的教育。

1898 年,王国维就职于上海《时务报》馆,做些校对、制表、编辑工作。《时务报》是当时宣传资产阶级改良主义思想和新文化的大本营。王国维在报馆任职,工作辛苦,但薪水微薄,故时有怨言。不过在这里他受到了更多新思想、新文化的影响,并有机会进罗振玉等于是年开办的新式学堂东文学社学习。在东文学社的两年半时间里,王国维学习了两门外语——日语、英语,学了理工科的数、理、化等科目,也学了文科的一些科目。这是他系统学习西方文化的开始。1901 年 2 月,由罗振玉资助,王国维前往日本留学,因脚病发作,只在东京呆了四个月即回国。此次留日,时间虽短,但收获不小。回国之后,王国维对西方的学术文化进行了广泛的研究、介绍、宣传,开始发表大量涉及到西方哲学、逻辑学、美学、伦理学、教育学、心理学等诸多方面的译著、论著,表明其文化修养、知识结构发生了巨大变化,学术上取得了长足进步。

自 1898 年起一直到 1927 年的三十年间,王国维与罗振玉的关系真可谓难解难分。1898 年 2 月至 1900 年 7 月,受罗氏提携,他得以免费入读东文学社。1901 年,罗氏主持湖北农务学堂,招王氏参与共事;同年,罗在上海创办《教育世界》杂志,亦请王氏任主编。1902 年罗振玉到商洋公学任校长,王国维亦往任执事。后来,王国维任教于南通通州师范学校、苏州江苏师范学校,以至到北京任学部图书局编辑,皆由罗振玉援引推荐。1911 年初,罗氏创办《国学丛刊》,邀王任主编;是年底,辛亥革命后,罗氏携家眷东渡日本,王国维也携妻子同往。初与罗氏合住,后罗氏为之别赁室以居,并月致食用之需。1916 年,王国维携家返回上海。1919 年春,罗振玉携眷返国,抵上海,与王国维相见甚欢。同年 5 月,罗将三女嫁与王长子为妇,二人结为亲家。此后数年间,分居上海、天津的王、罗两家,交往仍很密切。1923 年,王国维被溥仪任为侍臣,移居北京,与罗仍过从甚密。由于王国维与罗振玉关系极为密切,因此在思想、学术等很多方面,王深受罗的影响。罗振玉的文化思想是"中学为体,西学为用",政治上忠于清王朝,恪守封建伦理纲常。他主张兴实业、办教育,但是反对政治改革。受罗的影响,在学术文化方面,王国维不仅认真研究、大力宣传西方学术文化,而且呼吁中国学术界打破对西方文化的偏见,引进西方文化。在自身的学术研究实践中,大胆引进西方的学术思想、学术方法,使其学术著作充盈着一股从未有过的清新气息。但在政治上,王国维同罗振玉一样,没有接受西方的民主思想,对西方的政治文化、道德文化、文化价值观不屑一顾。在罗、王交往的早期,罗不仅在生活上,而且在治学方面,都曾给予王很大的帮助和影响。

1925 年 6 月,王国维应聘就任清华国学研究院导师。这里自然是一个可以潜心学问的场所。然而两年后,正当盛年,可以大有作为,大出成果之时,王国维却自沉于颐和园昆明湖。关于王氏的死因,议论纷然,莫衷一是。举其要者,有这样几种说法:一是南军声势说。此说称王氏自沉前一日,曾与梁启超晤谈,梁氏向他讲了南方革命军残杀两湖学者之事。又闻南军即将北上,王氏恐遭其辱,故自沉谢世。二是殉清说。辛亥革命后,王曾自称"亡国之民",以"遗老"自居。持此说者认为,1924 年 11 月,溥仪被逼搬出皇宫。主上蒙尘,作为侍臣的王国维依照主辱臣死之道,以死明节。三是罗振玉逼死说。罗、王二人之间的关系一直很好,但在 1926 年 9 月则发生变故。王国维长子病卒于沪,亲家之间因经济上的矛盾言语失和,王觉人格受到蔑视,遂以死为解脱之道。四是殉纲纪文化说。此说由王氏同事陈寅恪先生提出。他认为王氏是一个"能承续先哲将坠之业的学者",然延续数千年的中国传统思想文化发生了深刻危机,故王氏以生命殉其所托命之文化[①]。王国维的死因至今尚无定论,但有一点是毋庸置疑的,这就是王国维之死是中国近代学术界的一大损失,是中国文化史上的一大悲剧。

"死者长已矣",但其学术成就无疑为这位文化伟人树起了一座高大的纪念碑。就其学术成就而言,王国维在哲学、文学、史学等研究领域都有重要建树。就其学术生涯而论,依其治学途径与主攻方向,则大致可以分为三个阶段:第一阶段,1901—1907 年,主要是研究哲学,兼及诗词创作;第二阶段,1908—1911 年,主要是研究文学;第三阶段,1912—1927 年,主要是研究历史,从事考据之学[②]。当然,王国维的治学兴趣和研究内容还不时发生变化,在三个阶段互有交叉。

在第一个阶段,王国维对康德、叔本华哲学的研究用力最多。初涉哲学之域,他便拜倒在了康德的门下。由于康德的哲学著作晦涩难懂,使他转向了叔本华,并深受叔本华的影响,然后再回过头来研究康德。王国维接受了康德哲学的认识论,并将其运用到了自己的学术研究之中。叔本华是素以其反理性主义的唯意志论和悲观主义的人生观著称的德国哲学家,并自认为是康德的嫡传弟子。王国维对叔本华哲学更是推崇有加,几乎是全盘地接受了叔本华,主要是因其悲观忧郁的性情与叔本华的悲观主义哲学有颇多契合之处。除康德、叔本华外,王国维还研究了尼采哲学。从这一时期发表的有关哲学研究的论著看,王国维对西方哲学既偏爱,有深入的研究,但又不盲目信奉,而有自己的独立见解。王国维对以德国哲学为代表的西方哲学的研究之深入,理解之透辟,有过于同时代人。然更为可贵的是,他能将研究西方哲学、伦理学、美学的心得,用之于研究中国文学艺术;以哲学的方法论研究史学,取得划时代的学术成果。在他这一阶段发表的《论性》、《释理》、《原命》等研究中国古代哲学问题的论文中,就运用了西方哲学的观点和方法,分析角度颇为新颖。而在《红楼梦评论》中,则援引西方的伦理学、美学理论阐释中国文学作品,见解独到,深刻精辟。

在第二个阶段,王国维学术研究的兴趣和重心移向了文学。《人间词话》是他这一阶段最重要的文学批评著作。这篇文章运用西方美学、文学理论对中国古代诗词进行了开创性的研究,既是创作论,亦是鉴赏论,尤其是提出了

---

① 鲁西奇、陈勤奋:《纯粹的学者王国维》,湖北教育出版社 1999 年版,第 2—28 页。
② 鲁西奇、陈勤奋:《纯粹的学者王国维》,第 51 页。

"境界"理论并对其进行了阐述,极大地丰富了中国的美学理论。从表面上看,此文与中国相沿已久的诗话、词话一类的论著的体式并无显著不同,但事实上则为这种陈旧的体式注入了新观念的血液;尽管表面上《人间词话》并不具备完整的理论体系,但事实上却为中国诗词的评析鉴赏拟就了一套简单的理论雏形。

《宋元戏曲史》是王国维的又一重要学术著作。这部著作完成于1913年,但在此之前,王国维已写出了8部有关戏曲的著作,为系统阐述中国戏曲的起源与发展准备了丰富的资料。这一著作可视为此前关于戏曲研究的总结性著作。《宋元戏曲史》是我国戏曲研究由传统的曲论、资料汇编进入科学、系统研究的开山之作。它的出现不仅把戏曲这种艺术形式纳入了文学的范畴,给了戏曲以应有的地位,开辟了戏曲研究这一新的学术领域,而且还以其突出的学术成就为中国戏曲史研究打下了坚实的基础。《宋元戏曲史》的重要学术贡献,主要表现在这样几个方面:一是探索了中国戏剧的起源与形式,勾勒了中国戏剧发展的基本脉络;二是对元杂剧进行了科学的分期,揭示了元杂剧的盛衰过程;三是探讨了元人杂剧的艺术成就,指出了元人杂剧的价值;四是运用西方的悲喜剧概念对中国戏剧进行了分类,认为元杂剧中就有颇为成功的悲剧作品。郭沫若曾给王国维的《宋元戏曲史》以很高的评价,认为和鲁迅的《中国小说史略》一样,"毫无疑问,是中国文艺史研究上的双璧。不仅是拓荒的工作,前无古人,而且是权威性的成就,一直领导着百万后学"。总之,这是一部前无古人、成一家之言的划时代著作。

在第三个阶段,自王国维随罗振玉东渡日本之后,其治学的趣味和研究的重心又逐渐由文学转向经史考据之学。王国维在学术研究方面发生这样的转变,原因是多方面的。其中除了社会巨变、时代环境等因素的影响外,更重要的一点,就是他认为考据之学的对象是古文字古器物、古代历史事实等,这些均远离现实人生,沉潜于此类研究之中,无疑也是一种解脱的方法。

王国维在经史考据史学研究领域的学术成果是极其丰富的,涉及经学典籍的研究,金文、甲骨文、简牍、古器物的研究,古代历史地理、典章制度的研究,音韵学的研究,等等。各类研究成果的总数在百种以上。这些研究成果,或纠前人之错,或释他人之疑,或补前代所缺,或开后世之先,稽古钩沉,探幽发微,独辟蹊径,创新立说。他在研究方法上特别重视实证和二重证据,即如陈寅恪先生所说,取地下之实物与纸上之遗文互相释证,取异族之故书与吾国之旧籍互相补正,取外来之观念与固有之材料互相参证。王国维治学的基本观念和方法,在近现代学术史上具有相当的规范意义。

王国维的学术成就在中国近代文化史上具有十分重要的地位。除了以上的简略介绍外,他在文学创作,主要是诗词创作方面的成就亦不容忽视。这位在中西、新旧文化冲突中诞生的文化伟人,尽管自身充满了矛盾,其学术思想方法之现代与先进,和政治思想之传统与保守,不可思议地集于一身,但他为中国的学术文化所做出的杰出贡献,则是留给我们的重要的文化遗产。

二、改造国民性的启蒙思想家与文学家鲁迅

鲁迅(1881—1936),20 世纪中国伟大的思想家与文学家。原名周樟寿,字豫山,后改名周树人,字豫才。"鲁迅"是他 1918 年为《新青年》写稿时开始使用的笔名。鲁迅于 1881 年 9 月 25 日出生在浙江绍兴一个逐渐破落的封建家庭,自幼接受中国传统文化与民族文化的熏陶,对民间艺术尤其是绘画具有浓厚的兴趣,稍长又喜欢杂览,读了不少野史笔记,由此培养了他研究历史的兴趣,并启发了他对历史逐渐形成比较全面、深刻的看法。1893 年秋,鲁迅的祖父因科场贿赂案被羁押,为求其不死,卖田借贷,打通关节,几落倾家荡产境地。鲁迅的父亲亦因此事遭受打击,抑郁成疾,不久即卧病不起,为治病更弄得家里一贫如洗。从 13 岁到 17 岁,鲁迅经常出入于当铺和药店,对社会的冷酷与势利有了深切感受。少年鲁迅还经常随母到家居农村的外祖母家省亲,因而熟悉农村社会,和农民有较为密切的联系。

1898 年继洋务运动之后,资产阶级改良主义的变法维新运动进入高潮,鲁迅于是年离开绍兴到了南京,考取了由洋务派创办的公费的江南水师学堂,不久又转入陆师学堂附设的矿务铁路学堂。课余时间,阅读了不少当时翻译过来的科学和文艺类书籍,其中由赫胥黎著、严复译的《天演论》引起了鲁迅的很大兴趣。他由此书初步接触了西方的进化论思想。

1902 年,鲁迅由矿路学堂毕业后考取了官费留学,得以东渡日本。到日本后,先就读于东京预备学校。在这里,他通过日本学者的译著研究了达尔文的进化论,以及一些有关科学和文学的西方著作。预备学校毕业后,进了仙台医学专门学校。一次,观看反映日俄战争的幻灯片,其中,有一画面为一群中国人神情麻木地围看一同胞人被日军杀头的惨剧,鲁迅深受刺激:"凡是愚弱的国民,即使体格如何健全,如何茁壮,也只能做毫无意义的示众的材料和看客"(《呐喊·自序》)。于是,他决定弃医从文,以文艺为利器,医治民族的精神痼疾。

1906 年,鲁迅回到东京,计划创办文艺杂志,收集了许多被压迫民族的作品,准备将反抗压制、追求自由的思想介绍到国内。因人力和物力所限,杂志没有办成。他便开始译书、撰文。此时他加入了由流亡日本的章太炎主持的革命团体光复会。1905—1907 年,当以孙中山为首的革命派和以康有为、梁启超为首的改良派展开大论战时,鲁迅站在革命派一边,发表了《摩罗诗力说》、《文化偏至论》等重要论文。1909 年,他将此前翻译的北欧和东欧的现

实主义作品及其他作品,结集为《域外小说集》两册先后出版。

1909 年,鲁迅回国,先后在杭州、绍兴任教。辛亥革命后,应临时政府教育总长蔡元培之邀,鲁迅到南京教育部任职,不久随政府迁到北京。鲁迅在北京期间,曾先后在北京大学、女子师范大学等八所大中学校任教。五四新文化运动中,鲁迅参加了《新青年》杂志的编辑活动,并于 1918 年 5 月在该杂志上发表了白话小说《狂人日记》。这是一份以文学形式揭露"礼教吃人"的罪恶、向封建主义宣战的檄书,在文学史上具有划时代的意义。鲁迅积极投身五四新文化运动,发表了多篇表现时代思潮的小说和文章,成为新文化运动的旗手。在 1918 至 1926 年间,陆续创作出版了《呐喊》、《坟》、《热风》、《彷徨》、《野草》、《朝花夕拾》、《华盖集》、《华盖集续编》等专集。其中,1921 年 12 月发表的中篇小说《阿 Q 正传》,是中国现代文学史上的杰出作品之一。

1926 年 8 月,鲁迅因支持北京学生的爱国运动,遭到反动当局通缉,于是南下到厦门大学任教。1927 年 1 月,他到广州中山大学任教。同年"四一二"反革命政变后,鲁迅愤而辞去了中山大学的一切职务。1927 年 10 月,鲁迅来到上海。从 1930 年起,鲁迅先后参加了中国自由运动大同盟、中国左翼作家联盟和中国民权保障同盟等进步组织,不顾环境的险恶,积极参加革命文艺运动。1936 年初"左联"解散后,他又投身于文学界和文化界的抗日民族统一战线。1936 年 10 月 19 日,鲁迅病逝于上海。在 1927 年到 1935 年期间,鲁迅创作了《故事新编》中的大部分作品和大量的杂文。在后十年的杂文中,鲁迅创造性地、深刻地分析了各种社会问题,表现出了高瞻远瞩的政治远见和韧性的战斗精神。这些作品收录在《而已集》、《三闲集》、《二心集》、《南腔北调集》、《伪自由书》、《准风月谈》、《花边文学》、《且介亭杂文》等专集中。鲁迅的一生,是为中国文化和文学事业做出巨大贡献的一生。他亦是 20 世纪前半叶在中外文化的激烈碰撞与交流中诞生的文化伟人。

作为改造国民性的启蒙思想家的鲁迅,他的思想领先于同时代的中国其他思想家,也不同于一般的思想家或哲学家。鲁迅从来都不曾潜心于炮制自己的思辨体系,也不是从前人的实践经验或自我静观的抽象思辨中推导出观念,而是从人们习以为常的生活现象、心理习惯等原生形态的人生现象和自己的实际生活经验中提炼出观念。鲁迅有自己独特的思维和表达方式。他不是运用逻辑范畴推论出对社会、历史、人类、人性等的理性认识,而是通过自己的深切观察体验感悟到这一切。关于鲁迅思想的特点,诚如钱理群先生所总结的那样:"鲁迅是一个不用逻辑范畴表达思想的思想家,多数情况下,他的思想不是诉诸概念系统而是现之于非理性的文学符号和杂文体的嬉笑怒骂,正是在这一点上,文学家的鲁迅与思想家的鲁迅,达到了高度的统一。

构成鲁迅思想的基本单位(元素)的,不是抽象的逻辑范畴,而是一些客观形象与主观意趣统一的、典型化的'单位意象',例如'死火'、'过客'、'影'、'无物之阵'、'墙'、'夜'、'求乞者'、'推、踢、爬、撞'、'杀人团'、'地狱'、'西崽'、'戏剧的看客'、'吃人的筵席'、'染缸'等等,甚至鲁迅小说里的文学形象和文学描写,也都成为某种人类精神现象的概括(暗示与象征),如《狂人日记》里'我'对于'吃人'与'被吃'的感受、反省,《阿Q正传》里刻画的'阿Q相',《孤独者》中'受伤的狼'的形象等等。人们发现,正是这些文学化的形象、意象、语言,赋予鲁迅哲学所关注的人类精神现象、心灵世界以整体性、模糊性与多义性,还原了其本来面目的复杂性与丰富性,这样,鲁迅所要探讨的精神本体的特质与外在文学符号之间就达到了一种和谐与统一。"[1]

张梦阳先生称鲁迅是"深邃探索人类精神现象的伟大思想家",其思想是"以改变人的精神为宗旨的精神哲学与精神诗学"。[2]的确,鲁迅思想的核心是对"人"的关注。他终生不渝地矢志于国民性的思考与批判。鲁迅认为改造国民性是改革旧中国积贫积弱面貌的首要课题。在漫长的封建社会时期,中国封建传统思想与封建专制主义的政治力量结合在一起,造成社会的野蛮、黑暗、麻木、愚昧、落后。生活于其中的中国人,"向来就没有争到过'人'的资格,至多不过是奴隶"(鲁迅语)。特别是在鲁迅生活的年代,在帝国主义、封建主义和官僚资本主义三座大山的压迫下,中国人极易产生欺弱怕强、自轻自贱、卑怯贪婪一类的奴性思想和苟活心理。鲁迅在他的《阿Q正传》中,就以无以伦比的洞察力和概括力凸现了体现在阿Q身上的国人特有的"精神胜利法"的荒谬与可悲。他不遗余力地运用小说、杂文等文学形式,痛快淋漓、入木三分地揭露批判了民族的劣根性。诸如狭隘、保守、迷信、愚昧、散漫、自私、虚荣等等,尽在其如椽之笔的扫荡之列。他把根除奴性、扫荡封建文化视为改造国民精神之根本任务,提出"立人"的思想,即把"沙聚之邦"改造为"人国"。在他看来,只有健全国人的人性,才能从根本上改变中国愚弱的状况。当然,鲁迅在揭露批判国民劣根性的同时,也对国民性中的积极面,给予了充分、公允的评价。他曾充满民族自豪感地说道:"我们从古以来,就有埋头苦干的人,有拼命硬干的人,有为民请命的人,有舍身求法的人,……虽是等于为帝王将相作家谱的所谓'正史',也往往掩不住他们的光辉,这就是中国的脊梁。"正所谓"爱之愈深,痛之愈切",鲁迅对国民劣根性的猛烈批判,真正目的还在于促进一种和时代发展要求相适应的新的民族精神的诞生。他自己亦曾明白地讲过:"我们生于大陆……历史上满是血

[1] 钱理群:《走进当代的鲁迅》,北京大学出版社1999年版,第65页。
[2] 钱理群:《走进当代的鲁迅》,第70页。

痕,却竟支撑以至今日,其实是伟大的,但我们还要揭发自己的缺点,这是意在复兴,在改善……"鲁迅博大精深的改造国民性的思想,是我们民族极为宝贵的精神财富。在跨入21世纪的今天,他的许多重要思想仍值得我们汲取。现实中的不少消极现象,应引起我们的省察与深思。我们只有以百倍的自觉去剔除数千年历史积淀在国民性上所结成的层层污垢,激发全民族的觉醒与崛起,使中华民族更加振作起来,我们才能在强手如林的世界舞台上占有自己的一席之地。

鲁迅对于中西文化的价值判断也有自己的深刻见解。面对异质的西方文化,他的态度是极其宽容的,并提出了"拿来主义"。同时,他对西方文化的弊端和偏至也有清醒的认识,对西方文化的缺陷也曾给予过深刻的剖析。他主张要"放出眼光,自己来拿",而不是照单全收。其立足点在于"比较既周,爰生自觉",引入异质文化的目的,是将其作为一个新的参照系,以便开阔国人的视野,增长国人的见识,从而打破中国传统文化的神话,进而产生变革的要求,促进中国文化和文学的振兴和繁荣。鲁迅终其一生,在引进、介绍异域文化和文学方面做了大量的实实在在的富于成效的工作。从他早年编译《域外小说集》到晚年翻译果戈理的《死魂灵》,始终未有懈怠和停顿。他留下的数百万字的精神文化遗产,其中约有一半与外国文化和文学有关。

对于中国历史传统文化,同对待国民性一样,鲁迅给予的是较多的严厉的批判,其主导思想亦在于:长期的自我封闭、自以为是形成了以民族自大狂为中心的病态文化心理,并由此形成了积重难返的民族惰性。封建文化的长期浸染,禁锢了人们的思想。只有对之予以猛烈的抨击,才能警醒世人,引起反思。其实,鲁迅并非不知道继承传统对于创造现代新文化的意义。他曾告诫青年:"新的艺术,没有一种是无根无蒂,突然发生的,总承受着先前的遗产。"尽管他说过,他的小说创作"大约所仰仗的全在先前看过的百来篇外国作品和一点医学上的知识",但他的作品所显示出来的民族风格,却与他早年喜爱阅读中国古典小说并深受其影响不无关系。鲁迅对传统文化的批判,绝不同于民族虚无主义者对传统文化的全盘否定,而是试图把民族文化的优秀种子从僵死的体系中拯救出来,使其焕发出新的活力。鲁迅在他的学术生涯中,亦曾用了不少精力对民族的历史文化遗产进行搜集、研究和整理,编著有《中国小说史略》、《汉文学史纲要》,整理了《嵇康集》,辑录了《会稽郡故书杂集》、《古小说钩沉》、《唐宋传奇集》、《小说旧闻钞》等。

作为文学家的鲁迅,一生勤于笔耕,为中国文学贡献了很多优秀作品,其中包括小说、散文和散文诗、杂文等。他的文学创作在中国现代文学史上占有十分重要的地位,他的思想精神影响了一代代的读者。

鲁迅是中国现代小说的奠基者。他于1918年5月发表了第一篇白话小说

《狂人日记》，以"表现的深切和格式的特别"将中国小说引向现代。他一生创作的小说作品，数量不算太多，只有 30 多篇，且无长篇巨著，但这些作品大多都是中国现代文学中无法替代的文本。鲁迅从事小说创作的原动力如他自己所言："说到'为什么'做小说罢，我仍抱着十多年前的'启蒙主义'，以为必须是'为人生'，而且改良这人生。我深恶先前的称小说为'闲书'，而且将'为艺术而艺术'看作不过是'消闲'的新的别号。所以，我的取材多采自病态社会中的不幸的人们中，意思是在揭出病苦，引起疗救的注意。"（《我怎么做起小说来》）鲁迅称自己的文学观念为"遵命文学"。他所遵之命乃历史的召唤以及他对民族苦难的深切体验，试图通过小说这种形式用全新的现代意识去更新国民精神，清除民族的劣根性。他的大多数小说叙事的焦点都是对国民精神状态的关注。小说中的人物多是处于社会底层的农民，如阿 Q、闰土、祥林嫂，以及滑落入底层农民中的落魄文人孔乙己等；或是彷徨、颠簸以至没落的知识分子，如吕纬甫、魏连殳、陈士成等。鲁迅通过对各类人物形象的塑造和命运的展示，深刻地揭露了黑暗的社会现实，尖锐地批判了愚弱的国民性。《故事新编》中的作品则采取戏拟的方式重写历史，表达了作者对历史与现实精神的深思与感受。鲁迅的小说不仅具有厚重的思想内涵和深刻的主题意蕴，而且在艺术上也富于独创性，不少作品达到了内容与形式的和谐统一。他打破了传统小说的叙事模式，不刻意追求故事情节的生动与完整，而往往只截取生活的一个横断面，从典型的生活场景中寻找带有本质特点的社会意义。善于通过人物自身的动作、言语来刻画人物的性格，而很少用工笔细致地描写周围的环境与景物。有时只是寥寥几笔，就能使人物栩栩如生，神情毕现。此外，他还善于通过调节主体的叙事态度来深化主题，在结构、语言等方面也有自己的独到之处。总的说来，鲁迅的小说在艺术上是相当成熟的，具有鲜明的艺术个性。其中，既渗透着中国传统艺术的特点，又吸纳了西方文学的某些表现手法，如象征主义。

鲁迅的散文也有自己的特色和价值。他的散文更多地、也更直接地表露了作者的真知所想，显示了只属于鲁迅的凝重的思想、冷峻的人生体验，展现了灵魂的深和真。关于"爱"与"死"的体验与思考，是鲁迅散文的独特话题。在他的散文里，不仅真诚而坦率地写出了鲁迅作为一个"人间至爱者"从生到死的生命的、精神的历程，而且也十分感人地写出了他所目睹的像他那样的"人间至爱者"的"死"，如长妈、父亲、范爱农、刘和珍等。可以说鲁迅散文中最动人的篇章都是表现"人间至爱者为死亡所捕获"的主题的。与此相交织的是鲁迅对无所不在的"无爱"的麻木的悲剧性审视，对漠视人的生命，对无意义、无价值的死的冷峻剖析。鲁迅的散文都是直接取材于自身的人生经历与心灵历程。可以说鲁迅的散文就是一部鲜活的鲁迅生活史与精神发展史。其散文在艺术上更多一种洒脱、闲适、余裕从容的风姿,别具韵味。读者在阅读他的散文集,如《朝花夕拾》、《野草》时,所获得的艺术感受绝对不同于他的小说。

杂文是鲁迅在批判、论战、反击中最擅使用的利器,"是匕首,是投枪,能和读者一同杀出一条生存的血路的东西"(鲁迅语)。信手拈来,随意生发,嬉笑怒骂,皆成文章,令对手难以招架。鲁迅的杂文涉及面很广,举凡现代中国的社会、政治、历史、法律、宗教、哲学、道德、文学、艺术,乃至经济、军事、宗教,尽在其中。并以其对中国现代国民的文化心理、行为准则、价值取向,以及民性、民情、民俗、民魂的真实、生动而深刻的描绘,成为一部活的现代中国人的"人史"。故此,有人说,要了解现代中国的特别国情及中国人,就应细心阅读鲁迅的杂文。鲁迅的杂文以其犀利、尖刻的艺术风格,在中国现代文学史上占有特殊的地位。

鲁迅以其深邃的思想精神和非凡的文学成就,成了中国新文化的一面旗帜。他用生命的全部光芒,划亮了充塞天地之间的黑暗和寂静。鲁迅的方向,依然是 21 世纪中国文化的发展方向。

三、马克思主义中国化的革命领袖毛泽东

毛泽东(1893—1976),伟大的马克思列宁主义者,中国共产党,中国各族人民的伟大领袖。字润之,1893 年 12 月 26 日诞生于湖南湘潭韶山冲的一个农民家庭里。父亲毛顺生,原是一个贫苦农民,后来兼营粮食和生猪贩运生意,逐渐积蓄了些钱,陆续买下了一些田产。作为长子的毛泽东,6 岁就开始从事一些诸如打猪草、放牛一类的零碎农活。8 岁开始读书,直到 13 岁才离开本地的私塾。毛泽东自幼聪颖好学,很喜欢读书,且颇有个性。在读私塾期间,除了完成规定的课业外,还读了不少所谓的"杂书",如《西游记》、《水浒》、《三国演义》等小说。从 13 岁到 15 岁,由于父亲需要帮手,少年毛泽东不得不辍学在家。白天和成年人一样在田间劳作,晚上除帮助父亲记账外,依然如饥似渴地在一盏小桐油灯下刻苦地读书。在所读书籍中,有一本反映 1894 年中日甲午战争以前资产阶级改良主义思潮全貌的著作《盛世危言》,书中所憧憬的兴旺前景和作者的爱国热情,使毛泽东极为振奋,并由此产生了恢复学业的愿望。经与父亲抗争,15 岁时得以先后在一个学法律的新派教员和一个老学者家里学习了一年,读了一些经史古籍和许多时务文章及其他新书。1910 年秋,不满 17 岁的毛泽东带着简单的行李和书籍,离开韶山,到 50 里外的湘乡县东山高等小学堂去读书。在这里,他读过康有为、梁启超提倡维新运动的著作和刊物,还读过一本叫《世界英雄豪杰传》的书。这些书报对毛泽东产生了很大影响,使他在青年时代就立下了救国救民的崇高志向。1911 年春,毛泽东到了长沙,考取了湘乡驻省中学堂。这年 4 月 27 日,广州爆发了反清起义,七十二烈士罹难。革命党人坚贞不屈的斗争精神,深

深感动了毛泽东;清政府的残酷镇压,使他无比愤慨。1911 年 10 月 10 日,辛亥革命在武昌爆发,毛泽东决定投笔从戎,在长沙参加了革命军。当袁世凯篡夺了革命果实后,毛泽东退出了军队,回到了学习生活中。他一连投考了好几所学校,但都不满意,于是便寄居在长沙新安巷湘乡试馆,每天到定王台省立湖南图书馆看书。学习生活很艰苦,但收获颇大。在这里,他读了达尔文的《物种原始》、亚丹斯密的《原富》、赫胥黎的《天演论》、穆勒的《名学》、斯宾塞尔的《群学肄言》、约翰密尔的《伦理学》、孟德斯鸠的《法意》、卢梭的《民约论》等西方学术著作。这些书对毛泽东影响很大。后来他谈到这段难忘的往事时说:“我正像牛闯进了菜园,初尝菜味,就大口大口吃个不停。”这样的自学生活持续了半年多。1913 年春,毛泽东考取了不收学膳费的湖南公立第四师范。第二年春,第四师范合并于第一师范。毛泽东在这里学习了五年多,直到 1918 年暑期才毕业。在第一师范学习期间,毛泽东十分刻苦努力,并善于独立思考,还十分注重体育锻炼,为后来投身革命打下了良好的基础。1918 年 4 月 14 日,毛泽东参与筹划组织的新民学会——一个崭新的革命团体正式诞生。新民学会在中国革命的历史上曾有着不可磨灭的功绩。

　　1918 年 8 月 15 日,在赴法勤工俭学的热潮中,毛泽东一行 25 名准备赴法的青年,由长沙启程前往北京。到了北京后,因生活费用没有来源,毛泽东谋得了北京大学图书馆助理员一职,月薪 8 元。在北京大学这个新旧文化、新旧思潮汇集和斗争之地,毛泽东广泛接触和研究了各种新思想,获得了很多新知识。1919 年 3 月,当送走了第一批赴法勤工俭学的湖南学生后,毛泽东决定自己不出国,并于当年 4 月 6 日回到了湖南,在一所小学找了个教员职务。在五四运动期间,毛泽东领导新民学会会员,深入长沙各校,因势利导,发动青年学生投入斗争,响应北京学生的爱国行动,并于同年 7 月 14 日,创刊了《湘江评论》。《湘江评论》共出刊五期,毛泽东为之撰写了 30 多篇文章。这些文章,热情地歌颂了俄国十月革命,无情地揭露、声讨了帝国主义和封建主义,号召工人、农民和其他劳动者联合起来,进行彻底的不妥协的反帝反封建斗争。此时的毛泽东正处于由急进的革命民主主义者向马克思主义转变的过程中,思想还不够成熟。在 1919 至 1920 年的驱逐军阀张敬尧的斗争中,毛泽东第二次到了北京,并由北京去过上海。此次北游,毛泽东广泛接触了各方面的人士,特别是与信仰、宣传马克思主义的李大钊、陈独秀有了密切联系,并搜集阅读了当时能找得到的一些有关共产主义的书刊。他曾专心致志地学习、研究过中文版的《共产党宣言》。到了 1920 年夏天,毛泽东自认为已成了一名马克思主义者。1920 年 9 月 16 日,毛泽东与何叔衡等人发起组织的湖南俄罗斯研究会正式成立。随后,又建立起了社会主义青年团和共产主义小组等革命组织。1921年7月,毛泽东代表湖南共产主义小组到上海出席了中国共产党第一次全国代表大会。自此以后,为了实现崇高的革命理想,毛泽东开始了新的战斗历程。

中共"一大"后,毛泽东任中共湘区委员会书记,中国劳动组织书记部湖南分部主任和湖南省工团联合会总干事。1923年6月,到广州出席了中共第三次全国代表大会。1924年初,协同李大钊等人帮助孙中山改组国民党和制定联俄、联共、扶助农工三大政策。在国民党第一、二次全国代表大会上被选为中央候补执行委员,并任宣传部代理部长。1926年,毛泽东先后在广州和武汉主持农民运动讲习所,培养了大批农民运动骨干。1926年3月至1927年3月,他先后发表了《中国社会各阶级分析》、《国民革命与农民问题》、《湖南农民运动考察报告》等文章,正确剖析了中国民主革命的对象、动力和前途,明确提出了坚持无产阶级对民主革命的领导权和依靠农民同盟军进行革命斗争的主张,指出中国革命如果没有农民这个最广大、最积极的同盟军的参加,要取得胜利是不可能的。

1927年8月7日,毛泽东出席了中共中央在汉口召开的政治局扩大会议(通称"八七"会议),会议总结了大革命失败的教训,批判了陈独秀的右倾错误。毛泽东在会上提出了"枪杆子里面出政权"的著名论断,并当选为中央临时政治局候补委员。会后即到湘赣边界发动农民、工人举行秋收起义,建立了第一支工农红军。秋起收义受挫后,毛泽东率领起义队伍上了井冈山,创立了第一个农村革命根据地。后与朱德、陈毅率领的一部分"八一"南昌起义的部队会师,组成中国工农红军第四军,毛泽东任党代表,朱德任军长。从1928年开始到1930年,毛泽东总结井冈山的经验,先后写了《中国的红色政权为什么能够存在?》、《井冈山的斗争》、《星星之火,可以燎原》等一系列著作,将马克思主义的普遍真理与中国革命的实际结合起来,创造性地提出了建立农村根据地,以农村包围城市,最后夺取城市的战略思想,开创了武装夺取政权的中国革命新道路。1930年,毛泽东任中国工农红军第一方面军总政治委员。1931年11月,中央工农民主政府在江西瑞金建立,毛泽东任主席。1933年1月,当选为党中央政治局委员。在毛泽东、朱德、周恩来等人的领导下,红军从1930年12月至1933年2月,连续粉碎了国民党反动派的四次大规模军事"围剿"。但由于王明"左"倾教条主义、机会主义路线在全党的统治,排挤毛泽东对军队的领导,致使红军虽经苦战而未能粉碎国民党反动派于1933年10月发动的第五次军事"围剿",被迫于1934年10月进行战略转移,开始长征。1935年1月,中共中央在贵州遵义召开政治局扩大会议,选举了以毛泽东为首的三人军事领导小组,并选举毛泽东为中央书记处书记,结束了王明"左"倾机会主义路线在党中央的统治,确立了毛泽东在红军和党中央的实际领导地位。在毛泽东的正确领导下,党和红军战胜了张国焘的右倾分裂主义路线和国民党军队的围追堵截,胜利地完成了二万五千里长征,于 1935 年 10 月到达陕北。随后,毛泽东被选为中共中央军事委员会主席。

从红军长征胜利结束到抗日战争全面爆发,毛泽东先后作了《论反对日本帝国主义的策略》的报告,发表了《中国革命战争的战略》、《中国共产党在抗日时期的任务》等文章,阐明了抗日民族统一战线的理论、路线和政策;写了《实践论》和《矛盾论》两大论著,丰富和发展了马克思列宁主义的认识论和辩证法,运用马克思主义哲学基本原理,从理论与实践的结合上总结了中国革命的经验教训,批判了教条主义和经验主义两种错误倾向。毛泽东的一切从实际出发,实事求是、理论联系实际的鲜明品格凸现了出来。其后,他的《论持久战》、《中国共产党在民族战争中的地位》、《中国革命和中国共产党》、《新民主主义论》等相继问世,全面、深刻、系统地论述了具有鲜明中国特色的新民主主义革命理论,表明毛泽东的思想达到了成熟。1942 年,毛泽东发动并领导了党内的整风运动,其主要内容是反对主观主义以整顿学风,反对宗派主义以整顿党风,反对党八股以整顿文风。为此,毛泽东发表了《改造我们的学习》、《整顿党的作风》、《反对党八股》、《学习与时局》等著名讲演。通过整风运动,使党在思想上、政治上、组织上、作风上达到了空前统一,从而为抗日战争取得彻底胜利奠定了基础。1943 年 3 月,中国共产党中央委员会选举毛泽东为中央委员会主席和中央政治局主席。

抗战胜利后,为顺应人民的意愿,力图避免战争,争取通过和平的道路来建设一个新中国,毛泽东身系天下之安危,于 1945 年 8 月 28 日与周恩来等人赴重庆同蒋介石谈判,签订了"双十协定"。1946 年夏,在蒋介石发动全面内战后,毛泽东号召和率领全国人民以革命战争消灭反革命战争。在其战略思想指导下,中国人民解放军经过一年时间,就粉碎了国民党反动派的军事进攻,并从 1947 年 7 月转入了全国规模的反攻。1948 年 9 月至 1949 年 1 月,亲自指挥了辽沈、淮海、平津三大战役,取得了伟大的战略决战的胜利。1949 年 3 月,毛泽东主持召开了党的七届二中全会,指出全国胜利后,民主革命要随即转变为社会主义革命;党的工作重心必须由农村转到城市。7 月,在中国共产党成立 28 周年时,毛泽东发表了《论人民民主专政》,阐明了我国无产阶级专政的任务和方针。

1949 年 9 月 21 日,中国人民政治协商会议第一届全体会议召开,毛泽东当选为中华人民共和国中央人民政府主席。10 月 1 日,在北京天安门城楼庄严宣告中华人民共和国成立。1954 年 9 月,第一届全国人民代表大会第一次会议通过了毛泽东主持制定的我国第一部社会主义宪法,并选举毛泽东为中华人民共和国主席。1959 年,毛泽东为了便于集中精力处理党和国家的重大问题,辞去了中华人民共和国主席职务。新中国建立之后,百废待举,百业待兴。毛泽东领导中国人民又开始了社会主义革命和社会主义建设的伟大事业,从理论和实践上解决了中国这样一个人口众多、经济文化相对落后的大国如何建设社会主义的问题。中国人民在较短的时间内,通过生产资料私有制的社会主义改造,初步确立了社会主义经济基础。1956 年,毛泽东作了《论十大关系》的讲话,提出了适应我国情况的建设社会主义总路线的基本思想。1957 年,毛泽东作了《关于正确处理人民内部矛盾的问题》的讲话,提出了必须正确区分和处理敌我矛盾与人民内部矛盾的思想。但自 1957 年起,晚年的毛泽东在一些重大问题的决策上出现失误。最大的过失就是错误地发动了"文化大革命"。1976 年 9 月 9 日,毛泽东因病在北京逝世。

关于毛泽东的历史地位,1981 年 6 月 27 日党的十一届六中全会通过的《关于建国以来党的若干历史问题的决议》有明确的结论:"毛泽东同志是伟大的马克思主义者,是伟大的无产阶级革命家、战略家和理论家。他虽然在'文化大革命'中犯了严重错误,但是就他的一生来看,他对中国革命的功绩远远大于他的过失。他的功绩是第一位的,错误是第二位的。他为我们党和中国人民解放军的创立和发展,为中国各族人民解放事业的胜利,为中华人民共和国的缔造和我国社会主义事业的发展,建立了永远不可磨灭的功勋。他为世界被压迫民族的解放和人类进步事业作出了重大的贡献。"

毛泽东是一位从山沟里走出来的马克思主义者。毛泽东思想具有丰富而活泼的文化内涵。作为一位紧紧植根于中国土壤之中的政治伟人和思想巨星,毛泽东从青年时期就主张在研究中国国情的基础上融合中西文化。他平生最痛恨那些只会生吞活剥经典著作中的只言片语或将某些"语录"倒背如流,却丝毫无意付诸中国革命具体实际的教条主义者。毛泽东思想继承了马克思主义的科学原理,发扬了马克思主义的科学精神,是活的马克思主义。他的伟大,就在于能将马克思主义的普遍真理和中国革命的具体实践完整地统一起来,理论与实践相结合,将实践经验认真加以总结升华为理论,再用这种理论去指导实践。在新民主主义革命时期,毛泽东开创了农村包围城市,武装夺取政权的具有中国特色的革命道路。这条道路不同于欧洲俄国十月革命的道路。新中国成立后,如何在经济文化比较落后的基础上建设社会主义,马克思主义著作中没有现成答案。毛泽东率领全党对此进行了艰难的长期的探索,在认真分析批评苏联模式的弊端之后,提出了一系列适合中国国情的建设方针和政策,逐渐形成了中国式的社会主义建设道路的基本思想。

毛泽东思想的另一特色就是与中国传统文化保持着天然的亲和关系。毛泽东一生十分注重对中国传统文化的继承,并有着深厚的中国传统文化的素养。他博览群书,学识渊博,从中国传统文化中吸取了丰富的营养。在他的很多著作中,都有源自中国传统文化的内容或因素。中国古典哲学著作如《论语》、《孟子》、《老子》、《韩非子》、《列子》、《吕氏春秋》、《淮南子》,历史著作如《左传》、《国语》、《史记》、《汉书》、《资治通鉴》,文学著作如《诗经》、《昭明文选》、《三国演义》、《水浒传》、《西游记》、《红楼梦》、《聊斋志异》,以及众多的民间故事、神话传说、成语典故等,都在毛泽东的著作中有所涉及。如"实事求是"出自《汉书》,"矛盾"取自《韩非子》,"愚公移山"引自《列子》。毛泽东对中国传统文化既有继承也有扬弃,如他的政治思想中对传统儒学"仁政"、"民本"、"王霸"之说的扬弃,军事思想中对《孙子兵法》淋漓尽致的发挥,经济思想中对小农经济"不患寡而患不均"的"均平"意识的承袭。所有这些,都给中国化的马克思主义打上了深刻的民族传统文化的烙印。

毛泽东思想体系中有关文化工作、文化事业的理论、方针和政策,对于今天的具有中国特色的社会主义新文化的建设仍具有指导意义。例如,关于如何正确处理传统文化与现代文化的关系,毛泽东指出,对于中国灿烂的古代文化,要予以批判的继承,剔除其封建性的糟粕,吸收其民主性的精华。既不能全盘否定,又不能无批判地兼收并蓄。关于如何正确处理外来文化与本土文化的关系,毛泽东认为,中国应该大量吸收外国的进步文化,作为自己文化食粮的原料。不仅要吸收外国现代的社会主义文化和新民主主义文化,还要吸收外国进步的古代文化、近代文化,例如资本主义启蒙时代的文化。但是,这种吸收必须经过科学的分析、选择、改造,而不能生吞活剥,机械照搬,更不能搞"全盘西化"。即便是对于马克思主义真理,也应该将其与中华民族的特点和中国革命的实践完全地、恰当地统一起来,决不能主观地、公式地应用。

毛泽东是一位在特定的历史条件和文化背景下产生的文化伟人,他的超群智慧、深邃思想、辉煌业绩,无不与中西文化的交流与会通有着密切的关系。他的思想与学说是中国文化,乃至世界文化的宝贵财富,已经并将继续对中国文化和世界文化产生深远影响。

【思考与练习】

1. 人类文化发展的一般规律是什么?

2. 外来文化对中国文化有哪些重要影响?

3. 如何看待文化的全球化。

后 记

　　《人文科学概论》教材的编写最初是为了满足教学的急需。1999 年,汉中师范学院(现已与陕西工学院合并组建陕西理工学院)正在紧锣密鼓地准备迎接教育部的"本科教学合格评估"工作。根据时代的发展、评估的要求和理科各专业的迫切需要,当时主管教学的副院长王兴林教授,召来中文系李锐教授,希望由他牵头,组织精兵,编写一部适合理工科各专业使用的《人文科学概论》教材。李锐教授在调查了解了理工科学生的实际情况后,拿出了一个编写大纲,并在 1999 年 12 月,约请学院社科部王忠锋教授、艺术系许广盛教授、中文系刘清河教授、黄宝生教授和历史系梁中效副教授,召开了研讨会,做了分工。半年后,各位同仁写出了讲义,开始在汉中师范学院 97 级、98级和 99 级理工科学生中试用。

　　2001 年下半年,恰逢南通师范学院牵头申报了"新世纪地方高等院校课程开发与教材建设课题",同年 9 月,叶孟理教授应邀参加了在湛江师范学院召开的教材编委会议。此后,《人文科学概论》教材的编写便纳入了该课题。云南玉溪师范学院政法系吴光章先生、江苏盐城师范学院温潘亚先生、赵友龙先生也向"新世纪地方高等院校课程开发与教材建设课题组"报名,这样《人文科学概论》教材的编写力量充实了许多。由于先期已经做了大量的工作,于是经课题组研究,由叶孟理教授、李锐教授共同担任主编,在原来编写大纲的基础上,做了必要的修订和补充。2002 年 2 月,在陕西省汉中市召开了编写工作会议,讨论经修订和补充后的编写大纲,并进行了分工。2002 年4 月,在汉中又召开了定稿会议。

　　本教材各章编写者分工如下:

　　导　论　人文科学概述(李锐)

　　第一章　哲学的历史发展和黑格尔的辩证法(王忠锋)

　　第二章　伦理学的历史发展和儒家伦理思想(许广盛)

　　第三章　美学的历史发展和康德的《判断力批判》(李锐)

　　第四章　艺术学的基本原理及艺术鉴赏(温潘亚、赵友龙)

第五章　汉语语言学的历史发展和许慎的《说文解字》(黄宝生)

第六章　文学的历史发展和屈原的诗歌(李锐)

第七章　史学的历史发展和司马迁的《史记》(梁中效)

第八章　法学的历史发展和唐代的《唐律疏议》(叶孟理)

第九章　宗教学的本质及世界三大宗教(吴光章)

第十章　中西文化的交流与会通(刘清河)

书稿初成后,由李锐做了必要的文字加工,以保持全书的统一。叶孟理最后审读了全书。

本教材从拟定编写大纲开始,就想体现两个意图:一是面临着全球化和我国社会文化转型的现实,我们必须给理工科的大学生渗透"西方文化中国化、中国文化现代化"这种思想观念,以帮助学生们在学习和工作中能够与时俱进,开阔视野,并形成明确的文化价值导向;二是培养学生的创新思维,能够通过《人文科学概论》的学习,触类旁通,掌握已有的,创造没有的,在专业学习中学会站在前人的肩膀上去努力创新,争取给人民做出较大的贡献。这两个意图是否在教材的编写中充分体现出来了,还有待于教学实践的检验。我们恳请使用教材的各位同仁,提出宝贵的批评意见。

感谢新世纪高等师范院校专业系列教材编委会为我们提供的各种便利条件,没有他们的辛勤劳动和精心组织,本教材的编写就不会如此顺利;也感谢南京大学出版社的编辑们为教材出版提供的大力支持,没有他们甘为人梯默默奉献,本教材不会如此迅速地与读者见面。特别要指出的是,在本教材编写过程中,李锐教授自始至终做了大量艰苦工作,付出了辛勤劳动。薛小荣同志协助做了编写组会议的会务和部分编委工作。最后还要感谢副院长王兴林教授为本教材的编写提供的各种帮助。同志们和朋友们的深情厚谊,是我们今后从事教学和研究工作的巨大精神动力。

叶孟理　李　锐

2002 年 5 月 26 日于陕西理工学院

第三版后记

由南京大学出版社出版的《人文科学概论》自 2002 年 7 月版发行以来，受到读者广泛的欢迎，除了多次印刷外，还于 2006 年 8 月改换版式，出了第 2 版。在使用过程中，我们发现了教材的一些不足，也等待时机进行修订，以对读者负责。2013 年 2 月，南京大学出版社金鑫荣总编辑来电话，讲到出版社计划出《人文科学概论》的修订版，希望我们编写组的原班人马在整体框架不变的情况下，进行修订。

由于作为本教材主编之一的叶孟理教授已经去世，这样只能由我出面来组织修订工作。经过与编写组每一个成员进行沟通交流，形成了下述共识：

第一，本教材特色鲜明，整体框架不变，原作者分工不变。

第二，如没有新的补充，原内容不变。

第三，在消灭带有知识性"硬伤"的同时，核实引文，并尽量采用权威性的版本，同时按照出版惯例，注明出版年和页码。如引文出自同一本书籍，在第一次出现时，标明出版社和出版年，在第二次出现时，只标注书名和页码。

按此共识，陕西理工学院的李锐教授，对《导论》、第三章"美学的历史发展和康德的《判断力批判》"、第六章"文学的历史发展和屈原的诗歌"，进行了修订；许广盛教授对第二章"伦理学的历史发展和儒家伦理思想"进行了修订；梁中效教授对"史学的历史发展和司马迁的《史记》"进行了修订；玉溪师范学院的吴光章教授对第九章"宗教学的本质及世界三大宗教"进行了修订。王中锋教授、温潘亚教授和赵友龙副教授、黄宝生教授、刘清河教授、叶孟理教授所写章节，均保留原貌。

李锐教授仔细通读了全书，核对引文，并按照作者、书名、出版社、出版年、页码的格式，一一补齐了所有引文的出处。

从《人文科学概论》出版以来，经过了十余年的沧桑。编写者们的人生经历也发生了巨大的变化。本书主编之一叶孟理教授的去世，让我们编写组成员深感悲痛。修订好这本书，也是告慰叶孟理教授的在天之灵！

李 锐

2013 年 4 月 17 日于陕西理工学院